ERNESTO CHE GUEVARA: MITO Y REALIDAD

COLECCIÓN CUBA Y SUS JUECES

EDICIONES UNIVERSAL, Miami, Florida, 2002

ENRIQUE ROS

ERNESTO CHE GUEVARA: MITO Y REALIDAD

———

Primera edición, 2002

EDICIONES UNIVERSAL
P.O. Box 450353 (Shenandoah Station)
Miami, FL 33245-0353. USA
Tel: (305) 642-3234 Fax: (305) 642-7978
e-mail: ediciones@ediciones.com
http://www.ediciones.com

Library of Congress Catalog Card No.: 2002104445
I.S.B.N.: 0-89729-988-4

Diseño de la cubierta: Eduardo Fiol

ÍNDICE

«Verde Olivo». 6- Un nuevo año alejado del poder. 7- Nuevo Viaje. 8- Castro reconciliado con Moscú. Guevara marginado.

PRÓLOGO

Virgilio Beato M.D.

Unos de los mitos creados en la segunda mitad del siglo XX, y que lamentablemente aún perdura en el mundo, es el caso del «Che», sobrenombre con el que se popularizó al argentino Ernesto Guevara de la Serna. La humanidad siempre ha tenido una especial fascinación for los mitos. No ha habido, a través de la historia, desde las más antiguas civilizaciones hasta nuestros días país, sociedad o cultura que no haya anidado un grueso catálogo de mitos. En la antigüedad y aun en la Edad Media la mayor parte de los mitos eran creaciones del pensamiento mágico. Solían ser respuestas folklóricas a muchas necesidades sicológicas del ser humano. En la época moderna y post moderna, esa necesidad mitológica aún persiste, aunque atenuada por la mayor capacidad de conocimiento e información para descubrir la certeza de los hechos. La mitología ha dado nacimiento a muchos símbolos como expresión objetiva de los mismos, y éstos, siempre han ejercido una influencia social y sicológica en todos los pueblos. Los símbolos encierran una fuerza poderosa que puede mover al ser humano a la acción, al sacrificio, a la inmolación, a la toma de decisiones, etc. Por ello podemos afirmar que muchas veces, los símbolos mueven la pluma con la que se escribe la historia. La bandera es un símbolo patrio. Ella lleva al´hombre a entregar su vida para defenderla y nos conmueve verla izar en el asta de una fortaleza. Hay una enorme variedad de símbolos en la cultura humana que juegan un papel importante en la civilización. Todas las virtudes que conocemos tienen sus símbolos: el amor, con el mito de Cupido; la sabiduría, con Minerva; la belleza, con Venus para sólo citar unos pocos pero también todos los defectos que lo afean como la codicia, la gula, la traición, la envidia, etc. están simbólicamente representadas.

Los formadores de opinión lo saben y lo utilizan para sus fines comerciales y propangandísticos. Ello no pudo escapar a las necesidades políticas de las ideologías. El llamado socialismo «científico», creado for Carlos Marx y Federico Engels a mediado del siglo XIX, creó el símbolo del hombre nuevo, hijo natural de la mitología marxista. Cuando surgiese la sociedad sin clase, después de la destrucción de la burguesía y del estado burgués, con la conquista del poder por el proletariado revolucionario, se llegaría al paraíso, aquí y ahora, en vez del otro prometido por las religiones en el más allá.

El hombre se vería despojado de todo egoísmo. La solidaridad desplazaría a la ambición. Todos los hombres serían iguales. El reino de la escaséz sería sustituido por el reino de la abundancia. La explotación del hombre por el hombre daría paso al deseo de sacrificio por los demás. Con esos nuevos hombres se acabarían las guerras y la paz y prosperidad se extenderían por el mundo. Esa trágica utopía costó a la humanidad más de cien millones de victimas inmoladas ignominiosamente, bajo el símbolo de la hoz y el martillo. El sufrimiento, el dolor, la miseria, el hambre que soportaron los infelices que cayeron bajo el despiadado fanastismo de la mitología marxista, quedó al desnudo cuando se desplomó el enorme campo comunista al escurrirse el soplo de la libertad entre las rendijas abiertas por el glasnot y la perestroika.

La izquierda radical quedó enmudecida e inmóvil ante el shock histórico que se produjo. Las efigies de Marx y Lenin comenzaron a desaparecer de todos los escenarios mundiales. Las colas de curiosos, expuestas al gélido clima de la Plaza Roja, para ver a la momia del Kremlin, han casi desaparecido. Su destino final será el terminar humildemente, sin pompa ni gloria, en un modesto cementerio de aldea. Pero la izquierda radical no quiere morir. Desde entonces hace esfuerzos progresivos por reorganizarse bajo otras consignas y otros símbolos. Nada mejor que crear una nueva mitología y nuevos lemas. Ya no será como antes: «abajo el imperialismo yanqui». Ahora gritaremos: «Abajo el globalismo y el neoliberalismo». Pero, y, en cuanto al símbolo, ¿A quién creamos?. El retrato del «Che», tomado por el fotógrafo Korda, con su aire de trascendencia, con su boina negra y estrella solitaria, mirada profunda y melena despeinada puede facilmente convertirse en el símbolo que necesitamos, si lo difundimos mundialmente acompañado de una mitología. ¡Así nació el mito del «Che»!

En Cuba todos los niños pioneros tienen que jurar que serán como el «Che». Castro le levantó un monumento funeral. Numerosos libros de simpatizantes y agentes de la nueva izquierda radical se sumaron a la canonización secular. El esfuerzo rindió sus frutos. No hay un país de occidente, que yo haya visitado, donde no se encuentre por doquier la foto de Korda. Así la vemos en boinas, pull-overs, camisas, tatuajes, botones, banderitas, etc. En Nápoles, Italia, la vi en la carátula de una marca de cigarrillos. En toda manifestación de protesta, en donde se infiltran agitadores de la nueva izquierda, vemos las camiseta alegóricas. Esa incesante y mítica propoganda utilizando la efigie del «Che» ha permeado a la importante capa sociales de los inconformes e insatisfechos.

Este libro de Enrique Ros, el séptimo de su valiosísima colección sobre la revolución castrocomunista, destruye el mito tejido a su alrededor, demostrando, en forma detallada y documental, la burda manipulación de sus interesados apologistas.

El estudio histórico de Ros va narrando y analizando la vida del «Che», desde su nacimiento hasta su ajusticiamiento en la Higuera boliviana. No hay en él nada que no haya sido documentado y urgado en toda la información disponible. La revisión de su epistolario demuestra como esas mismas cartas fueron parcial y selectivamente manipuladas por sus cultores para construir el mito del «guerrillero heróico». El personaje que emerge, de la minuciosa investigación histórica de Ros, es muy distinto al de la imagen de un abnegado revolucionario, que renuncia a la practica de su profesión médica, alcanzada tras «arduos estudios», para abrazarse, románticamente, a una causa superior de justicia social, por la que dio su vida, despuás de heroicidades y triunfos históricos que revelaron su singular capacidad como político, estadista y guerrillero.

El cuadro que surge del estudio de Ros es por el contrario deprimente. Un adolescente sin rumbo ni meta fija. Un estudiante mediocre cuya terminación de estudios y graduación deja una pesada interrogante sobre cómo lo logró, su veracidad y su merecimiento. Una juventud irresponsable y bohemia que lo llevó a recorrer, amparado en la caridad ajena, a numerosos paises, siempre buscando, a pesar de su profesión médica, un trabajo que nunca encuentra y que le permitió, como el dicho cubano: «vivir del cuento». Todo su periplo vital se desarrolló bajo el signo de la incapacidad y el fracaso. Su primera esposa lo inició e intoxicó con el virus del marxismo. Le pagó con rechazo y traición la ayuda y generosidad que de ella recibió. En Venezuela y Guatemala, contrario a lo que se ha publicado, mostró una total indiferencia, sin participación alguna en las crisis revolucionarias de aquellos paises. Sus acciones guerrilleras en la Sierra Maestra, y después su marcha por Camagüey y Santa Clara, no pasaron de ser simples escaramuzas que merecieron la crítica de sus compañeros, principalmente de Camilo Ciengüegos. Su ejecutoria, como jefe de la fortaleza de La Cabaña, lo convirtió en el mayor asesino de la historia de Cuba. Los fusilamientos ante el infame y tétrico paredón escandalizaron al mundo entero. Por él desfilaron cientos de jovenes cubanos que morían gritando: ¡Viva Cristo Rey!, después de juicios amañados y sumarios y numerosas veces con ausencia de todo proceso legal. Nombrado Presidente del Banco Nacional primero, y después, Ministro de Industrias de Cuba, hubo que removerlo, en poco tiempo, ante su total ignorancia de la actividad bancaria e industrial. Su principal «trabajo» lo desarrolló en el adoctrinamiento marxista de las fuerzas armadas,estudiantes y funcionarios. Imbuido de un ego de superioridad no escatimaba sus ácidas críticas a todos sus colaboradores y subalternos. Despilfarró gran cantidad de dinero viajando, por largo tiempo, entre los paises de Africa y Asia. Se abrazó a la versión marxista de Mao Tse-tung y el comunismo chino, y criticó, acerbamente, a la versión sovietica que lo llevó a una progresiva marginación en la nomenclatura cubana. Su desempeño como guerrillero en Africa, con las fuerzas cubanas, mostró una vez más su incompetencia, viéndosele abandonar precipitadamente aquel frente de guerra. Su desairada posición en Cuba, sin mando y sin poder, lo llevó a creer que podría reiniciar, éxitosamente, su aventura guerrillera, esta vez en Bolivia. Vuelve a hacerse evidente que el funesto personaje no tenía ninguna de las cualidades que adornan a un guerrillero de experiencia.

Ros describe con minuciosos detalles todas las peripecias de su estúpido intento. Su arrogancia frente a Monje, el jefe comunista de Bolivia. La falta de planificación, conocimiento del lugar, la no cooperación de los naturales de la region y el abandono de su antiguo jefe, Fidel Castro, lo metieron en una ratonera sin salida. No faltaron sus juicios despectivos sobre todos sus compañeros.

Hace muchos años, en enero de 1926, Julio Antonio Mella, un lider estudiantil comunista, cayó asesinado en Méjico. Sus últimas palabras fueron: «seremos útiles aún después de muertos».

La izquierda radical lo sabía. La efigie del «Che» es hoy un símbolo para los odiadores. Había escrito que estaba «sediento de sangre», antes de embarcarse en la aventura de Cuba, y ya ahí enseñaba con fruición, que el revolucionario debe ser animado por el odio para convertirse en una fria máquina para matar.

¿Cuánto durará el mito del «Che»?. Puedo responder: cuando la libertad y la democracia vuelvan a imperar en nuestra patria. Para entonces, su monumento será destruido for manos vengadoras y en el fatídico paredón de la fortaleza de La Cabaña se escribirá para siempre tres palabras: «CHE GUEVARA, ASESINO».

Felicito al autor, Enrique Ros, que tanto ha iluminado este trágico período de la historia cubana. Considero que es un deber del exilio lograr la traducción de esta importante obra, al inglés y al francés. Con ello contribuiríamos a acelerar el justo proceso de demitificación.

INTRODUCCIÓN

Es ésta, una biografía distinta. En ella, toda afirmación está documentada. Una biografía que se esfuerza en dar a conocer el verdadero rostro de un personaje sobre quien tanto se ha escrito. Una biografía desprovista de los empalagosos elogios; los más, infundados y repetidos, con los que se nos ha mostrado la imagen de un Ernesto Guevara irreal, inexistente.

Conoceremos al joven que, en su patria nativa formaba parte de las tropas de choque peronista que gritaban: «Haga patria, mate a un estudiante»; pero que, luego, alardeará de su antiperonismo. Al supuesto *idealista* quien, al viajar, indolente, por el continente, alienta a sus padres a ir a Colombia y Venezuela «los dos países *ideales* para hacer plata»; mientras él se dirige «rumbo a Guatemala a la aventura en cuestión monetaria».

Veremos al austero Guevara, en ese viaje, costeado por la explotadora «United Fruit», disfrutando la travesía «con una negrita, Socorro, más puta que una gallina y sólo tenía dieciseis años». Un Guevara que, en México, cuando los futuros expedicionarios son arrestados, informa a sus captores los nombres de todos los que se encuentran en el campamento, en marcado contraste con el coronel Alberto Bayo quien, ante igual pretensión, respondió: «Yo no me presto ni me prestaré a señalar nombres... a acusar a ninguno, ni que hurguen ustedes sobre nuestro movimiento, que es el de toda la nación cubana».

Mostraremos al hombre que llega «a Cuba sediento de sangre» quien con su propia mano y a sangre fría, recién desembarcado, es el primero en ejecutar a un cubano. El hombre que aplicará, desde ese momento, son sus palabras, «el odio como factor de lucha; el odio intransigente contra el enemigo». Mostraremos al prejuiciado hombre de ciudad que ve «en cada campesino a un chivato».

Veremos, ya en Cuba, a un Guevara que pudo llegar y mantenerse en Las Villas gracias a la mayor habilidad guerrillera de Camilo Cienfuegos. Lo mostraremos en La Cabaña ordenando fusilamientos, con o sin causa. Con juicio o sin juicio. Al orgulloso Guevara escribiéndole a Castro –como precio para que se le permitiera salir de la isla– que «mi única falta... es no haber confiado más en ti desde los primeros momentos en la Sierra Maestra...». Sumiso, también, con Kabila en el Congo, de quien confía «me dé un chance de hacer algo...».

A un hombre responsabilizando a otros de sus propios fracasos, de sus derrotas. «Los congoleses no quieren pelear». «Los africanos son soldados muy, muy malos». Los cubanos, para él, no eran mejores: «En nuestros combates, a los errores míos se agregan las debilidades graves de los combatientes cubanos...». Su aventura en el Congo, tendrá que admitirlo el guerrillero de sangre azul, es «la historia de un fracaso».

Repetirá sus errores, al precio de su propia vida, en Bolivia. En el país suramericano, veremos a un Guevara engañando, traicionando a los dirigentes del Partido Comunista de Bolivia quienes, a su vez, conociendo su doblez, lo abandonan. Un Guevara ignorado por Castro, quien habiendo reunido en La Habana, en la Conferencia de OLAS, a todos los dirigentes de la izquierda latinoamericana no les informa de la crítica situación en que se encuentra el guerrillero argentino ni les pide su cooperación para asistirlo.

Un Guevara que en la selva boliviana expresa, en sus evaluaciones, el menosprecio por los hombres de su propia guerrilla: Orlando Pantoja, *«deficiente...poca iniciativa»;* Antonio Sánchez Díaz (Marcos, Pinares), *«indisciplinado...con poca autoridad».* Vásquez-Viaña, *«irresponsable».* Saldaña, *«deficiente».* Camba *«de una cobardía manifiesta».* Walter, *«demostró muy poco valor».* Todos, menos él, imperfectos, deficientes.

No puede extrañarnos que muchos de los que hoy cantan loas a su memoria se distanciaran de este ingrato personaje en tan difícil momento.

Comprensiblemente, el último abandono lo sufre Guevara de sus hombres que, en la Quebrada del Yuro, se alejan, dejándolo herido e indefenso, para morir, solo y aislado, en la pequeña escuela de La Higuera víctima de sus propios errores.

Es ésta una biografía distinta –real, documentada, desprovista de fantasía –que prueba, también, que aún los que estuvieron junto a él en la Quebrada del Yuro –y que llegarán a ser altos jefes de las Fuerzas Armadas Revolucionarias– guardan, en los extensos libros que han escrito, pudoroso silencio sobre aquellas horas finales de quien en aquel momento, se sintió abandonado.

El orgulloso y altanero descendiente del Marqués de Guevara, que siempre se consideró superior a quienes lo rodeaban, murió abandonado por los hombres que él había menospreciado.

CAPÍTULO I
SUS PRIMEROS PASOS

Ernesto Guevara de la Serna nace el 14 de junio de 1928, en Rosario de Santa Fé, Argentina. La fecha de su nacimiento, repetida hasta el cansancio por centenares de sus amables biógrafos, es la primera de las muchas inexactitudes que encontraremos en la vida del «guerrillero heroico».

No. Ernesto Guevara no había nacido el 14 de junio; había venido al mundo un mes antes. Lo admite la madre, 30 años después, al explicar, como una cosa simpática, que tenía tres meses de embarazo el día de su boda. Luego de la ceremonia, para ocultar, por prejuicios burgueses, este desliz, la pareja salió de Buenos Aires a residir en una zona remota de Misiones. Viajan a Rosario. Lo inscriben como nacido el 14 de junio, pero había arribado al mundo el 14 de mayo. De regreso a Buenos Aires informarán a toda la familia que el niño Ernesto era sietemesino.

En forma muy delicada, otros autores cubren este repentino, burgués y breve traslado a Rosario. Veamos la comedida versión de uno de ellos:

> *«En realidad, el hecho de que naciera en Rosario fue bastante circunstancial. Sus padres se habían radicado en Misiones.... Ante la inminencia del parto decidieron trasladarse a una ciudad que le ofreciera mejores condiciones. Así fue como llegaron a Rosario, donde permanecieron aproximadamente dos meses, hasta que pudieron regresar a Misiones»*[1]

y, de allí, poco después, a Buenos Aires.

---

[1] Claudia Korol. «El Ché y los argentinos».

Ernesto fue el primero de los hijos de Ernesto Guevara Lynch y Celia de la Serna de la Llosa, ambos presumiendo de rancio abolengo. Su padre, Guevara Lynch, hacía gala de descender de una familia que por trece generaciones había vivido en Argentina.

UN GUERRILLERO DE SANGRE AZUL

Entre los ascendentes paternos de Ernesto sus generosos biógrafos le empiezan a añadir, al ahora «guerrillero heroico», los más nobles ancestros. Resulta que es descendiente de un virrey español de la Nueva España. Han descubierto que el asmático Guevara desciende de don Pedro de Castro y Figueroa[2], Real Caballero de las Órdenes de Santiago[3].

La presunción de la madre, Celia de la Serna, no era menor; decía a todos que uno de sus ancestros había sido virrey en el Perú colonial, y que otro de sus pilares familiares era un famoso general argentino[4].

La idolatría de algunos de sus biógrafos los llevan a remontar «la dinastía Lynch al señor de Normandía, Hugo Lynch que, en el 1066 sirvió a las órdenes de Guillermo el conquistador»[5]. Los descendientes de aquel señor de Normandía «combatieron junto a Ricardo Corazón de León». Otros de sus ancestros «participaron en las guerras de religión en Inglaterra».

Tiene sangre azul el guerrillero heroico. Desciende del «Duque de la Conquista y Marqués de Real Gracia, Don Pedro de Castro y Figueroa que llegó a México y tomó posesión el 13 de agosto de 1,740»; proviene, nos informa su padre Guevara Lynch, también de una noble francesa, Doña Martina Butier[6].

Los Guevara, –de ello el padre hace ostentación-, es «una casa de amplio y fecundo arraigo en la Capitanía…, la Rama Troncal Española procedía del Conde Don Vela, que vivió bajo los reinados de Sancho y Ramiro III de León, y del linaje que empezó a apellidarse Gue-

---

[2] Paco Ignacio Taibo II «Guevara, también conocido como Che».
[3] Ernesto Guevara Lynch. «Mi hijo el Che».
[4] Jon Lee Anderson.
[5] Así lo afirma Pierre Kalfon.
[6] Árbol Genealógico del que escribe con aristocrático orgullo Ernesto Guevara Lynch en su obra «Mi hijo, el Che».

vara en el Siglo XII con el Conde de Avala»[7], que dio origen, alardea Guevara Lynch «a numerosas casas de la grandeza de España, entre ellas la de los Marqueses de Guevara, y de los Condes de Escalante y Villa Mediana».

Los calificativos abundan. Autores lo hacen descender de la realeza. «El primer hijo de Ernesto Guevara Lynch y Celia de la Serna y Llosa, pertenecía a una aristocracia de sangre azul». (Jorge G. Castañeda). La madre alardeaba de su «limpieza de sangre». Ella era una «verdadera argentina de sangre azul de un impoluto noble linaje español» (Jon Lee Anderson). Por adjetivos no queda. Para otros autores los padres de Celia pertenecían a la «alta burguesía patricia» (Pierre Kalfon). Ernesto proviene de una «aristocracia legitimada por la historia más aún que por la fortuna» (Kalfón). Celia era muy piadosa «hasta el punto de martirizarse colocando cuentas de vidrio en sus zapatos. Incluso pensaba tomar los hábitos»[8].

Su familia paterna estaba «muy identificada con la historia de la aristocracia local»; por la línea materna el linaje –se esfuerzan sus amables biógrafos en exponer, con o sin fundamento– llega hasta «el general José de la Serna e Hinojosa, el último virrey español del Perú».

Resulta comprensible que estudiando con tanto detalle el árbol genealógico de Ernesto Guevara hasta fecha tan remota como 1066, sus biógrafos no hayan podido, agotados en esos 900 años de investigación minuciosa, dedicarle unas pocas horas a verificar sus prodigiosos logros académicos que le permitieron terminar la mitad de su carrera como médico en menos de cuatro meses. En próximos capítulos los analizaremos.

PRIMEROS SÍNTOMAS DEL ASMA

En Rosario, donde nació, el frío no es muy intenso; pero antes de cumplir los dos años el niño Ernesto ha contraído una bronconeumonía. La madre, a punto de dar nuevamente a luz (será una niña), se traslada a Buenos Aires con el pequeño en busca de un mejor clima y una mejor atención médica. Cumplía Ernesto los dos años cuando le

---

[7] Ernesto Guevara Lynch. «Mi hijo el Che».
[8] Pierre Kalfon. Obra citada.

aparecen los primeros síntomas del asma que padecerá toda su vida. Ya ha nacido su primera hermana, Celia, y su madre está esperando el tercer hijo.

Se instalan, por un tiempo, en San Isidro, muy cerca del Río de la Plata. Poco después, se alejan del río alquilando un apartamento «en uno de los barrios elegantes de Buenos Aires, en los lindes del Bosque de Palermo», anota uno de sus biógrafos. En mayo de 1932, nace el tercero de los Guevara de la Serna. Será un varón que recibirá el nombre de Roberto. Como el niño Ernesto sigue sufriendo de fuertes ataques de asma, la familia vuelve a mudarse. Se establecerán en Alta Gracia, cercana población turística.

A los cuatro años, padeciendo Ernesto ya crónicamente de asma, la familia se mudó a Córdoba, ciudad de un clima más seco.

Meses antes, la familia se había instalado en el pequeño pueblo de Arguello, en la misma provincia de Córdoba, pero pronto se trasladan a Alta Gracia[9] donde permanecerán por varios años. En 1934 nacerá otra hermana: Ana María.

ENSEÑANZA ELEMENTAL Y SECUNDARIA

No asiste Ernesto con frecuencia a clases. En 1938, en sólo dos meses, tiene veintiún ausencias «justificadas».

Está desarrollándose la Segunda Guerra Mundial cuando, al iniciar el curso escolar de marzo de 1942, Ernesto, que va a cumplir catorce años, inicia su enseñanza secundaria. El bachillerato lo hará en el Colegio Nacional Dean Funes. Ya la familia ha regresado a Córdoba cuando nace, en mayo de 1943, el quinto, y último, vástago de la familia: Juan Martín.

Ese año la familia Guevara se traslada a Córdoba. Durante los años de bachillerato comienza la estrecha relación de Ernesto con María del Carmen (Chichina) Ferreyra a quien conoce en el hogar de uno de sus más íntimos amigos, José González Aguilar.

Eran muy estrechas las relaciones de la familia Guevara con la de González Aguilar. Ernesto se traslada a Buenos Aires para comenzar

---

[9] Alta Gracia es una ciudad de veraneo en la Sierra de Córdoba. Alta Gracia, –le cuenta José González Aguilar a un periodista del Granma– tiene dos barrios característicos, que son «el Alto» y «el Bajo». En el Alto, que es la zona residencial, vivía la familia de Ernesto.

sus estudios. *«Cuando Ernesto venía a Córdoba, normalmente vivía en mi casa»* le cuenta José González Aguilar al periodista del Granma a los pocos días de confirmarse la muerte en Bolivia de Ernesto Guevara.

Vemos, pues, que el testimonio de José Aguilar, que tan estrechamente conoció a Guevara, es extremadamente confiable cuando relató que el joven Ernesto, formando en las tropas de choque de Perón, destruía las vidrieras del periódico antiperonista *La Voz del Interior*, en el episodio que se narra en próximas páginas.

A fines de aquel año terminaba la enseñanza secundaria.

En junio de ese año 1943, se produce un golpe de estado en Argentina. Lo ha promovido el Grupo de Oficiales Unidos (GOU) que muchos consideran de inspiración fascista[10]. En los cambios que se producen, el coronel Juan Domingo Perón, de regreso de haber servido una posición diplomática ante el gobierno de Benito Mussolini, es designado Ministro de Trabajo y Previsión Social en un gabinete que se esforzará en mantener a la nación alejada del conflicto mundial.

En medio de aquella conflagración, el pueblo argentino muestra su solidaridad con las fuerzas aliadas; contrario a Perón y las fuerzas armadas que se sitúan junto al eje Roma-Berlín.

Se está terminando la Segunda Guerra Mundial y Argentina se mantenía distante de las demás naciones del continente que habían estado unidas combatiendo el eje Roma-Tokio-Berlín. Sólo el país sureño, ahora bajo la presidencia de Edelmiro J. Farrell, con el fuerte respaldo de Juan Domingo Perón, se había negado a romper relaciones con los países del Eje; tarea a la que dedicó sus mejores esfuerzos el entonces Subsecretario de Estado para Asuntos Latinoamericanos, Sumner Welles, en la última conferencia de Río de Janeiro[11].

---

[10] Pierre Kalfón. Obra citada.

[11] Otros muy altos funcionarios norteamericanos habían fracasado en el propósito de distanciar a la Argentina del bloque nazi-fascista. El antiguo Secretario de Estado Cordell Hull al no tener éxito en su gestión retiró al embajador de los Estados Unidos. Su sucesor, Edward Stettnius, aunque con las mismas serias diferencias hacia el régimen de Farrell-Perón, trató de suavizar la situación regresando al embajador a Buenos Aires, política de apaciguamiento que continuó el siguiente Secretario de Estado, Nelson Rockefeller, que facilitó la admisión de Argentina en las conferencias de Ciudad México y de San Francisco.

JUAN DOMINGO PERÓN EN EL ESCENARIO POLÍTICO ARGENTINO

En tales empeños había fracasado también el embajador Spruillen Braden, que era, ahora, Subsecretario de Estado y que, durante su estadía en Buenos Aires, no había logrado convencer al dúo Farrell-Perón que cumpliera el compromiso contraído en la conferencia de Ciudad México de establecer un gobierno constitucional y permitir la libertad de prensa y de expresión.

Tortuoso y complicado había sido el advenimiento de Edelmiro J. Farrell a la presidencia de la Argentina. Cuatro presidentes lo habían precedido en tan sólo cuatro años y, en el interregno, un golpe de estado.

Roberto M. Ortiz, militante conservador del Partido Radical, fue electo en 1938 por un período de cinco años. No lo pudo completar; las críticas a su administración y su pobre estado de salud lo forzaron a renunciar; ocupando, entonces, el alto cargo, Ramón S. Castillo que presidía la nación cuando se inició la Segunda Guerra Mundial en la que el alto mandatario mantuvo la neutralidad de la nación. Esta decisión provocó, en su contra, la unidad de todas las fuerzas políticas, incluyendo el Partido Comunista y el Socialista, que forzó a Castillo a imponer un estado de sitio.

Las fuerzas armadas se batían entre mantener el respaldo al autoritario gobierno de Castillo o deponerlo. Triunfó la segunda intención que, ejecutada por su propio Ministro de Guerra, el general Pedro P. Ramírez, depuso en junio de 1943 al presidente Castillo, constituyendo un gobierno militar presidido por el general Arturo Rawson quien abogaba por una posición menos conservadora y favorecía el ingreso de la Argentina en la recién constituida Naciones Unidas.

Como la posición del prestigioso general Rawson no gozaba del respaldo de los altos círculos militares, el general Ramírez lo desplazó a los pocos días ocupando él mismo la presidencia, manteniendo la neutralidad en la guerra que se desarrollaba en Europa y Asia y aplastando, por la fuerza, a los grupos políticos de la oposición. Disolvió los partidos políticos incluyendo, por supuesto, el Partido Comunista (de hecho ya ilegalizado) y, para ganarse el respaldo de la iglesia, aprobó la estricta instrucción religiosa, obligatoria, en las escuelas públicas.

Ante una creciente presión de la cancillería norteamericana, el general Ramírez se vio obligado a romper sus relaciones diplomáticas con la Alemania nazi, medida que no fue aceptada por muchos altos oficiales de sus fuerzas armadas.

La fuerte oposición de los altos militares al rompimiento de relaciones con la Alemania nazi forzó a Ramírez a entregar la presidencia, en 1944, al general Edelmiro J. Farrell.

Una figura había comenzado a emerger, bajo el gobierno del general Ramírez, como Ministro de Trabajo. El entonces coronel Juan Domingo Perón, desde aquella posición, había buscado, por igual, el respaldo de las uniones sindicales y, con admirable sentido político, de grupos conservadores. Dos años después, en 1945, ya era, además, Ministro de Guerra y Vicepresidente del Gral. Farrell.

Puso Perón en funcionamiento *«un plan de acción para consolidar el poder de los grupos dominantes, organizando las fuerzas económicas y sociales del país de tal manera que quedaran al servicio de los designios de hegemonía continental que acariciaba el Estado Mayor del Ejército»*[12].

Estas ideas, recuerda José Luis Romero, fueron expuestas por Perón en un discurso pronunciado en la Universidad de la Plata y transformadas en el fundamento de su futuro programa político. Perón se apoyaba, simultáneamente, en las fuerzas armadas y en el movimiento sindical. Pero el ejército vio con temor el creciente poder que, en su propio beneficio, adquiría Perón. Igual temor cundía en los partidos tradicionales y, aún, en los de la izquierda que convocaron a una «Marcha de la Constitución y de la Libertad» para demostrar la impopularidad del gobierno que rechaza sus planes.

Contando con el respaldo de altos oficiales militares y la ascendencia de su compañera, Eva Duarte, sobre grupos sindicalistas, Perón se convierte en la figura dominante de la política argentina. La mano dura con que quiere –y logra– imponerse, genera una fuerte oposición.

El 4 de octubre de 1945 el gobierno norteamericano expresaba que, a su juicio, el actual régimen argentino, controlado por una clase

---

[12]   José Luis Romero. «Breve Historia de la Argentina».

militar, se convertía en un vecino indeseable, y recomendaba tres proposiciones:

1) Que la Conferencia Interamericana programada para comenzar el 20 de octubre en Río de Janeiro, con la participación de Argentina, fuese pospuesta.
2) Que las otras naciones del continente procedieran, sin Argentina, a elaborar un tratado hemisférico de defensa para ser firmado en la capital del Brasil a la más pronta conveniencia.
3) Y que las otras naciones latinoamericanas realizaran consultas «con respecto a la situación argentina».

Esas declaraciones de Washington coincidían con la decisión del presidente de Brasil, Getulio Vargas quien, abruptamente, pospuso la visita que tenía programada el 12 de octubre con el general Edelmiro Farrell, presidente de Argentina[13].

SOCIALISTAS, COMUNISTAS Y RADICALES FRENTE A PERÓN

En el cuartel general del poderoso Partido Radical en Buenos Aires, se reúnen, una mañana de octubre de 1945, unos 500 afiliados. Debaten si debían unirse a los socialistas, los comunistas y los demócratas progresistas, en una coalición, contra Juan Domingo Perón y su campaña por la presidencia.

Súbitamente la policía, fiel a Perón, irrumpe violentamente en el local, lanzando bombas lacrimógenas[14]. Los radicales se sumaron a la coalición, y los otros partidos convinieron en nombrar un radical para la presidencia. Esa mañana de octubre presenta a las fuerzas políticas diáfanamente alineadas en la Argentina de la post-guerra: de un lado, las izquierdas y los progresistas demócratas; del lado opuesto, las fuerzas reaccionarias, represivas, que siguen ciegamente a Perón.

La nueva coalición se enfrentaba a una dura lucha. Los camiones altavoces de Perón ya corrían por las calles, exhaltando los logros del Hombre Fuerte en materia de «justicia social».

---

[13] *Miami Herald*, jueves octubre 4, 1945, cable de la Prensa Asociada (AP).
[14] Revista *Bohemia*, La Habana, octubre 7, 1945.

Ningún argentino sensato ignoraba el arrastre del Hombre Fuerte ni dejaba de notar el palpable crecimiento de su maquinaria política en el interior del país. En todas partes su policía, comandantes y gobernadores, «lograban» prodigios políticos por intimidación o de otra manera. (Sección «La Marcha del Tiempo», Bohemia. La Habana, Octubre, 1945).

Los estudiantes se rebelan frente a las coercitivas medidas tomadas por Perón. Se multiplican los disturbios provocados por la creciente –vociferante y explosiva– oposición del estudiantado a la violenta represión del régimen.

Perón, –incómodo, irritado por la ensordecedora algarabía de los que, partiendo de las universidades, se han lanzado a la calle «a perturbar el orden»– permite, tal vez alienta, con su silencio, los excesos de los grupos derechistas que obstruccionan la vía pública vociferando la consigna peronista «Haga patria, mate a un estudiante».

Poco después, a fines de noviembre, Santiago Luis Copello, Cardenal Primario de la Argentina, dio algunas advertencias a los católicos argentinos sobre las elecciones que habrán de celebrarse en febrero.

Ningún católico, dijo el cardenal en una Carta Pastoral, debía apoyar partidos o candidatos que abogaran por la separación de la iglesia y del estado.

El Cardenal Copello –expresaban los cables– no dijo una sola palabra en favor ni en contra de la candidatura de Juan Domingo Perón. Pero era notorio que su gobierno militar había decretado la instrucción religiosa en todas las escuelas públicas de la Argentina.

Los partidos comunistas, socialistas y democráticos progresistas, que componen un fuerte sector del Frente Unificado contra Perón, –da a entender claramente el alto dignatario eclesiástico– sacarían la religión de las escuelas y el estado y permitirían el divorcio, a lo que el cardenal, por supuesto, se oponía. Era enfático el dignatario religioso en su oposición a que se retirara la enseñanza religiosa de las escuelas públicas o a la legalización del divorcio civil.

Copello, recogían las agencias cablegráficas, «fue apoyado por muchos sacerdotes españoles franquistas que han emigrado a la Argentina desde la guerra española». Los partidarios del Hombre Fuerte de Buenos Aires la semana anterior habían recorrido, con violencia, el distrito judío de Buenos Aires; «destruyeron vidrieras, golpearon a los judíos que encontraron en derredor. Luego, la policía entró en acción arrestando a las víctimas». (Sección «La Marcha del Tiempo», revista *Bohemia*, diciembre, 1945).

Esa presión forzó a un grupo de militares a exigir, el 9 de octubre de 1945, la renuncia de Perón a todos sus cargos y su detención en la isla Martín García.

Es un momento crítico para el régimen. El mismo día, un joven estudiante moría víctima de un disparo mientras se producían enfrentamientos de grupos gritando «Viva Perón» respaldando al entonces vicepresidente; grito que era respondido con «Viva la Democracia», por los grupos de izquierda. En Córdoba, los estudiantes tomaron por la fuerza la universidad y también otras escuelas.

La situación se torna tensa; los altos mandos militares forman una junta de gobierno constituida por el propio J. Farrell, el general Eduardo Ávalos y el almirante Héctor Vernengo Lima, que incluiría a varios civiles, para constituir un nuevo gobierno.

No actuó este grupo militar con la necesaria prontitud y diligencia permitiendo, con su inercia, que grupos sindicales, ya definitivamente peronistas, con impresionante apoyo militar y policial, organizaran, el 17 de octubre, marchas hacia el centro de Buenos Aires solicitando la libertad y el regreso de Perón.

ERNESTO GUEVARA Y LAS TROPAS DE CHOQUE PERONISTAS

Menciona Alberto Granado, su compañero de aventuras, que en uno de sus viajes le habló a Ernesto de que el Comité de Presos[15] solicitaba de los estudiantes de bachillerato una manifestación de apoyo a los huelguistas universitarios; pero calla la participación de Guevara rompiendo los cristales del periódico de Córdoba.

Tal episodio –el joven Guevara gritando consignas peronistas y quebrando vidrieras– es mencionado por José Aguilar quien mantuvo con Guevara una muy estrecha amistad desde los primeros años de la

---

[15] Alberto Granado había estado detenido. En su obra «Con el Che Guevara, de Córdoba a La Habana» Granado hace mención a esa detención suya en la cárcel y a las visitas de sus dos hermanos, Gregorio y Tomás, que se esforzaban en llevarle la comida, acompañados, muchas veces de su compañero Ernesto Guevara.

enseñanza secundaria hasta los días finales de su vida[16]. Pepe Aguilar, cordobés, contemporáneo de Guevara, mantiene un interés amoroso, aparentemente no bien correspondido, con una amiga de Chichina, la novia de Guevara.

Dirigentes sindicales se lanzan a la calle, amenazando con decretar una huelga general, demandando la libertad de Perón. Los primeros choques producen ocho muertos en Buenos Aires y más de 70 heridos. Renuncia el general Ávalos y el almirante Vernengo, y Perón es liberado.

En otras ciudades las fuerzas de choque peronistas destruían comercios y periódicos. En Córdoba, un joven, por cuyas venas corría sangre azul, destruía las vidrieras del periódico *La Voz del Interior*[17].

Perón, que había renunciado la semana anterior como vicepresidente y Secretario de Trabajo y de Guerra, se mantenía detenido en la isla Martín García.

La tensa situación en Buenos Aires impulsa al general Eduardo Ávalos, Ministro del Interior a dejar sin efecto el sumamente criticado estatuto para los partidos políticos, con la intención de ganar el respaldo de líderes civiles que le permitieran normalizar la vida del país, que ahora estaba aún más amenazada.

En Buenos Aires dirigentes obreros paralizaban el transporte y los servicios públicos y, el coronel Juan Domingo Perón, el Hombre Fuerte, era liberado.

Las tropas de choque de Perón, en las que participaba el joven Guevara, habían triunfado. Ya liberado, Perón apareció en el balcón de la casa de gobierno junto al presidente Farrell.

Aquel 17 de octubre produjo un profundo cambio en el cuadro político de la nación. De un lado, la figura autoritaria, pero carismáti-

---

[16] A este fiel amigo, Ernesto Guevara, al despedirse del Ministerio de Industrias en La Habana, en marzo de 1965, le entrega un ejemplar de su *Pasajes de la Guerra Revolucionaria*, con esta dedicatoria que es una premonición: *«Es hora de partir... te dejo esto que espero no sea un recuerdo póstumo; no es vanidad intelectualoide; un gesto de amistad, nada más».* (Fuente: Gramma, La Habana, 29 de octubre de 1967.

[17] José González Aguilar. En texto del Centro de Producción Documental, Pág. 9, Madrid, Barcelona. Citado por Pierre Kalfón: «Che Guevara, una leyenda de nuestro siglo».

ca, de Perón. Del otro, los demócratas progresistas, radicales, socialistas y comunistas que se agrupan en la Unión Democrática.

El 24 de febrero de 1946, Perón es electo presidente de la nación[18]. Guevara no tiene, aún, la edad requerida para ejercer el voto. No es cosa que a él le preocupe. Lo ha dicho en sus muchas notas autobiográficas: «No tuve ninguna preocupación social en mi adolescencia».

---

[18] La candidatura la habían formado con el dirigente radical Hortensio J. Quijano recibiendo 1.500,000 votos, que representaban el 55% del total de los electores.

CAPÍTULO II
INDOLENTE EN SUS AÑOS UNIVERSITARIOS.
CUESTIONABLE TÍTULO DE MÉDICO.

LOS PRIMEROS AÑOS UNIVERSITARIOS
DE ERNESTO GUEVARA

Un año antes de ingresar Guevara en la Facultad de Medicina llegaba Juan Domingo Perón, por primera vez, a la presidencia de la República. Ernesto Guevara había conocido, antes, a Chichina pero su romance comienza en octubre de 1950 durante la boda de Carmen Aguilar[19]. En aquellos años, sus amigos lo llamaban, con afecto, pero usando un apropiado vocablo, «Chancho»[20].

Trabajando durante el verano en el Departamento de Carreteras de la Provincia de Córdoba consideró Ernesto estudiar ingeniería pero, estando ya la familia en Buenos Aires, decidió en 1947 inscribirse en la Facultad de Medicina de Buenos Aires[21] donde sus padres, que ya prácticamente estaban separados, habían rentado una casa en la Calle Araoz.

Al comenzar su primer año en la universidad, Ernesto Guevara tuvo que someterse al examen médico requerido por el servicio militar. Fue detectada su asma y rechazado por no reunir la mínima capacidad física requerida[22].

Pronto sus biógrafos comenzarán a multiplicar, para engrandecer su figura, los estudios del «guerrillero heroico».

En la edición en inglés del periódico Granma, de octubre 22 de 1967, su amigo Alberto Granado nos dice que Ernesto «partió de Córdoba hacia Buenos Aires para estudiar en la universidad. En la capital obtuvo un trabajo de voluntario por seis horas al día en el gobierno municipal, y otro trabajo,

---

[19] Jorge G. Castañeda. Obra citada.
[20] Con ese calificativo, «Chancho», envió su amigo Ricardo Rojo la nota en que le presentaba a Ricardo Masetti que quería entrevistarlo en la Sierra Maestra.
[21] En marzo de 1947 ingresa en la Universidad de Buenos Aires como *oyente*. Como el curso ya había comenzado tendrá que esperar a que finalice el año para en noviembre conseguir su ingreso oficial.
[22] Jon Lee Anderson.

por la misma cantidad de tiempo, en el Instituto de Investigación de Alergia».

Es decir, que tenemos a un estudiante de medicina con dos trabajos que le toman 12 horas al día, más el tiempo necesario para desplazarse de uno a otro empleo. Este hombre prodigioso, según sus fantasiosos biógrafos, hacía maravillas con su tiempo.

Nos sigue contando Granado que cuando él (Granado) obtuvo una posición en un leprosorio, distante 1000 kilómetros de Buenos Aires: *«Ernesto me visitaba allí en distintas ocasiones».*

Al padre de Pepe Aguilar, que era médico, le impresionaba el interés del adolescente por los textos de psicología.

Es estrecha la amistad de Guevara con Pepe Aguilar y su esposa Marita Lamarca que visitan con frecuencia la casa de Guevara para comer los platos argentinos que a los tres tanto apetecen.

Pepe era uno de los tres hijos varones del médico español[23], Juan González Aguilar, que compartieron las mismas aulas del niño Ernesto cuando éste vivía en Alta Gracia. El médico recién había llegado al pequeño pueblo, luego de haber residido por poco tiempo en Córdoba, como refugiado de la guerra civil española.

Tan confiable es Pepe Aguilar como fuente testimonial que hasta William Gálvez –el joven dirigente oriental del 26 de Julio, participante en el atentado al coronel Fermín Cowley, luego integrante de la columna de Camilo Cienfuegos, y actual general de las Fuerzas Armadas Revolucionarias– lo cita, repetidamente, como íntimo amigo de Guevara[24].

Fue en la casa de Pepe González Aguilar –con motivo de la boda de Carmen, una de las hijas del anfitrión– que Ernesto conoce a la joven María del Carmen Ferreira, a la que llama con afecto *Chichina* y con la que inicia un noviazgo al que tantos han hecho referencia. La boda de Carmen, se celebraba en Córdoba y hacia la distante ciudad viaja, desde Buenos Aires, toda la familia Guevara para asistir a la ceremonia[25].

Cuando, al fin! Argentina rompe relaciones con la Alemania nazi y la Italia de Mussolini, sus padres «estaban eufóricos,…. pero yo no había visto

---

[23] El médico español Dr. Juan González Aguilar, padre de «Pepe Aguilar», fue amigo personal del presidente Azaña y «llegó a ser el Jefe de Sanidad Naval de su país». Fuente: Ernesto Guevara Lynch, «Mi Hijo el Che».

[24] «Su amigo Pepe González Aguilar ha dicho que (Ernesto) devoraba los libros como si fuera una trituradora, entre ellos, los veinticinco tomos de la *Historia Contemporánea de Europa*». William Gálvez Rodríguez, «Viajes y aventuras del joven Ernesto».

[25] José González Aguilar, citado por Jon Lee Anderson. Obra citada.

a Ernesto tan irritado como cuando se enfrentó a sus jubilosos padres»[26]. Molesto, fuera de sí, se encuentra el joven Ernesto porque Argentina ha roto con las potencias del Eje!.

Sus ácidos y despectivos comentarios sobre Winston Churchill produjeron otro enfrentamiento con Horacio, el padre de Chichina, que forzó a la joven a romper, a los ojos del padre, el noviazgo. *«Continuaron viéndose clandestinamente»*, cuenta Pepe Aguilar.

La campaña presidencial coincide con la matrícula de Ernesto en la Universidad de Buenos Aires para estudiar ingeniería. En abril del año siguiente, 1947, decide cambiar de carrera y se matricula en la Facultad de Medicina.

El Partido Comunista acusaba de fascista al peronismo denunciando *«la existencia de sectores pronazis dentro del grupo del GOU que realizó el golpe de estado de 1943»*[27].

La propia Claudia Korol, que en su obra «El Che y los Argentinos», trata de glorificar la figura de éste, se ve obligada a admitir que, contrario al clima dominante en el movimiento estudiantil, Ernesto Guevara *«nunca asumió una posición de decidida militancia antiperonista»*. Por supuesto que no. No es que Guevara no haya tenido *«una posición de decidida militancia antiperonista»;* lo que es evidente es que Ernesto Guevara, hoy glorificado por las izquierdas, fue, agresivamente, peronista.

Al pasar los años mantiene una estrecha relación con John W. Cooke, inspirador de la corriente revolucionaria del peronismo, a quien invita –siendo ya Guevara Ministro de Industrias en Cuba– a visitar y permanecer en Cuba[28].

En la Conferencia de la OLAS que se celebrará en La Habana en Agosto de 1967 asiste la delegación argentina. En la capital cubana permanecerá Cooke, junto a su muy politizada esposa, Alicia Eguren, y formarán ambos «parte de las milicias»[29].

GUEVARA: AJENO AL DOLOR DE AMÉRICA

Ernesto Guevara y Alberto Granado, en la vieja moto, modelo 1939, que han llamado «La Poderosa», recorren en frecuentes y rápidas incursiones los

---

[26] Jon Lee Anderson. Obra citada.
[27] Claudia Korol. Obra citada.
[28] John W. Cooke afirmaba que, para Perón, «la Revolución Cubana tiene nuestro mismo signo… si Cuba ha elegido formas más radicales, ése es un derecho que ningún inti-imperialista puede negar».
[29] Ernesto Golder. «John William Cooke y el peronismo revolucionario».

pueblos aledaños a Córdoba, la ciudad natal de Granado, en la que ha vivido Guevara los últimos siete años.

En diciembre de 1951 el médico Granado y el poco aplicado estudiante Guevara planean un largo viaje que los habrá de llevar, en «La Poderosa», por varios países. Lo recuerda así el propio Guevara:

«Fue una mañana de octubre. Yo había ido a Córdoba aprovechando las vacaciones el 17. [Día feriado en recordación de la manifestación popular del 17 de octubre de 1945, que exigió y logró la excarcelación de Perón y el regreso a su puesto]. Bajo la parra de la casa de Alberto Granado tomábamos mate dulce y comentábamos todas las últimas incidencias de la 'perra vida', mientras nos dedicábamos a la tarea de acondicionar la **Poderosa II***.*

Él se lamentaba de haber tenido que abandonar su puesto en la leprosería de San Francisco del Chañar y del trabajo, tan mal remunerado, del Hospital Español. Yo también había tenido que abandonar mi puesto [el de enfermero en la marina mercante] pero, a diferencia de él, estaba muy contento de haberlo dejado; sin embargo, también tenía mis desazones, pero debido más que nada a mi espíritu soñador, *estaba harto de la Facultad de Medicina, de hospitales y exámenes.*

«Por los caminos del ensueño llegamos a remotos países, navegamos por los mares tropicales y visitamos toda el Asia. Y de pronto, deslizada al pasar como una parte de nuestros sueños, surgió la pregunta:

«–¿y si nos vamos a Norteamérica?

«–¿A Norteamérica? ¿Cómo?

«–Con la **Poderosa***, hombre.»*

SU SUEÑO: IR A NORTEAMÉRICA

Ir a Norteamérica, uno de los sueños de quien luego aparecerá como un rabioso militante antinorteamericano!.

Llegan a Rosario el 31 de diciembre.

Ya el 5 de enero se encuentran en Villa Gesee, al norte del Mar del Plata; de allí, siempre en dirección sur, les toma todo el mes de enero recorrer, con total despreocupación, media docena de poblaciones.

Van hacia Bariloche. Llegan a San Martín de los Andes «un lugar precioso, en medio de bosques vírgenes con un lago lindísimo; hay que verlo porque vale la pena» escribe, poéticamente, el joven Ernesto. Pero ¿dónde van a descansar?. A la casa de alguien de ideas afines; «a la estancia de los Von Puthamer, amigos de Jorge, sobre todo uno que es peronista» carta de enero de 1952 a su madre.

El 11 de febrero están en San Carlos de Bariloche para, desde allí, pasar a Chile donde «encontramos a varios médicos de gira... les dimos una conferencia sobre leprología... lo que provocó la admiración de los colegas transandinos» anota, ostentosamente, en su diario el estudiante Guevara que, en esa fecha, sólo tenía aprobadas seis materias de la carrera de medicina.

El primero de marzo están en Santiago de Chile y el 5 en Valparaíso. Han dejado la moto en Santiago *«en el cuartel de bomberos y dormimos en casa de un alferez del ejército chileno».* Veremos, a lo largo de este prolongado viaje –y del próximo que iniciará con Calica Ferrer– a un Ernesto Guevara dispuesto siempre a recibir favores –a los que nunca corresponderá– tanto de amigos como de personas recién conocidas. Se aprovechará de la generosidad e ingenuidad de muchos ante quienes se muestra como un amable y atento ser humano. Su verdadera personalidad se mostrará años después. En la Sierra. En La Cabaña. En el Congo. En Bolivia.

A los pocos días se meten, como polizones, en el barco *San Antonio* que los traslada hasta Antofagasta. De allí a Iquique y, luego, a Arica. En 38 días han recorrido 3,500 kilómetros.

En Chile se está desarrollando una intensa campaña presidencial. Son los últimos meses del gobierno de Gabriel González Videla que había sido electo con el respaldo de radicales y comunistas pero que ya había perdido el apoyo de este último grupo. En las elecciones que ahora se están celebrando van como candidatos el ex-presidente Carlos Ibáñez; Arturo Matte, con el apoyo de conservadores y liberales; el radical Pedro Enrique Alfonso y, el más débil, el socialista Salvador Allende respaldado por los comunistas. Indiferente fue también, para el joven Guevara, aquel proceso político.

En abril ya están en Perú visitando Cuzco y Machu Picchu. Gobernaba Perú, producto de un golpe de estado[30] y de elecciones amañadas sin garantías ni candidatos de oposición[31], el general Manuel Odría. Su gobierno descansaba en el ciego respaldo que recibía de las fuerzas armadas, una de cuyas ramas, la Guardia Civil, tenía a su cargo la violenta represión a los sectores populares –políticos, estudiantiles, obreros– que se enfrentaban a su régimen.

Apenas dos años antes[32], Víctor Raúl Haya de la Torre, el líder aprista, se había visto obligado –por la descarnada persecución a su organización

---

[30] El 29 de octubre de 1948 el Gral. Manuel A. Odría encabezó un golpe militar que derrocó al gobierno democráticamente electo del Dr. José Luis Bustamante.

[31] Luego de presidir por dos años una junta militar, el Gral. Odría realizó elecciones en las que su oponente el Gral. Ernesto Montague había sido arrestado y deportado.

[32] Enero 3, 1949.

política– a acogerse al asilo político en la embajada de Colombia. Caso que capturó, por años, la atención del continente.

Guevara cerró, muy convenientemente, sus ojos a esta realidad. No solo silencia en su Diario los desmanes de la férrea dictadura sino que se acoge a la generosa hospitalidad de sus cuerpos represivos.

La Guardia Civil los colma de atenciones. Les da de comer y les ofrece alojamiento. Veámoslo con las propias palabras del *heroico guerrillero*:

«De vuelta a Huancarama, nos alojamos nuevamente en la Guardia Civil hasta conseguir el camión que nos llevara rumbo norte».

¿Cómo los viajeros habían llegado a aquella población?:

«Con caballos facilitados por el hacendado que nos había dado albergue».

Ernesto Guevara recibe, complacido, las cortesías y atenciones de *«organismos represivos»* y de las *«clases explotadoras»*.

El primero de mayo llegan los viajeros a Lima. Van, a pie, porque no hay transporte público por ser Día del Trabajo, al Callao. Por el Amazonas navegan hasta Iquitos a donde arriban el primero de junio. Continúan en balsa hasta llegar a Leticia.

Habían llegado a la ciudad amazónica donde convergen los límites de Brasil, Perú y Colombia. Como habían muchos soldados jóvenes deseosos de practicar deportes, explica Alberto Granado, «no nos quedó más remedio que sacar a relucir otra faceta de nuestros conocimientos y nos transformamos en entrenadores de fútbol». El propio Guevara lo confirma en carta a su madre[33]:

«... lo que salvó la situación fue que nos contrataron como entrenadores de un equipo de fútbol, mientras esperábamos avión que es quincenal. Al principio pensábamos entrenar para no hacer papelones, pero como eran muy malos nos decidimos también a jugar, con el brillante resultado que el equipo considerado más débil llegó al campeonato relámpago organizado, fue finalista y perdió el desempate con penales...»

Planean, ahora, su recorrido por Colombia y Venezuela.

---

[33] Carta de Ernesto Guevara a su madre de fecha 6 de julio de 1952.

Guevara le escribe a su padre:

«Desde que entramos en territorio extranjero no saqué el revólver ni para limpiarlo, y si no nos atacan los guerrilleros colombianos, no veo que haya necesidad de hacerlo. En vez de venirte para acá a seguirnos, sería bueno que bajaras para Venezuela cuanto antes,...- en general se coincide en que Colombia y Venezuela son los dos países ideales para hacer plata en las condiciones actuales del continente».

¡Países ideales para hacer plata!.

Evidentemente no le preocupaba tampoco al futuro redentor la situación de Colombia en los meses anteriores al golpe militar de Gustavo Rojas Pinilla.

Más preocupados por el deporte que por los problemas sociales los dos argentinos son contratados como entrenadores del equipo de fútbol, el Independiente Sporting. Celebran un campeonato que les toma las dos últimas semanas del mes de junio. El 2 de julio parten por avión hacia Bogotá, cortesía del equipo que habían entrenado. Allí pasan el tiempo conversando con Di Estefano y otros futbolistas argentinos.

El 17 de julio están en Caracas.

El 26 se separan, en la capital venezolana, Granado y Guevara. No hay en los diarios que respectivamente llevaban, un solo comentario sobre la situación política de Venezuela gobernada por el general Marcos Pérez Jiménez.

En el extenso viaje, tan lleno de aventuras, se ha ahondado, aún más, el mutuo afecto de los viajeros. Cálida amistad parecía sentir Guevara tan sólo por aquellos otros argentinos que lo habían conocido antes de llegar al poder: Granado, Masetti, Gustavo Roca, Ricardo Rojo.

A Granado le pagó dividendos su amistad con Guevara. Al triunfo de la revolución le facilitó a su amigo bioquímico desenvolverse en su especialidad en la Universidad de La Habana.

Granado quedará en Caracas mientras Ernesto Guevara planea su regreso a Buenos Aires consiguiendo un trabajo en un avión de carga que llevará caballos de carrera hasta Miami y regresará luego a Buenos Aires. Al llegar a Miami se demorará varias semanas la salida del carguero[34]. Y finalmente, arriba a Buenos Aires, cansado, agotado, el 31 de agosto de 1952.

Hasta ese día, 31 de agosto, existe una profusión de datos, bien minuciosos, sobre las diarias actividades del futuro guerrillero. 20, 30, 50 biografías detallan cada uno de sus pasos. Pero de pronto termina esa minuciosidad.

Abundan los testimonios de condiscípulos de Ernesto Guevara en sus años de enseñanza elemental y secundaria. Sus múltiples biógrafos repiten sus nombres, sus recuerdos en la Escuela San Martín en Alta Gracia, y del Colegio Nacional Dean Funes, en Córdoba, donde inició su bachillerato en 1942, mencionan a sus compañeros de juego. Pero en esas biografías, tan pródigas en nombres no se identifica a un solo compañero de aula, de estudios, de sus años universitarios.

En un libro publicado en La Habana en 1989[35] que nos presenta una «Iconografía Testimoniada de la Infancia y de la Juventud de Ernesto Guevara, 1928-1953» se recoge el testimonio de 56 personas, con fotos, documentos y cartas, que nos hablan de Ernesto desde su nacimiento hasta sus viajes por América Latina en julio de 1953. En este medio centenar de testimoniantes no aparece uno solo que haya compartido con él sus años universitarios. No se conoce de un solo compañero de clases en los meses en que aparece terminando sus últimas once materias en la Facultad de Medicina.

GUEVARA: SU CUESTIONABLE TÍTULO DE MÉDICO

Existe un prolongado y enigmático silencio –que no quiebran sus numerosos y amables biógrafos– sobre la presencia de Ernesto Guevara en la Universidad de Buenos Aires ni, muy particularmente, sobre las materias cursadas en sus prodigiosos tres últimos meses de su carrera.

Sólo se sabe que este hombre –que ha permanecido durante ocho meses continuos fuera de Argentina, totalmente aislado, separado de la universidad, que en su recorrido por seis países no llevó con él un simple libro de texto y que, por su ausencia, no pudo haber asistido a un solo día de clases en la

---

[34] En un informe de la Agencia Central de Inteligencia de Abril 3 de 1958 se hace mención, en el segundo párrafo, que Ernesto Guevara «tiene un record policial en Miami, Florida donde fue arrestado e interrogado durante la guerra de Corea». Fuente: Sumario de Documentos Extranjeros, No. 1017, Julio 30, 1956, Citado en el libro «Che Guevara y el FBI» de Michael Ratner, Ocean Press, Melbourne, Nueva York. La fecha coincide con la permanencia en Miami de Ernesto Guevara en 1952 cuando terminaba el recorrido por Sur América con Alberto Granado y, desde Venezuela, llegó a Miami en Julio de 1952 en un avión de carga, permaneciendo durante varias semanas en Miami.

[35] Adys Cupulli y Froylán González. «Ernestito, vivo y presente», Editora Política. La Habana, 1989.

facultad de medicina– aprueba, 45 días después, el examen de Clínica Pediátrica, y, a los pocos días, ya en noviembre, el gran ausente aprueba tres materias: Clínica Oftalmológica, Clínica Urológica y Clínica Dermatosifilográfica[36].

Eso es poco. En diciembre, en menos de 22 días lectivos, aprueba once materias: Patología General y Médica, Clínica Obstétrica (Fisiología), Patología y Clínica de la Tuberculosis, Medicina Legal, Higiene y Medicina Social, Ortopedia, Clínica Obstétrica Patológica, Clínica Médica, Patología y Clínica de las Enfermedades Infecciosas y Clínica Quirúrgica.

Once materias en 22 días lectivos. Quince –la mitad de los cursos necesarios para adquirir el doctorado– examinados y aprobados en apenas tres meses, sin haber asistido a clases ni a prácticas en todo el año con la probable excepción de las últimas semanas.

Horacio Daniel Rodríguez en su libro «Che Guevara» afirma que en septiembre «se ha aprobado una resolución conforme a la cual los alumnos de la promoción siguiente a la de 1952 debían incorporar, como materia obligatoria para su graduación, la disciplina que eufemísticamente el régimen denominaba «formación ciudadana»…. ante tal situación, Guevara resuelve concluir rápidamente su carrera e integrarse en el elenco de alumnos que podían graduarse sin la obligación referida». Como base para tal afirmación da, sencillamente, una nota de prensa publicada en el periódico «La Prensa» del 20 de febrero de 1958[37].

Sobre los últimos exámenes que supuestamente tomó Guevara en la Facultad de Medicina de la Universidad de Buenos Aires nos dice su buen amigo Granado:

«Un detalle importante que muestra la habilidad de Ernesto es que muchas veces, después de los exámenes de diciembre, en lugar de quedarse en la capital revisando los temas para los exámenes de marzo (que son los exámenes finales en Argentina) él tomaba su mochila, montaba su bicicleta o su motocicleta y viajaba a diferentes partes del país».

Todas estas declaraciones de afectos cercanos que quieren elevar la imagen de Guevara prueban la total ausencia de Ernesto Guevara de las aulas

---

[36] Estas tres por «promoción», sistema que requería la concurrencia a clase por 30 horas. (Resolución del Consejo Directivo de la Facultad de Ciencias Médicas, del 29 de marzo de 1950).

[37] Tal declaración no aparece en la Resolución del Consejo Universitario del 7 de abril de 1953 que reestructura el Plan de Estudios de la Escuela de Medicina. (Ver Anexo) ni en el posterior dictamen unánime de ese organismo que dictó la ordenanza que regulaba la inscripción, cursos académicos, exámenes y el plan de estudios.

universitarias. Continúa Alberto Granado afirmando que Guevara «*casi siempre incluía en sus viajes una breve estadía en los hospitales donde yo estaba trabajando*»[38].

FECHA DE LOS «EXÁMENES» DE ERNESTO GUEVARA

Asignaturas	Fecha
Anatomía Descriptiva	
Anatomía Topográfica	Abril 1948
Parasitología	Nov. 1948
Embriología e Histología	Agost. 1948
Fisiología Fís. y Quím. Biol.	Marzo 1949
Microbiología	Julio 1949
Anat. y Fisiol. Patológica	Nov. 1949
Semiol. y Clín. propedéutica	Abril 1950
Toxicología	Dic. 1950
Terapéutica y Farmacología	Dic. 1950
Clínica Ginecológica	Sept. 1951
Radiología y Fisioterapia	Sept. 1951
Patología Quirúrgica	Sept. 1951
Clínica Psiquiátrica	Oct. 1951
Clínica Otorrinolaringológica	Nov. 1951
Técnica Quirúrgica	Nov. 1951
Clínica Pediat. y Puericultura	Oct. 1952
Clínica Oftalmológica	Nov. 1952
Clínica Urológica	Nov. 1952
Clínica dermatosifilográfica	Nov. 1952
Medicina Legal	Dic. 1952
Clínica Obstét. (Fisiología)	Dic. 1952
Higiene y Medicina Social	Dic. 1952
Patología y Clínica de la Tuberculosis	Dic. 1952

---

[38] Martín Ebon. *Che: The Making of the legend.*

Ortopedia	Dic. 1952
Clínica Obstét. Patológica	Dic. 1952
Patología General y Médica	Dic. 1952
Clínica Médica	Dic. 1952
Anatomía Descriptiva	Abril 1948
Anatomía Topográfica	
Parasitología	Nov. 1948
Embriología e Histología	Agost. 1948
Fisiología Fis. Y Quím. Biol.	Marzo 1949
Microbiología	Julio 1949
Anat. Y Fisiol. Patológica	Nov. 1949
Semiol. Y Clín. Propedéutica	Abril 1950
Toxicología	Dic. 1950
Terapéutica y Farmacología	Dic.1950
Clínica Ginecológica	Sept. 1951
Radiología y Fisioterapia	Sept. 1951
Patología Quirúrgica	Sept. 1951
Clínica Psiquiátrica	Oct. 1951
Clínica Otorrinolaringológica	Nov. 1951
Técnica Quirúrgica	Nov. 1951
Clínica Pediat. Y Puericultura	Oct. 1952
Clínica Oftalmológica	Nov. 1952
Clínica Urológica	Nov. 1952
Clínica Dermatosifilográfica	Nov. 1952
Medicina Legal	Dic. 1952
Clínica Obstét. (Fisiología)	Dic. 1952
Higiene y Medicina Social	Dic. 1952
Patología y Clínica de la Tuberculosis	Dic. 1952
Ortopedia	Dic. 1952
Clínica Obstét. Patológica	Dic. 1952
Patología General Médica	Dic. 1952
Clínica Médica	Dic. 1952

Clínica Quirúrgica	Dic. 1952
Pat. y Clín. De las Enfer. Inf.	Dic. 1952
Clínica Neurológica	Abril 1953

Rindió su útima asignatura el día 11 de abril de 1953.

«Meteórica» carrera: Quince cursos –la mitad de la carrera– en tres meses!. Once materias –incluyendo «Clínica Quirúrgica»– en 22 días lectivos.

Ese autor va, aún, un poco más lejos. Nos habla de que «realiza enseguida estudios de especialización en alergia bajo la dirección del Dr. Salvador Pisano» y afirma, sin ofrecer dato alguno específico, que «se publican algunas comunicaciones médicas de Guevara en colaboración e individual, entrevistas especializadas del país y de Chile». Interesante sería conocer en que período de tiempo se realizan esos «estudios de especialización en alergia» y cuándo y dónde se publican esas «comunicaciones médicas de Guevara».

No lucen nada serias estas afirmaciones. Si es con fecha 12 de junio de 1953 que se le «emite» el diploma de médico a Ernesto Guevara, y el 9 de julio, 27 días después, parte con su amigo Calica Ferrer en su largo viaje –sin regreso a la Argentina– que lo lleva a Bolivia, Perú, Ecuador, Guatemala, Costa Rica, México, y Cuba, ¿Cuándo realiza sus «estudios de especialización en alergia?». ¿Cuándo concede «las entrevistas especializadas»?.

¿CUMPLIÓ GUEVARA CON LOS REQUISITOS DE LOS PLANES DE ESTUDIO?

Muchas dudas surgen al analizar las materias aparentemente cursadas, de octubre a diciembre, en su último año universitario.

Para aclarar estas interrogantes nos dirigimos con fecha 3 de febrero del año 2000 al Rectorado de la Universidad de Buenos Aires y, posteriormente, a la Secretaria de Asuntos Académicos de aquella universidad solicitándoles me informaran sobre los requisitos exigidos por esa universidad en los años 1952 y 1953 para graduarse de médico.

Luego de distintas comunicaciones recibí de esta última funcionaria la Actuación No. 18.870/00 de fecha Junio 2 adjuntándome copia de los informes de Marzo 21 producidos por la Dirección General de Títulos y Planes y el Informe de la Facultad de Medicina, (Expediente 47669/50) así como la Resolución del Consejo Directivo de la Facultad de Medicina aprobada el 3 de mayo de 1950, sobre el ordenamiento de asignaturas y régimen de exámenes exigidos por esa universidad para graduarse de médico en los años 1952 y 53.

Al cotejar las exigencias de ese plan de estudios con las fechas en que Ernesto Guevara de la Serna aparecía aprobando distintas materias resultaba evidente que no habría podido recibir su título de médico.

Por obvias razones, con ese plan de estudios, la Facultad de Medicina de la Universidad de Buenos Aires no podía haberle otorgado a Guevara el título de médico.

Una somera revisión de su expediente académico revela suficientes pruebas para comprobar que la Facultad de Medicina de la Universidad de Buenos Aires no podría haberle concedido el Título de Médico del que tanto se ufanaban él y tantos de sus seguidores.

Hemos visto que en 22 días lectivos este ausente estudiante aprobó once materias. Su padre, Ernesto Guevara Lynch, menciona la existencia de un legajo del Ministerio de Educación en el que se hace constar que la Facultad de Medicina ha otorgado un «Diploma de Médico a favor de Ernesto Guevara el 12 de junio de 1953", en cuyo legajo se menciona que la última asignatura aprobada por Guevara fue la de Clínica Neurológica en abril 11 de 1953.

El plan de estudios y «lo referente al ordenamiento de asignaturas y régimen de exámenes y promociones» de la Facultad de Medicina está contenido en la Resolución del H Consejo Directivo de dicha facultad de fecha 29 de marzo de 1950. (Expediente U-5.113/50). (VER ANEXO A)

Hubiese sido en flagrante violación de las regulaciones de la propia Facultad de Medicina de la Universidad de Buenos Aires que se le hubiese conferido tal título ya que de acuerdo a la Resolución arriba mencionada ese otorgamiento estaría en total incumplimiento de lo dispuesto por varios de los artículos que regulan todo lo «referente al ordenamiento de asignaturas y régimen de exámenes y promociones de Medicina».

Veamos, tan sólo, tres o cuatro de esos artículos:

Artículo 13.– «Después de haber aprobado el examen de Clínica Médica[39], los alumnos completarán sus conocimientos prácticos durante un año, para lo cual concurrirán, obligatoriamente, durante tres meses a un servicio de Clínica Médica, tres meses a Clínica Quirúrgica, tres meses a Cirugía de Urgencia y Traumatología y tres meses a Clínica Obstétrica, con un mínimo de 24 horas semanales».

Es decir, que después de esa materia de Clínica Médica, aprobada por Guevara en diciembre de 1952, tenía él que concurrir, obligatoriamente, durante doce meses a un servicio en cada una de las cuatro materias aquí señaladas. Pero es sólo seis meses después de aquel examen que Guevara parte de su país natal sin jamás regresar.

Veamos otro artículo:

Artículo Ocho.– «Para rendir examen de Clínica Quirúrgica es necesario tener aprobadas todas las materias... menos Clínica Médica».

La asignatura de Clínica Quirúrgica, según el legajo mencionado por su padre, fue aprobada por Guevara en diciembre de 1952. Ese Artículo Octavo de la Resolución del Consejo Directivo de la Facultad de Ciencias Médicas es bien claro.

Pero Ernesto Guevara no tenía, en diciembre de 1952, aprobadas *todas* las materias ya que Clínica Neurológica aparece siendo aprobada cuatro meses después: el 11 de abril de 1953. Una nueva irregularidad en su expediente.

Veamos otro artículo aún más definitorio:

«Artículo Nueve.– Para rendir examen de Clínica Médica es necesario tener aprobadas todas las materias del presente Plan de Estudios».

---

[39] Ernesto Guevara aparece aprobando esa asignatura en diciembre de 1952.

De nuevo observamos otra irregularidad. En el legajo mencionado aparece aprobando Clínica Médica en diciembre del 52 cuando aún le faltaban por aprobar otras materias.

Artículo Quince.– «Terminado ese período, (de un año concurriendo obligatoriamente a clases prácticas) documentado con los certificados pertinentes, la Facultad le otorgará el Título de Médico».

Ernesto Guevara, después de diciembre de 1952, estaba obligado a concurrir a clases prácticas durante doce meses para que, al presentar «los certificados pertinentes», se le otorgue el «Título de Médico».

Pero para esa fecha, diciembre de 1953, Guevara ya lleva más de seis meses lejos de la universidad, fuera de la Argentina, viajando por Bolivia, Perú, Panamá, Costa Rica, Nicaragua, Honduras y Guatemala. ¿Cuándo, entonces, presentó Ernesto Guevara «los certificados pertinentes» que lo hacían acreedor a recibir su «Título de Médico»?. En ningún momento.

En julio de 1953, sólo siete meses después de estar obligado a concurrir a clases prácticas durante doce meses, ya Guevara abandona Argentina para no regresar.

En esa fecha, a los tres meses de haber aprobado su última asignatura (Clínica Neurológica), Guevara parte hacia Bolivia. No volverá a la Argentina.

UNA RESOLUCIÓN ANTERIOR

Ante esta contradicción me dirigí nuevamente a la Secretaría de Asuntos Académicos y a la Dirección General de Títulos y Planes de la Universidad de Buenos Aires señalándoles estas inconsistencias.

Tras múltiples comunicaciones y gestiones personales en las que solicitaba la confirmación de que al estudiante Ernesto Guevara de la Serna se le hubiese otorgado el título de médico a pesar de estas evidentes discrepancias se me informó que el plan de estudios aprobado por la Facultad de Medicina el 3 de mayo de 1950 y que regía para los estudiantes que cursaban estudios en la Universidad de Buenos Aires en 1952 y 53 no se aplicaba a Ernesto Guevara porque éste se había matriculado en la Facultad de Medicina en el año 1948 cuando regía otro plan de estudios.

DESAPARECE EL EXPEDIENTE ACADÉMICO DE ERNESTO GUEVARA

Al recibir esta nueva información solicitamos de la Secretaría de Asuntos Académicos y de la Directora de Alumnos el envío de este plan de estudios vigente cuando Ernesto Guevara ingresó en la Escuela de Medicina. Solicité, además, copia de su expediente académico.

Recibí lo primero; no lo segundo.

El plan de estudios vigente en 1948[40], cuando Guevara ingresa en la Escuela de Medicina de la Universidad de Buenos Aires, consistía en tres ciclos, el primero de los cuales estaba dividido en tres años; el segundo ciclo abarcaba otros dos años, y el tercer ciclo se cursaba en otros dos años adicionales. (Ver Anexo, página siguiente).

Este plan de estudios, como el antes mencionado de 1950, requería la previa aprobación de determinadas materias y haber completado trabajos prácticos de otras asignaturas para pasar al siguiente año y, luego, para recibir el título.

Pero, además, el artículo 17 del Plan de Estudios de 1950, aprobado por la Resolución del Consejo Directivo de la Facultad de Medicina de la Universidad de Buenos Aires dejaba sin efecto todos los programas de estudios anteriores, los que serían adaptados al nuevo plan.

Veamos lo que expresa, textualmente este artículo:

«Artículo 17 – En el término de sesenta días a contar de la fecha de aprobación de esta ordenanza por el Consejo Universitario, los programas de enseñanza teórica, de trabajos prácticos y de examen, serán adaptados al presente plan de estudios, en un todo de acuerdo a la letra y al espíritu del mismo».

¿Cumplió Guevara con todos los requisitos académicos para obtener su título?. Por el momento, no se sabrá. ¿Por qué?.

Se me comunicó que la Facultad de Medicina no podía ofrecerme copia del expediente porque el expediente académico de Ernesto Guevara de la Serna había sido robado.

---

[40] Plan de estudios de la Escuela de Medicina aprobado en 1937 por la Facultad de Ciencias Médicas.

El expediente académico de Ernesto Guevara ha desaparecido. ¿Cuándo? ¿Cómo? ¿Quién lo sustrajo?.

Sustraído el expediente académico de Ernesto Guevara de la Serna, y ante las claras discrepancias con los planes de estudios vigentes en aquella fecha no parece existir una prueba fehaciente de que Ernesto Guevara hubiese recibido, jamás, su título de médico.

Ya hemos visto que de acuerdo al plan de estudios vigente en 1952 (Expediente U-5.113/50 de Mayo 3 de 1950) Ernesto Guevara no cumplía los requerimientos exigidos por aquel plan.

Veamos, ahora, si pudo haber cumplido con los requerimientos del plan de estudios de la Facultad de Ciencias Médicas que entraba en vigor en el año escolar de 1937 y vigente cuando Ernesto Guevara ingresa, en 1948, en la Escuela de Medicina de la Universidad de Buenos Aires.

Guevara acaba de llegar a Buenos Aires el primero de septiembre de 1952. Descansará unos días de su largo e incómodo viaje, se matriculará nuevamente en la universidad y pronto, presumiblemente, comenzará a asistir al alto centro docente. Veamos las horas de clases a las que debía asistir en los 66 días lectivos de octubre, noviembre y diciembre para cubrir las materias que, supuestamente, ha examinado en ese período de tiempo:

OCTUBRE:	HORAS
Clínica Pediátrica y Puericul.	130
NOVIEMBRE:	
Clínica Oftalmológica	30
Clínica Urológica	30
Clínica Dermatosifilógica	30
DICIEMBRE:	
Patología General	104
Clínica Médica	130
Clínica Quirúrgica	130
Clínica Obstétrica	182
Patología y Clínica de Tuberculosis	30
Medicina legal	78
Clínica Obstétrica (Parto)	182
Clínica Médica (Tercer ciclo, segundo año)	182

Clínica Quirúrgica	182
Higiene y Med. Social	78
Patología y Clínica Enf. Infec.	130
Ortopedia	30
Total de Horas de Clase	1658
DÍAS LECTIVOS	66

Algunas materias las habrá aprobado en exámenes finales que no exigían la asistencia a clase; de lo contrario, el estudiante Ernesto Guevara de la Serna tendría que haber asistido 25 horas diarias!!! en cada uno de los 66 días lectivos de octubre, noviembre y diciembre de 1952 para haber cumplido con los requisitos académicos del plan de estudios de 1937 vigente en 1948 cuando se matriculó en la Escuela de Medicina de la Universidad de Buenos Aires.

Luce comprensible que el expediente académico de este prodigioso estudiante haya desaparecido.

CAPÍTULO III
COMIENZA LA LEYENDA

... ¡AQUÍ VA...UNA FALSA LEYENDA!

La leyenda, porque no es historia verdadera, comienza en el andén de la estación Retiro del Ferrocarril General Belgrano, en Buenos Aires.

Una de las más conocidas de las «historia-ficción» escritas –y amplísimamente divulgadas– por su fantasioso padre, Ernesto Guevara Lynch, nos presenta a Ernesto que, *«en vez de subir al andén, caminó varios metros por el andén y levantando el brazo con el que sostenía un bolso verde, gritó: «Aquí va un soldado de América».*

El libro «... aquí va un soldado de América», escrito por su padre, Ernesto Guevara Lynch, servía un solo propósito: la glorificación de su hijo, a quien quiere atribuirle, desde que parte de la estación del tren, en Buenos Aires, una consciente decisión de consagrarse a la liberación del continente americano.

Esa afirmación, y tantas otras, han sido recogidas, como artículo de fe, por gran número de biógrafos de Ernesto Guevara de la Serna que han tomado como fuente de información esa obra que recoge algunas de las cartas familiares del Che y muchas de las fantasías de su padre.

Aunque el padre, Guevara Lynch, intenta negarlo, tanto Carlos (Calica) Ferrer, como el joven Ernesto, cuando partieron de Buenos Aires pretendían radicarse en Venezuela.

Lo admite el propio Guevara al escribirle en agosto 22 a su madre que él *«no sabía como las cosas iban a ser en Venezuela»;* pero que tenía sus esperanzas en ganar cerca de US$10,000.00 dólares y, entonces, *«con Alberto* (Granado) *tal vez tomaremos un nuevo viaje pero en dirección Norte a Sur y, tal vez, en helicóptero». «Después a Europa y después de allí, quien sabe».* ¿Dónde puede, entonces, basarse la afirmación que Guevara partió de Buenos Aires para salvar la América?.

No era una idea nueva o repentina del joven Ernesto dirigirse a Venezuela como la meca de sus sueños.

Cuando, dos años antes, organizaba su primer largo viaje por Suramérica, acompañado de Alberto Granado, así se lo había informado a su padre:

«Viejo, me voy a Venezuela».

No sólo soñaba Ernesto Guevara con Venezuela como meta de sus sueños sino, también, ambicionaba llegar a otra nación mucho más al norte que la patria de Bolívar. Lo afirma el inquieto viajero en uno de sus cuadernos de viaje cuando relata una de sus muchas conversaciones con Granado:

«Y de pronto, deslizada al pasar como una parte de nuestros sueños, surgió la pregunta: ¿Y si nos vamos a Norteamérica?.

–¿A Norteamérica?... ¿Cómo?.

–Con la Poderosa, hombre.

Así quedó decidido el viaje que en todo momento fue seguido de acuerdo con los lineamientos generales con los que fue trazado: improvisación».

No responde el viaje a la clara conciencia «de un soldado de América». Los viajes de Ernesto Guevara en la *Poderosa I* y la *Poderosa II*, por el norte argentino, por el sur hasta Bariloche, por occidente hasta Mendoza y, fuera de la patria, hacia Chile, Perú, Ecuador, Colombia, Venezuela, Estados Unidos, con Granado, con Calica Ferrer o con Gualo García no eran planeados por «un soldado de América» para conocer, estudiar, ni, mucho menos, enfrentarse a los serios problemas de los pueblos del continente. Eran viajes, lo admite el propio Guevara, que los trazaría la *improvisación.*

Comienza el padre afirmando que aquella exclamación del hijo gritando en el andén «...aquí va un soldado de América» respondía a su decisión de consagrar su vida a «liberar la América irredenta», y que, de esto, se percató el padre y la familia cuando Ernesto, cruzando toda la América, «se enrola en las filas del Dr. Fidel Castro Ruz en México».

No, no es cierto que Guevara partiera de Buenos Aires, con la conciencia de convertirse en un «combatiente internacional por la libertad de la América irredenta». Sale, sin destino fijo, hacia el norte.

En La Paz (carta de julio 24, 1953) estuvo *«a la espera de un trabajo»;* como no pudo conseguirlo, tuvo que marcharse: *«Estoy un poco desilusionado de no poder quedarme, porque este es un país muy interesante».* Siempre Guevara buscando –seguramente sin mucho interés– un trabajo.

Llegaba Ernesto Guevara a La Paz cuando jóvenes cubanos atacaban, aquel 26 de julio, un cuartel militar en Santiago de Cuba; momentos en que Bolivia vivía su Revolución Nacional y celebraba, con el júbilo de casi toda la nación, la aprobación de la, largamente esperada, Ley de la Reforma Agraria. Poco antes, el gobierno de Paz Estenssoro había nacionalizado las minas de estaño, las mayores del mundo. Estos dos acontecimientos resultaron indiferentes al que pronto se sentiría redentor de aquella nación.

Permaneció Guevara, como simple turista, en la capital, indiferente a la transformación que la nación boliviana estaba experimentando con una reforma agraria que le había concedido, de hecho, la propiedad de la tierra al que la trabajaba. El campesino boliviano comenzaba a sentirse seguro cultivando su propio rancho. Pagará Guevara con su vida, dentro de quince años, la no aceptación de aquella realidad.

Mientras se producían en la nación aquellas grandes transformaciones, Guevara disfrutaba el agasajo de que era objeto en La Paz por ricos exiliados argentinos. No mostró, repetimos, interés alguno en los serios problemas sociales y políticos que conmovía a la nación boliviana.

Va acompañado de su amigo de la infancia, Carlos Ferrer, *Calica*.

Calica y su hermano Jorge, *El Gordo*, eran hijos del médico de la familia Guevara en Alta Gracia. Los dos amigos habían proyectado su viaje por Bolivia y Perú, rumbo a Venezuela; la verdadera meta de aquel viaje juvenil.

Atraviesa el tren las provincias de Buenos Aires, Santa Fé, Córdoba, Tucumán, La Rioja y Jujuy.

ATENDIDO POR MILLONARIO ARGENTINO

Llegan los dos viajeros a La Paz en julio de 1953. En aquella ciudad vivían algunos argentinos exiliados, varios de ellos inmensamente ricos. Entre éstos, Isaías Nougues, jefe de un partido provincial en la Argentina; propietario, allá en su patria de origen, de una inmensa plantación azucarera. Era, sin duda, Nougués el más rico de los desterrados argentinos. Visita diaria de la mansión del acaudalado terrateniente, eran Guevara y Calica. Fue, allí, en aquella lujosa residencia, donde una noche los dos inquietos viajeros argentinos conocieron a otro compatriota: Ricardo Rojo.

Ricardo Rojo era un joven abogado militante del Partido Unión Cívica Radical, dirigido por Arturo Frondizi, que mantenía una franca oposición al gobierno autoritario de Juan Domingo Perón. Detenido por esas actividades revolucionarias logró Rojo fugarse de la cárcel y acogerse al asilo diplomático que le ofrecía la embajada de Guatemala el 4 de mayo de 1953, dos meses antes de que en una isla lejana jóvenes revolucionarios asaltaran un cuartel militar. No tuvo que volar a Guatemala, no aún. El gobierno le permitió a Rojo volar a Chile.

Días después se trasladaba a La Paz donde vivían, con holgura, algunos exiliados argentinos. Entre ellos, Isaías Nougues. La casa de Nougues se encontraba en el suburbio capitalino de Calacoto.

Utilizando al millonario Nougues, tampoco, en La Paz, ni Calica ni Ernesto lograron la visa para Venezuela el país al que, ambos, querían dirigirse.

Cuando llegaron a La Paz, residieron primero en un elegante hotel. Así se lo dice Ernesto a su madre en su carta de julio 12: *«Aquí estamos en un hotel de lo más bacán por un día, hasta ver que hacemos de nuestros huesos»*.

Mientras era agasajado en La Paz por ricos exiliados argentinos no mostró Ernesto Guevara interés en los agudos problemas políticos y sociales de la nación boliviana. Sabe que el dos de agosto se va a decretar la Reforma Agraria y que, «se anuncian batidas y bochinches en todo el país»; pero se apresura a salir de allí. Poco le preocupa, a quien luego pretenderá convertirse en redentor de aquella nación, el momento trascendente que está viviendo el país mediterráneo.

Guevara y Ferrer comparten, luego, una modesta habitación en la calle Yanacocha, en un barrio popular de La Paz. *«Su vida transcurría en los cafés bulliciosos de la avenida 16 de Julio, en el mercado*

*Camacho… también en el bar del **Sucre Palace Hotel**, el más suntuoso de la ciudad»*[41].

Su padre, Guevara Lynch, es muy selectivo en la utilización de las cartas de Ernesto. Así, en las compactas diez páginas que dedica a la estadía de su hijo en Bolivia, no menciona, ni siquiera una vez, a su generoso anfitrión, el millonario Isaías Nougues. Saldrán los tres, Rojo, Calica y Guevara rumbo a Perú, bordeando el Lago Titicaca. Alquilan, allí en el lago, una canoa indígena para llegar a la isla donde se encuentra el Templo del Sol. Y regresan hasta llegar, el 11 de septiembre de 1953, al poblado de Yunguyo, ya en territorio peruano.

El viajero, que transita por esos caminos, sin destino fijo, se encuentra ahora en Perú.

Allí continúa en el poder, aún, el mismo general Manuel Odría, cuya Guardia Civil tan amable y generosamente sirvió, en su anterior viaje con Granado, al futuro guerrillero, y continuaba, asilado en la embajada de Colombia, el jefe del APRA, Víctor Raúl Haya de la Torre.

Los tres turistas argentinos reciben, sin dificultad alguna, salvoconductos, y continúan hasta Juliaca, para seguir al Cuzco.

En Cuzco, *«estuve por ir a trabajar a alguna mina pero no estaba dispuesto a quedarme por más de un mes y me ofrecían tres como mínimo de modo que no agarré»;* carta de agosto 22 de 1953. Siempre la buena intención, no lograda, de trabajar.

Atraviesan el Valle de Uhubamba; recorren las ruinas de Sacahuanan, ciudadela amurallada en la que Guevara permanecerá varios días junto a Calica, mientras *el Gordo* Rojo seguía hasta Lima.

Desde Cuzco vuelve escribir Ernesto a su madre el 22 de agosto, describiéndole su visita al Lago Titicaca y a la Isla del Sol, pero lo interesante de esta carta que, por supuesto, muchos de sus biógrafos silencian, es esta afirmación del futuro redentor de América al que nos quieren presentar con una firme decisión de participar en la revolución que se está produciendo en Guatemala:

---

[41]   Ricardo Rojo. «Mi amigo el Che».

«De mi vida futura no te hablo porque no sé nada, ni siquiera como andarán las cosas en Venezuela; pero ya conseguimos la visa»[42].

Al publicar su padre esta carta elimina la mención que hace Ernesto de que ambiciona permanecer en Venezuela para poder llegar a ganar, allí, diez mil dólares y realizar, luego, otros viajes. No hay mención de Guatemala, de México, de Cuba, de revoluciones.

EN LIMA: ATENDIDO POR TERRATENIENTE MILLONARIO

Luego de visitar, indolente turista, Machu Picchu, llega a Lima, junto con Calica. Allí, de nuevo, sintió «claramente la presión de encontrar un trabajo con paga que pudiera ayudar a su familia», escribe, compasivamente, Jon Lee Anderson en su conocida biografía.

Pero, por supuesto, no se esfuerza mucho ya que obtiene la amistosa asistencia del Dr. Hugo Pesce, director del programa del tratamiento de lepra –y, coincidentalmente, comunista prominente-, que en este viaje, como en el anterior que había realizado con Alberto Granado, le facilita una pensión donde alojarse. Otros amigos, económicamente más poderosos, atienden, con prodigalidad a los dos displicentes viajeros.

Ya han llegado a Lima. Vuelven a ser atendidos, espléndidamente, por la familia del millonario Nougues. Esta vez el generoso anfitrión será *Gobo,* el diletante play boy, hermano de Isaías, quien, durante su estadía en La Paz, semanas antes, los había llevado por todos los elegantes casinos, restaurantes y bares.

En Lima el millonario terrateniente argentino atiende y festeja, con largueza, a sus jóvenes compatriotas. Tampoco, esta vez, su padre hace mención al dadivoso exiliado.

En su comentario sobre su muy confortable estadía en Lima, el «soldado de América» deja constancia de su reconocimiento a Gobo Nogues, aquel millonario argentino que había conocido en La Paz, y vuelto a encontrar en la capital peruana.

---

[42] Esta carta, fechada en Cuzco, el 22 de agosto de 1953, la publica, aviesamente mutilada, su padre en su tan elogiado libro «... Aquí va un soldado de América».

En una carta que, por supuesto, no aparecerá entre las publicadas por su padre en «…Aquí va un soldado de América», escribe Ernesto a su madre:

«Gobo nos ha introducido a la vida social. Hemos cenado dos veces en el Country Club; muy bueno, super caro; por supuesto, no nos permitieron pagar nada. Hemos estado muchas veces en el Gran Hotel Bolívar, el más costoso hotel de la ciudad».

Van a ponerle fin, Calica y Ernesto, a su agradable recorrido por Perú donde disfrutaron de las bellezas arquitectónicas de Cuzco y Machu Picchu y los elegantes centros de distracción de la ciudad virreynal.

Ahora, se dirigen a Ecuador. En la frontera se produce un fortuito, pero trascendente, encuentro. Han coincidido con el *Gordo* Rojo, el conversador, agradable y bien relacionado abogado argentino, a quien habían conocido, en La Paz, en la residencia de Isaías Nougues.

Viene Rojo acompañado de otros tres estudiantes argentinos: Oscar Valdovinos, Eduardo *(Gualo)* García y Andrews *(Andro)* Herrero. El padre, Guevara Lynch, sigue siendo muy selectivo al escoger las cartas que publica y los amigos con quienes, muy alegremente, comparte su hijo Ernesto. Por eso, no debe extrañarnos que en su libro, ya tantas veces mencionado, haya omitido, el selectivo Guevara Lynch, este pedazo de la vida de su hijo Ernesto en la tierra ecuatoriana.

CAPÍTULO IV
HACIA GUATEMALA

RUMBO A GUATEMALA EN AVENTURA MONETARIA

Los tres recién conocidos jóvenes argentinos, estudiantes de Derecho, expresan *«que van a la aventura en cuestión monetaria rumbo a Guatemala»*[43].

Juntos, todos, se alojan en la modesta mansión donde ya los tres estudiantes estaban residiendo. *«Entre los seis hemos formado una rígida colonia de tipo estudiantil, vivimos en la misma pensión y nos mandamos litros de mate por día»*[44].

No era este poco confortable alojamiento al que aspiraba Ernesto Guevara. Desde Buenos Aires, su madre, siempre muy bien relacionada con las más altas esferas, había hecho gestiones para que el presidente José María Velasco Ibarra atendiera las necesidades de su hijo cuando llegase a Ecuador (Carta de septiembre 17, 1953 de Celia de la Serna a su hijo Ernesto; por supuesto, no publicada por el ultraselectivo Guevara Lynch).

A Guayaquil arribaba, desde la capital, el presidente Velasco Ibarra[45], pero quien recibió a Ernesto, que se había vestido elegantemente para la ocasión, no fue el mandatario sino su secretario quien, al negarle la ayuda, tan inmerecidamente solicitada, lo alentó, con evidente sorna, a que no se dejase decaer por los obstáculos que encontrase en su vida[46].

---

[43] Ernesto Guevara de la Serna. «Carta de Ernesto Guevara de octubre 21, 1953».

[44] Carta de Ernesto a su padre de octubre 4, 1953, fechada en Guayaquil.

[45] José María Velasco Ibarra se encontraba en la tercera de sus cinco administraciones presidenciales. Precisamente, la única de las cinco que pudo terminar sin ser depuesto por un golpe de estado.

[46] El 21 de octubre de aquel año Ernesto le informa a su madre sobre los «paternales consejos recibidos» del secretario de Velasco Ibarra. Carta que, tampoco, aparece entre las publicadas por su padre.

En Guayaquil, Ernesto y sus nuevos amigos no pagaban con regularidad la pensión en que vivían. Pensaron abandonarla sin pagar la creciente deuda a la infeliz propietaria, María Luisa. No pudieron hacerlo porque, siempre en la puerta principal, se encontraba la temible Agripina, madre de María Luisa[47].

De nuevo, alguien socorrió al insolvente trío. Un amigo de Andro, encargado de las compras del elegante Hotel Humbolt, pagó las cuentas atrasadas de la pensión, y Andro quedó trabajando en aquel hotel en busca de la oportunidad económica que todos perseguían.

El recién conocido Gualo, *«que va a la aventura en cuestión monetaria rumbo a Guatemala»*, *«como al pasar, largó la invitación de irnos con ellos a Guatemala, y yo, estaba en una especial disposición síquica para aceptar»*[48].

Incentivado por *«la aventura en cuestión monetaria»*, desecha rápidamente Ernesto Guevara la visa que ya tenía para Venezuela, y aplica para una a Panamá con el propósito de continuar hacia Guatemala. No eran, pues, los problemas sociales o políticos de la América lo que encaminaban hacia Guatemala al inquieto aventurero.

LA UNITED FRUIT AYUDA AL FUTURO GUERRILLERO

Ni era la carta de Celia de la Serna la única que se había escrito en solicitud de ayuda al futuro guerrillero y sus acompañantes.

Hubo otra. Se la dirigía el líder socialista chileno, Salvador Allende, a un abogado, también socialista, de Guayaquil, en la que aquel le pedía a éste que ayudara a Ricardo Rojo –antiperonista como lo eran los socialistas– cuanto pudiera. Con aquella carta, que Rojo conservaba, Guevara y Rojo fueron a ver al abogado y, aunque éste se percató de que no eran dos a los que había que ayudar sino a los seis que ahora componían el grupo argentino, el letrado contactó a la «Flota Blanca», la línea carguera de la United Fruit, y logró los pasajes.

Interesante observar que la tan odiada compañía bananera, que había sido y seguirá siendo blanco predilecto de los ataques al imperialismo norteamericano, sea quien le facilitó, al guerrillero heroico, su pasaje hacia el norte. Hacia la historia.

---

[47] Jon Lee Anderson. Obra citada.
[48] Carta de Ernesto Guevara a su madre del 21 de octubre de 1953, fechada en Guayaquil.

Partieron de dos en dos. El 9 de octubre embarcaron Valdovinos y Rojo. Luego salieron Guevara y Gualo García. Andro Herrero anunció su regreso a la Argentina. Calica Ferrer siguió, como siempre había pensado, hacia Caracas; el sueño que siempre había acariciado Guevara y no realizó por su decisión de seguir con Gualo García *«a la aventura en cuestión monetaria rumbo a Guatemala»*.

En un barco de carga llegaron a Panamá, para continuar, por la misma vía, hasta Puntarenas en Costa Rica.

En Panamá viven gracias a la generosidad de un dirigente estudiantil, Rómulo Escobar, quien los invita a su casa[49].

Otras manos, éstas femeninas, también ofrecieron asistencia económica a los pedigüeños viajeros. Luzmita Oller, la novia de Valdovinos, les «presta» cuarenta y cinco dólares a Ernesto y Gualo[50], que, sin sonrojo alguno, reciben el *combatiente internacional* y su acompañante.

Algo obtiene por un artículo periodístico. *El Panamá-América*[51] le paga veinte dólares por un reportaje sobre Machu Picchu.

Tras dos meses de alegre vida bohemia partieron Ernesto y Gualo a Puntarenas, en Costa Rica. En el carguero Río Grande, de la United Fruit, no la pasó el austero Guevara del todo mal a pesar del mar picado que tuvieron que enfrentar:

«Casi todos los pasajeros, incluyendo Gualo, comenzaron a vomitar. Yo me mantuve fuera, con una negrita, Socorro, que yo había levantado, más puta que una gallina y sólo tenía dieciseis años[52].

Por supuesto, tampoco podremos encontrar estas vívidas narraciones en el acomodaticio libro de Guevara Lynch.

El primero de aquel grupo, en llegar a Guatemala fue el bien relacionado abogado radical Ricardo Rojo que no perdió tiempo en comunicar su presencia al Ministerio de Relaciones Exteriores, cuyo canciller era Raúl Osegueda[53], pedadogo educado en Argentina, a

---

[49] Paco Ignacio Taibo. «Ernesto Guevara, también conocido como el Che».
[50] Jon Lee Anderson.
[51] En la revista *Siete*, afirma Pierre Kalfón quien publica el artículo.
[52] Anotaciones de Ernesto Guevara en su «Notas de Viaje».
[53] El canciller Raúl Osegueda se había ganado su vida en Argentina como músico de orquestas populares.

quien conocía de su vida bohemia estudiantil, y nocturna, en Buenos Aires.

El trayecto de Guevara y Gualo había sido más lento.

El tramo de Guayaquil a Panamá lo habían hecho en el carguero *Guayo*. Al llegar conocieron, en el consulado argentino, que el Gordo Rojo ya había partido hacia Guatemala pero les había dejado una nota conteniendo útiles contactos con estudiantes universitarios. Tan oportunos y convenientes que éstos los ayudaron (siempre Guevara extendiendo su mano pedigüeña) a pagar la pensión de la casa en que vivían y el consumo de bebidas y golosinas en los alegres cafés de la capital.

De Panamá, tras dificultoso trayecto llegaba Rojo a Costa Rica. Su compañero, Valdovinos, había regresado, a mitad de camino, a Panamá para casarse con la joven de la alta sociedad que ellos habían conocido en su extensa estadía en la tierra del istmo. Pero, finalmente, vuelven a verse, Ernesto, Gualo y Ricardo en la capital de Costa Rica.

Era San José el centro de actividades de la bien conocida Legión del Caribe, antes basada en La Habana y, recientemente, después del golpe militar del 10 de marzo de 1952, actuando desde la capital costarricense.

¿Quiénes estaban en San José cuando llega Guevara?. Se encontraba, obviamente, el presidente de la nación, José Figueres, recién electo al alto cargo venciendo el intento reeleccionista de Otilio Ulate[54]. Allí estaba Rómulo Betancourt[55] ya ampliamente relacionado con los círculos políticos de la capital tica.

---

[54] Otilio Ulate había ganado la presidencia en las elecciones de 1948 pero la Asamblea Nacional se había negado a permitirle que tomase posesión. Pepe Figueres dirigió la revuelta que obligó a la asamblea a aceptar la presidencia de Ulate bajo cuyo mandato se eliminó el ejército convirtiéndose en una simple fuerza de policía. En 1953 Figueres fue electo presidente.

[55] Derrocando en octubre de 1945 al gobierno de Isaías Medina Angarita, el entonces nuevo partido Acción Democrática había constituido una junta cívico militar que, en elecciones democráticas, eligió en diciembre de 1947, al destacado novelista Rómulo Gallegos como presidente. La figura de más peso en aquel gobierno era Rómulo Betancourt. Depuesto el gobierno de los dos Rómulos por el golpe militar de Marco Pérez Jiménez en noviembre de 1948, Rómulo Betancourt, exiliado, se radicó en Costa Rica.

Se encontraba también en Costa Rica, el escritor y novelista Juan Bosch, en su largo exilio, iniciado primero en La Habana y, ahora, en San José.

Uno de aquellos días de su agradable estadía en San José lo pasa Guevara conversando con Juan Bosch y con el dirigente del Partido Comunista de Costa Rica Manuel Mora Valverde. Ambos, escribe Ernesto en su Diario, lo impresionaron como hombres de claras ideas. Días después, conoce a Rómulo Betancourt a quien consideró *«un politiquero con algunas ideas sociales firmes en su cabeza»*... que *«se dedicó a hablar horrores de los comunistas»*.

No es muy larga su permanencia en la capital costarricense. Allí conoce a los primeros *moncadistas*. Tiene la oportunidad de conversar con Calixto García[56] y con Severino Rosell; en pocos días conocerá a otros y comenzará a unirse, trágicamente, la vida de Guevara con la historia de Cuba.

Parte hacia Guatemala, a pie, sin temor alguno, a través de Nicaragua[57].

Tras la prolongada dictadura del general Jorge Ubico (1931-1944), Juan José Arévalo –predecesor de Jacobo Arbenz– fue electo presidente. Bajo la administración de Arévalo se fortalecieron las organizaciones sindicales y las agrupaciones de obreros agrícolas, revitalizándose las instituciones políticas.

Luego del asesinato de Francisco Arana, popular figura del gobierno, Jacobo Arbenz se convirtió, con el respaldo del Partido Comunista, en el candidato presidencial en las elecciones de 1950 en que competía frente al general Miguel Ydígoras Fuentes.

Electo presidente, Arbenz convirtió su plan de reforma agraria en el principal proyecto de su administración, cuyo programa fue, más que influido, dirigido, por miembros del Partido Guatemalteco del Trabajador (PGT), nombre utilizado por el Partido Comunista.

---

[56] Asaltante del Cuartel de Bayamo el 26 de Julio de 1953; expedicionario del Granma; Comandante del Ejército Rebelde; General de Brigada.

[57] Gobernaba la nación, tras sucesivas reelecciones, el general Anastasio Somoza García. Las últimas elecciones se habían celebrado el 21 de mayo de 1950 frente al candidato del Partido Conservador de Nicaragua Emiliano Chamorro Benard.

Uno de los pilares en los que descansaban, tanto el antiguo Partido Comunista de Guatemala (PCG) como el recién denominado PGT, era el experimentado dirigente, Carlos Manuel Pellecer.

A Carlos Manuel Pellecer, lo mantuvo Arévalo lejos del país con un cargo diplomático en Francia. A su regreso se vio complicado, sin que se materializasen las pruebas, en el asesinato del general Francisco Javier Arana (julio 18, 1949).

El beneficiado con esa muerte fue Jacobo Arbenz, entonces Ministro de Defensa, que se convirtió en el verdadero poder en Guatemala. En las próximas elecciones presidenciales el Coronel –graduación militar que los escritores de izquierda siempre silencian – Jacobo Arbenz aseguró su triunfo logrando aglutinar el respaldo de múltiples pequeños partidos.

Pellecer, que había permanecido en México en los últimos cuatro años, volvió a Guatemala y fue electo a la Asamblea Nacional Constituyente en 1945, Diputado al Congreso de la República ese mismo año y, más tarde, en 1953.

Durante la administración del presidente Juan José Arévalo sirvió Pellecer en el servicio diplomático en Europa. En 1948, de regreso nuevamente a Guatemala, ingresó en el Partido Comunista y, durante catorce años, fue miembro de la Comisión Política del Comité Central del Partido Guatemalteco del Trabajo[58].

EL PARTIDO COMUNISTA DE GUATEMALA (PCG) TOMA EL NOMBRE DE PARTIDO GUATEMALTECO DEL TRABAJO (PGT).

Unos pocos meses antes de la llegada de Guevara a Guatemala, el Comité Central del Partido Comunista (PCG) convocaba al primer congreso público de aquella organización.

El principal propósito del congreso, anunciado el 9 de octubre de 1952, era el de preparar al partido a trabajar, ahora, dentro de la legali-

---

[58] A la caída del gobierno de Arbenz pasó Pellecer a la Argentina y, luego, a Checoeslovaquia, Francia, Italia y Cuba, donde permaneció hasta 1962.

dad, luego del acuerdo[59] a que habían llegado con el presidente Jacobo Arbenz[60]. Dos figuras sobresalían en los mandos del partido comunista: José Manuel Fortuny, Secretario General y Carlos Manuel Pellecer que era responsable de la organización de grupos obreros.

El congreso se inició el 11 de diciembre de 1952 con la presencia de 184 delegados. Luego de escuchar el extenso informe de su Secretario General, acordaron los delegados el segundo y más importante punto de la orden del día: cambiar la denominación de *Partido Comunista de Guatemala* por el de *Partido Guatemalteco del Trabajo (PGT)*. Como se esperaba, la proposición fue masivamente aprobada.

Ésa era la situación política de Guatemala cuando Guevara arriba a la capital el último mes del año 1953.

PRESENCIA DE GUEVARA EN GUATEMALA DURANTE EL GOBIERNO DE ARBENZ.

No llega a Guatemala el joven argentino para participar –como han repetido la casi totalidad de sus biógrafos–, en el proceso revolucionario que allí se desarrollaba. Será cuando conoce a la ideológicamente influyente Hilda Gadea, en esa capital, que él comienza a planear mantenerse en aquel país, al menos por dos años, antes de seguir a México, Europa y China[61].

Estuvo Ernesto más interesado en las ruinas arqueológicas de Guatemala que en su convulsionada vida política. Una y otra vez se quejó en la correspondencia con sus familiares de no haber podido visitar el Petén y el Tikal.

La peruana Hilda Gadea había llegado a Guatemala en 1950 y, pronto, logró una posición en la Administración del gobierno de

---

[59] Habían acordado con Arbenz que serían aceptados como un partido legal «con todos los derechos bajo la ley», y como miembro de la coalición gubernamental. Sólo se requeriría el cambio de nombre.

[60] El 15 de marzo de 1951 Jacobo Arbenz había resultado electo presidente frente al candidato conservador general Miguel Ydígoras Fuentes y el constitucionalista Jorge García Granado.

[61] Carta de Ernesto Guevara de la Serna a su tía Beatriz Guevara Lynch, fechada en febrero 12, 1954. Apenas a los dos meses de haber llegado a Guatemala.

Jacobo Arbenz[62]. Hilda, antigua aprista, pero ya estrechamente vinculada a grupos comunistas, le será muy útil a Ernesto Guevara.

Ernesto Guevara, recién llegado a Guatemala con su amigo Eduardo García (Gualo), conoció a Hilda el 20 de diciembre de 1953.

Había sido el abogado Ricardo Rojo quien los había presentado. Venían Ernesto y Gualo a verla a ella, no a conversar sobre temas sociales ni, mucho menos políticos, sino en busca de asesoramiento para conseguir asistencia económica del Ministerio de Relaciones Exteriores de Guatemala. La ayuda que el propio Ricardo Rojo recibía.

No fue posible que la recibiera porque los dos jóvenes argentinos no eran más que despreocupados turistas que pasaban por Guatemala, como antes habían permanecido, brevemente, en otros países del continente. Hilda Gadea, en su libro «Che Guevara. Años decisivos», lo confirma:

> *«Rojo me pidió que ayudara a Ernesto y a Gualo y les explicara que, como ellos no eran exiliados políticos, no podían recibir el estipendio oficial que Rojo recibía del Ministerio de Asuntos Exteriores».*

Lo que hace la compasiva Hilda es buscarle una muy económica pensión en la calle Quinta. Poco después, sin timidez alguna, los jóvenes argentinos volvieron donde Hilda porque *«necesitaban un pequeño préstamo de cincuenta dólares para cancelar la cuenta de la pensión»*[63].

Pero Gualo y Ernesto tienen muy buenos contactos con funcionarios de la embajada peronista en Guatemala. De algo servirán las estridentes demostraciones de Ernesto en las calles de Córdoba rompiendo las vidrieras de un diario de la oposición mientras gritaba: *«Haga patria, mate un estudiante».*

En enero de 1954 Raúl Haya de la Torre pudo salir de la embajada de Colombia en un viaje hacia México que hacía una breve escala en Ciudad Guatemala a donde Guevara recién había arribado. El joven aventurero argentino no pudo conseguir cupo en el auto que, con

---

[62] Hilda Gadea era funcionaria de la INFORP, organismo dedicado al fomento de la producción agraria e industrial.

[63] Hilda Gadea. «Che Guevara. Años decisivos».

exiliados apristas, partió al aeropuerto a saludar al líder indo-americano. (Hilda Gadea. «Che Guevara. Años decisivos»).

ATENDIDO POR ALTOS FUNCIONARIOS Y DIPLOMÁTICOS

Los dos jóvenes, que provienen de familias de la alta burguesía, reciben la visita del Agregado Comercial de la embajada quien, solícito, les ha llevado a los bien recomendados visitantes, entre otras golosinas, yerba mate con la cual preparar su bebida preferida. No era la preciada yerba mate y las atenciones del agregado comercial, lo único que los bien relacionados viajeros recibían de altos oficiales de la patria lejana, y de funcionarios de la nación en que ahora se encontraban.

A través del solícito Ricardo Rojo, nada menos que el canciller del gobierno de Jacobo Arbenz, Raúl Osegueda –el bohemio director de orquestas populares en las alegres noches de Buenos Aires– se haría cargo del pago de la modesta pensión. Quedaban establecidas las buenas relaciones del joven Guevara con funcionarios gubernamentales. En aquella pensión reciben también la visita del más alto representante del gobierno de Perón en Guatemala: el embajador argentino Nicasio Sánchez Torranzo les lleva *«en las manos, en prenda de amistad, yerba mate, el mejor regalo que podíamos recibir Guevara y yo en aquellos momentos; y en cualquier otro fuera de la Argentina»*[64].

¿Quién era Sánchez Toranzo?. ¿Acaso un solapado antiperonista?. No. Su militancia justicialista era conocida. Ricardo Rojo, el amigo de Guevara, así nos lo describe:

«Sánchez Toranzo era un diplomático peronista que, además, tenía un hermano general, sindicado como uno de los militares más adictos al presidente Perón».

No hemos visto, hasta ahora, señales del «antiperonismo» con el que, luego del triunfo de la Revolución Cubana, quieren adornar la imagen de Guevara.

---

[64] Ricardo Rojo. «Mi amigo el Che».

No es ésa la única visita del solícito diplomático a la modesta pensión de Rojo y Guevara. El embajador de Juan Domingo Perón será frecuentemente visto en aquella casa donde, cómodamente, reside Guevara. El generoso diplomático tiene con ellos múltiples atenciones.

Volvamos a la narración de quien compartía con Ernesto aquella morada:

«Las visitas de Sánchez Toranzo nos traían la preciosa yerba mate, que él recibía por avión desde Buenos Aires, y otro inapreciable regalo: los diarios argentinos, que podíamos leer con Guevara no más de una semana después de su publicación».

Hilda Gadea, a su vez, estaba muy bien relacionada con el gobierno de Arbenz. Trabajaba para el Instituto de Fomento de la Producción, asignada al Departamento de Estudios Económicos. Mantenía Hilda una estrecha relación con el ingeniero Juan Núñez Aguilar, director del instituto para el que ella trabajaba, e íntimo amigo tanto de Juan José Arévalo, el antiguo presidente de la república, como del actual mandatario Jacobo Arbenz. Había sido a través de Núñez Aguilar que Hilda había conocido a Ricardo Rojo, el joven abogado argentino que, pronto, le presentaría a Ernesto Guevara.

Si la mansión de Guevara, tan modesta como expresan todos sus benévolos biógrafos, era frecuentemente visitada por el embajador de Argentina y otros altos funcionarios, la de Hilda Gadea también era frecuentada por personas cercanas a dignatarios del gobierno guatemalteco. La propietaria de la vivienda, Anita de Toriello era familiar cercana del canciller de la República.

Vemos como Ernesto, el sencillo y austero joven argentino que vivía en tan «modesta pensión», mantenía impresionantes buenas relaciones con los más altos funcionarios y dignatarios. Por supuesto, para esto le eran muy útiles las relaciones con su viejo amigo Ricardo Rojo. Cuando el expresidente de Guatemala, Juan José Arévalo, en aquel momento embajador en Chile, regresa a Ciudad Guatemala por una novedad familiar, invitó a Rojo y Guevara a *«almorzar, junto al lago Amatitlán, un bello paraje a 20 kilómetros de la capital»* [65].

---

[65] Al terminar febrero de 1954, Ricardo Rojo abandona Guatemala para ir a México y los Estados Unidos. Guevara permanecerá en Guatemala.

En marzo de 1954 comenzaban a circular rumores de que habrá en Washington una reunión de cancilleres para tratar «concretamente el caso de Guatemala»[66]. Afirmaba la información que se consideraba que en Guatemala se podía producir un choque si los comunistas intentaban apoderarse del poder completamente y que los extremistas de izquierda trataban de influir sobre el ex-jefe del ejército coronel Paz Tejada para obtener un completo control y respaldo de las Fuerzas Armadas.

El 30 de aquel mes el presidente Arbenz, ante una concentración de más de cinco mil personas, afirmaba que Guatemala había derrotado en la Conferencia de Caracas *«a las fuerzas imperialistas que enarbolaban la bandera del anticomunismo para intervenir en los pueblos de América Latina»*[67]. La declaración se daba a conocer en la concentración convocada para darle la bienvenida a la delegación guatemalteca presidida por el Ministro de Relaciones Exteriores Guillermo Toriello.

¿Cómo pasa Ernesto sus días en la *revolucionaria Guatemala?*. Veámoslo en las notas de su Diario, en el que nos dice de un empleo al que, con poco interés en conseguirlo, aplicó:

«Los días pasan sin que se resuelva nada».

Otro día anota:

«Todo igual en cuanto a la posibilidad de conseguir trabajo. Fracasaron las gestiones administrativas frente al Ministro de Salud Pública».

Vuelve, dos días después a escribir:

«Nada de perspectivas cercanas... día sábado sin pena ni gloria».

«Día domingo sin novedad».

Así continúa la vida del *«guerrillero heroico»* en la Guatemala que está viviendo su más intenso proceso revolucionario bajo el gobierno de Jacobo Arbenz. Continuemos su Diario:

«Conocí una chica que me dio algo de bola y la posibilidad de conseguir un puesto de cuarenta quetzales. Veremos».

---

[66]   Diario Las Américas, miércoles 24 de marzo de 1954.
[67]   Cable de la UP de marzo 30 de 1954.

Continuemos:

«Un día más sin pena ni gloria». Estribillo que lleva características de repetirse en forma alarmante. *«Gualo desapareció todo el día y no hizo nada, yo aproveché para no hacer nada tampoco».*

Los próximos días no serán distintos a los anteriores:

«Nuevo día sin pena ni gloria».

Vive Ernesto Guevara, siempre será así, de la caridad ajena. Lo admite el propio redentor de la América:

«Anita nos pidió la plata de la pensión e Hilda no puede darnos más de $10. Debemos 60 o más».

Guatemala podrá estar experimentando una profunda transformación política y social. Pero, esto, poco le importa al que nos presentarán tan preocupado de aquella situación. ¿Qué nos dice el propio Guevara que ya recibió la limosna de $10 de Hilda Gadea?.

«Dos días más sin que ningún acontecimiento importante cambie nuestra rutina».

SE INICIA LA CONEXIÓN CUBANA

Se ha relacionado Ernesto con Hilda, y, a través de ella, con el cubano Ñico López[68]. No tendrá que preocuparse por el pago de la renta. *«Ernesto se fue a vivir con los cubanos en la pensión que el gobierno les pagaba»*[69]. ¿Para qué trabajar?. Han pasado días y les llega «la firme promesa de un puesto de ayudante con un médico sanitario»[70]. Vive, ahora, en la habitación de Ñico *«cagado de risa todo el día pero sin hacer nada»*[71].

Ernesto, como siempre, está en búsqueda de un trabajo. Por supuesto, sin mucha prisa ni interés en encontrarlo. Esta vez trataba de lograr una posición con un médico. Ya mantiene relaciones con Hilda Gadea que, embellece la búsqueda de un trabajo con una indocumen-

---

[68] Antonio, Ñico, López Fernández formó parte del grupo que, bajo la dirección de Raúl Martínez Ararás, asaltó el 26 de julio el cuartel de Bayamo. Expedicionario del Granma. Traicionado por un campesino, morirá, junto con Cándido González, después de la sorpresa de Alegría de Pío.

[69] Hilda Gadea. «Che Guevara. Años decisivos».

[70] Ernesto Guevara «Otra vez».

[71] Ernesto Guevara. «Otra Vez».

tada aseveración que luego, casi sin excepción, todos los biógrafos del *guerrillero heroico* han repetido sin preocuparse de que la bella excusa carezca de confirmación alguna. ¿Cuál es la tan repetida e indocumentada leyenda?: Que le niegan, al pobre Ernesto, el trabajo de médico porque no acepta afiliarse al PGT, el partido comunista guatemalteco.

Ese episodio, evidentemente ficticio, positivamente sin confirmación, aparecerá en cuanta biografía se haya escrito de Guevara. Generoso aporte de la camarada Hilda Gadea a la mitología de Ernesto Guevara.

Es esa una de las tantas invenciones de la antigua aprista que nos presenta a Guevara peleando heroicamente en las calles de Guatemala cuando se iniciaba la invasión de Castillo Armas. Decía la imaginativa Hilda que Ernesto Guevara participaba en los grupos de defensa antiaérea y transportaba armas de un sitio a otro sitio de la ciudad[72].

No. Guevara no peleaba heroicamente en las calles de Guatemala. No; Guevara no participa en los grupos de defensa antiaérea. Guevara, en aquel histórico momento de la vida política de la acogedora nación, se apresuraba a ingresar en la embajada argentina del gobierno de Juan Domingo Perón.

Poco le interesa, en Guatemala, la situación del país, la política del gobierno, ni la creciente amenaza de agresión externa.

Lo admite, así, el joven descendiente del virrey español de la Nueva España:

«En la misma pieza de Ñico, duerme un cubano que canta tangos y que me invitó a irme con él a pie por el sur hasta Venezuela; sino fuera por el puesto que me prometieron, me largaba»[73].

Tiene Guevara las mismas preocupaciones de cualquier inmigrante: *«La residencia dicen que me la van a dar y Xochinso, (un funcionario) pasó ahora de jefe de Inmigración»*[74].

---

[72] Periódico *Gramma*, octubre 16, 1967.
[73] Ernesto «Che» Guevara «Otra vez:, página 52.
[74] Ernesto Guevara de la Serna. «Notas de Viaje». El apellido del funcionario aparece, a veces, como «Zochinson».

Aunque la leyenda guevarista quiere presentarnos a un Ernesto preocupado, desde siempre, por los serios problemas y amenazas que enfrenta el país y su gobierno, la realidad es otra. Veamos sus notas: *«Nuevamente los días se suceden sin que nada nuevo pase. Estoy en la pensión acompañado por el cubano cantor, ya que Ñico se fue a México. Por el puesto voy un día y luego otro y nada, ahora me dijeron que dejara pasar la semana y yo no sé bien qué hacer».*

Para Guevara carecen de importancia los rumores de invasión a los que, continuamente, hacen mención la radio y la prensa nacional. Ahora sólo anda en busca de un empleo en el Instituto Guatemalteco de Seguro Social (IGSS). La posibilidad de conseguir ese empleo es lo único que lo une al convulso país americano. Lo dice el propio Guevara:

*«Yo tengo carta para el Gerente del IGSS, Alfonso Solórzano[75]; veremos qué pasa. **Si nada de esto cristaliza, uno de estos meses tomaré mis petates y emigraré también a México».***

El inquieto Solórzano, que ha militado en tantos minúsculos partidos marxistas, poca atención le presta a la carta de presentación del, casi, transeúnte argentino.

Continúa éste narrándonos su despreocupada vida en la tierra del quetzal:

«Nuevos días para acoplar al Diario. Llenos de vida interior y nada más».

«Dos nuevos días agregados a esta sucesión y nada nuevo, fuera de ellos».

Admite, en la forma más delicada posible, su dependencia, de todo tipo, de la peruana Gadea:

«Hilda Gadea sigue preocupándose mucho por mí y constantemente pasa a verme y me trae cosas».

---

[75] Alfonso Solórzano Fernández era un marxista, sin carnet, que militó prominentemente en varias organizaciones políticas de la extrema izquierda, cuando el propio Partido Comunista no podía utilizar, legalmente, su propio nombre. Solórzano fue dirigente del marxista partido Vanguardia Nacional que respaldó la victoriosa candidatura de Juan José Arévalo en 1944. Durante la presidencia de éste, Solórzano les prestó ayuda a comunistas exiliados de los países vecinos. Cuando Guevara llega a Guatemala, Alfonso Solórzano milita en el PRG.

«Otro día más... la pensión fue pagada en medio por Rojo. Debo cuarenta y cinco quetzales».

Resumamos ahora, en uno o dos breves párrafos, la sucesión de días de total inactividad y dependencia económica de este hombre a quien nos quieren mostrar como impresionante símbolo de dinamismo y preocupaciones sociales:

«Dos días de largo... el día lunes no tuvo ningún rasgo sobresaliente... día de desesperanza consciente... lo demás sigue su curso de todos los días... el día pasó muy fácil porque yo me sentía sin energía y me las tomé a mi cuarto hacia estar...

Tal vez mañana vaya al campo en la colonia... han pasado varios días, dos de ellos en la colonia La Viña, lugar espléndido con un paisaje de las Sierras Grandes de Córdoba... al día siguiente lo pasamos en Chimaltenango, un pueblecito donde se hacía el Festival de la Juventud. El lugar era muy bonito... el día lunes no tuvo nada de particular... hay algunas esperanzas de un puesto inferior, con casa y comida..».

Menciona nuestro amigo Guevara la posibilidad de una posición en el Petén. Como todas, no cristaliza.

«El sábado, dentro de dos días, me comprometí a pagar la pensión, un mes por lo menos, pero no sé con qué guita».

«Han pasado varios días y una serie de acontecimientos nuevos, sin mayor importancia para el futuro, pero gigantescos hoy, se han producido».

Guevara no trabaja. Vive, como un paria, de la caridad ajena. Contrae deudas que no puede cumplir.

«Las cosas se pusieron feas en la pensión cuando el sábado no pude pagar ni cinco centavos. Dejé en prenda mi reloj y una cadena de oro».

«Un día carente en absoluto de movimiento... los días siguen pasando pero ya no me importa un queso... nada nuevo bajo el sol... fuimos el domingo a San Juan Pinula, donde hay una Ciudad de los Niños... han pasado varios días sin que suceda nada que cambie este tipo de vida tan pelotudo... son días sin movimiento ninguno... otros días que no agregan nada a Guatemala... mi vida transcurre tan exactamente igual que casi no vale la pena contar nada»...

«Se acerca el día en que tome un rumbo cualquiera. Ya me quemé las naves anunciando con bombo y platillos que me iba».

Ya se le ha terminado la visa… *«se resolvió el asunto pendiente en Relaciones Exteriores, en el sentido de que tenía que rajar del país, pero Xochinson me consiguió veinte dólares y después de unos días de dormir en lugares diferentes me largué a El Salvador».*

Recorre, como indolente e insolvente turista, las ruinas de Tazumal, sigue hasta Progreso y continúa hasta Jalapa. Ya va de regreso a Guatemala y recomienza su improductiva vida en aquella nación: *«Han pasado días en que ocurrieron y no ocurrieron cosas… nuevamente los días se suceden sin que nada nuevo pase»*[76].

Se encuentran en Guatemala, luego de haber permanecido algunas semanas en la embajada de esa nación en La Habana, varios de los jóvenes cubanos que habían participado en el ataque al Cuartel Moncada y al Cuartel de Bayamo –éste último, tan olvidado de los biógrafos y de los historiadores. Hilda, solícita, presenta a Guevara varios cubanos[77]; entre ellos, Antonio (Ñico) López y Mario Dalmau.

Dalmau había llegado a Guatemala, junto con otros moncadistas, el catorce de agosto. Fueron todos recibidos con grandes honores. Un funcionario del protocolo se ocupó de alojarlos en la Pensión Cervantes en la Décima Avenida. Allí convivieron Ñico López, Armando Arencibia, Darío López y Mario[78].

¿Dónde trabajó Mario Dalmau en la acogedora nación guatemalteca?. Él nos lo dice: *«Yo fui a trabajar al Partido de la Revolución Guatemalteca (PRG)»*[79], *junto al diputado comunista por el Departamento de Atitlán».*

---

[76] Ernesto Guevara de la Serna. «Otra vez».

[77] Los cubanos eran Mario Dalmau, que se había extraviado conduciendo el carro de Raúl Castro cuando el asalto al Moncada, en el que ninguno de los dos pudo participar; Antonio (Ñico) López quien, junto a Raúl Martínez Ararás, tuvo a su cargo el asalto al cuartel de Bayamo aquel 26 de julio; Armando Arencibia y Antonio Darío López.

[78] Declaraciones de Mario Dalmau a Jorge Masetti en la Sierra Maestra, abril de 1958 (*Granma*, octubre 17, 1967).

[79] En 1954, cuando Dalmau se encuentra en Guatemala, el PRG (Partido de la Revolución Guatemalteca) se disputaba con el PAR (Partido de Acción Revolucionaria) el respaldo de la militancia comunista.

Hilda, la antigua militante del APRA, ahora inmersa en la doctrina marxista, mantiene relaciones sociales con los miembros de la más alta burguesía del país. Le presenta a Guevara al «aristocrático Ministro de Economía, Alfonso Bauer Paiz»[80] –el calificativo es de Jon Lee Anderson–, y, también, al secretario del presidente Arbenz, Jaime Díaz Rozzotto[81].

Tan estrecha es la amistad de Ernesto Guevara con Alfonso Bauer Páiz que, cuando Guevara es detenido en México, Alfonso Bauer, que permanece allí exiliado, éste hace gestiones para liberar a su amigo argentino. Gestiones similares realiza Ulises Petit de Murat, amigo de los Guevara y padre de la joven sentimentalmente envuelta con Ernesto Guevara.

Entre las figuras de extrema izquierda vinculadas con el partido comunista se encontraba Díaz Rozzotto, Secretario General de la Presidencia. En 1952 era Secretario General del Partido Renovación Nacional (PRN) que, por muy breve tiempo, se integró en el PRG. En ese momento Díaz Rozzotto trabajaba en estrecho contacto con los grupos comunistas.

Muchas reuniones sostuvo Guevara con estos altos funcionarios. Lo introduce Hilda, también, al profesor Edelberto Torres, un exiliado político nicaragüense, dirigente del partido comunista de aquella nación y cuyo hijo, que acababa de regresar de la China Popular, era el secretario general de la Juventud Comunista. Paso a paso Hilda se esfuerza en seguir formando, ideológicamente, a aquel joven que ha recorrido, indolentemente, tantos países sin mostrar preocupación alguna por la situación política y social de ellos.

Le presenta ahora Hilda a Elena Leiva, exiliada hondureña, de formación marxista, que ha viajado a la Unión Soviética y a China

---

[80] Alfonso Bauer Paiz, dirigente del izquierdista partido de la Revolución Guatemalteca (PRG) ocupaba la presidencia del Banco Nacional Agrario durante la administración de Jacobo Arbenz. Bauer había formado parte del Frente Popular Libertador (FPL) respaldando con su fracción la candidatura de Arbenz.

[81] En 1952 Díaz Rozzotto estaba activo en distintas organizaciones que servían de pantalla al partido comunista, y pudiera haber sido un miembro no identificado del Partido Comunista Guatemalteco (Fuente: Ronald M. Schneider. «Comunismo en Guatemala».).

Comunista y «dirige la Alianza de Mujeres, otra organización comunista» (calificativo que aplica Pierre Kalfón).

Traba amistad y conversa extensamente –tiempo le sobra, porque no trabaja– con «un gringo que no habla papa de castellano». Se refería al profesor Harold White, antiguo profesor de marxismo en la Facultad de Filosofía de la Universidad de Utah.

Ernesto, con su rudimentario inglés, sostenía largas conversaciones con White –recuerda Hilda– sobre Guatemala, marxismo, Lenin, Engels, Stalin. Se llevaban tan bien que White les propuso tomar una casa para vivir los tres pagando él el arrendamiento, y la comida la pondrían la peruana y el gringo. A Ernesto –siempre dispuesto a vivir del prójimo– le entusiasmó la idea *«porque resolvía su problema de alojamiento»,* pero Hilda no se animó porque *«significaba ocuparme de una casa».*

Mucho habrá de influir en Ernesto el viejo marxista a quien Guevara invita, al triunfo de la Revolución, a vivir en Cuba, donde fallece.

Mientras Guevara continuaba su idílica vida de turista en tránsito por las calles de Ciudad Guatemala, un hombre, desde Tegucigalpa formulaba importantes, probablemente infundadas, declaraciones. Denunciaba Rafael Méndez Rodríguez que, siguiendo instrucciones del jefe de la Policía Secreta de Guatemala, coronel Rogelio Cruz Wer, y en contacto con el Agregado Militar de Guatemala en Honduras, coronel José Luis Morales, había arribado él a Honduras con la intención de secuestrar y eliminar físicamente a Castillo Armas. La denuncia la formulaba el 30 de abril en una conferencia de prensa.

La voz del coronel Carlos Castillo Armas, exiliado en Honduras, se oía a diario en Ciudad Guatemala y en las principales ciudades del país acusando acerbadamente al gobierno de Arbenz de estar sometido a los comunistas. Para nadie era un secreto que se planeaba una invasión a través de las fronteras de Honduras, cuya economía estaba sufriendo una creciente parálisis debido a la huelga de más de doce mil obreros de la United Fruit Company.

La huelga de los trabajadores agrícolas incidía en las cada vez más tirantes relaciones entre las dos naciones, luego que el gobierno de Tegucigalpa había expulsado a dos cónsules guatemaltecos del área donde se desarrollaba la huelga, acusándolos de actividades subversivas.

Arbenz buscaba, y obtenía, respaldo de sus fuerzas militares y de las organizaciones sindicales. Las dos más grandes uniones obreras del país convocaban a masivas reuniones el domingo 6 de junio con el propósito de organizar un «ejército popular» en defensa de la «soberanía nacional» y respaldo al presidente Arbenz.

LLEGAN ARMAS DEL BLOQUE SOVIÉTICO

El gobierno, con poco poder persuasivo, negaba toda influencia comunista en la administración del presidente Arbenz. Las afirmaciones del gobierno quedaron en entredicho cuando arriba a Puerto Barrios el carguero Arfhem que había salido un mes antes de un puerto polaco (Stettin) con armas checoeslovacas destinadas a las fuerzas armadas de Arbenz en una negociación secreta. El 17 de mayo el Departamento de Estado emitió una declaración denunciando la entrega de armas.

Jacobo Arbenz no pudo aclarar el por qué de aquella secreta negociación de armas muy en exceso a las necesidades militares de Guatemala. El gobierno de Washington apuntó una razón: la intención del gobierno de Arbenz de atacar las naciones vecinas para imponer regímenes comunistas.

En La Habana, como en otras capitales, se discutía ampliamente la situación del país centroamericano. El tema del barco Arfhem que transportó armas de países del bloque soviético a Guatemala motivó que el embajador de aquel país, coronel Adolfo García Montenegro, concurriera a un programa de televisión[82]. El diplomático negaba, enfáticamente, que el material de guerra hubiese sido adquirido en la «Rusia soviética u otros países situados detrás de la llamada Cortina de Hierro». La evidencia en contrario era aplastante por lo que García Montenegro, respondiendo incisivas preguntas de los periodistas, se vio obligado a afirmar que el gobierno de Guatemala tenía el derecho, que nade podía regatearle, de comerciar con todos los países del mundo y que «por no habernos vendido Estados Unidos, hemos tenido que comprar en los mercados que nos han dado facilidades».

---

[82] Programa «Charlando con el Pueblo», que se transmitió por el Canal Cuatro de Televisión Nacional el domingo 23 de mayo de 1954.

En otros medios de prensa, periodistas de gran prestigio criticaban unos y defendían otros la posición del gobierno de Guatemala. En Cuba, Ramón Vasconcelos salía en defensa del gobierno de Arbenz: *«Hoy es a Guatemala a quien sientan en el banquillo y le arman a sus vecinos. Mañana, si prospera el sistema, podría ser Bolivia, Argentina, Colombia, Panamá, Guayana o nosotros mismos».*

Posición opuesta asumía otro articulista de gran nombre, Gastón Baquero, del Diario de La Marina, que cuestionaba el derecho conferido por una soberanía *«para trabar relaciones tan peligrosas con una potencia regida por los designios que solo una mente cándida o deliberadamente inocente puede desconocerle a la Unión Soviética».*

Sus asesores le hacen ver al presidente Arbenz la necesidad de armar una milicia *«para garantizar la defensa de la soberanía nacional»* y mostrar el respaldo de las masas al mandatario.

Las milicias armadas, organizadas por las dos grandes centrales de trabajadores, crearon comprensible malestar y preocupación en las fuerzas armadas.

La Confederación General de Trabajadores y la Confederación Nacional de Campesinos de Guatemala (CNCG), ambas controladas por grupos comunistas, realizaron ese día impresionantes concentraciones en ciudad Guatemala, Progreso, Zacapa y Puerto Barrios. Por el puerto de esta última ciudad habían llegado a la nación, sólo treinta días antes, armas procedentes de la Europa Oriental por un valor superior a los cien millones de dólares[83].

El 4 de junio de 1954 prestaban declaración ante una corte federal en Nueva York el expresidente Carlos Prío Socarrás y su Secretario de Gobernación Segundo Curti y otros funcionarios acusados de conspiración para exportar armas y municiones a Cuba infrigiendo la Ley de Neutralidad. Todos se declararon inocentes.

Mientras, en La Habana se le aplicaba la Ley de Amnistía al Dr. Rafael García Bárcena[84] que cumplía condena por el delito de «conspi-

---

[83] Cable de la AP de lunes, junio 7, 1954.
[84] El Dr. Rafael García Bárcena, profesor de la Escuela Superior de Guerra, una institución de estudios avanzados para oficiales de las fuerzas armadas, que disfrutaba de gran prestigio, pretendió, con un reducido grupo de altos militares, producir, en abril de 1953, un golpe de estado. Fue detenido en las afueras del Campamento Militar de Columbia, juzgado y condenado a prisión

ración». Y se estudiaba la Ley de Amnistía para ser aplicada no solo a García Bárcena por su frustrado intento de abril de 1953, sino, también a Castro y a los que asaltaron el Moncada y el Cuartel de Bayamo en julio de aquel mismo año.

En Washington las naciones del continente llegaron a un acuerdo el 7 de aquel mes para celebrar una Conferencia Interamericana de Ministros de Relaciones Exteriores respecto a Guatemala. Dos días después, Arbenz suspende las garantías.

Los cables se multiplican. El sábado 12 de junio se publica que «se cree inminente la revolución», y se menciona que hay oficiales del ejército y de la aviación que han salido precipitadamente del país. Al día siguiente se daba a conocer que las fuerzas armadas habían pedido a Arbenz su renuncia.

HISTORIA DE UNA REVOLUCIÓN ANUNCIADA

Ya se informa, por todas las agencias cablegráficas, que el inicio de la lucha está próximo. La Prensa Asociada anuncia en cable del miércoles 16 que, «temen que la lucha se inicie mañana».

Para el martes 15 de junio surgieron claros indicios de que las fuerzas armadas comenzaban a ejercer presión sobre el presidente Arbenz para que renunciara dentro de cuarenta y ocho horas. Se hacía de conocimiento público que el jefe de estado ponía como condición que el ejército le garantizase la seguridad a los nacionales que habían estado asociados con él en el gobierno. La seguridad que pudiera ofrecerse, solamente, a los «nacionales» debía haberle preocupado al argentino Guevara.

El jueves 17, hombres con uniformes militares, que no pertenecían a las fuerzas armadas del país, se movían libremente por las calles de Tegucigalpa y otros se concentraban en San Pedro Sula, apenas a veinticinco millas de la frontera de Guatemala. Por horas, se hacía más crítica la tensa situación; al extremo que el embajador de Guatemala, Amadeo Chinchilla pidió al gobierno hondureño a través del Secretario de Relaciones Exteriores, J. Edgardo Valenzuela, detener el movimiento de hombres y armas en los puntos cercanos a la frontera.

TROPAS DE CASTILLO ARMAS PASAN LA FRONTERA

Guatemala, la nación que tan generosamente había acogido a Ernesto Guevara, estaba en peligro de ser invadida. Aquella crítica semana, durante varios días, Guevara viajó a El Salvador para renovar su visa de turista que se había vencido.

El gobierno de Arbenz, el presidente amigo, podía ser derrocado. Pero para el futuro *guerrillero heroico* tuvo más interés, luego de recibir enseguida la visa solicitada, quedarse en El Salvador contemplando las pirámides de Tazumal, explorar las ruinas y visitar Santa Ana.

A medida que circulaban los rumores, la tensión del público se hacía más intensa. Se escuchaba por doquier la radio clandestina (Radio Swan) denunciando la penetración comunista en el régimen de Arbenz, alentando a la población a rebelarse e informando, sin mayor precisión, de una inminente invasión.

Como de la modesta pensión se había ido sin pagar tres meses de renta, ya que el generoso diplomático le había suspendido la subvención, no pudo regresar a ella el austero Guevara al volver a Ciudad Guatemala. Ahora, compartiría la habitación con Ñico López y otro cubano. Es que, en Guatemala, Guevara hizo de todo, menos trabajar.

La noche antes de salir por tren de Puerto Barrios a Guatemala, sin un centavo, le ofrecieron un trabajo para descargar unas cajas. Lo hizo. Fue el único trabajo físico que había hecho en su vida[85].

Ya la invasión era inminente.

Al fin estalla la crisis.

El 17 de junio de 1954 las tropas de Castillo Armas entran en Guatemala. Días antes, aviones procedentes de Honduras han volado sobre Guatemala y bombardeado algunas instalaciones militares.

Al día siguiente de la invasión de Castillo Armas, el canciller Toriello envió telegramas al presidente del Consejo de Seguridad Nacional de las Naciones Unidas y al secretario Foster Dulles acusando *«de manifiesta agresión»* a los gobiernos de Honduras y Nicaragua. Al mismo tiempo, Alfredo Chocano, Encargado de Negocios de Guatemala en Washington, enviaba una nota al Presidente del Comité

---

[85] Jon Lee Anderson.

de Paz Interamericano de la OEA solicitando la convocatoria a una reunión *«para prevenir la continuación de la agresión contra Guatemala»*. La Administración de Eisenhower se oponía a llevar el caso de Guatemala ante el Consejo Nacional de las Naciones Unidas considerando que era un problema interno entre Arbenz y Castillo Armas y que, por tanto, sólo debía ser discutido en la OEA[86].

La amenaza de una invasión se hizo realidad en Guatemala. A la nación le preocupa su destino. No a Guevara a quien sólo lo retiene en el amenazado país la posibilidad de conseguir el puesto ofrecido.

El cubano amigo de Ñico que canta tangos *«me invitó a irme con él a pie por el sur hasta Venezuela; si no fuera por el puesto que me prometieron, me largaba»*. Destaquemos este hecho de gran importancia para conocer lo poco que se sentía Guevara vinculado a Guatemala en aquel crucial momento que vivía la nación. Los días en que, son las palabras del propio Guevara *«aviones procedentes de Honduras cruzaron la frontera con Guatemala y pasaron sobre la ciudad, en plena luz del día ametrallando gente y objetivos militares....»*

Y es, en aquellos tétricos días, cuando el guerrillero heroico exclamaba, *«si no fuera por el puesto que me prometieron, me largaba»*, que se produce la invasión. Algunos luchan, otros no participan. Entre éstos, Guevara: *«dos días densos de acontecimientos políticos, aunque personalmente no hayan significado gran cosa para mí»*.

El sábado 19 ya las fuerzas de Castillo Armas avanzaban sobre Ciudad Guatemala encontrando muy poca resistencia. Su primer paso fue establecer un cuartel general en territorio de Guatemala designando a Manuel Orellano Portillo como jefe de información. En los encuentros que se produjeron, más importancia alcanzarían los partes de guerra, arreglados a conveniencia, que los pequeños enfrentamientos militares.

Se lucha en Guatemala. La prensa continental cubre los enfrentamientos, a veces cruentos, siempre numerosos. Todos los informativos

---

[86] En una sesión de emergencia el Consejo de Seguridad consideró las quejas de Guatemala, invitando a participar en la reunión a los países afectados: Guatemala, Nicaragua y Honduras. Ya tres naciones, Brasil, Colombia y Cuba habían recomendado que las quejas fueran referidas a la OEA. En el Consejo de Seguridad sólo la Unión Soviética habló en favor de la posición de Guatemala. Al final se acordó enviar un equipo de observación a aquel país.

serios del hemisferio se esmeran en ofrecerles a sus lectores la más amplia cobertura noticiosa. La revista Bohemia, de La Habana, no se queda atrás y comisiona a Henry Wallace, enviado especial para cubrir «la batalla de Guatemala»; lo acompaña otro reportero, Rogelio Caparros.

Las agencias cablegráficas comenzaron a reportar continuas victorias de las fuerzas rebeldes. Desde las primeras horas aparecía que Puerto Barrios, el puerto del Caribe más importante de Guatemala, había sido capturado por las fuerzas de Arbenz, al igual que Zacapa, a sesenta millas de la capital, un centro ferroviario sobre el río Chiquimula.

En los cables, las fuerzas de Arbenz también ganaban batallas. Un comunicado oficial informaba por la radio que *«fuerzas armadas bien entrenadas y armadas con armamentos modernos, se enfrentaron a los rebeldes en Gualán, al este de Zacapa, forzándolos a retirarse».*

El 20 le escribe Ernesto a su madre informándole que *«hace unos 5 ó 6 días voló por primera vez sobre Guatemala un avión pirata procedente de Honduras, pero sin hacer nada».*

Le dice el comunicativo Ernesto a su madre que *«al día siguiente y en los días sucesivos bombardearon diversas instalaciones militares del territorio»* y que las fuerzas de Castillo Armas «ya se han internado bastante en territorio guatemalteco». Le informa que «yo ya estoy apuntado para hacer el servicio de socorro médico de urgencia y me apunté en las brigadas juveniles para recibir instrucción militar e ir a lo que sea»[87].

Pero junto a esa promesa, incumplida, de servir a la patria guatemalteca le comunica su esperanza en el *«puesto en sanidad que dicen que me lo van a dar de un momento a otro».* Interesado en el trabajo ofrecido –siempre Ernesto hablando de *conseguir* un empleo, pero no en trabajar– no va a buscar su nombramiento porque seguramente las oficinas *«estaban muy ocupadas con todos los líos, de modo que me pareció un poco insolente ir a jeringar con el puestito».*

Ensalza, el joven argentino, al mandatario guatemalteco: *«el coronel Arbenz es un tipo de agallas, sin lugar a dudas, y está dis-*

---

[87] Carta del 20 de junio de 1954 a su madre.

puesto a morir en su puesto, si es necesario». En pocos días habrá cambiado su opinión.

El martes 22 de junio, a muy larga distancia, desde Buenos Aires, el embajador guatemalteco, Manuel Galich, declaraba a los periodistas que la invasión había sido detenida, y que el ejército estaba aplastando a los rebeldes[88]. Desde Tegucigalpa otro cable, de la propia agencia informativa, informaba que los rebeldes guatemaltecos habían conquistado 18 ciudades desde que comenzara la invasión, y, desde México, llegaba otro cable informando que se le pedía a Arbenz la rendición incondicional.

En Washington dos prominentes figuras políticas urgían al presidente de los Estados Unidos a abandonar su política de equidistancia en la situación de Guatemala y respaldar a los rebeldes anticomunistas.

El senador Demócrata por la Florida George Smathers y el también senador Demócrata por Texas Lyndon B. Johnson se dirigieron al presidente Dwight Eisenhower urgiéndolo a que terminara su «actitud antiséptica» y respaldara abiertamente las fuerzas anticomunistas que luchaban en Guatemala. Curiosa situación en la política norteamericana: dos senadores liberales Demócratas urgiendo a un presidente conservador Republicano a intervenir, unilateralmente, respaldando a las fuerzas rebeldes en su intento de derribar a un gobierno de izquierda que muchos consideraban altamente influenciado por sectores comunistas. Mucho ha cambiado la política exterior de los Estados Unidos.

Las agencias de noticias continuaban ganando batallas para los dos bandos. El viernes 25 la radio del gobierno informaba que sus fuerzas *«avanzaban en todos los frentes»*, al tiempo que el «Ejército de Liberación» declaraba que las fuerzas rebeldes habían tomado diez poblaciones dentro de Guatemala. El gobierno «ganaba» una batalla en Morales, y un quinto comunicado de los rebeldes declaraba una nueva victoria en Chiquimula.

---

[88] Cable de la UP, junio 22, 1954.

Toda la nación seguía, preocupada, los alarmantes partes de guerra. ¿Dónde se encontraba, y que hacía, Guevara en estas trágicas horas que vivía Guatemala?.

GUEVARA NO PARTICIPA EN LA LUCHA

A Guevara muchos de sus biógrafos lo presentan como un abnegado combatiente defendiendo, en las calles de Ciudad Guatemala, al tambaleante régimen de Arbenz bajo el intenso bombardeo de la fuerza aérea invasora. Nada más distante de la verdad.

Lo reconoce en carta a Celia, su madre: *«Con un poco de vergüenza te comunico que me divertí como un mono durante estos días»*. Explica como se divertía viendo a la gente correr. En la carta a su madre de julio 4 admite su total indiferencia al trauma que está sufriendo la noble nación que le había dado generoso amparo: *«Fue cómico que con los disparos, bombas, discursos y otras distracciones, se rompiera la monotonía en que estaba viviendo»*.

Experimentaba *«una sensación mágica de invulnerabilidad (que) me hacía relamer de gusto cuando veía a la gente correr como loca apenas venían los aviones o, en la noche, cuando en los apagones se llenaba la ciudad de balazos»*. El joven de noble alcurnia, descendiente de virreyes, mirando, con desdén, a siervos inferiores.

Nada hizo por defender al régimen que caía. Nada quería hacer. Sin embargo, sus numerosos biógrafos, casi sin excepción, repiten las mismas fabricadas anécdotas, exactamente las mismas; las más, elaboradas por su propio padre en su publicitado libro *«Aquí va un soldado de América»*.

ERNESTO «Che» GUEVARA ABANDONA A JACOBO ARBENZ

Arbenz lucha. Los simpatizantes de su régimen, arma en mano, se unen en su defensa. Nadie más obligado a sostener el gobierno de Arbenz que Ernesto Guevara quien semanas antes había ingresado en las Fuerzas Armadas de Guatemala y citado para ser enviado al frente de batalla del ejército invasor de Carlos Castillo Armas[89]. Guevara no

---

[89] Ver «De Tuxpan a La Plata», Editorial Orbe, La Habana, 1981. Centro para Estudios de Historia Militar, citado por Jorge P. Castañeda.

irá. Guevara, el futuro «guerrillero heroico», sin prisa, ingresará en la embajada argentina.

Un biógrafo amigo, Jorge G. Castañeda, admite que, *«durante la debacle, Che no ayudó a defender al régimen con las armas en la mano… las historias de sus frenéticos intentos de organizar una milicia en Ciudad Guatemala son, sencillamente, falsas*[90]*«.* El Che se dejaba llevar por una licencia poética –escribe Castañeda– cuando afirmó: *«Yo traté de organizar un grupo de jóvenes, como yo, para confrontar los aventureros de la United1 Fruit. En Guatemala era necesario que todos peleáramos y casi nadie peleó. Era urgente que resistiéramos pero casi nadie deseaba hacerlo».*

Su carta, en la que admite que se inscribió en una de las brigadas médicas de emergencia, está fechada una semana antes del ataque.

Guatemaltecos, de uno u otro bando, luchan y mueren. Guevara se divierte con la tragedia que sufre la nación. Así se le comunica a su tía Beatriz:

«Aquí todo estuvo muy divertido con tiros, bombardeos, discursos y otros matices que cortaron la monotonía en que vivía…»[91].

LAS ÚLTIMAS HORAS DE ARBENZ

El sábado 26 aviones rebeldes atacan el Palacio Nacional y la fortaleza militar de Matamoras. Le quedan pocas horas en el poder a Jacobo Arbenz que se niega, aún, a permitir que el Comité de Paz Interamericana envíe un equipo de investigación a Guatemala.

La situación de Guatemala llega hasta las Naciones Unidas donde, en Nueva York, se reúne el Consejo de Seguridad que rechaza discutir, en ese momento, la queja presentada por Guatemala de una agresión recibida, hasta que la Organización de Estados Americanos pueda discutir esa situación. Fue, para todos, una aplastante derrota para la Unión Soviética.

Es, entonces, que diez de las veintiuna naciones del continente acuerdan el sábado solicitar una reunión de emergencia de los cancilleres de la región que deberá celebrarse el 7 de julio, probablemente

---

[90] Jorge G. Castañeda. «Compañero. La vida y muerte del Che Guevara», página 73.
[91] Carta de julio 22, 1954.

en Río de Janeiro. La reunión, señalada para realizarse a tan largo plazo, y, sin siquiera fijar el lugar de la misma, mostraba el poco interés de la organización latinoamericana en hacerle frente a la crisis que atravesaba Guatemala. Curiosamente, ni siquiera Guatemala se interesaba en aquella reunión ya que Arbenz había pretendido, sin éxito alguno hasta ahora, plantear la situación de su gobierno ante el Consejo de Seguridad de las Naciones Unidas.

El domingo 27 de junio los jefes de las Fuerzas Armadas se reunieron con el presidente y demandaron su renuncia. Arbenz entregó la dirección del gobierno al coronel Carlos Enrique Díaz, Jefe de las Fuerzas Armadas. Los miembros de su gobierno, con Arbenz a la cabeza, congestionaron la embajada mexicana. Allí se encontraban Fortuny y otros dirigentes políticos. Pellecer fue el único que trató de organizar una resistencia armada en Escuintla.

Sólo unas pocas figuras políticas y revolucionarias se negaron a acogerse al asilo político en las embajadas de la capital. Entre esos pocos no se encontraba, por supuesto, el *guerrillero heroico* que pronto solicitará asilo en la embajada argentina. En la embajada del gobierno de Perón, Guevara se sentía como en su propia casa.

Aquel domingo todo había terminado para el gobierno del presidente Jacobo Arbenz Guzmán. En horas de la noche, en un discurso carente de emoción, Arbenz entregaba el mando a su compañero de la academia militar, en ese momento comandante en jefe de las fuerzas armadas, coronel Carlos Enrique Díaz. Poco podría hacer su antiguo compañero de armas. Todos entendían que el cambio de mando a manos del coronel Díaz era una simple maniobra para darle a las fuerzas armadas la oportunidad de negociar mejores términos con el líder de las fuerzas invasoras, coronel Castillo Armas. La lucha continuó como si ningún cambio de gobierno se hubiese producido. De hecho, nada sustancial había pasado.

Para muchos analistas e historiadores, el triunfo de Castillo Armas[92], representó para Guatemala la pérdida de libertades y conquistas sociales alcanzadas durante la administración de Arbenz. Guevara, *«que se divirtió como mono durante estos días»* se lamenta

---

[92] Carlos Castillo Armas ocupó la presidencia de Guatemala en 1954 hasta julio de 1957 en que fue asesinado.

de una pérdida mucho menor: *«yo ya tenía mi puestito, pero lo perdí inmediatamente, de modo que estoy como al principio».* Pero no se lamenta mucho ya que, como siempre, vive *«cómodamente en razón de algún buen amigo que devolvió favores»*[93].

LOS ESTERTORES FINALES DEL RÉGIMEN

No funcionó, no era posible, la forzada decisión de Arbenz de entregar el mando a su compañero de la academia militar.

«Radio Liberación», de Castillo Armas, calificó de usurpador al régimen de Díaz y la Junta Militar que apresuradamente había formado, planteándole un ultimátum para un inmediato cese al fuego. Exigía, el ya triunfante Castillo Armas, una rendición incondicional.

De inmediato, comienzan las deserciones. La primera se produce en Washington donde el primer secretario de la embajada de Guatemala, Francisco Angulano, se apresuró a presentar su renuncia *«en protesta de las maquinaciones del comunismo internacional»* en su país. Denunciaba, el diplomático, que hasta ayer servía al gobierno de Arbenz en la capital norteamericana, que el presidente depuesto *«cubría los avances del comunismo en un manto de aspiraciones nacionalistas».*

Desciende, aún más, en sus declaraciones el hasta ayer representante del gobierno guatemalteco, al declarar, sin sonrojo alguno que *«al someter al pueblo a los dictados de los dirigentes comunistas, Jacobo Arbenz ha cometido un crimen de deslealtad a la nación»,* y este hombre que en estos años ha representado al renunciante presidente en la capital norteamericana, se atreve, sin recato alguno, a decir estas palabras: *«Jacobo Arbenz ha sido el principal actor en el episodio más infame en la historia de Latinoamérica».* ¿Quién cayó más bajo, el presidente depuesto o el desleal funcionario?.

Poco duró la junta militar presidida por el coronel Carlos Díaz. Ha sido sustituida, en apenas veinticuatro horas, por una nueva junta militar que sólo persigue llegar a un acuerdo con las ya victoriosas fuerzas militares del coronel Castillo Armas. El nuevo grupo de tres miembros lo encabeza el coronel Elfego Monzón, que formó parte del

---

[93] Carta de Ernesto Guevara a su madre, del 4 de julio de 1954.

gabinete de Arbenz y de la efímera junta del coronel Díaz. Le han hecho ver, o al menos eso él supone, que podrá formar con Castillo Armas una nueva junta que podrá gobernar al país. Una ilusión que le durará tan solo pocas horas.

Para entonces Arbenz se encuentra asilado en la embajada de México. Junto a él están su antiguo canciller Guillermo Toriello, el Sub-Ministro del Interior Charnaud McDonald y varios altos dirigentes comunistas. Entre éstos, José Manuel Fortuny, Víctor Manuel Gutiérrez y Julio Estrada. Pronto arribarán, también en busca de asilo, el coronel Díaz y otro integrante de su junta, el coronel José Angel Sánchez.

Ha caído el gobierno de Arbenz. El coronel Carlos Castillo Armas entra, victorioso, en Ciudad Guatemala el 3 de julio[94]. Se inicia, según algunos, una «represión feroz: nueve mil muertos y encarcelados, durante los primeros meses».

Los que, de verdad, defendieron con sus armas al gobierno de Arbenz se encuentran preocupados por su seguridad. No Guevara. Como nada hizo para defender al gobierno depuesto, nada teme. Por eso puede, tranquilo, continuar caminando, despreocupadamente, por las calles de la bella ciudad.

Precisamente, al día siguiente de la triunfal llegada del coronel victorioso, cuando se está produciendo «la represión feroz», el joven Guevara le cuenta a su madre como, en aquellos días *«se había divertido viendo correr a la gente como loca apenas venían los aviones».* Como su seguridad no corría peligro, porque no fue nunca más que un

---

[94] Tres años después de su entrada victoriosa en Ciudad Guatemala, caía el coronel Carlos Castillo Armas asesinado en la misma ciudad. A las ocho de la mañana el gobierno emitió un boletín dando a conocer el magnicidio. Verdaderas multitudes invadieron calles, casas y avenidas para presentarle sus respetos a quien había ocupado la presidencia de la república durante tres años y medio. Un reportaje de la revista Bohemia de La Habana (Agosto 4, 1957), nada simpatizante del presidente asesinado, reconoce la *«incontenible avalancha de personas... de todas las clases sociales que comparecían a la «cita luctuosa» a presentar sus respetos.* Al no existir en la constitución de Guatemala el cargo de vicepresidente, el Lic. Alfonso González López fue designado por el congreso para actuar como Primer Designado, al tiempo que se convocaba a elecciones presidenciales a celebrarse dentro de cuatro meses. Muchas millas al sur, ese mismo 26 de julio de 1967, la desmoralizada guerrilla de Ernesto Guevara está tratando de evitar el enfrentamiento con la Compañía Trinidad de la División Octava de las fuerzas armadas bolivianas que la van cercando. Antes de 70 días todo habrá terminado también para Guevara.

turista admirador de la impresionante naturaleza de aquella nación, sigue, tranquilo, pendiente de recibir la visa de México que ya ha solicitado. Eterno turista, ávido de conocer nuevos paisajes.

En su habitual recorrido por las, para él, seguras calles, Ernesto pasa, con frecuencia, a visitar a Hilda a quien, unas amigas, le han dado albergue. Otros sufrirán de aquella «represión feroz» de que habla Pierre Kalfón. No Ernesto Guevara que, junto a Hilda, pasa sus días *«leyendo a Einstein y traduciendo a Pavlov»*[95].

Mientras las cárceles de Guatemala se llenan de presos y aparecen, aquí y allá, algunos cuerpos sin vida, el joven Guevara aprovecha aquellos días, para él carentes de importancia, visitando el Lago Atitlán.

Esos días habitaba Guevara en la casa vacía de dos mujeres salvadoreñas que habían pedido asilo en la embajada de su país. Cuando llega la hija de una de ellas, Ernesto se ve obligado a buscar otro alojamiento.

Ninguno, más apropiado, que la embajada de Argentina, de cuya esmerada atención y magnífica comida él había disfrutado.

CONFORTABLE ASILO DE GUEVARA EN LA EMBAJADA ARGENTINA

Ahora que todo ha pasado, Guevara visita con regularidad la embajada argentina del gobierno de Perón.*»Hay un nuevo embajador, Torres Gispena; un petiso cordobés pedante»*[96]. Será pedante, pero le da de comer: *«Morfé variado pero con merma. Estoy hecho un cabrón…el asma me está jodiendo como consecuencia de lo que comí en la embajada. Las demás cosas no varían mayormente»*.

Aparentemente le gustó la comida de la embajada porque *«si todo sale bien, dentro de un rato estaré en el consulado, bien resguardado, pues ya pedí y se me concedió el asilo»*….

Muchos, que ni siquiera participaron en la lucha, y cuya seguridad no corre peligro alguno, buscarán, no obstante, asilo, totalmente innecesario pero siempre confortable, en alguna embajada.

---

[95] Hilda Gadea. «Che Guevara. Años decisivos».
[96] Ernesto Guevara: «Otra vez».

En la de la Argentina ingresará el futuro guerrillero heroico que, en Guatemala, nada hizo por defender al régimen depuesto.

«Han pasado varios días de asilo. El asilo no puede calificarse de aburrido pero sí de estéril, ya que no se puede dedicar uno a lo que quiere debido a la cantidad de gente que hay... si no hay mayor peligro, voy a salir para poder irme tranquilamente por el lago Atitlán».

Al entrar en la embajada argentina –más como huésped que como asilado político, expone alguno de sus amables biógrafos– recibió, por cerca de un mes, la protección de la embajada del gobierno peronista. Aunque no quiso regresar a la Argentina en el avión Constellation enviado por Perón para repatriar a los allí asilados, tenía el joven Guevara las suficientes buenas relaciones con la embajada y el gobierno del país sureño que pudo, sin dificultad alguna, conseguir que se admitiera a sus ya buenos amigos, Ñico López y Mario Dalmau, en el avión que regresaba a Buenos Aires.

Cuando en agosto había cesado el peligro y todo estaba en calma en Ciudad Guatemala se decidió Ernesto Guevara a salir para ver a Hilda que, habiendo corrido los mismos peligros que él hubiera enfrentado, seguía en la ciudad, luego de una breve detención de muy pocas horas. Un notable contraste entre las dos revolucionarias figuras.

No. Guevara no peleó heroicamente en las calles de Guatemala. No; Guevara no participó en los grupos de defensa antiaérea. Guevara, en aquel histórico momento de la vida política de la acogedora nación, se apresuraba a ingresar en la embajada argentina del gobierno de Juan Domingo Perón.

Para entretener su ocio, comienza a escribir sus impresiones personales de los otros que se encuentran allí asilados. Necesidades no pasaría. Un amigo de Gualo García le había traído, en uno de los vuelos de evacuación, ciento cincuenta dólares que le enviaba su familia.

Pero para Guevara –y lo silencian muchos de sus biógrafos, que, luego, han dedicado páginas y más páginas al proceso revolucionario de Guatemala– *«nada ha pasado».* Veámoslo en las palabras del propio Ernesto:

«Políticamente no ha pasado nada, fuera de que ha sido acusado de inconstitucional el Decreto Novecientos sobre Reforma Agraria».

Continúa su inmóvil vida en la embajada amiga:

«Han pasado varios días más en un ambiente bastante estéril... pasaron varios días más de encierro que se caracterizaron por un profundo aburrimiento... la vida transcurre motótona e indisciplinada con discusiones sin sentido y perdiendo el tiempo en cualquier forma posible... han pasado varios días sin jalones que marquen mi estadía en la embajada... otro día en la sucesión».

Mientras se produce un cañoneo continuo *«que se oyó el día lunes desde la madrugada»*[97], Guevara, poco después, nos dice jactanciosamente que, *«inicié un certamen de ajedrez en el que gané las dos primeras partidas, una de ellas a uno de los cuatro mejores jugadores, entre los que estoy yo».*

Ya se anunció en la embajada que le darían salvoconductos a los extranjeros, *«de modo que se formó un despelote bárbaro... figuran entre los que recibirán los salvoconductos los dos cubanos (Mario de Armas*[98] *y José Manuel Vega Suárez, alias Cheché)».* Entre líneas puede observarse el malestar de Guevara porque el salvoconducto suyo no ha sido anunciado:

«Todo está complicado como la puta. Yo no sé como mierda voy a salir de aquí, pero de alguna manera será».

EVALUACIONES DE GUEVARA EN LA EMBAJADA

Comenzará en la embajada lo que luego hará en el Congo y en Bolivia. La evaluación, casi siempre negativa, de todas las personas que lo rodean.

Explica así Guevara el inicio de sus evaluaciones:

«La convivencia con los personajes que duermen conmigo en la cancillería me hace que les haga un somero análisis a cada uno. Empiezo con Carlos Manuel Pellecer; por lo que pude

---

[97] Ernesto Guevara de la Serna. «Notas de viaje».
[98] No confundirlo con Mario Chanes de Armas que luego cumplirá 30 años de cárcel en las mazmorras de Castro.

averiguar fue alumno de la politéctina en la era de Ubico, siendo procesado y dado de baja.

Dicen que Pellecer fue médico y luego apareció como agregado en la embajada de Guatemala, en Inglaterra y Europa ya comunista»[99].

Y es a Pellecer al único que describe con comentarios favorables[100].

Continúa con un cubano.

«El análisis de hoy, Mario de Armas[101], es cubano, del Partido Ortodoxo que fundara Chibás, no es anticomunista, muchacho simple, fue ferroviario en Cuba. Viene de un frustrado ataque al Cuartel Moncada, se asiló en la embajada guatemalteca y de allí vino acá. No tiene preparación política de ninguna clase y es un despreocupado muchacho cubano medio».

«El de hoy, José Manuel Vega Suárez, alias Cheché; cubano, bruto como un cascote y mentiroso como un andaluz... es un niño grande, egoísta y malcriado que cree que todo el mundo debe supeditarse a sus caprichos».

Continúa con un guatemalteco.

«Roberto Castañeda; su profesión es fotógrafo en la que no brilla mucho. Viajó tras la Cortina de Hierro y es un sincero admirador de todo aquello, aunque no ingresara al Partido. Le falta conocimientos teóricos del marxismo; quizás no sea un buen militante».

De otro, Florencio Méndez, dice:

«Es del PGT es un muchacho simple, sin mayor cultura y también sin inteligencia. Luis Arturo Pineda, guatemalteco de 21 años, del PGT... se considera muy inteligente y no lo es, aunque tampoco es tonto ni mucho menos».

Habla de otro asilado, Gillete:

---

[99] Íbidem.

[100] Carlos Manuel Pellecer fue diputado por el PGT, nombre con el que figuraba políticamente el Partido Comunista; fue destituido de un cargo diplomático en Londres por haber malversado fondos de la embajada. (Fuente: Hilda Gadea, obra citada).

[101] Este Mario de Armas (contrario a Mario Chanes de Armas) no participará en la expedición y desembarco del Granma. Partirá de la embajada hacia Argentina en uno de los últimos cinco vuelos ordenados por el gobierno de aquel país.

«Un muchachito de unos dieciocho a veinte años que no parece tener grandes condiciones intelectuales. Buenote y simple.
Marco Antonio Sandoval «se ha constituido en un enérgico admirador de sí mismo». Valdez, «su nombre no lo recuerdo, es otro de los poetas jóvenes del grupo... sin esa chispa que distingue al auténtico poeta.
Marco Antonio Bertón (a) Torremoto es un muchacho de escasas dotes intelectuales con cuerpo que denota cierto infantilismo... No tiene otro atractivo que el de su constitución patológica ya que no se puede hablar de formación política.
Hugo Blanco (alias La Vieja), jovencito y poeta, mal poeta. No creo siquiera que sea una persona inteligente. El sesgo que parece distinguir a todo él es la bondad. Siempre una sonrisa de chico bueno acompaña al poeta».
Raúl Salazar, *«tipógrafo de unos treinta años, mentalidad simple, quizás inferior a la normal, **que se dedica a su trabajo y nada más».***
Terrible para Ernesto Guevara que alguien se dedicase a trabajar!.
«José Antonio Ochoa, tipógrafo... su carácter es blando, de las mismas consistencias de su cuerpo rechoncho.
Alfonso Rivas Arroyo, «ex-dirigente del gremio de Sanidad y persona interesante por sus escrúpulos intelectuales, pues tiene cierta mentalidad marxista y está en abierta pugna con los comunistas».
Pero más tarde afirma que
«Fideo Arroyo resultó luego ser un traidor, al igual que Tomás Yancos, de los viejos compañeros de la Cancillería... que resultó un hijo de puta».
Al día siguiente se fueron 118 asilados «en los cinco aviones que vinieron, entre ellos Carlos Manuel Pellecer[102] y Víctor

---

[102] Al triunfo de la Revolución Cubana, Pellecer viajó a La Habana y comenzó a laborar como redactor del periódico HOY. Luego fue acusado por Castro de «agente de imperialismo». Pellecer ha escrito varios libros críticos de la administración de Arbenz y del régimen de Castro.

Manuel Gutiérrez. La embajada ha quedado vacía y solamente quedo yo del grupo de los 13 de la perrera»[103].

Muy interesado en que no se quede uno solo de sus compañeros asilados sin recibir su dardo venenoso, se apresura a expresar que de los que se fueron sin analizar se encontraron *«Elfidar Vásquez, el peluquero, un hombre sin mayor base intelectual, pero muy pretencioso».* Para compensar en algo, dice algunas palabras amables sobre Humberto Pineda y Eduardo Contreras, *«un maestro chiquitito de tamaño, bastante chico de edad, muy buena persona, alegre y jodedor».*

Ya hecha la insana crítica a sus compañeros de asilo político, sale el amigo Guevara a la libertad, sin inconveniente alguno. En uno de los aviones llegaba su amigo Gualo García *«que me trajo de casa $150 dólares y un montón de babosadas»*[104].

Al que nos han presentado como el arriesgado combatiente en las calles de Guatemala enfrentándose a la invasión de Castillo Armas sale, tranquilo, *«sin ningún inconveniente»,* a continuar deleitándose con los bellos paisajes e impresionantes ruinas arqueológicas del acogedor país.

Claudia Korol, en su poco divulgada obra «El Che y los argentinos»[105], trata, con gran empeño, pero sin lograrlo, de darnos una imagen muy humana de un Ernesto Guevara preocupado, desde muy joven, por el acontecer político de su patria de origen.

Nos lo muestra formándose dentro de una familia *«que tiene una orientación democrática que se muestra durante la guerra civil española»,* y que al igual que su familia, *«se hizo ferviente admirador de la república española»,* cuya guerra civil la compara con *«la revolución de Guatemala a cuyo auge y derrota asistió como protagonista»* y como, al llegar a México, luego de pasar por Guatemala, *«Ernesto había visto lo suficiente como para comprender y sentir en profundidad los dolores de América Latina».*

---

[103] Luego de arribar más de un centenar de asilados a la embajada, 13 de ellos, calificados como «comunistas», fueron alojados en el garage de la mansión. Se les llamó «el grupo de los trece».

[104] Ernesto Guevara. «Otra vez». Casa Editora Abril. La Habana.

[105] Impresa en la Argentina en 1988 por Ediciones Dialécticas.

Todo este lirismo es falso. Lo hemos visto en páginas anteriores; seguiremos comprobándolo en los próximos capítulos.

El joven descendiente del *Real Caballero de las Órdenes de Santiago* «había llegado a la ansiada meta», nos dice su padre, tomando la expresión de la carta de su hijo, de diciembre 28, en la que expresaba: «por fin estoy en la meta».

Pero Guatemala –a la que tantos que han escrito sobre Guevara quieren mostrar como la nación en cuyo proceso revolucionario deseaba participar el joven argentino– no es, para éste, meta, sino estación de tránsito. Lo afirma el propio Ernesto que en la misma carta escribe: *«creo que me quedaré dos años por aquí si las cosas salen bien, y seis meses, más o menos, si veo que no hay posibilidades apreciables».*[106]

Que está allí, en breve tránsito –recordemos, fue su amigo Gualo García quien tuvo la idea de llegar a Guatemala– lo confirma Ernesto en su carta de enero 15 (1954) a su hermana Ana María: *«lo único que te puedo adelantar es que no quiero irme de esta zona sin conocer México».*

COMO ARMA, UNA CÁMARA

A fines de agosto, aburrido de la vida rutinaria en la embajada, Ernesto deja la sede diplomática. Mantiene las mismas amables relaciones, ni cálidas ni heladas, con Hilda, y una tarde cualquiera le informa que ya ha recibido la ansiada visa para México, mientras ella hace planes para regresar al Perú.

Veamos sus palabras al abandonar la cómoda embajada argentina: *«Hoy comienzo a tramitar la entrega de mi pasaporte y, si no hay inconveniente, mañana en la mañana me voy a Atitlán y Quezaltenango a conocerlos. Iré con una cámara fotográfica prestada».*

Lleva el *heroico* combatiente, como arma de lucha, no un fusil sino una cámara fotográfica. Se siente eufórico. Otros habrán sufrido aquella trágica etapa de Guatemala. Guevara no. Para él *«la gran aventura ha tenido una primera etapa feliz».*

---

[106] Carta, de diciembre 28, 1953, de Ernesto Guevara de la Serna a su padre.

Planeaba pasarse tres días por la región del Lago Atitlán, pero como queda cautivado por la belleza del lago permanecerá allí, despreocupado de lo que ha acontecido en el acogedor país, por más de una semana.

Hemos dicho, repetidamente, que Guevara no fue actor en aquellos acontecimientos que conmovieron a la nación centroamericana. Lo confirma, posiblemente sin percatarse, el propio guerrillero heroico al escribir un artículo que en una carta escrita semanas antes le ha dirigido a su amiga Tita Infante. Titulaba así aquel artículo de catorce páginas: *«Yo ví la caída de Jacobo Arbenz»*.

Admite Guevara que él *«no participó en aquella lucha»*. Ese artículo, muy convenientemente *«desaparecerá en la vorágine de aquellos días»*[107]. La existencia de aquel artículo, *«de una decena de páginas que se perderán también en la tormenta»*, lo confirman otros autores (Pierre Kalfón, página 141).

Lo recuerda un moncadista y expedicionario, Mario Dalmau. En la carta a Tita Infante admite su total inacción en el histórico momento que vivió Guatemala...[108].

La aventura de Guatemala, en la que Ernesto Guevara fue pasivo espectador y no militante combatiente, ha quedado atrás.

Ahora marchará hacia México[109]. Allá en Tapachula, se encuentra Hilda.

Ya ha solicitado, siempre precavido en estos menesteres, la visa. Mientras le llega, viaja, como había planeado, hacia Atitlán, bello centro turístico que aún no conoce. Su seguridad, tanto en aquel resorte como en su continuo andar por las calles de la ciudad de Guatemala, no corre peligro. A nadie le interesa este joven, de aspecto extranjero, que prácticamente nadie vio en los prolongados y críticos días que vivió la capital.

El viaje hacia México lo hará Ernesto por tren, pasando por Tuxtla Gutiérrez, capital del estado de Chiapas. En el largo viaje hace amis-

---

[107]   Paco Ignacio Taybo II. «Ernesto Guevara, también conocido como el Che».

[108]   Tita Infante, había conocido a Ernesto Guevara en 1948. Ella era miembro de la juventud comunista, y murió poco después de haber sido Guevara ejecutado en La Higuera.

[109]   Viaja Guevara con pasaporte argentino y visa de turismo FM 5-5599511.

tad con Julio Roberto Cáceres, un joven guatemalteco al que todos conocen como el *Patojo* por su baja estatura. Con el *Patojo* compartirá su estadía en Ciudad México.

CAPÍTULO V
EN MÉXICO

EN LA CAPITAL MEXICANA

No piensa permanecer por largo tiempo en México: *«Después de un tiempo trataré de que me den una visa para Estados Unidos y me tiraré a lo que salga para allí»*[110].

El 30 de septiembre comenta el joven argentino en carta a su tía Beatriz, que México lo va a recibir con total indiferencia.

Llegan a la capital, ya establecida una cálida amistad con el *Patojo*, el 21 de septiembre de 1954[111]. Consigue, al fin!, un trabajo, aunque pobremente pagado, como investigador de alergia para el Dr. Mario Salazar Mallén, en el Hospital General. En sus ratos libres junto a su amigo *El Patojo* se ganaba algún dinero adicional tomándole fotos a turistas en los parques. Así lo narrará el propio Guevara:

«El Patojo no tenía ningún dinero y yo algunos pesos... juntos, nos dedicábamos a la tarea clandestina de sacar fotos en los parques, en sociedad con un mexicano que tenía un pequeño laboratorio donde revelábamos».

Lo asiste, económicamente, Ulises Petit D'Murat, un amigo de su padre, que tiene una bella hija de la que Hilda tendrá razones de estar celosa.

Hilda, que había planeado regresar a su Perú nativo, fue detenida brevemente pero pudo llegar hasta la frontera y entrar en la nación del norte por el pueblo fronterizo de Tapachula. Poco le importó al descendiente del virrey la situación de su antigua compañera. Escribe,

---

[110] Carta de Ernesto Guevara a .su padre, del 30 de septiembre de 1954.
[111] Ha llegado con pasaporte argentino y visa de turista FM5-599511 (Fuente: «De Tuxpán a la Sierra Maestra»).

displicentemente, el joven de sangre azul en su Diario: *«Hilda está en México, en Tapachula; no se sabe en qué situación».*

En México, continúa Guevara dependiendo económicamente, a los veintisiete años cumplidos!, del dinero que recibe de sus padres y, de hecho, de cualquiera, para subsistir. Cubre esa dependencia económica, propia de un adolescente, con esa imagen de inconforme, de rebelde que, hábilmente, supo proyectar. Veamos una de las primeras cartas que desde México, escribe a sus padres:*»He preferido cierta independencia, al menos mientras duren los pesos que usted me ha mandado».*

En Ciudad México –tomamos los datos del libro *De Tuxpán a La Plata* del «Centro de Estudios de Historia Militar de Cuba»– Guevara se estableció en un pequeño apartamento de la Calle Nápoles #40 trabajando, en forma eventual, como foto reportero de prensa, y «prestando sus servicios de médico en el pabellón 21 del Hospital General, y también en la Facultad de Medicina de la Universidad Nacional Autónoma, sin recibir, por ello, retribución económica alguna»[112]. Otra discrepancia encontramos en este punto.

Falso que Guevara prestara servicios sin remuneración. El Dr. Mario Salazar Mayén le consiguió en mayo una plaza de interno en el Hospital General con un sueldo de $150 pesos al mes, «con domitorio, comida y lavandería gratis». El Dr. Salazar Mayén, «el capo de la alergia en México», según expresión del propio Guevara, fue su generoso protector»[113].

Como el trabajo en el hospital conllevaba obligaciones, poco le duró. Pronto estaría compartiendo el apartamento que Hilda y su amiga Lucila sufragaban.

Ya hemos visto que no era Guatemala su meta, sino Venezuela. Otros quieren mostrarnos que era México a donde quería dirigirse después de haber conocido al primer moncadista. Recordemos que será el propio Ernesto Guevara de la Serna quien nos dice allí, en la capital mexicana, a donde, realmente, quiere dirigir sus pasos:

---

[112] Incorrecta, como tantas otras, esta afirmación de la publicación «De Tuxpán a La Plata».

[113] Jon Lee Anderson. Obra citada.

«Después de un tiempo trataré de que me den una visa para Estados Unidos y me tiraré a lo que salga para allí»[114].

No han transcurrido cuatro semanas y en el Hospital General se encuentra a su, ya, viejo amigo Ñico López, el moncadista con quien había convivido en Guatemala; un mes antes Ernesto se había vuelto a encontrar con Hilda.

GUEVARA ESCRIBE PARA LA AGENCIA DE PRENSA DE PERÓN

En su patria nativa, Perón sigue recibiendo el embate de los grupos de extrema izquierda. Se mantiene en el poder gracias al respaldo de sectores de las fuerzas armadas, del apoyo de los altos intereses económicos y de dirigentes sindicales.

Quiere el presidente de la patria de Sarmiento mejorar su imagen internacional. Para eso, recién ha constituido una agencia de prensa que tratará de rectificar la *«desinformación»* que sobre él mantienen los medios norteamericanos. ¿Quién mejor para colaborar en este empeño que el joven Guevara?. Alegre, se incorpora Ernesto, en un trabajo bien pagado, a la filial mexicana de aquella agencia de prensa peronista. Lo asignaron para cubrir los Juegos Panamericanos que comenzaban la primera semana de marzo de 1955.

Como Perón es atacado por la prensa independiente norteamericana, Ernesto Guevara, para servir mejor a quien en Buenos Aires gobierna, y paga, dirige sus dardos contra el *coloso del Norte;* ataca sus instituciones, sus dirigentes.

Ya Hilda se encuentra en la capital. No es cálida la recepción de su Ernesto que escribe: *«Con Hilda parece que hemos llegado a un status quo; veremos».* Ante su indiferencia, logra ella compartir con la venezolana Lucila Velázquez una habitación en una casa de huéspedes.

Se va haciendo más débil en México el lazo que une a Ernesto y a Hilda. No concurre Guevara a una y otra cita en aquel enero, prefiriendo compartir su tiempo con el *Patojo*, el amigo guatemalteco.

---

[114] Carta a su padre de fecha 30 de septiembre de 1954.

Hilda lo recrimina; rompe sus relaciones. Se reconcilian. Se distancias y vuelven a reconciliarse una y otra vez.

Poco antes, Guevara se ve emocionalmente envuelto con una enfermera, Julia Mejía, que vive en una atractiva casa en el Lago Amatitlán, donde Ernesto iba y pasaba los fines de semana. Pronto, estaban manteniendo relaciones. La tolerante Hilda ayudaba a Ernesto a pagar la renta del apartamento en que él vivía.

La diligente Hilda encuentra un trabajo en la Comisión Económica para Latino América y el Caribe, de las Naciones Unidas. Ella y Lucila se mudan a un confortable apartamento, y termina, enseguida, la indiferencia de Guevara, que, pronto, va a vivir en el apartamento que sufragan las dos amigas.

El 30 de abril de 1955 llega a Ciudad México su compañero de una larga travesía, Ricardo Rojo. Con él, y con Hilda, presencia el desfile del Primero de Mayo.

Se siente ya, económicamente, más holgado. A su sueldo en la Agencia Latina se une el aporte que ofrece Hilda, con la que mantiene *«una unión de hecho»*, y quien ha encontrado un nuevo trabajo en una filial de la Organización Mundial de la Salud. Siempre Hilda Gadea bien relacionada con los organismos oficiales.

MÉXICO: REFUGIO POLÍTICO ANTES DE CASTRO

México había sido desde el golpe militar del 10 de marzo de 1952, que llevó nuevamente a Fulgencio Batista al poder, obligado refugio de figuras políticas cubanas.

El jueves 13 de marzo, en horas de la mañana, abandonaba Carlos Prío, el presidente depuesto, la embajada de México en La Habana, rumbo al aeropuerto. En el auto, amparado bajo la bandera mexicana, lo acompañaban su esposa y el embajador Benito Coquet En otros tres autos venían Aureliano Sánchez Arango y Segundo Curti, con sus esposas, y las dos pequeñas hijas de Prío.

A la capital mexicana había llegado el depuesto presidente[115] acompañado, además, del Ministro de Estado, Sánchez Arango[116], y

---

[115] Al día siguiente concede su primera conferencia de prensa en el Hotel Reforma.

[116] Aureliano Sánchez Arango fue primero designado Ministro de Educación por el presidente Prío. En octubre de 1951 ocupó la posición de Ministro de Estado.

el de Gobernación, Segundo Curti, de Raúl Rodríguez Santos y otros altos funcionarios que, en La Habana, se habían acogido al asilo político en la embajada de México.

El lunes 17 el presidente volaba a Miami para reunirse con los principales colaboradores civiles y militares del gobierno depuesto. Allí se encontraba el vicepresidente Guillermo Alonso Pujol; Aureliano Sánchez Arango que había volado con Prío desde México; el Ministro de Defensa, Rubén de León; el general Ruperto Cabrera, su hermano Antonio Prío y otras destacadas y, algunas, no muy sobresalientes, figuras de su gobierno.

Junto al ya ex-mandatario están, también, Edgardo Buttari, antiguo Ministro del Trabajo, y Ricardo Artigas, subdirector de la Renta de Lotería. Otros regresaban a La Habana; entre ellos, Miguel Suárez Fernández, que se encontraba de vacaciones por Europa cuando se produjo el golpe del 10 de Marzo.

Sánchez Arango regresaba a México dispuesto, decía, a organizar, de inmediato, una acción *«para restablecer en Cuba un gobierno constitucional»*. Así lo recuerda un cubano residente en aquella ciudad que le ofreció a los exiliados recién llegados el mismo entusiasta respaldo y colaboración que, menos de tres años después, le brindaría a los que participaron en el asalto al Cuartel Moncada.

Orlando de Cárdenas se encontraba entre los pocos cubanos que recibieron a los funcionarios depuestos. Pronto se formó una estrecha relación entre el antiguo Ministro y el ya retirado artista cubano que, ahora, residía en México, luego de haber compartido tantos años de bohemia en Las Vegas y Nueva York con Desy Arnaz, con quien cantó en un piano-bar; César Romero, Xavier Cugat, Madriguera, Miguelito Valdés y otros.

Ya pronto Sánchez Arango había conseguido avión, piloto y las armas necesarias para partir hacia la isla. Contrató, recuerda Orlando de Cárdenas, un avión Cessna que fue piloteado por Ríos Montenegro. Con las armas adquiridas para la organización Triple A, que recién había constituido, partió hacia Cuba el primero de mayo de 1952. Allá lo esperan y reciben las armas, Mario Escoto y Pepe Utrera. Se depositan en distintos sitios; uno de ellos en la casa de Paquito Cairol donde fueron descubiertas por la policía[117]

El sábado 5 de enero, luego de cumplir un año y dos meses en la prisión de Nueva Gerona, es liberado Rafael García Bárcenas que había aparecido complicado en la conspiración del 5 abril de 1953, gesto de rebeldía que se adelantó tres meses al asalto al Cuartel Moncada el 26 de julio.

Aquel sábado en que el profesor de Filosofía Moral recuperaba su libertad, se encontraban aún cumpliendo prisión los asaltantes del Moncada. Las primeras palabras a la prensa del prestigioso revolucionario fueron de indignación por no haberse, todavía, decretado una amnistía amplia que incluyera *«a los hombres que pertenecen a las fuerzas armadas y a los jóvenes del Cuartel Moncada, que han sido condenados por delitos políticos»*[118].

ORLANDO DE CÁRDENAS, MANO GENEROSA PARA TODO EXILIADO

En México, Orlando continúa activo ayudando a otros exiliados cubanos. Entre ellos, a Jorge Agostini, asesinado poco después de amnistiado Fidel; Reinol García (que en abril de 1956 muere en el ataque al Cuartel Goicuría), Carlos Gutiérrez Menoyo, Menelao Mora, (que morirían en el asalto a Palacio). Algunos de aquella primera jornada de exiliados vivieron en casa de Orlando: Eduardo García Lavandero, Evelio Prieto[119] quien, al igual que Carlos Gutiérrez Menoyo y Menelao Mora, muriera en el asalto a Palacio el 13 de marzo.

Con uno en particular, –que se convertirá para él en vínculo con los que llegarían a México luego del asalto al Moncada–, estableció las más estrechas relaciones. Juan Orta, político auténtico, era permanente compañero de Orlando en las actividades que ambos desplegaban asistiendo a aquellos exiliados.

---

[117] Declaraciones de Orlando de Cárdenas, al autor, septiembre 1, 2001.
[118] Revista Bohemia, mayo 1954.
[119] Evelio Prieto y García Lavandero habían estado con Prío en Miami y al hacer un trasiego de armas fueron detenidos en la Florida. Liberados bajo fianza; la incumplieron y se fueron a México. Cuando representantes de la compañía financista los localizó en Ciudad México, se escondieron en casa de Orlando de Cárdenas donde permanecieron largo tiempo.

Han pasado tres años. Fidel Castro, recién liberado, se encuentra con Juan Orta en La Habana. Conversó éste con Fidel que le habla de sus planes de ir a México para preparar una revolución. Orta le escribe una carta de presentación para *«un cubano que vive en México y que, aunque no es un exiliado, ha ayudado mucho a los grupos auténticos y ortodoxos».*

Castro hará buen uso de esa carta.

DE MÉXICO, UNO QUIERE IRSE; OTROS LLEGAN

El 15 de mayo de 1955 Castro y varios de los que con él habían participado en las actividades que condujeron al asalto del Cuartel Moncada, abandonaban la cárcel de Isla de Pinos. Eran liberados tras 22 meses de cómoda reclusión.

En esos momentos está haciendo Ernesto planes para viajar a París o Madrid. Sus proyectos de cruzar el Atlántico y alejarse de México, se frustran cuando la Agencia Latina, la efímera empresa peronista, cierra sus puertas y sólo le paga la mitad de los sueldos atrasados.

Coincide tan decepcionante noticia con la llegada de Raúl Castro que le es, de inmediato, presentado por su buen amigo el flaco Ñico López.

Con Raúl, Ernesto hablaba con frecuencia; algunas veces en el apartamento de la calle Rhin número 43, casa que habitaba con Hilda, y otras, en la casa de la Calle Ramón Guzmán número 6 donde vivía Raúl. El tema de la conversación era siempre el mismo: Fidel y la revolución que era necesario organizar.

En La Habana Castro, ya libre, buscó un pretexto para serle presentado a Mario Llerena, un joven y brillante intelectual que había pertenecido al Movimiento Nacionalista Revolucionario (MNR), organizado por Rafael García Bárcenas. Éste había fracasado en un pobremente organizado plan de derrocar al gobierno de Batista. Posteriormente Llerena formó parte del Movimiento de Liberación Radical (MLR), junto con Andrés Valdespino, Amalio Fiallo, Leví Marrero y otros.

Castro, en aquella semana de junio de 1955, le expresó a Llerena su interés en reunirse con algunos de los miembros del MLR. Aunque poco entusiasmo mostraron los integrantes del movimiento, aceptaron, finalmente, conversar con Castro dos días después en la Calle Ayesterán 720. A la reunión asistió Fidel con dos de sus más confiables guardaespaldas: el Flaco Ñico López y Pedro Miret, el estudiante de ingeniería que había participado en el asalto al Moncada. Después de aquella reunión los miembros del MLR rechazaron, unánimemente, unirse a los planes esbozados por Fidel quien, días después, abordaba un avión partiendo hacia México.

El 7 de julio, luego de haber disfrutado de entera libertad, parte Castro desde La Habana en el vuelo 566 de Mexicana de Aviación hacia Mérida en tránsito hacia Veracruz.

Procedente de Veracruz llega, en ómnibus, a Ciudad México el día siguiente. Fidel residirá en un pequeño cuartucho de un barato hotel, pero irá a almorzar y comer en la casa a donde han llegado prácticamente todos los jóvenes cubanos exiliados: a la de María Antonia González, en la Calle Emparán, Número 49, que les ha dado albergue.

Días después, al cumplirse el segundo aniversario de las acciones de Santiago de Cuba y Bayamo[120], Fidel Castro participa en dos actos conmemorativos de aquellos ataques. Con él, ese día, no estará Ernesto Guevara a quien, aún, no ha conocido.

El 28 de julio Fidel Castro se encontraba en San Juan, Puerto Rico, dirigiéndose a un numeroso grupo de jóvenes latinoamericanos. A su lado se encontraba Laura Meneses, la esposa de Arbizu Campos. Eran los días en que se incorporaban a la organización, que se estaba creando, Armando Hart y Faustino Pérez. Castro daba instrucciones a Carlos Franqui para que imprimiera no menos de cincuenta mil copias del Manifiesto al Pueblo que pronto le enviaría: *«debe estar en las calles el 16 de agosto, el cuarto aniversario de la muerte de Chibás, y varios miles deben de distribuirse en el cementerio»*[121].

Aquella fecha sería conmemorada, también, con un *«mensaje a los ortodoxos»* que imprimirían en un mimeógrafo. Era un documento importante que trazaba la estrategia de lucha que ya tenía en mente. El «mensaje a los ortodoxos», explicaba Castro, *«criticará las tácticas que hemos venido usando; y será la primera llamada que hagamos*

---

[120] El asalto al Cuartel de la ciudad de Bayamo había sido dirigido por Raúl Martínez Ararás que, muy pronto, romperá toda relación con Fidel Castro y su grupo.
[121] Carlos Franqui. «Diario de la RevoluciónCubana».

para la insurrección y la huelga general», expresaba en su carta del 3 de agosto.

Hoy, la versión oficial sobre aquel *«manifiesto al pueblo y sobre la constitución del Movimiento 26 de Julio»* es otra:

En México, Fidel constituyó el *Movimiento 26 de Julio,* cuyo primer manifiesto, impreso en el Taller Gráfico de la Calle Segunda de la Penitenciaría Número 27, en ciudad México, fue fechado el 8 de agosto. En esa fecha se celebraba un congreso de militantes del Partido Ortodoxo en el que se dio a conocer el contenido de aquel manifiesto. Presente en el congreso se encontraba Faustino Pérez quien propuso que el mensaje fuese adoptado como documento oficial de aquel congreso[122].

ERNESTO CON RAÚL Y CON FIDEL

Mientras en la segunda mitad del año 1955, Ernesto Guevara, en México, se reencontraba con su ya viejo amigo Ñico López y, a través de él, conocía y se identificaba con Raúl y con Fidel, en Cuba otros hombres estudiaban una solución que evitase una confrontación militar y que restableciera en la isla un régimen constitucional. No tuvo éxito el «Diálogo Cívico» auspiciado por la Sociedad de Amigos de la República (SAR) presidida por el anciano coronel Cosme de la Torriente.

Todas las esperanzas fracasaron cuando la concentración convocada frente a la Plaza del Muelle de Luz, que reunió a más de treinta mil personas, terminó a gritos al pretender los comunistas que Salvador García Agüero, un intelectual negro, fuese invitado a hablar. El rechazo fue total.

En Cuba se fraccionaban los grupos; en México, Castro iba formando y fortaleciendo su M-26 y, al mismo tiempo, estructurando en la isla, aquella organización. A ese fin, desde México comisionó a cuatro jóvenes –Armando Hart, Faustino Pérez, Enrique Oltusky y Carlos Franqui– a visitar a aquel hombre de gran prestigio revolucionario e intelectual a quien, recientemente, había conocido en La Habana: Mario Llerena.

---

[122] «De Tuxpán a la Plata». Centro de Estudios de Historia Militar. La Habana.

Los cuatro jóvenes pronto, «una tarde del verano de 1956", fueron a ver a Llerena en sus oficinas de la revista Carteles[123] y, tras una breve e inesperada interrupción, le pidieron que redactase las bases para el programa del Movimiento 26 de Julio.

Poco después, el inteligente, culto y diligente profesor, estaba sumergido no solo en la elaboración del programa sino, también, en labores organizativas del Movimiento. Pronto Mario Llerena se convirtió en el representante oficial del Movimiento 26 de Julio en los Estados Unidos. Será, Llerena, de los primeros en distanciarse de Castro, aún antes de llegar éste al poder.

Cuando empezaba septiembre, Castro se encontraba sin un centavo en México: «Estamos sin un centavo; la impresión en el extranjero nos ha costado lo poco que teníamos. Hasta ahora sólo he recibido ochenta y cinco dólares enviados por Pedro Miret...»[124].

Fidel y Ernesto, –ya todos lo llaman *Che* por el remoquete que, amistosamente, le aplicaban siempre Ñico López y los otros moncadistas-, se conocen una tarde en casa de María Antonia González. Hablan toda la noche. Se identifican. Guevara queda seducido por el combatiente cubano. Fidel está fascinado por el conocimiento de las doctrinas sociales, y en particular, del marxismo-leninismo del joven argentino.

Surge entre ellos –Fidel, Raúl, Ernesto, Hilda, Ñico– un vínculo fraternal. Tan estrecha es esa camaradería que días después, participarán, Jesús Montané también, de un íntimo evento.

Será en casa de María Antonia González, cubana radicada en México y amiga de los revolucionarios cubanos que habían llegado allá antes, procedentes de Guatemala, donde Guevara conoce a Fidel Castro. Aquella casa de María Antonia[125] era el punto de contacto de los que llegaban a México para integrarse al Movimiento. Se hizo necesario alquilar algunas casas para alojar a los recién llegados[126].

---

[123] Mario Llerena. «The Unsuspected Revolution».
[124] Carta de agosto 30, 1956.
[125] La casa estaba situada en la calle Emparán #49, apartamento C.
[126] Calle Pedro Baranda, #8, Insurgentes #5; Ave. México #33, Cuzco #643; Emilio Castelar #113; La Morena #323 y otras.

Una de las casas campamento se encontraba en la Calle Pachuca –muy próxima a la embajada de Cuba-. De ella eran responsables Jesús Montané y Melba Hernández, casados recientemente. En dicha casa permanecía, entre otros, el telegrafista Rolando Moya y el navegante «Pichirilo».

FIDEL LE INCUMPLE A GUEVARA

Hilda se encuentra en estado de gestación. Hay que apresurar la boda.

Ernesto comenta la noticia con su ya admirado amigo y le habla de los planes de la pareja para casarse formalmente, invitando a Fidel para que fuese testigo de la boda. Éste acepta gustoso. Ernesto, complacido, se lo informa a Hilda, quien deja constancia en su libro, *Años decisivos,* de que Fidel sería testigo de su boda.

Han transcurrido varios días. Una noche de agosto, Ernesto invita a su casa a cenar a Fidel para presentarle a Hilda, quien, por su cuenta, ha invitado, también, a una pareja de revolucionarios puertorriqueños, los Juarbe[127]. Allí, en presencia de aquella pareja revolucionaria, Hilda le hace a Castro una pregunta que conlleva una censura: *«Bueno, ¿y usted por qué está aquí, cuando su puesto es estar en Cuba?»*[128]. La pregunta es, por supuesto, ofensiva y, sin duda, jamás Castro se la perdonará a la joven peruana.

El 18 de agosto en Tepozotlán, Hilda y Ernesto legalizaron su unión. Fidel y Raúl que, se habían comprometido a ser los testigos de la boda, se excusaron alegando razones de inmigración. Será Jesús Montane[129] y la poetisa Lucila Velásquez los testigos de la novia. Por Ernesto firmarían Baltazar Rodríguez y Alberto Martínez Lozana, éste último vecino del mismo pueblo de Tepozotlán donde se celebraba el matrimonio.

---

[127] Pierre Kalfón.
[128] Hilda Gadea. «Años Decisivos».
[129] Jesús Montané, tesorero del M-26, desembarcó en el Granma, y cayó prisionero. Se casó con Melba Hernández. Fue en el régimen de Castro Ministro de Comunicaciones. Miembro del Comité Central del Partido Comunista de Cuba. Murió en el año 2001.

CON HILDA GADEA EN CIUDAD MÉXICO
En agosto de 1955 Ernesto e Hilda contraen matrimonio.
Fidel le incumplirá su compromiso de ser testigo de la boda.
En la foto, Hilda y Guevara poco antes de la boda.

¿El afrentoso rechazo de Fidel y de Raúl de ser testigos de la boda obedecería a la insultante pregunta formulada por Hilda en presencia de los revolucionarios Juarbe y Laura de Albizu Campos?.

La familia de Hilda les escribió quejándose de no haber sido informados de la boda con anticipación y enviándoles $500 dólares pidiéndoles que la celebraran, también, por la iglesia. Ernesto contestó la amable misiva presentándoles excusas por no haberles notificado antes del matrimonio, pero, diciéndoles que *«sus convicciones políticas y religiosas no les permitían otra cosa que un matrimonio civil»*. Esas *«convicciones»* no les impidieron quedarse con los $500 dólares. Una cosa son las convicciones. Otra, el dinero.

Un mes después, el 24 de septiembre, Ernesto informa a su madre sobre el matrimonio y que *«pronto tendremos un hijo»*. Ese mes, Perón era depuesto.

Es también en ese mes de septiembre, que Fidel –a nombre del 26 de Julio– y José Antonio Echeverría –por el Directorio Revolucionario– firman allí, en México un pacto insurreccional.

No había perdido tiempo la eficiente y bien relacionada Hilda en ponerlo en contacto con diversas figuras políticas; una de ellas Laura, la esposa de Pedro Albizu Campos[130].

Peruana, como Hilda Gadea, Laura de Albizu Campos nació en Arequipa. Al casarse con Albizu Campos[131] adquirió, automáticamente, la ciudadanía norteamericana. Estudió en la Universidad de San Marcos donde adquirió un doctorado en ciencias naturales, e hizo estudios, también, en la Universidad de Harvard. Su compañero Juan Juarbe Juarbe, nació en Puerto Rico y militó, desde muy joven en el

---

[130] Hilda, primero en Guatemala y, luego, en México, mantuvo estrecho contacto con figuras de la izquierda latinoamericana: Luis de la Puente Uceda, líder, entonces, del APRA y luego fundador del APRA REBELDE y del MIR, en Perú; Juan Juarbe y Juarbe, puertirroqueño, coeditor de la revista *Humanismo* que dirigía Raúl Roa. Con Orfila Reunal, de esta revista, relaciona al Che su compatriota Ricardo Rojo.

[131] Pedro Albizu Campos, nacido en Ponce, Puerto Rico, se graduó de abogado –como alumno eminente– en la Universidad de Harvard en 1921. Ingresa en el recién constituido Partido Nacionalista en el que es, en 1930, electo presidente. Viaja en función patriótica y revolucionaria por Santo Domingo, Haití, Cuba, México, Perú, Colombia y Venezuela. Por la insurrección armada que se produce en 1950 fue sometido a juicio y condenado a prisión. Indultado en 1964 por el gobernador Luis Muñoz Marín, murió el 21 de abril del siguiente año.

Partido Nacionalista que dirigió Albizu Campos. Juarbe vivió en Cuba durante más de 25 años, durante las décadas de los años 40 y 50[132].

Otra boda se celebra en aquellos días. La de Arturo Chaumont[133] con Ondina Pino, hermana de Orquídea y Onelio Pino, quien será, éste último, el capitán del Granma.

En octubre 29, 1955, Fidel Castro estaba en los Estados Unidos, acompañado de Juan Manuel Márquez[134] en un prolongado viaje por varias ciudades en busca de fondos. En esos días pasaba Ricardo Rojo por México. Venía de Nueva York hacia la Argentina.

¿Cómo había llegado de Nueva York?. Utilizando el avión que la nueva junta gobernante había enviado desde Buenos Aires.

En carta a su madre Ernesto le dice que *«la caída de Perón me amargó profundamente»*[135] matizando sus palabras con una crítica a quien considera responsable de la caída del líder justicialista: *«el verdadero enemigo está en el Norte»*[136]. Es ése, el mismo estribillo que había usado, consistentemente, mientras estuvo en la nómina de la Agencia Latina, el centro de información pagado por Juan Domingo Perón.

En noviembre, Ernesto, acompañado de Hilda, viaja como simple turista hacia el sur de México. Visitan Palenque, Mérida, Chichén-Itza, Uxmal. En Veracruz pasan unos días.

---

[132] Al triunfo de la revolución tanto a Laura de Albizu Campos, como a Juarbe, el gobierno revolucionario les concedió la ciudadanía cubana nombrándolos, en enero de 1961, para integrar la Misión Cubana ante las Naciones Unidas.

[133] Arturo Chaumont Portocarrero, expedicionario del Granma, al producirse de sorpresa de Alegría de Pío se interna en el monte y, con la ayuda de algunos campesinos, llega hasta Campechuela y, finalmente, a La Habana. Luego se separa definitivamente del M-26.

[134] Juan Manuel Márquez proveniente de las filas del Partido Auténtico, gozaba de gran prestigio entre los grupos revolucionarios. Expedicionario del Granma murió combatiendo poco después del desembarco.

[135] A quien «no le amargó» el derrocamiento de Perón por el golpe militar del Gral. Eduardo Lonardi, que pronto entregó el mando al Gral. Pedro Eugenio Aramburu, fue a su padre Guevara Lynch quien luego alardeó de disfrutar de la amistad de figuras prominentes del régimen militar: «Alejandro Ceballos, Ministro de Relaciones Exteriores; Ángel Cabral, Ministro de Comunicaciones; Tristán Guevara, Ministro de Trabajo; el Almirante E. Palma, Sub-Secretario de la Marina» y otros. Fuente: Carta de Ernesto Guevara Lynch, de marzo 9, 1958 a Raúl Chibás mencionada por Mario Llerena en «La Insospechada Revolución».

[136] No tenía fundamento la afirmación de Guevara porque su admirado Perón ya había limado sus diferencias con Washington que nada tuvo que ver con su caída en septiembre de 1955.

En diciembre ya está Ernesto de regreso en Ciudad México; también lo está Fidel luego de haber recaudado algún dinero en su viaje por los Estados Unidos donde, el 30 de octubre (1955) había declarado en Nueva York: *«En 1956 seremos libres o mártires»*.

Llega Juan Almeida en febrero (1956) a México; por supuesto, a casa de María Antonia. Allí estaban Universo Sánchez, Ramiro Valdés, Norberto Collado. También, en distintas casas, se encontraba Melba Hernández[137], casada con Jesús Montané.

En Costa Rica se encontraban ya, recién salidos de la prisión por la amnistía decretada, Juan Almeida y José Ponce. Estaba también en San José, Gustavo Arcos. Tramitan su visa para México. Gustavo y Ponce la consiguen fácilmente, pero se le dificulta conseguirla a Almeida. Pronto, los tres llegaban a Ciudad México.

NUEVOS CONTACTOS DE FIDEL

Una mañana de enero *«tocaron en mi casa tres personas; reconocí de inmediato a una porque había visto su foto en los periódicos. Era Fidel Castro»* recuerda Orlando de Cárdenas en entrevista con el autor[138].

Venía acompañado de dos guardaespaldas; uno era Miguel Antonio Sánchez, el Coreano; el otro era Luis Fraga. Fidel pidió a Orlando que lo ayudara, como antes lo había hecho con los Auténticos. Cárdenas no se mostró receptivo a la petición *«porque Raúl Roa me había hablado mal de Fidel diciéndome que era uno de los jóvenes del 'gatillo alegre' que habían cometido actos gangsteriles en La Habana»*.

Pero Fidel era persistente y persuasivo. A los tres o cuatro días volvió y *«con ese poder de convicción que indudablemente él tenía, me puso la mano en el hombro y me dijo que era mi obligación de cubano ayudarlo en su esfuerzo de establecer un régimen constitucional en Cuba»*.

---

[137] Melba Hernández, junto con Haydee Santamaría, eran las dos mujeres de más ascendencia sobre Castro en aquella época. Ambas habían participado en los planes del Asalto al Moncada. Ni Fidel ni Raúl conocían, aún, a Celia Sánchez ni a Vilma Espino, a quienes vieron, por primera vez, en la Sierra Maestra.

[138] Entrevista de Orlando de Cárdenas con el autor de octubre 23, 1999.

Como ya en la casa de María Antonia permanecía cerca de una veintena de cubanos, muchos de ellos durmiendo en el suelo, *«acepté que algunos de ellos se alojaran en mi casa. Les daba una comida al día y alojamiento»*[139].

Así comenzaron las relaciones de Cárdenas con Castro y los nuevos exiliados. Como éstos no tenían licencia para conducir, Cárdenas alquilaba los carros y colaboraba con ellos en el trasiego de armas.

Ernesto Guevara visitó en dos o tres ocasiones la cómoda residencia de Orlando de Cárdenas. *«Una vez fue con Hilda Gadea, alta, mayor que él, quien, evidentemente, tenía una enorme ascendencia sobre Guevara, que apenas se atrevía a hablar frente a ella»*[140].

El 15 de febrero (1956) nació su hija, Hilda Beatriz[141].

Se entrenaban con largas caminatas por las calles de la ciudad, alquilando botes de remo en el lago del Bosque Chapultepec, escalando cerros cercanos a Ciudad México.

Cuando adquirieron armas comenzaron las prácticas de tiro que estuvieron a cargo de Miguel A. Sánchez, conocido por todos como el Coreano.

Clases teóricas sobre prácticas de guerrilla les serían ofrecidas por Alberto Bayo[142], el conocido coronel que había combatido en la guerra civil española; Ernesto Guevara aportaba lo suyo: charlas en los círculos políticos y culturales teniendo a su cargo la orientación ideológica del futuro grupo expedicionario.

---

[139] Orlando de Cárdenas.
[140] Entrevista de Orlando de Cárdenas con Enrique Ros.
[141] En la Calle Neptuno #40, en ciudad México, vivió Guevara con su esposa Hilda Gadea, su pequeña hija y «El Patojo», fotógrafo ambulante.
[142] Alberto Bayo, había nacido en Cuba, pero hecho toda su carrera militar en España; en particular, en Marruecos, donde había formado parte de la legión extranjera española, donde perdió un ojo. Bayo provenía de una familia militar española. Su abuelo, *«militar, coronel de caballería»*. Su padre, *«militar, coronel de artillería»*. Sus cuatro hermanos, *«militares de carrera»*. Lo dice con orgullo: *«Nací casi en un cuartel»*. Sólo porque su padre, militar español, se encontraba, temporalmente, estacionado en Camagüey, Alberto Bayo nació en Cuba. Orgulloso de su procedencia cuartelaria, española, afirma en su libro: *«los soldados y asistentes de mi padre, Coronel de Artillería en Camagüey, fueron mis primeros amigos... a los catorce años mi padre me metió de soldado artillero en las Palmas de Gran Canaria»*. general Alberto Bayo. «Mi aporte a la Revolución Cubana».

EL RANCHO SANTA ROSA

Al aumentar en número, alquilan el rancho Santa Rosa, propiedad de Erasmo Rivera. El Che Guevara es nombrado Responsable del nuevo centro de entrenamiento, y el coronel Bayo[143] encargado de instrucción militar.

El contrato de arrendamiento del Rancho Santa Rosa lo negoció Alberto Bayo, que comenzó ofreciendo 300 mil pesos por la propiedad de la finca. La idea era establecer ese precio de compra para hacerlo efectivo meses después y, mientras tanto, tomar la finca en arrendamiento. El tiempo necesario para el entrenamiento de los hombres.

Para justificar la presencia de los futuros expedicionarios, Bayo le informó al propietario, Erasmo Rivera, que varios peones «salvadoreños» estarían trabajando en la finca haciendo las reparaciones necesarias para mejorarla y tratando de conocer donde pudiera haber agua en las montañas con objeto de establecer un regadío[144].

El entrenamiento fuerte comenzó en enero de 1956. Más intenso, en febrero, cuando empezaron prácticas de tiro en «*Los Gamitos*»[145].

El terreno del Rancho Santa Rosa, propiedad de Rivera tenía una extensión de dieciseis kilómetros de largo y nueve de ancho. La casa del rancho estaba rodeada por un muro de tres metros de alto.

Las armas se fueron adquiriendo a través de la armería propiedad de Antonio del Conde Pontones, (el Cuate), en Revillajigedo #47, en la propia Ciudad México, quien había sido contactado a través de Orlando de Cárdenas.

La orientación política la ofrecían Fidel Castro, Juan Manuel Márquez y Félix Elmuza. Para entonces, Ernesto Guevara ya había sido escogido como el médico de la futura expedición.

El rancho funcionó como centro de entrenamiento hasta fines de junio cuando Fidel y varios de los que allí se entrenaban fueron detenidos en Ciudad México.

---

[143] Castro conoció personalmente a Bayo en agosto de 1955 en su casa de la Avenida Country Club Número 67. (Fuente: Georgie Anne Geyer «Príncipe de la guerrilla»).

[144] Alberto Bayo. Obra citada.

[145] En medio de aquel intenso entrenamiento Guevara escribe un poema épico dedicado a Fidel, tan ridículo como el que Nicolás Guillén le dedicase a Stalin: «*Vamos, ardiente profeta de la aurora, por recónditos senderos inalámbricos, a liberar el verde caimán que tanto amas*».

El 20 de junio de 1956[146], Fidel, junto con Ramiro Valdés y Universo Sánchez fue detenido por la policía en una esquina de Ciudad México[147]. Minutos antes se habían alejado de aquel sitio Ciro Redondo, Cándido González y Julio Díaz Reynaldo; éstos dos últimos fueron detenidos pocos minutos después. Pronto eran arrestados Ciro y Benítez[148]. Más tarde, Alfonso Guillén Zelaya[149], mexicano, es, también, arrestado.

La Prensa Asociada informaba en cable de junio 21 que *«el exiliado cubano Fidel Castro Ruz y otros seis cubanos, fueron detenidos esta mañana por requerimiento de La Habana»* aclarando que *«Castro había entrado en México, hace dos meses y medio. Patrocinaron su entrada Vicente Lombardo Toledano, destacado dirigente obrero, considerado como izquierdista, y Lázaro Peña, Jefe de la Confederación de Trabajadores de la América Latina».* El cable le concedía al dirigente obrero cubano una jerarquía mucho mayor que la que efectivamente ejercía.

En La Habana, antes del asalto al Moncada, Raúl Castro había establecido una amistad con un joven funcionario del Ministerio de Relaciones Exteriores soviético, Nicolai Leonov. Relación que se estrechó en el Festival de la Juventud celebrado en la Europa del Este. Ahora, en México, vuelven a encontrarse Raúl y Nicolai. Pronto Leonov visitaba la casa de María Antonia donde conoció a Guevara. Con éste se produjo un intercambio de libros. Leonov le dio su tarjeta a Guevara; ésto, le traería luego a Leonov un serio problema en la embajada[150].

---

[146] Jorge G. Castañeda menciona el día 24 como la fecha de la detención.

[147] En la esquina de las calles Kepler y Copérnico.

[148] Los detienen distintos cuerpos policíacos: La Federal de Seguridad, que equivale en México al FBI norteamericano; la Policía Judicial; la Policía Secreta y el Servicio Secreto (Entrevista con Orlando de Cárdenas, septiembre 1, 2001). Los que cayeron con el Servicio Secreto, como Cándido González y Julito Díaz, fueron encerrados en la «cárcel clandestina», cerca de la Villa de Guadalupe, en el Pocito, golpeados y torturados.

[149] «El mexicanito Guillén Zelaya, que era el alumno más joven que tenía –dice Alberto Bayo– me ayudaba (en enseñar a armar y desarmar el fusil y las ametralladoras) y llegó a tener tal velocidad haciéndolo a ciegas, que llegó a hacerlo en tiempo record». Fuente: A. Bayo. Obra citada.

[150] Años después Nicolai Leonov ascendería dentro de la KGB hasta que, en 1992, se retiró siendo ya vicedirector.

La Federación Estudiantil Universitaria de Cuba (FEU), bajo la presidencia de José Antonio Echeverría, envió de inmediato un cable al presidente de México Adolfo Ruiz Cortines pidiéndole que no autorizase la deportación de *«Fidel Castro, combatiente de la libertad patria»*. En horas tempranas el gobierno cubano había informado que *«en momento alguno el gobierno cubano ha solicitado acción alguna contra esos u otros cubanos»*[151]. Pocas horas después la atención estaba fija en la ocupación de un gran arsenal de armas localizadas en tres casas ubicadas en el reparto La Sierra, en La Habana.

Se ocuparon ametralladoras, fusiles automáticos, morteros, granadas, obuses y otras armas. El plan –según informaban funcionarios del gobierno– «tenía como objetivo dar muerte al presidente de la república». Se señalaba como autor intelectual de este plan al Dr. Carlos Prío, y, como ejecutores del mismo, al Dr.Eufemio Fernández Ortega y a Jesús González Carta, «El Extraño».

Varias personas fueron detenidas de inmediato en la ocupación de estas armas, que fueron mostradas en numerosas fotos junto a las de las personas detenidas. La relevancia política de éstas, que el gobierno involucraba con el material ocupado, hizo que la detención de Castro en México pasase a un segundo plano en las noticias.

Otro cable recibiría Adolfo Ruiz Cortines pidiéndole que no deportase al Dr. Fidel Castro. Era del ex-presidente Carlos Prío.

Otros también apelan al primer mandatario de la nación mexicana. Lo hacen privada y públicamente.

A los quince días de la detención se da a conocer –como anuncio pagado– una extensa comunicación dirigida al «Hon. Señor Presidente de la República, Don Adolfo Ruiz Cortines», solicitando «la libertad de los compatriotas encarcelados».

¿Razón que exponen?. Que no son *comunistas* como se expresa «en las peregrinas acusaciones formuladas». Uno de los tres firmantes de la carta[152] es *Raúl Castro*.

---

[151] Periódico *El Mundo*, La Habana, junio 24, 1956.
[152] Los otros firmantes por el Comité Ejecutivo del Movimiento Revolucionario Cubano «26 de Julio en el Exilio, eran Juan Manuel Márquez y Héctor Aldama.

En la comunicación, Raúl afirma que «en Cuba hay sólo un comunista connotado que se llama Fulgencio Batista…. Cuya dictadura (en el juicio por el ataque al Cuartel Moncada) nos acusó de *«comunista»*, y los comunistas nos acusan de *«putschistas»*.

Al día siguiente de la detención de Castro, dos agentes llegaron a la casa de María Antonia deteniéndola a ella y a Juan Almeida.

Cuando Juan Manuel Márquez conoció que Castro y el grupo de México habían sido detenidos, se apresuró a regresar allí desde los Estados Unidos donde había venido a recaudar fondos y comprar armas. Fue Juan Manuel quien contrató a dos influyentes abogados para defender a los detenidos.

Rafael del Pino que, por fricciones con algunos de sus compañeros, desertaría y viajaría a los Estados (era ciudadano norteamericano), fue acusado por Castro –sin prueba alguna– de haber delatado la existencia del campamento y la localización de las armas[153].

Se ha pretendido, por la prensa oficial, culpar a Rafael del Pino de delatar las distintas casas campamentos de los revolucionarios cubanos y la localización del rancho Santa Rosa donde se entrenaban.

Una prueba adicional de que tal acusación es incierta la encontramos ante el hecho, no discutido, de que luego de las detenciones producidas en los distintos allanamientos, Fidel acompañó a del Pino al nuevo campamento próximo a Ciudad Victoria y, luego de permanecer allí varios días, lo comisionó para que viajase a Miami –aprovechando su condición de residente norteamericano– para adquirir varios equipos de comunicaciones, entregándole, a través de la cubana Inés Amor, el dinero necesario[154].

El propio Bayo confirma que «el Movimiento achacaba la culpa –sin pruebas– a Rafael del Pino, íntimo amigo de Fidel y uno de los altos jefes del Movimiento»[155].

---

[153] Arrestado y herido el 26 de julio de 1959 al intentar sacar del país en su avioneta a una persona, fue encarcelado. Años después, maltratado y abandonado, Rafael del Pino se ahorcó en la prisión.

[154] Marta Rojas R., revista *Bohemia*, diciembre 27, 1959. (En el artículo Marta Rojas expresa su opinión de que del Pino sí había delatado a los revolucionarios).

[155] La conducta posterior de del Pino hizo luego creer al militar español que las sospechas pudieran haber estado justificadas.

Al siguiente día llegarán los agentes de la policía al Rancho Santa Rosa y arrestaron a Guevara y a varios de sus compañeros de entrenamiento. ¿Cómo habían localizado el campamento? ¿Quién los llevó hasta allá?.

FIDEL ES QUIEN LLEVA A LA POLICÍA AL RANCHO SANTA ROSA

En el registro que hicieron en la casa de María Antonia habían encontrado, además de los pasaportes de varios cubanos, un mapa de la ciudad de México con la carretera que atravesaba Chalco marcada en el plano. Interrogaron a Fidel y le pidieron que, para evitar una confrontación con los que en el campamento pudieran encontrarse, los acompañara hasta el rancho Santa Rosa. Increíblemente, fue Fidel quien condujo a aquellos agentes, que sólo conocían que el campamento se encontraba en Chalco, sin saber el lugar preciso, a detener a sus compañeros. Quedó arrestado Ernesto Guevara[156].

Así lo narra Hilda Gadea:

«Cuando la policía informa a Castro que harán una redada en el campamento de Santa Rosa, del que le enseñan incluso fotografías, éste reacciona inmediatamente. Tiene que evitar un enfrentamiento tan mortífero como inútil, pues el enemigo está en Cuba y no en México. Consigue acompañarlo. El 24 de junio, cuando los jeeps y vehículos de la policía se acercan a la hacienda, Guevara está de centinela en la copa de un árbol. Mientras los vehículos se detienen, descubren a Fidel que se adelanta solo, al descubierto, durante doscientos metros, para que sus amigos atrincherados detrás de las gruesas paredes del rancho puedan reconocerlo. «Estuve a punto de permanecer oculto en mi árbol –confesará más tarde Ernesto a Hilda-, pero Fidel pidió que nos rindiéramos todos»[157].

---

[156] Junto a Ernesto Guevara quedaban detenidos Calixto García, Luis Crespo, Horacio Rodríguez, Santiago y Félix Hirzel, Oscar Rodríguez, Celso Maragoto, Águedo Aguiar, Tomás Pedrosa, Ricardo Bonachea, Eduardo Roig, Arturo Chaumont y Rolando Santana.

[157] La cita la toma Kalfón del libro «Años decisivos» de Hilda Gadea, la esposa peruana que con su fértil imaginación ha producido tantas ficticias anécdotas como las inventadas por Guevara Lynch. En la edición de «Años Decisivos» publicada en México, en 1972, por «M. Aguilar. Editor» aparece descrito este episodio, con ligeras modificaciones.

Algunos hablaron más de lo necesario. Uno de ellos, el *guerrillero heroico*. Guevara ofreció cuanta información le fue solicitada: Que era miembro del Movimiento 26 de Julio; que tenía ideas marxistas; que Castro intentaba derrocar al gobierno de Batista. Dice más. Cuando presta declaraciones en Ciudad de México, al ser detenido, afirma que llegó de Guatemala «*a la caída del régimen de Jacobo Arbenz del cual era simpatizador y a cuya administración servía*»[158].

Ya, posteriormente, tuvo siempre buen cuidado de no volver a mencionar que había servido en el gobierno de Jacobo Arbenz. Así en las declaraciones que le hace a su compatriota Jorge Ricardo Masetti, en la Sierra Maestra, en 1958, dice que era, sencillamente, «un decidido admirador del gobierno del coronel Arbenz[159].

Se vuelve locuaz el reservado Guevara. Le informa a quien le interroga que «*el señor Castro Ruz le pidió el favor que tomara en arrendamiento el rancho Santa Rosa.... Para lo cual le facilitó el dinero necesario, con objeto de contar con un medio más propicio para la preparación física de que se ha hablado*».

Guevara no cesa de hablar. Le informa al hábil interrogador «*que las personas que habitaban dicho rancho eran: Guevara, Crespo, Rodríguez, Oscar Rodríguez, Hirsel, Maragoto, Chaumont, Aguiar, García, Santana, Pedrosa, Bonachea y Rojo*».

Muy distinta a la de Guevara es la actitud del coronel Alberto Bayo cuando las autoridades mexicanas pretenden interrogarlo para que identificase a los miembros de la organización que él está entrenando.

Veamos la viril respuesta del militar español:

«*Yo no me presto ni me prestaré a señalar nombres de los comprometidos, a acusar a ninguno, carearme con ellos, echar tierra sobre mis compatriotas, ni permitir que hurguen ustedes o deduzcan hechos sobre el funcionamiento de nuestro movimiento, que es el de toda la nación cubana*».

Una lección para el *guerrillero heroico*. El hombre que sólo tuvo a su cargo el entrenamiento de aquellos hombres asume la plena responsabilidad de las acciones de aquel movimiento, en carta dirigida

---

[158] Acta firmada por Ernesto Guevara el 26 de junio de 1956.
[159] Periódico *Granma*, La Habana, octubre 17, 1967.

al coronel Leandro Castillo Venegas, Jefe de la Dirección Federal de Seguridad, y, también, a los principales periódicos de México:

> *«Si lo que le falta a usted por descubrir es el primer responsable del mismo, aquí me tiene usted, jefe de él, sin cómplices ni ayudantes»*[160].

El reportaje del periodista Luis Dam, publicado en Bohemia, era extenso y detallado. Admitía Dam que no se le permitió entrevistar a *«los veintitrés detenidos cubanos»* y relacionaba las armas y personas encontradas en el rancho «Santa Rosa», en la casa situada en Emparán 49, en la de Kepler y Copérnico, en la de Insurgentes norte #5 y «otras dos que han sido abandonadas».

Informaba que los cuarenta miembros que integraban el grupo *«recibían diez pesos diarios para sus gastos que les suministraban los jefes de la residencia»*. Estos jefes eran: Fidel Castro, Félix Elmuza, Juan Almeida Bosque, Carlos Gómez, Raúl Castro y Universo Sánchez Álvarez. Se relacionaba a los veintitrés detenidos en este orden: Fidel Castro Ruz, jefe; Ciro Redondo, Universo Sánchez, Ramiro Valdés, Reynaldo Benítez, Tomás Selecto Pedroza, Horacio Rodríguez, Calixto García, Santiago Hirzel, Eduardo Roig, Luis Crespo, Águedo Félix Aúcar, Rolando Santana, Arturo Charmond, Celso Mazarotto, Oscar Rodríguez, Ricardo Bonachea, Ernesto Guevara Serna, Juan Almeida, José Raúl Vega, Víctor Trapote y María Antonia González.

El periodista, evidentemente influenciado por funcionarios del gobierno, afirmaba que *«la prensa mexicana condena con energía la actitud de Fidel Castro y sus hombres»*. Y que el grupo no tenía relaciones con Carlos Prío Socarrás.

En el amplio reportaje se decía que Fidel Castro había sido arrestado en el rancho *Santa Rosa*.

Dos semanas después, la revista Bohemia destacaba un artículo del propio Fidel Castro, titulado *«Basta ya de mentiras!»* en el que decía impugnar las afirmaciones del periodista Dam, pero en los cuarenta párrafos de su escrito sólo impugna que él no fue detenido en el rancho Santa Rosa. Rechaza, también, la afirmación de la Policía

---

[160] Revista *Bohemia*, La Habana, Cuba, agosto 8 de 1956. (La carta, de varios extensos párrafos, fue publicada íntegramente por la revista).

Federal de Seguridad que «asegura haber comprobado que Fidel es miembro del Partido Comunista», y niega que la prensa mexicana hubiera condenado con energía la actitud de Castro. Son las únicas tres «mentiras» rechazadas en sus cuarenta párrafos[161].

AMISTOSAS RELACIONES CON SUS CARCELEROS

Eran muy cordiales las relaciones de Fidel Castro con el jefe del Departamento de la Policía Federal de México. Lo afirma, nada menos, que Hilda Gadea, quien firma una declaración «conforme a las instrucciones de Fidel y con la aprobación del Jefe de la Federal»[162].

Fidel mandaba a comprar almuerzo para todos los detenidos. Dice la esposa de Ernesto Guevara que al entrar en una oficina encuentra a Fidel con el Jefe de la Federal «que estaba en un trato muy cortés con Fidel, y éste le hablaba con mucha confianza»[163]. Las amables relaciones entre el jefe de la Federal y Castro se debían, consideraban el *Patojo* y la antigua aprista, a una oportuna intervención de Lázaro Cárdenas. Pero existió otra vergonzosa razón.

Fidel había *colaborado* con la policía mexicana. Se había convertido —no son mis palabras, sino las de uno de los integrantes de su grupo— en el delator de sus compañeros que se encontraban en el rancho Santa Rosa. Veamos, textualmente, lo expresado por el *Patojo* y relatado por Hilda Gadea:

*«Creo que Fidel ha tenido que decir donde está el rancho... hubo un momento en que Fidel los llamó (a los otros detenidos) para enseñarles unas fotos que tenía del rancho, después de la entrevista con el jefe de la federal, y decirle algo a ellos. **Creo que Fidel se ha visto obligado a conducir a los policías hasta ese lugar, para evitar que haya peleas, porque he oído que primero se acercó él y luego la policía.**»*[164].

---

[161] El destaque y la extensión del artículo de Castro publicado en la revista Bohemia en agosto de 1956 indicaba cierta laxitud en el ejercicio de la libertad de prensa durante el gobierno de Batista.

[162] Hilda Gadea. «Che Guevara. Años decisivos».

[163] Hilda Gadea. Obra citada.

[164] Hilda Gadea. Obra citada.

TRATAMIENTO ESPECIAL EN LA CÁRCEL DE MÉXICO
En reciprocidad por la colaboración ofrecida, las autoridades
carcelarias mexicanas le otorgan a Ernesto Guevara amplias
comodidades. En la foto, Guevara con su esposa Hilda Gadea
y su pequeña hija de sólo 4 meses comparten, –en la prisión
«Miguel Schultz»–, con Alberto Bayo y su esposa.

Las dudas que el *Patojo* e Hilda pudieran haber tenido, quedaron disipadas la semana siguiente. Vuelvo a citar textualmente a la esposa del *guerrillero heroico*:

«Pronto tuvimos la respuesta a nuestra interrogante: en los periódicos del día siguiente, a grandes titulares, hablaban de que un grupo de 20 ó 21 habían sido apresados; entre los cuales estaba un médico argentino».

Al pasar las horas se confirmaba que no serían extraditados.

Un cable de la Prensa Unida del jueves 28 de junio (1956) confirma que los detenidos *«por planes de un golpe revolucionario en Cuba, serán juzgados en México».*

El coronel Leandro Castillo Venegas, Director Federal de Seguridad dijo que, *«organizaciones comunistas de tipo internacional parecen haber venido apoyando el movimiento para el derrocamiento o asesinato del presidente de Cuba general Fulgencio Batista».* Informó el funcionario que *«cartas y otros documentos muestran una vinculación comunista por medio de un médico argentino, el Dr. Ernesto Guevara Serna que fue expulsado de Guatemala en 1955 después de la caída del régimen de Jacobo Arbenz».*

Mientras algunos del grupo de Fidel en México eran mantenidos en prisión (Guevara, Fidel, Calixto), en La Habana se realizaban esfuerzos para encontrar una solución política a la crisis que atravesaba el país.

Agonizando ya las gestiones encomendadas a la SAR, de Cosme de la Torriente y Miró Cardona, los partidos políticos discutían si debían concurrir a las elecciones parciales ya convocadas; otras organizaciones, de más reciente creación, debatían entre mantenerse como tales o convertirse en un partido político. Este era el caso del Movimiento Nacionalista Revolucionario (MNR) que integraban, entre otros, el médico Enrique Huertas, el Ing. Baeza, José Pardo Llada, Raúl de Juan, Aramís Taboada y otros.

Quien interroga a Fidel es un joven oficial del Departamento de Seguridad del gobierno de México, Fernando Gutiérrez Barrios. La conversación –porque, evidentemente, no fue un interrogatorio– fue cordial en extremo. Tan reconocido quedó el oficial de seguridad mexicano de la colaboración recibida de Fidel que ambos, Castro y

Gutiérrez Barrios, se convirtieron en estrechos amigos, con cordiales lazos que se han mantenido aún después del triunfo de la revolución[165].

En México, los cubanos arrestados permanecen detenidos durante varios días. Vuelve Hilda, con sus amplísimas relaciones, a servir a su esposo, logrando a través de un familiar guatemalteco que residía en México, entrevistarse con Ernesto. La situación, que se hacía difícil para los veintitrés arrestados, se agudiza cuando éstos amenazan iniciar una huelga de hambre.

Poco después comenzaban, el 6 de julio a ser liberados los presos. Para el día 10 sólo quedaban encarcelados Fidel Castro, Ernesto Guevara[166] y Calixto García, acusados de violar la Ley General de Población y permanecer en el país con documentación vencida. No será hasta el día 24 de junio que a Castro le concedenla la libertad y, una semana más tarde eran liberados Ernesto Guevara y Calixto García.

Ya libres todos, se establecen en un nuevo apartamento en Mérida. Después alquilarían otro rancho en Abasolo[167].

GUEVARA: «MI VIDA MATRIMONIAL ESTÁ... ROTA»

Cuando Fidel, Guevara y Calixto se mantenían aún en la cárcel, en una de las visitas que le hace Hilda con su hija a Ernesto, éste le entrega el poema que había escrito en el Rancho Santa Rosa. No son versos dedicados a ella, ni a su pequeña hija. Era su *Canto a Fidel*. Se encontraba Ernesto más unido al *ardiente profeta de la aurora* que a su propia esposa. O, dicho con otras palabras, se sentía ya, cansado ya, de aquel matrimonio que era para él un pesado fardo.

Se van presentando serias desavenencias entre Ernesto e Hilda; tan serias, que Hilda decide en octubre regresar a su patria con su hija. No es porque el APRA haya normalizado su situación pactando con

---

[165] Entrevista de Jorge G. Castañeda con Gutiérrez Barrios. «Compañero...» página 419.

[166] En la prisión *Miguel Schultz* entretenía Ernesto sus ocios aprendiendo a jugar pelota con otros de los revolucionarios presos. En la prisión, Fidel y él dormían uno al lado de otro en la misma celda. De día estudiaban *«Los Fundamentos del Leninismo»*, que el Che defendía; y, en sus visitas frecuentes a la prisión, Carlos Franqui criticaba.

[167] Fidel Castro, Faustino Pérez, José Smith y Cándido González ya habían estado, semanas antes en aquella población. Estudiaron la localización y la consideraron apropiada para establecer, allí, el nuevo campamento.

Manuel Prado que ha triunfado en las elecciones presidenciales celebradas en el país andino. No. Lo admite el propio Guevara en carta que escribe a su amiga y confidente Tita Infante:

«Mi vida matrimonial está casi totalmente rota y se rompe definitivamente el mes que viene... hay cierto dejo amarguito en la ruptura, pues fue una leal compañera y su conducta revolucionaria fue irreprochable durante mis vacaciones forzadas, pero nuestra discordancia espiritual era muy grande».

Por supuesto, Hilda ignoraba el contenido de esa carta.

No era éste un nuevo sentimiento ni uno motivado por la próxima salida del *Granma*. Luego le confirmará, a su confidente Infante, lo que le había dicho, en su carta anterior: que su *«incapacidad de vivir con* (Hilda) *es mayor que mi afecto por ella».*

Guevara Lynch, el padre del guerrillero heroico, cercena completamente este extenso párrafo al publicar la carta a Tita Infante en su *selectivo* libro «... *Aquí va un soldado de América».* El párrafo dice textualmente:

«La pequeña Hilda me ha dado una doble alegría. Primero, su llegada le ha puesto fin a una desastrosa situación conyugal y, segundo, yo estoy ahora completamente seguro de que seré capaz de salir, a pesar de todo.

Mi incapacidad para vivir con su madre es mayor que mi afección por ella. Por un momento yo pensé que una combinación del encanto de esta pequeña niña y en consideración por su madre (que en muchas formas es una gran mujer, que me ama en casi una forma patológica) pudiera convertirme en un aburrido hombre de familia. Ahora yo sé que éste no será el caso, y que yo continuaré **mi vida bohemia** *hasta quien sabe cuando».*

Es decir, no será, la libertad de Cuba ni la lucha por la justicia social lo que lo moverá a unir su destino con la causa de los cubanos, sino que será su incontrolable deseo –que ha mostrado en sus largos viajes por la América– de proseguir con su vida bohemia.

Quien ignoraba esa tormenta interior de Guevara era su abnegada compañera que vendría a conocer la realidad cuando en enero, al triunfo de la Revolución, regresa a Cuba y Ernesto le informa que tiene otra mujer.

CAPÍTULO VI
PREPARANDO LA INVASIÓN

ES NECESARIO COMPRAR UN BARCO

Ya se tiene planeada la expedición que los llevará a Cuba. Era esencial adquirir un barco adecuado. Sobre la compra de esta embarcación hay dos versiones: la oficial y la de otros que participaron en ella.

Por no poderse utilizar el rancho Santa Rosa, se hace necesario conseguir otro. Lo encuentran cerca del pueblo de Abasolo, estado de Tamaulipas. Lo consiguieron en los primeros días de octubre y hacia allá parten. En este ya no es Guevara quien estará a cargo de su administración. Será Faustino Pérez el designado Responsable General. No aparece Guevara entre los combatientes que se trasladan al rancho «María de los Ángeles», en Abasolo.

A México iban llegando antiguos moncadistas. Severino «el Guajiro» Rosell, Fernando Margolles; José Ángel Sánchez Pérez que recién llegaba de Costa Rica, donde había participado en encuentros contra incursiones nicaragüenses que pretendían atacar al gobierno de Figueres. Un segundo grupo arriba el 20 de octubre. Están en el Campamento de Abasolo, además de los nombrados, Pedro Sotto, Armando Rodríguez Moya, David Rollo, Miguel Saavedra, Eduardo Reyes Canto y otros hasta completar 37 hombres.

Allá llegan hombres cuyos nombres serán luego bien conocidos: Camilo Cienfuegos, Efigenio Ameijeiras y también otros que pronto, muy pronto, se distaciarán de Castro: Mario Chanes de Armas y Gustavo Arcos Bergnes.

Ha sido serio el quebranto sufrido. Varias semanas después de haber salido de la breve detención en México, se celebraba en aquella ciudad un Congreso por la Libertad de la Cultura a la que asistían, procedentes de La Habana, Mario Llerena, a quien Castro ya conocía y con quien comenzaba a relacionarse, y, Raúl Roa[168] a quien Fidel tenía mucho interés en conocer. El interés no era mutuo porque, para Roa, Castro seguía siendo el mismo pandillero que conocía de los años universitarios de éste.

Mario Llerena en su libro «Unsuspected Revolution» confirma que Roa no tuvo ningún interés en reunirse con Castro. Según Llerena, Raúl Roa le dio a Teté «una excusa tras otra, molesto a veces, por su insistencia y, finalmente, diciéndole a ella, claramente, que él no estaba interesado».

Roa regresó a La Habana sin interesarse en hablar con Castro.

Oltusky, uno de los cuatro miembros del M-26 que habían contactado a Llerena, le pide a éste que le haga llegar a Castro un sobre, urgiéndole a que no dejase de hablar con el cubano allí exiliado. El contacto que tenía Llerena para ver a Castro no pudo ser localizado, pero, al iniciarse la primera sesión de la conferencia del Comité por la Libertad Cultural, Teté Casuso y Llerena conversaron. Fue Teté quien coordinó, entonces, la reunión de Mario y Fidel.

En casa de Teté Casuso donde Fidel, temporalmente, estaba residiendo, le extiende éste a Llerena un manuscrito de cerca de 30 a 40 páginas, pidiéndole al profesor universitario que lo leyera. Lo que leyó (intervencionismo estatal, control de inversiones extranjeras) no fue del agrado del profesor de Princeton. Se despidieron amigablemente. «Fue la última vez que yo hablé con Castro cara a cara» escribió, luego, Mario Llerena en su libro «La Revolución Insospechada».

Han perdido las armas, y se entablaron, con las autoridades policiales mexicanas, –para lograr la libertad de los detenidos y del propio Fidel– negociaciones que para muchos no estaban claras.

En forma muy delicada el Che –ya es el Che– lo menciona en su diario: *«Fidel hizo algunas cosas que nosotros podíamos decir que comprometían su actitud revolucionaria»*, pero, para tratar de justificarlo, dice a continuación que Fidel *«lo hizo por un sentido de amistad»*.

---

[168] Además de Raúl Roa, Decano de la Escuela de Ciencias Sociales de Universidad de La Habana, y Mario Llerena, asistía, también como delegado, Pedro Vicente Aja, autor y profesor de filosofía.

En septiembre de 1956 José Antonio Echeverría, a nombre de la FEU[169], y Fidel Castro a nombre del M-26 firmaron el Pacto de México.

La posición cimera, que en las dos décadas anteriores había ostentado la FEU, la ocupaba, desde los primeros meses de 1956, el nuevo Directorio Revolucionario que, constituido en diciembre de 1955, agrupaba, además de a los más destacados dirigentes universitarios[170], a líderes de la enseñanza secundaria, del movimiento sindical, de distintos sectores profesionales e insurreccionales. La intención, no declarada, era la de presentar –frente al gobierno de Batista y al emergente crecimiento del 26 de julio– un frente unido de sectores democráticos y revolucionarios.

El nombre escogido, Directorio Revolucionario, aunque con una base más amplia, actualizaba el de organismos estudiantiles que gozaron de gran prestigio en décadas anteriores.

ENTREVISTA DE CARLOS PRÍO Y FIDEL CASTRO

La principal dificultad que encontraba Castro era la obtención de suficiente dinero para comprar la nave que lo conduciría, a él y a sus hombres, a la isla y la reposición del armamento que le había sido confiscado por la policía mexicana.

Castro consideraba que sólo podría obtener estos fondos de una figura pública a quien él había atacado duramente: el ex-presidente Carlos Prío Socarrás que se encontraba, ahora, exiliado en Miami. Comisionará a un hombre de toda su confianza, Juan Manuel Márquez[171], y a Teté Casuso, para facilitar su entrevista con Prío. Juan

---

[169] A la muerte, el 13 de marzo de 1957 de Echeverría se produjeron serias discrepancias dentro del alto organismo estudiantil, pugnando por su presidencia José Puente Blanco, Omar Fernández, Juan Nuiry, Ángel Quevedo y otros.

[170] Entre ellos, José Antonio Echeverría, Jorge Valls, Fructuoso Rodríguez y José Puente Blanco.

[171] A los dieciséis ya el joven Juan Manuel Márquez formaba parte del Sector Radical Estudiantil en los meses finales del gobierno de Machado. Reinicia sus estudios de bachillerato en el recién creado Instituto de Segunda Enseñanza de Marianao (1938). Incorporado al Partido Revolucionario Cubano (Auténtico) es electo Concejal en la *Jornada Gloriosa* de 1944. Al constituir Eduardo Chibás el Partido del Pueblo Cubano (Ortodoxo) el 15 de mayo de 1947, Juan Manuel se incorpora a la nueva organización política; en septiembre de 1955 se encuentra en Nueva York; en 1956 se une a Castro en el incipiente Movimiento 26 de

Manuel conocía y gozaba de la confianza del expresidente. Y Teté había mantenido, durante cerca de veinte años, una estrecha relación con el mandatario cubano.

Una persona, Orlando de Cárdenas, gozaba de la confianza de los cuatro actores que intervendrán en esta trascendental entrevista: Prío, Fidel, Teté y Juan Manuel. Sigamos el relato que nos hace este cubano que, en aquel momento, residía en México:

«Según me relató Márquez, Prío le había hecho saber a Castro que la entrevista tenía que realizarse, forzosamente, en territorio americano ya que no deseaba entrar a México, después del incidente en que le fue estafada una fuerte suma de dinero por ciertas autoridades...; además, Prío Socarrás tenía pendiente un proceso en Estados Unidos por haber violado la Ley de Neutralidad, al introducir armas en Cuba.

Castro, por su parte, no podía abandonar México legalmente sin notificar, con anterioridad, al Departamento de Inmigración, al cual tenía que reportarse frecuentemente.

Finalmente, ambos acordaron que Prío recibiría a Castro en el hotel «Casa de Palmas», de McAllen, ciudad que comparte la frontera con la ciudad de Reynosa, en el estado de Tamaulipas.

Según el relato de Márquez, Castro recabó ayuda del ingeniero mexicano Alfonso Gutiérrez, «Fofo», casado con la cubana Orquídea Pino, que se dedicaba a la localización y perforación de pozos de petróleo para la empresa «Pemex».

En un camión de la empresa de Gutiérrez, tripulado por obreros conocedores de la zona, llegó Fidel al borde del Río Grande. Uno de los obreros le indicó la parte del río donde podría, a nado, pasar y atravesar la frontera. Al arribar a la otra ribera, compañeros de Castro lo estaban esperando con un juego de ropa, mientras los obreros de Gutiérrez se quedaban en Reynosa esperando su regreso.

Con la ropa apropiada, Castro penetró en el lobby del hotel «Casa de Palmas» y se produjo la entrevista».

Julio; en octubre llega a México y, pronto regresa a Estados Unidos.

CASTRO RECIBE FONDOS DE CARLOS PRÍO

Teté Casuso[172], que disfrutaba de una más extensa y conocida historia revolucionaria que la del propio Castro, vivía en México. Leyendo la prensa, una mañana de julio supo de varios cubanos detenidos en la cárcel de inmigración de Ciudad México. Tuvo interés en conocerlos. Fue a la prisión *Miguel Schultz* y allí conoció a Fidel, a Guevara, a Cándido González y a otros de los cubanos detenidos.

Castro sabía de Teté –como prácticamente todos los cubanos– por su matrimonio con Pablo de la Torriente Brau[173], que había muerto peleando junto a los republicanos españoles durante la guerra civil en aquella nación. No vaciló el dirigente del incipiente «26 de Julio» en utilizar a la activista cubana.

Fidel, carente de escrúpulos, toma otras iniciativas que, igualmente, «*comprometen su actitud revolucionaria*».

---

[172] Teresa (Teté) Casuso, nacida en Oriente, siendo muy pequeña se trasladó y educó en La Habana donde conoció a Pablo de la Torriente Brau con quien, años después, se casó. Por las actividades revolucionarias de su esposo, en las que ella participaba, la pareja se vio forzada a exiliarse en 1934 pasando a vivir a Nueva York.

Años después, luego de la muerte de Pablo de la Torriente Brau, se trasladó Teté a Ciudad México manteniendo estrecho contacto con organizaciones revolucionarias y miembros del Directorio Revolucionario Estudiantil de los años 30. Al ser electo Carlos Prío Socarrás presidente de la república en 1948, Teté fue nombrada Agregada Comercial de Cuba en México, cargo que ocupó hasta el 10 de marzo de 1952. En 1956, Fidel Castro estableció una relación de amistad con Teté Casuso utilizando su casa para guardar armas, lo que le ocasionó a Teté su arresto y breve detención, meses antes de la salida del Granma. Al triunfo de la Revolución, Teté Casuso fue nombrada Embajador Extraordinaria y Plenipotenciaria de Cuba y Delegada a la Organización de las Naciones Unidas, cargo al que renunció el 13 de octubre de 1960.

[173] Pablo de la Torriente Brau, como joven estudiante, había combatido al gobierno del presidente Gerardo Machado. En el enfrentamiento que se produce el 30 de septiembre de 1930 entre la policía del régimen y los estudiantes, muere Rafael Trejo. En el choque, Pablo de la Torriente es gravemente herido. Junto a otros estudiantes –Carlos Prío Socarrás, Aureliano Sánchez Arango, Eduardo Chibás, Manuel Antonio de Varona y otros– continúa Pablo de la Torriente participando de la lucha contra el gobierno de Machado. Luego de la caída del breve gobierno de Ramón Grau San Martín, en enero de 1934, Pablo y su esposa, Teté Casuso, pasaron al exilio viviendo en Nueva York. En 1936 al estallar la guerra civil española Pablo fue nombrado corresponsal de una publicación para cubrir en Madrid los detalles de aquella conflagración. En el frente español cambió su máquina de escribir por un rifle y se unió, como un soldado más, a las tropas que defendían el gobierno constituido, muriendo en combate. Notable contraste con un joven argentino que, en Guatemala, no cambió su cámara fotográfica por un fusil.

Necesitando fondos para continuar el entrenamiento de su grupo, Castro acudió a quien había, abiertamente, acusado de corrupto: al presidente depuesto, Carlos Prío Socarrás. Se verían en Mc-Allen, en Texas, en el hotel Casa de Palmas. Fidel viajó en un carro prestado, cruzando, furtivamente, la frontera. El encuentro se produjo. Tuvo éxito la reunión en la que recibió $50 mil dólares (la entrevista está relatada en los papeles de Hebert Matthews; en *El pez es rojo*, de Warren Hinckle y William W. Gardner, y en «*Fidel*»[174] de Joules Dubois[175].

Fidel y algunos –muy pocos– de sus seguidores viven y viajan con holgura. La intencionada tergiversación de situaciones –para glorificarlos– en que se encontraba Fidel y muchos de sus compañeros las podemos apreciar en este párrafo de la periodista Marta Rojas en el artículo «Los días que precedieron a la expedición del Granma» publicado en la revista *Bohemia*, al año de llegar Castro al poder:

«Un aspecto interesante de la vida de Fidel y sus compañeros de ideales era el hecho de que procuraban siempre vivir en lugares céntricos y en barrios importantes, ya que de este modo burlaban mejor la persistente persecución policíaca.
También cambiaban de automóviles continuamente, alquilándolos por un tiempo no mayor de dos o tres semanas. Al hacer viajes al interior del país se hospedaban en los hoteles en que usualmente se instalaban los turistas, para no despertar sospechas».

Esta invitante y atractiva descripción, la concluye la periodista Rojas con esta incongruente conclusión:

«Los sacrificios que hacían para vivir eran soportables solamente por los ungidos que estaban del más firme y puro ideal.
La medida de la abnegación y estoicismo de estos cubanos la daba el propio Fidel...».

Parecería que la revolucionaria escritora –al calificar como sacrificio vivir en lugares céntricos y hospedarse en hoteles de lujo– pretendía hacer burla de «tanta abnegación y estoicismo».

---

[174] Posteriormente Prío contribuyó con largueza a la revolución de Castro.
[175] Otros datos sobre la entrevista de Prío y Fidel aparecen en el libro de Thomas Paterson, «Contesting Castro».

FRUSTRADA COMPRA DE UN BARCO

Castro comisiona a Antonio del Conde (El Cuate)[176], a Rafael del Pino[177] y a Onelio Pino para que fuesen a los Estados Unidos a comprar un barco, de bandera panameña, que había visto en un catálogo, y que con la entrega inicial de US$10,000 (diez mil dólares) podían trasladarlo, a México, declarando que sería dedicado a transportar frutas tropicales en el Caribe.

La lancha torpedera PT *«le interesó de inmediato a Fidel»*. Castro comisionó a Orlando de Cárdenas y al Cuate a iniciar las gestiones necesarias para la compra. El precio: veinte mil dólares.

Chuchú Reyes y Antonio del Conde fueron comisionados para viajar a Estados Unidos, confirmar la transacción y comprobar el estado de la embarcación. Llevaban diez mil dólares como pago anticipado de la nave. La compra, que la realizarían Onelio Pino, el Cuate y Rafael del Pino, no pudo completarse porque para trasladar la «PT» fuera del territorio de Estados Unidos era necesario obtener un permiso especial de la Secretaría de Defensa en Washington.

Onelio Pino, que sería el capitán de la nave, llama apresurado una madrugada para informar que *«la operación estaba malograda porque se encontraban allí agentes del FBI y de la CIA sometiéndolos a un fuerte interrogatorio. No les entregaron el barco, ni le devolvieron el dinero entregado»*.

UNA HISTORIA QUE REQUIERE CONFIRMACIÓN

Una noche, Fidel convoca a sus más cercanos colaboradores a partiricar en un consejo de guerra. Enjuician al acusado que, ni siquiera está presente.

En la mañana, Camilo se acerca a Cárdenas y le dice:

---

[176] Antonio del Conde, «El Cuate», era propietario de una pequeña tienda de venta de armas en el centro de Ciudad México. A través de El Cuate recibieron veinte rifles con mira telescópica, algunas ametralladoras Thompson y pistolas Star.

[177] Rafael del Pino Siero había acompañado a Fidel Castro, Enrique Ovares y otros estudiantes al Congreso Estudiantil que se celebró en Bogotá en agosto de 1948 cuando se produjo el asesinato del dirigente liberal Eliecer Gaytan que ocasionó el conocido Bogotazo. Posteriormente, junto con Fidel, fue acusado de perpetrar un atentado contra Rolando Masferrer frente al edificio del Capitolio.

«Orlando, el Coreano ha sido condenado a muerte por el Movimiento.

¿Cómo?

Entonces él me explicó que Prío, con la ayuda de Trujillo, estaba preparando una expedición a Cuba. Esta expedición tenía más probabilidades de llegar primero a Cuba (por la distancia) y con mejores armas (por el dinero de Prío y Trujillo), que la de Fidel».

Fidel le encomendó al Coreano que fuera a Santo Domingo y que se infiltrara en esa conspiración de Prío y Trujillo y le informase al 26 de Julio el número aproximado de combatientes y la fecha aproximada del desembarco.

Cuando el Coreano –siguió explicándole Camilo a Cárdenas– llegó a la República Dominicana, en vez de infiltrarse se incorporó al plan de Carlos Prío.

LA COMPRA DEL GRANMA

Semanas antes, en un viaje a Tuxpán, acompañado de Orlando, habían visto un yate, al que subieron a inspeccionar. Será ése el que ahora tratarán de adquirir con fondos suministrados por Prío. Le pide a de Cárdenas que, junto con Cándido González, que había estado preso en México con Fidel, fuese a Tuxpán a buscar detalles precisos de esa embarcación. Allá conoce que el dueño era un tal Mr. Erickson[178], propietario también de una amplia mansión junto al río Tuxpán. Era un yate de recreo y de pesca con un camarote, una bañadera y un pequeño bar.

Le llevan los datos a Castro que designa a otra persona para que hiciera los contactos con el dueño. El Cuate aparecería como el comprador, pagando de contado $15,000 dólares por el barco y $2,000 dólares a crédito por la casa. Había que darse prisa, terminaba el mes de septiembre de 1956, en ese año que pronto terminaría, había Castro declarado que serían *«héroes o mártires».*

El dueño del Granma puso como condición para la venta que le compraran, también, la casa de su propiedad que tenía en el pueblo de

---

[178] Robert B. Erickson, norteamericano, que residía en Ciudad México, en la calle Melchor Ocampo.

Santiago de las Peñas, en las márgenes del río Tuxpán. Condición que le fue aceptada porque los miembros del 26 de Julio consideraron que la casa les era útil para almacenar las armas y pertrechos. Actuó como comprador Antonio del Conde. La operación se realizó a finales de septiembre.

Al descartarse el rancho Santa Rosa rentaron el rancho María de los Ángeles, cerca del pueblo de Abasolo, en el estado de Tamaulipas.

En la segunda quincena de octubre llegó a Abasolo el primer grupo de dieciseis futuros guerrilleros. Todos, veteranos del Moncada. Entre ellos, Mario Chanes de Armas, Camilo Cienfuegos[179], Luis Arcos Bergnes, Faustino Pérez y Efigenio Ameijeiras.

Funcionan en Abasolo hasta el 31 de noviembre de 1956, fecha en la que dos de los hombres que recibían entrenamiento se fugan[180].¿Qué hacer?. Apresurar la salida de la expedición. Por eso, los hombres se desplazaron desde Ciudad Victoria hasta el punto de partida Tuxpán.

Sin prueba alguna acusan a Rafael del Pino, en su ausencia, de traidor[181]. La falsa acusación le impediría, al triunfo de la Revolución,

---

[179] Camilo Cienfuegos había llegado, por primera vez a los Estados Unidos el 5 de abril de 1953 con una visa de turista de 29 días. Al vencerse ésta permaneció en el país hasta que fue detenido en California como ilegal y repatriado el 5 de junio de 1955. En La Habana participa en varias manifestaciones estudiantiles, en una de de las cuales es herido. Al casarse con una salvadoreña, ciudadana norteamericana, logra una visa de residente y el 5 de marzo de 1956 regresa a Estados Unidos. Seis meses después, el 19 de septiembre parte hacia México y, por la persuasiva gestión de su amigo Reinaldo Benítez, asaltante del Cuartel Moncada, Fidel acepta la incorporación del recién llegado a la expedición que en pocos días zarpará en el *Granma*.(Fuente:Carlos Franqui «Camilo Cienfuegos»).

[180] Los desertores son Francisco Damac y Reinaldo Hevia. La deserción obliga a trasladar a todos los hombres a Ciudad Victoria y de allí al punto de partida: Tuxpán.

[181] Rafael del Pino negó siempre, categóricamente, que él hubiese sido traidor al Movimiento 26 de Julio.

   «Yo no soy un traidor. Yo no soy una rata. Ni Fidel Castro, ni Raúl Castro, ni nadie, me puede acusar de traidor... yo oí las palabras de Fidel por televisión. Dijo que en México hubo un traidor. Yo u otra persona. Esto no es acusarme directamente. Yo sabía todos los movimientos del 26 de Julio, sus casas, sus escondites en México, y nada de esto fue ocupado por la policía. Lo único que deseo es que no me acusen de traidor».

Fuente: Declaraciones de Rafael del Pino al periodista Bernardo Viera Trejos en una habitación aledaña a la Jefatura de la Policía Nacional, en La Habana, en septiembre de 1959. Revista *Bohemia*, septiembre 6, 1959.

La entrevista de Bernardo Viera se produce a petición de Lidia Castro, la hermana integrarse a sus antiguos compañeros y lo llevará a participar en tempranas acciones contra el nuevo gobierno.

Algunos que se encontraban en Veracruz se dirigieron hacia Jalapa donde se reunieron con Ñico López y siguieron hasta Tuxpán. De Ciudad México partieron dos grupos. En Tuxpán despedirían a los expedicionarios del Granma, Melba Hernández, Orlando de Cárdenas y su esposa, Orquídea Pino y su esposo Fofo Gutiérrez; todos ellos, con excepción de Melba, ignorados en las glorificadas narraciones publicadas luego de la llegada al poder de Castro.

El 25 de noviembre de 1956 partía el Granma hacia Cuba[182].

A Gustavo Arcos Bergnes –que tanto prestigio adquirirá en su prolongada oposición al régimen de Castro– no le informan la fecha de la salida del Granma impidiéndole, así, que formara parte de la expedición. No irán, tampoco, Pedro Miret[183] y Ennio Leyva, que habían sido detenidos, días antes, en el allanamiento que autoridades federales practicaron en la casa que vivían (Sierra Nevada 712), donde ocuparon un gran alijo de armas.

El primero de diciembre Fidel Castro informa a la tripulación como quedaba estructurado el contingente expedicionario. El teniente Ernesto Guevara sería, simplemente, Jefe de Sanidad. ¿Quiénes son y quiénes ostentan mayores grados y más altas responsabilidades que el futuro *guerrillero heroico*?:

---

mayor de Fidel, que había mantenido una muy estrecha relación con Rafael del Pino. «Íbamos los dos, Lidia y yo en un avión militar hacia La Habana, y ella me dijo: *«Vierita, es necesario salvarle la vida a Rafel. Fidel lo quiere matar»*. Hablé con Raúl quien aprobó la entrevista, pero exigiendo que del Pino responsabilizara a la CIA. Entrevista de Bernardo Viera con el autor, octubre 25, 2001.

[182]   La nave iría al mando de Onelio Pino, capitán; Roberto Roque, segundo capitán y piloto; el dominicano Ramón Mejía, primer oficial; Arturo Chaumont y Norberto Collado, timonel, y Jesús Pereira, maquinista. Fuente: «De Tuxpán a La Plata», obra citada.

[183]   Pedro Miret se incorporó posteriormente al Ejército Rebelde en la Sierra Maestra. Al triunfo de la Revolución fue designado Viceministro de Defensa, luego Ministro de Agricultura, ocupando después la jefatura de la Dirección de Artillería y Misiles de las Fuerzas Armadas, y otras posiciones.

Comandante en Jefe:	Fidel Castro Ruz
Jefe de Estado Mayor:	capitán Juan Manuel Márquez[184]
	capitán Faustino Pérez
Jefe de Intendencia:	Pablo Díaz
Oficiales Adscritos al	
Estado Mayor:	capitán Antonio López
Pelotón de Vanguardia:	capitán José Smith,
Pelotón del Centro:	capitán Juan Almeida Bosque
Pelotón de Retaguardia:	capitán Raúl Castro Ruz.

---

[184] Juan Manuel Márquez, que ha permanecido durante varios meses en casa de Orlando de Cárdenas, al zarpar el Granma le entrega a éste su ropa (para enviársela a su familia, si moría en la lucha que se iniciaba) y su pasaporte para que Cárdenas lo conservara como recuerdo.

CAPÍTULO VII
EN CUBA. EN LA SIERRA MAESTRA

EL DESEMBARCO

A las 6:00 A.M. del 2 de diciembre de 1956 comienzan los expedicionarios del Granma a desembarcar en los Cayuelos, a unos 2 kilómetros de la playa Las Coloradas, en la zona de Niquero. Tupidos manglares se extienden a lo largo del litoral y penetran tierra adentro.

Como el barco había encallado, los expedicionarios tuvieron que avanzar hundiéndose en el fango, llevando las armas consigo. Ya era de día y la operación fue detectada por una lancha de cabotaje y una embarcación arenera que navegaban cerca de aquel sitio.

Para hacer más crítica la situación, a poca distancia se encontraba un pequeño cuartel de la Guardia Rural de Niquero, perteneciente al Escuadrón 12 de Manzanillo. El pequeño cuartel contaba con 8 hombres al mando del segundo teniente Aquiles Chinea Álvarez.

Avanzaron hasta que, recuerda el expedicionario Mario Chanes de Armas, *«pudimos subir unas pequeñas lomas, cerca de un cañaveral. Fidel dijo: «Vamos a bajar». Este fue uno de los grandes errores de Fidel»*[185].

Luego del desembarco, se notó que faltaban Juan Manuel Márquez y otros siete incursionistas.

Cuando a los pocos minutos empezaron a volar sobre el cañaveral varios aviones, comprendieron los expedicionarios que tenían que alejarse, apresuradamente.

Luis Crespo fue comisionado para acercarse a una casa, aislada, que habían visto desde la loma en la que antes se encontraban. Regresó Luis con el campesino Ángel Pérez Rosabal, quien se ofreció para acompañarlos hasta su casa y darles algo de comer.

---

[185] Entrevista de Mario Chanes de Armas con Enrique Ros.

Luego, prosiguieron la marcha hasta un sitio, conocido como el Ranchón, donde Pérez Rosabal les indicó el rumbo que debían tomar y se despidió. Poco después encontraron a dos campesinos que estaban sacando agua de un pozo. *«Avanzada la noche –sigue recordando Chanes de Armas– se despidió a esos dos campesinos que habíamos tomado como guías. Tengo entendido que esos guajiros llevaron luego allí al ejército».*

La versión oficial dice que al anochecer se acercaron a donde unos carboneros laboraban en su oficio y que *«ante la inesperada aparición de los expedicionarios de la vanguardia (Luis Crespo, Armando Mestre y Miguel Cabañas), los carboneros se asustaron y se internaron en el bosque a todo correr».* Luis Crespo, corriendo tras los carboneros, se extravió y llegó al bohío de un campesino donde se encontró al extraviado Juan Manuel Márquez y sus otros compañeros[186]. Juan Manuel instruyó a Crespo que saliera, junto con el campesino Cabrera, a buscar la columna rebelde e informarles donde él se encontraba. En horas de la mañana del 4 de diciembre ya se habían vuelto a reunir los 82 integrantes de la expedición.

Al amanecer del tercer día de diciembre continúan marchando hasta encontrar la casa de Zoilo Vega, cuya esposa les dio de comer.

Al día siguiente, el grupo expedicionario encuentra al guajiro Laureano Noa Yang[187] quien le sirve de guía para llevarlo, en la mañana de ese cinco de diciembre, a la colonia cañera Alegría de Pío donde tomaron la decisión de acampar. *«Fue otro error porque era un lugar que ofrecía poca seguridad para dispersar la columna a discreción»* (Declaraciones de Mario Chanes a Enrique Ros). Aprovecha el campesino Noa la ocasión para alejarse hacia un lugar relativamente cercano. Allí encuentra a fuerzas del ejército y las conduce hacia donde descansaban los expedicionarios.

A las cuatro de la tarde los rebeldes fueron sorprendidos por el ejército que se encontraba en una posición más elevada.

Veamos la narración que nos hace un sobreviviente:

---

[186] Estos eran René Rodríguez, Roberto Roque, Norberto Collado, Ramón Mejías, Luis Arcos Bergnes, José Ramón Martínez y Armando Rodríguez.

[187] Laureano Noa Yang fue ajusticiado en 1957.

«*En medio de la batalla*», nos narra Chanes de Armas, «*veo a Almeida arrastrándose para un lado y, luego, para otro. Era que en el Estado Mayor no quedaba una sola persona. Habían huido. Sólo quedaba allí Ernesto Guevara que había recibido una herida superficial en el cuello*»[188].

Con otras palabras, Guevara confirma la descripción de Chanes de Armas: «*Yo recuerdo que durante el fuego cruzado, Almeida –capitán en aquellos días– vino a solicitar órdenes, pero no había nadie que pudiera darlas*». (Fuente: «Alegría de Pío», artículo escrito por Ernesto Guevara de la Serna. Revista *Verde Olivo*, febrero 26, 1961).

«*Salvamos la vida, la mía personal, gracias a la intervención del compañero Almeida*»[189].

Afirma Chanes al autor que este episodio que le estaba narrando lo tenía grabado cuando estaba en presidio (al romper con la revolución, Chanes fue condenado a 30 años, que cumplió íntegramente).

Fue, ésta, dice el prestigioso revolucionario, otra traición de Castro, «*como aquélla cuando nos pidió en el asalto al Moncada que nos entregáramos para salvarle la vida a él y a cinco de nosotros. Entre ellos, estaba Almeida*».

Los expedicionarios se dispersan tomando, en pequeños grupos, distintas direcciones. Separado de los demás, Fidel había desaparecido; Juan Almeida y Ernesto Guevara, junto con Ramiro Valdés, Rafael Chao y Reinaldo Benítez, caminaron hasta encontrar un farallón en la mañana del día 7. Otros estaban frente a una pequeña playa donde encontraron a Camilo Cienfuegos, Pancho González y Pablo Hurtado.

Otro grupo lo forman Raúl Suárez, René Reiné, Noelio Capote, Norberto Godoy, Enrique Cámara, Fernando Sánchez-Amaya y Mario Chanes. Raúl Suárez tenía «destrozada la mano de un balazo», nos narra Chanes de Armas. Faustino Pérez, quien en la acción mostró un valor ejemplar, le puso un torniquete al brazo de Raúl para impedir su desangramiento. Avanzando con gran dificultad llegaron a unos altos farallones, frente a la costa. Con la seria limitación que le imponía su

---

[188] Guevara es herido. Con gran teatralidad escribe en su obra «Yo me consideré muerto… en ese minuto, cuando todo parecía perdido, pensé en la mejor forma de morir…». Resultó que la herida, «de quien se consideraba muerto», era superficial.

[189] Ernesto Guevara, *Verde Olivo*, 22 de octubre 1967.

mano destrozada, Raúl Suárez, nos dice Mario, fue bajando junto a sus compañeros hasta la costa.

Este grupo había marchado de espaldas al cañaveral cuando, bajando del acantilado, ven a la derecha al Central Pilón y, cerca de la costa, un barco de guerra. Raúl Suárez, con su brazo inmovilizado por la grave herida, quiere bajar para encontrar quien pueda atender su mano destrozada y adolorida. Dos amigos personales se ofrecen a acompañarlo, René Reiné y Noelio Capote.

Raúl Suárez, René y Noelio llegaron a la casa de Manolo Capitán, la misma donde cinco de sus compañeros habían antes estado y, entregados por éste, perdieron sus vidas.

Al entrar en la casa de Manolo Capitán, esperaban a estos tres expedicionarios tropas de la Marina de Guerra. Frente al mar fueron ejecutados.

Los cuatro restantes marchan en dirección opuesta y se internan de nuevo en el monte donde encuentran un guajiro que les indica: *«cojan por esa vereda. Es un camino muy largo, y, a la izquierda, muy lejos, van a ver el primer bohío. Hasta allá fuimos».* Era la modesta casa de un pariente de Crescencio; *«Eutorio Pérez Cabrera, una buena persona que era, también, predicador religioso»[190]*. Resultó ser la misma casa a la que, antes, habían llegado los siete expedicionarios que, junto a Juan Manuel Márquez, se habían extraviado el día del desembarco.

Al llegar a casa de Eutorio, escucharon Sánchez-Amaya y Chanes que se difundía la *«noticia»* de que Raúl Suárez, Reiné y Capote *«habían muerto en combate».*

Luego, al grupo de Chanes, ahora compuesto sólo de cuatro hombres, se le unieron dos expedicionarios: Raúl Díaz y Esteban Sotolongo. Para evitar una fácil detección, se separaron. Quedó Mario junto con Sánchez Amaya y ambos regresaron a casa de Pérez Cabrera.

Hasta aquí, la narración de Chanes. Tomemos, ahora, otras fuentes; entre ellas, la versión oficial.

En la noche del 5 de diciembre el mexicanito Guillén Zelaya, el gallego José Morán (de quien, luego, en 1957, Castro ordenará su fusilamiento en Guantánamo acusándolo de traidor), Santiago Hirzel

---

[190] Narración de Mario Chanes de Armas al autor, agosto 30, 2001.

y Horacio Rodríguez, llegan hasta los montes de Alegría de Pío. Allí, en la mañana del día seis, se le incorpora Félix Elmuza, y acuerdan marchar hacia la Sierra Maestra.

En horas de la noche se separan Elmuza, Luján e Hirzel. Dos días después, sus cadáveres aparecieron, a las puertas del cementerio de Niquero. El 12 de diciembre Zelaya era detenido, mientras Horacio Rodríguez y José Morán pudieron evadir el cerco[191].

El grupo de Cándido González, Antonio (Ñico) López, Luis Arcos Bergnes y otros[192], compuesto de catorce expedicionarios, en la mañana del 6 de diciembre se dividió, en dos comandos, avanzando, uno de ellos, hacia el monte por la parte más alta del acantilado. Los siete expedicionarios restantes, caminaron hacia el mar, severamente afectados por la sed y el agotamiento.

Varios de ellos fueron apresados poco después y ejecutados; así murieron Antonio (Ñico) López, Cándido González y David Royo. Poco antes, habían muerto, en igual forma, José Smith y Miguel Cabañas[193]. Frente a las puertas del cementerio de Niquero aparecieron, también, los cadáveres de Armando Mestre, Luis Arcos Bergnes y José Ramón Martínez. Junto a ellos estaban los cuerpos de Félix Elmuza, Andrés Luján y Santiago Hirzel.

JUAN MANUEL MÁRQUEZ, MUERE ABANDONADO.

Juan Manuel Márquez, el segundo jefe de la expedición, comenzó a retirarse en Alegría de Pío y –tomamos esto textualmente de la narración oficial del gobierno cubano– *«al cruzar una de las guardarrayas entre los lotes de caña, avistó a Fidel y a Universo Sánchez, cuando éstos se replegaban hacia el interior de un cañaveral cercano, pero no pudo unirse a ellos».*

---

[191] Éste último se reincorporó de inmediato a la guerrilla y participó en la acción de La Plata.
[192] Los otros que componían el grupo eran José Smith, David Royo, Miguel Cabaña, Armando Mestre, Armando Huau, José Ramón Martínez, Gino Donne, Jesús Reyes, Mario Hidalgo, Rolando Moya y Enrique Cuellez.
[193] La versión del único sobreviviente, de este grupo, Jesús Reyes, aparece en el libro «Granma, Rumbo a la Libertad», compilado por Georgina D. Cuervo Cerulia y Ofelia Llenin de Alcázar.

En otro libro editado por la Dirección Política Central de la FAR se hace también mención a que «*Juan Manuel Márquez pasó cerca de ellos, pero no se les pudo unir*»[194].

¿Qué le impidió a Fidel unirse a Juan Manuel que se encontraba «*desorientado y solo*»?. No se conoce, aún, una explicación para justificar ese abandono. Así abandonado, Juan Manuel es detectado por un campesino, Ignacio Fonseca, quien, sin prestarle ayuda, partió a informarle a un sargento de la Guardia Rural.

Horas más tarde, abandonado por Castro, era ejecutado el segundo jefe de la expedición.

Poco después que Fidel y Universo Sánchez se habían cruzado, ignorándolo, con Juan Manuel Márquez, se les unió Faustino Pérez. Ahora, los tres –Fidel, Faustino y Universo-, se mueven entre las cañas, cruzando guardarrayas hasta salir, la noche del 11 de diciembre, al sitio conocido como Alto de la Conveniencia, donde divisan una casa. Fidel, siempre precavido para evitar riesgos personales para él, ordena a Faustino que «*se dirigiera hasta la vivienda a buscar información y que pidiera comida para un grupo numeroso de hombres, a fin de ocultar la verdadera cantidad de combatientes*». Lo entrecomillado se ha tomado textualmente de la versión oficial del gobierno cubano.

El grupo de Guevara va avanzando. Vieron una gran casa «que parecía pertenecer a un próspero campesino». Guevara, –como Fidel, cauto y previsor-, pide a otro, a Benítez, que brinque la cerca de alambre y vea quien está en aquella casa. Así lo hace Benítez y ve que dentro se encuentran guardas rurales[195]. Regresa Benítez y todos se alejan.

El grupo se divide en dos. Uno compuesto de Guevara, Almeida, Ramiro Valdés y Pancho González. El otro, formado por Camilo, Benítez y Chao. Pablo Hurtado, enfermo, se queda en la casa de un campesino. Poco después, llegan a la finca de Mongo Pérez, el herma-

---

[194] Sección de Historia de la Dirección Política Central de la FAR: «De México a la Sierra Maestra»; equipo dirigido por la teniente coronel Thelma Bornot Pubillones e integrado por el teniente Oscar de los Reyes y otros oficiales.

[195] Descubren luego que eran marinos a las ordenes del teniente Laurent.

no de Crescencio, donde se encuentran Castro, Universo, Raúl, Faustino y otros.

¿Dónde se encontraba Raúl Castro?.

Seis expedicionarios constituían el grupo de Raúl Castro, los que, tras la sorpresa de Alegría de Pío, atravesaron dos cañaverales internándose en un pequeño bosque, donde permanecieron, ocultos, por cinco días. El grupo lo constituían Efigenio Ameijeiras, René Rodríguez, Ciro Redondo, Armando Rodríguez y César Gómez.

En la mañana del día 11 avanzaron, con la ayuda de distintos campesinos, hasta la noche del 18 en que Raúl Castro y sus, ahora, cuatro compañeros[196], llegaron a la finca de Mongo Pérez[197], en Purial de Vicana, donde se encontraba Fidel.

En Purial de Vicana se agruparon 20 expedicionarios, emprendiendo el camino hacia las montañas de la Sierra Maestra. En la marcha conocieron a Eutimio Guerra. A él nos referiremos en próximas páginas.

Para el día 21 ya se han reunido con algunos de los grupos dispersos y el 23 se encuentran a los otros en el Purial de Vicana.

El grupo rebelde lo componían, ahora, 29 hombres; de ellos, 18 eran expedicionarios del Granma y, once, campesinos que se habían incorporado después del desembarco[198].

En los últimos días de diciembre se van recuperando los sobrevivientes del Granma. Se les han unido Crescencio y otros campesinos[199] que habían localizado y recuperado muchas de las armas abandonadas por los expedicionarios poco después del desembarco. Recuperadas las energías y las armas, preparan el ataque al cuartel de La Plata que será el primer combate en que participa Ernesto Guevara.

En su anterior prueba de fuego, el teniente Ernesto Guevara, Jefe de Sanidad, huyó, dejando abandonado su fusil.

Una de las armas rescatadas era el rifle abandonado por Ernesto Guevara al huir en la emboscada de Alegría de Pío.

---

[196] César Gómez se había separado del grupo.
[197] Ramón Pérez Montano.
[198] Guevara, en México no conoció a Camilo quien, procedente de los Estados Unidos, se había incorporado en el último momento. Supo de él en el desastre de Alegría de Pío.
[199] Guillermo García y Manuel Fajardo.

Guevara, siempre acomodaticio en sus explicaciones, expone en su artículo «Alegría de Pío» que *«Mi rifle no era de los mejores, yo deliberadamente solicité uno así porque mi prolongado ataque de asma durante la travesía, me había dejado en un estado lamentable y yo no deseaba mal usar un arma buena. Yo no sé exactamente cuando y como sucedieron las cosas».*

ERNESTO GUEVARA. SEDIENTO DE SANGRE

En enero 28 (1957) le escribe Ernesto a su esposa, Hilda, que ha regresado a Lima:

«Querida vieja: aquí estoy en la manigüa cubana, vivo y sediento de sangre».[200]

Una carta, en la que alardea de sus «hazañas» militares, sin siquiera interesarse por la situación de su esposa y de su hija.

El espíritu sanguinario de Ernesto Guevara comenzó a mostrarse en los primeros días que siguen al desembarco del Granma, demandando la muerte de muchos de los soldados que eran hechos prisioneros. El menosprecio del descendiente del virrey español hacia los campesinos se mostraba cuando calificaba a éstos de *charlatanes y hablantines*[201].

La ejecución de un hombre era una decisión que Guevara tomaba con gran ligereza. Ese era el caso de Aristidio, uno de los campesinos que, con gran entusiasmo, se habían incorporado a las columnas de Guevara desde los primeros días. Habiendo sufrido una caída que le produjo la fractura de una costilla, no podía participar en los combates. Alguien le informó a Guevara que Aristidio había afirmado que no iba a permitir que el ejército lo capturara tranquilamente en su casa, después que la guerrilla hubiera salido del sector y que, por eso, él iba a hacer contacto con el ejército. Bastó esa simple aseveración de alguien –posiblemente sin sustentación alguna– para que Guevara hiciera una investigación «muy sumaria» y, Aristidio fue ejecutado.

Poco valor tenía la sangre cubana para el *guerrillero heroico*.

Luego del triunfo de la revolución, el propio Guevara se preguntaba si Aristidio «fue suficientemente culpable para merecer la muerte

---

[200] Carta de Ernesto Guevara de enero 28, 1957. Citado por Jon Lee Anderson, página 229.
[201] Jon Lee Anderson.

o pudo habérsele salvado su vida»[202]. La duda surge ya, muy tarde, para aquel campesino. Otros fueron *sumariamente ejecutados* por Guevara por delitos similares a los que habían cometido, antes del desembarco del Granma, Efigenio Ameijeiras, Juan Almeida, Raúl Menéndez Tomassevich, Crescencio Pérez y tantos otros que luego pasaron por el Jordán de la revolución .

Ha transcurrido poco más de un mes de la desastrosa sorpresa de Alegría de Pío cuando los errantes sobrevivientes se encuentran –conducidos por su guía, Eutimio Guerra–, en las márgenes del río Magdalena, cerca de la pequeña guarnición de La Plata.

Ya, descansados y recuperadas veintidós de las armas abandonadas en Alegría de Pío, se preparan para atacar, por sorpresa –habiendo logrado conseguir la contraseña por un campesino borracho– al minúsculo cuartel.

En la madrugada comenzó el ataque. «Los soldados, casi indefensos, fueron destrozados por nuestro despiadado fuego», (palabras textuales de Guevara en sus «Memorias»). No hubo resistencia alguna por parte de los diez soldados que dormían. La lista de las bajas causadas a los indefensos soldados la señala con sádico orgullo el *guerrillero heroico*: *«Dos muertos, cinco heridos y tres prisioneros. De nuestra parte, ni siquiera un rasguño».*

La habilidad publicitaria de Castro convirtió esta sorpresiva masacre de indefensos soldados en *«la primera batalla victoriosa del Ejército Rebelde»*[203].

PRIMERA REUNIÓN DEL 26 DE JULIO EN LA SIERRA

Ernesto Guevara no había participado en el asalto al Moncada, ni militado en el Movimiento 26 de Julio ni, siquiera, había pisado tierra cubana hasta aquella madrugada del 2 de diciembre. Era, entonces, comprensible, que no tomase parte de eventos de extraordinaria significación en la lucha que recién se había iniciado.

En los primeros días de febrero de 1957, en la Sierra Maestra se reuniría, por primera vez, el Directorio Nacional del Movimiento 26

---

[202] E. Guevara. Revista «Verde Olivo», junio 9, 1963.
[203] Ernesto Guevara. «Memorias...».

de Julio[204]. Llegaban, desde distintos lugares del llano, los hombres y mujeres que Fidel había seleccionado antes de partir hacia México, en julio del pasado año[205].

Ya estaban en la Sierra, por unos días, Frank País y Celia Sánchez; llegaron, los primeros, Faustino Pérez, y Vilma Espín, que recién se integraba al movimiento; luego, Haydee Santamaría y su novio, Armando Hart. Fue, esa mañana de febrero, cuando Castro vio, y conoció, por primera vez, a Celia Sánchez, la que se convertiría en su más fiel y devota compañera. Allí, Raúl conoció a Vilma, quien sería su esposa. Para todos ellos, menos para Fidel y Raúl, Ernesto Guevara era un extraño. Éste, a su vez, en aquella reunión, *«descubrió las inclinaciones evidentemente anticomunistas de muchos de ellos; sobre todo, de Hart»*[206].

Se despiden, días después, los miembros del Directorio Nacional cuando llega otra anunciada y trascendente visita. El corresponsal Herbert Matthews, —conocido periodista que ha cubierto distintos eventos internacionales para el *New York Times*, el periódico de mayor circulación en el mundo entero-, ha llegado a la Sierra para entrevistar a Castro. En esa entrevista, de la que por meses y años se hablará, tampoco participará el argentino Guevara[207].

Donde sí estaba Guevara, y como actor principalísimo, fue en la primera ejecución de un cubano en la etapa que se había iniciado con el desembarco del 2 de diciembre. Cuando Hebert Matthews abandonaba la Sierra, Eutimio Guerra se encontraba en la casa del campesino

---

[204] El Directorio Nacional del 26 de julio se reúne, en la Sierra Maestra, en la finca de Epifanio Díaz. Fidel, maestro de la publicidad, ya tenía organizada la entrevista con un editorialista del New York Times, Hebert Matthews.

[205] En la versión oficial se afirma, hoy, que Fidel Castro, antes de marchar al exilio a mediados de julio de 1955, dejó estructurado el nuevo *Movimiento 26 de Julio*. La Dirección Nacional estuvo integrada por Fidel y Raúl Castro; Pedro Miret, como Jefe Nacional de Acción; Jesús Montané Oropesa, Melba Hernández, Haydee Santamaría, Armando Hart, Antonio (Ñico) López; Luis Bonito, en Asuntos Obreros; José Suárez; Faustino Pérez, en Finanzas y Propaganda y Pedro Aguilera.

[206] Diario de Ernesto Guevara.

[207] El expedicionario René Rodríguez, baja de la Sierra, y el 2 de febrero «le informa a Faustino Pérez el interés de Fidel de tener una entrevista con un periodista norteamericano. El 5 recibe Huber Matthews en Nueva York un cable del corresponsal en La Habana del *New York Times* pidiéndole que viaje con urgencia a Cuba». Fuente: Cronología que sirve de Introducción a «Pasajes de la Guerra Revolucionaria», de Ernesto Guevara.

Epifanio Díaz. Se le había encontrado un salvoconducto del ejército. Era, para el grupo guerrillero, suficiente evidencia para considerarlo traidor.

Dejemos que el propio Ernesto Guevara, en las notas de su Diario, nos describa los últimos minutos de vida de Eutimio Guerra:

«... Fidel anunció que sería ejecutado... el hombre esperaba la muerte en silencio y con cierta dignidad. Comenzó a llover y todo se oscureció».

Sería la primera ejecución realizada por el ejército rebelde. El primer cubano, fuese o no traidor, cuya sangre, fríamente, se derramaría. Todos vacilaban; se miraban los unos a los otros sin que nadie se decidiese a convertirse en el primer ejecutor de un cubano. Veamos el acto final de este episodio:

«La situación era inconfortable para todos y para Eutimio, así que yo terminé el problema disparándole un tiro, con una pistola calibre 32, en la parte derecha de su cerebro. Con un orificio de salida en el temporal derecho. Se convulsionó por un rato y luego murió. Cuando traté de quitarle sus pertenencias, no podía desprenderle el reloj que lo tenía unido a su cinto con una cadena y me dijo, como en una voz lejana: «Arráncala, muchacho, ya qué importa...». Eso hice. Sus pertenencias eran, ahora, mías».[208]

Sobre la ejecución de Eutimio Guerra, el propio Guevara escribió un extenso artículo titulado «La Muerte de un Traidor».

---

[208] Diario de Ernesto Guevara citado por Jon Lee Anderson. Página 237.

Con parecido gesto e igual determinacióm ejecuta Guevara a Eutimio Guerra. La primera sangre cubana de la mucha que derramará en la isla.

«LA MUERTE DE UN TRAIDOR»

Hoy, en su libro «Pasajes…de la guerra revolucionaria»[209], Ernesto Guevara vuelve a narrar la historia de la detención de Eutimio pero no menciona que fue él, Guevara, quien disparó el balazo mortal.

Almeida había sido comisionado para encontrar a Eutimio y traerlo prisionero. La patrulla estaba compuesta de Julito Díaz, Ciro Frías, Camilo Cienfuegos y Efigenio Ameijeiras. Lo trajeron. «Le encontramos una pistola 45, tres granadas y un salvoconducto firmado por Casillas. Eutimio cayó de rodillas ante Fidel, no para pedir merced sino, simplemente, para pedir que lo mataran porque él sabía que merecía la muerte».

Se iniciaba, así, la leyenda de Guevara; de un hombre que, con sangre fría, ejecutaba u ordenaba la ejecución de otro ser humano acusado de cometer un grave delito. Probado o no.

Guevara no perdía ocasión de mostrar su desprecio por la vida ajena, no la propia. Por eso exigió a su tropa que desfilaran lentamente frente al cadáver de un guerrillero que había sido ejecutado por otro compañero, acusado, sin prueba alguna, de haber pretendido desertar. Orgullosamente, Guevara le habla a su tropa. Así lo narra él mismo: *«Yo les expliqué, una vez más, por qué la deserción era castigada con la muerte, y por qué cualquiera que traicionase la revolución tenía que ser condenado».*

Nadie había aportado prueba alguna de que el infeliz ejecutado hubiera pretendido desertar.

Cuando tres soldados, que los rebeldes calificaron de espías, fueron detenidos, Guevara era uno de aquéllos que demandaban su muerte. Jon Lee Anderson, Página 231.

En marzo para resolver problemas de indisciplina y de fricciones que se estaban creando con los recién incorporados a la lucha en la Sierra Maestra, se creó un consejo formado por Fidel, Raúl, Almeida,

---

[209] Desde la Sierra, Guevara comenzó a llevar notas que luego recopilaría en su primera edición de «Pasajes de la Guerra Revolucionaria». Posteriormente, bajo el mismo título, se publicarían sus actividades en el Congo.

Jorge Sotús, Ciro Frías, Guillermo García, Camilo Cienfuegos, Manuel Fajardo y Ernesto Guevara[210].

Para entonces, el incipiente ejército rebelde estaba formado por cerca de 80 hombres, organizados de la manera siguiente: la avanzada, dirigida por Camilo, que contaba con cuatro hombres. Una patrulla, comandada por Raúl Castro, contando con tres tenientes (Julito Díaz, Ramiro Valdés y Nano Díaz)[211], y la «comandancia», constituida por Fidel, Ciro Redondo, Manuel Fajardo, Luis Crespo, Universo Sánchez y Ernesto Guevara. Ya se le estaba dando reconocimiento al guerrillero argentino, luego de la ejecución, a sangre fría, de Eutimio Guerra.

En abril era Ernesto Guevara la figura central de una entrevista realizada por el periodista Bob Taber que llegaba al campamento acompañado de Celia Sánchez y Haydee Santamaría.

En mayo, cerca de Pino del Agua, una de las patrullas de Guevara capturó a un cabo del ejército «acusado de crímenes desde la época de Machado». *«Por esta razón, algunos de nosotros propusimos que el soldado fuese ejecutado»*[212]. Magnífica oportunidad se le ofreció a Guevara para mostrar su vesania, su sed de derramar sangre que luego, en la Cabaña, lo habrá de distinguir.

A fines de mayo conocieron en el campamento que llegaban las armas ofrecidas: tres ametralladoras trípode, tres rifles automáticos, nueve carabinas M-1, diez rifles automáticos Johnson. Uno de los tres rifles automáticos le fue entregado a Guevara. *«Hice mi debut como un combatiente guerrillero»* expresaba orgulloso Guevara que, hasta ese momento, sólo había combatido ocasionalmente.

Días después, desembarcaba por Mayarí el *Corintia* dirigido por Calixto Sánchez, que respondía no a Castro sino al depuesto presidente Carlos Prío. Mientras la fuerzas del gobierno destruían a los expedicionarios del *Corintia*, las fuerzas de Jorge Sotús –no las de Castro, no las de Guevara– atacaban las barracas de *el Uvero*. Fidel se mantenía a distancia, a gran distancia. Lo admite, con gran naturalidad, sin

---

[210] «Reminiscencias». Ernesto Guevara. Mencionado también en «Pasajes de la Guerra Revolucionaria», página 65.

[211] Tanto Julito Díaz como Nano Díaz murieron en el ataque del Uvero, dirigido por Jorge Sotús, cuyo nombre ha sido, luego, silenciado por la prensa oficial cuando denunció la influencia comunista en el gobierno.

[212] Ernesto Guevara. «Memorias...»

asomo de crítica, el propio Ernesto Guevara en su *Reminiscencias*: «Con su rifle de mira telescópica, pudimos localizar las barracas por los disparos conque respondían. Luego de cerca de tres horas de combate, las barracas del Uvero se rindieron».

En el próximo párrafo, con sospechosa inocencia, Guevara escribe: *«Cuando el disparo de Fidel dio la señal de abrir fuego, todo el mundo comenzó a avanzar sobre las barracas».* Por supuesto, todo el mundo, excepto Fidel. En el combate habían caído Moll, Nano Díaz, Vega, «el policía», Julito Díaz y Eligio Mendoza. Malheridos quedaron Leal y Cillero. Abandonados por sus compañeros guerrilleros, los dos heridos fueron decentemente tratados por el ejército enemigo. Cillero no pudo llegar a Santiago. Leal sobrevivió sus heridas, «fue encarcelado en Isla de Pinos hasta el fin de la guerra» y se integró al ejército rebelde después del primero de enero.

Al zarpar en el Granma hacia Cuba, Castro dejó atrás, en Ciudad México, un Movimiento 26 de Julio dividido en dos grupos antagónicos. El primero, encabezado por Pedro Miret y Teté Casuso, que residían en las Lomas de Chapultepec; y el otro, encabezado por Lidia y Enma, hermanas de Castro, que actuaban desde la casa de Orquídea Marroquín y su esposo Alfonso, en el Pedregal. Junto a Miret se encontraba el prestigioso Gustavo Arcos Bergnes.

Seis meses después de la salida del Granma llega una carta manuscrita de Frank País reconociendo a Miret y a Gustavo Arcos como las personas escogidas por la Dirección Nacional del «Movimiento Revolucionario 26 de Julio» para representar al movimiento fuera de Cuba.

En otra comunicación de igual fecha, la Dirección designaba a Mario Llerena como Director de Relaciones Públicas del Movimiento[213].

---

[213] Poco después, tras frecuentes incidentes, y radicalización de la política de Castro, Mario Llerena renuncia, en agosto de 1958, a su posición dentro del Movimiento 26 de Julio.

GUEVARA, EXCLUIDO DE UNA REUNIÓN CON DIRIGENTES DEL M-26

En julio[214], se da a conocer un manifiesto firmado por Felipe Pazos, como delegado del Movimiento 26 de Julio, que abogaba por la «la creación de un amplio frente revolucionario civil que incluyese a todos los partidos políticos de la oposición, a todas las instituciones civiles, y a todas las fuerzas revolucionarias».

Para responder a ese documento Castro envió a Frank País, dirigente nacional del movimiento clandestino de Castro, una carta firmada por todos los oficiales del ejército guerrillero. En una columna aparecía el nombre; en la otra, el rango militar. Cuando vino el momento de firmar Guevara aquella carta, «Fidel ordenó simplemente: Escribe «Comandante». En esta manera informal y casi obicua yo me convertí en comandante de la Segunda Columna del Ejército Rebelde, que luego sería llamada la Columna Cuatro»[215], dijo Guevara en sus notas.

Cuando firma como comandante aquella comunicación a Frank País, Guevara escribe con orgullo: *«El símbolo de mi nombramiento, una pequeña estrella, me fue dado por Celia, junto con uno de los relojes pulsera que habían encargado a Manzanillo».*

Al igual que cuando le entregaron aquella ametralladora, ya el Che se siente más como soldado que como el médico que tal vez no era. Y así lo verán, en adelante, los que habrán de formar el Ejército Rebelde. Se le asigna, como territorio de combate, la parte oriental de la Sierra Maestra; unos doscientos kilómetros cuadrados.

Ese mes Raúl Chibás, que gozaba de prestigio por ser hermano de Eduardo Chibás, –el dirigente que había creado el Partido Ortodoxo, y que se había suicidado 6 años antes[216]–, y Felipe Pazos, que había ocupado la dirección del Banco Nacional durante la administración de Carlos Prío, llegaron a la Sierra. Fue, ésta, una trascendente reunión.

---

[214] Julio 12, 1957.

[215] Ernesto Guevara. «Reminiscencias».

[216] Eduardo Chibás perteneció al Directorio Estudiantil Universitario de 1930, que combatió a la dictadura del presidente Gerardo Machado. Fundador del Partido Revolucionario Cubano (Auténtico), se separó de éste en mayo de 1947 y, junto con Emilio (Millo) Ochoa, fundó el Partido del Pueblo Cubano (Ortodoxo). Se suicidó en febrero de 1951.

Evidentemente Guevara no fue consultado sobre esta visita ni, aparentemente, conoció que se iba a producir.

Fidel se reunió con Chibás y con Pazos en su campamento de la Sierra donde firmaron el acuerdo conocido como Manifiesto de la Sierra Maestra que le daba forma a lo que, sencillamente, se denominó *El Pacto de la Sierra*. No se sentiría Guevara feliz con aquel pacto que esbozaba un programa de reforma agraria mucho más moderado que el que él consideraba necesario. Será ésto un punto de fricción permanente entre Guevara y algunos dirigentes del Movimiento 26 de julio.

El acuerdo comprometía a Castro a convocar y celebrar elecciones a la caída del gobierno de Batista; restablecer la Constitución de 1940 y establecer un Frente Cívico Revolucionario con representantes de todos los sectores de oposición.

Castro, por supuesto, firmó el convenio que no tuvo la intención de cumplir.

Durante aquella primera quincena de julio, Castro decidió realizar distintos cambios en los hombres de confianza que lo rodeaban.

Ramiro Valdés fue ascendido a capitán; Ciro Redondo a teniente. Guevara fue promovido a capitán, asignándole el mando de una columna destinada a combatir a Sánchez Mosquera que se encontraba en Palma Mocha. Lalo Sardiñas sería su segundo, mientras Almeida era elevado a Segundo Comandante.

Horas después, como hemos visto, para su sorpresa, Fidel le confería a Guevara el grado de Comandante.

Ya, en ese mes, la represión había aumentado, principalmente en Santiago. Moría Frank País, el coordinador del 26 de Julio en Oriente. Se encontraba en aquella ciudad, el embajador norteamericano Earl Smith; y, en Washington, se producen otros cambios: William Wieland había sido colocado al frente del Departamento de Asuntos del Caribe en el Departamento de Estado, asistiendo a Roy Rubottom, el Subsecretario para Asuntos Latinoamericanos.

Aumentaban los contactos de la CIA con dirigentes del 26 de Julio.

Estos dos funcionarios (Wieland y Rubottom) habían instruido al nuevo embajador norteamericano, Earl T. Smith, entrevistarse, antes de asumir la embajada en La Habana, con Hebert Matthews para recibir una *correcta* información sobre temas cubanos.

La nociva influencia de Hebert Matthews en la política de los Estados Unidos hacia Cuba fue, luego, denunciada por el propio embajador Smith en una audiencia[217] ante el Comité Judicial del Senado de los Estados Unidos donde confirmó que los tres artículos, de primera plana, en el New York Times, escritos por el editorialista Hebert Matthews, sirvieron para darle estatura y reconocimiento mundial a Castro.

El 15 de julio llegaba a La Habana el nuevo embajador norteamericano. El día 23 presentaba sus credenciales al presidente de la república. El 25 se dio a conocer que el embajador norteamericana visitaría Santiago de Cuba el 31 de aquel mes. Veinticuatro horas antes de la fecha señalada para la visita eran asesinados en aquella ciudad Frank País y Raúl Pujol.

El embajador Smith, durante su permanencia en Cuba, fue acusado, tanto, por las fuerzas que defendían el gobierno de Batista como por aquellas que lo combatían. Para los sectores gubernamentales, Earl Smith se parcializaba a favor de los dirigentes y miembros del Movimiento 26 de Julio[218]; la dirigencia del 26 de Julio y de la Resistencia Cívica lo acusaban de complicidad con el gobierno.

Ya en septiembre llega el *guerrillero heroico* a Pino del Agua y, el 8 de octubre, se reencuentra con Fidel en El Zapato, para seguir a La Mesa y Palma Mocha. A fines de ese mes está de regreso en el campamento El Hombrito donde establece su base de operaciones.

LA BATALLA DE EL HOMBRITO

La pequeña columna de Ernesto Guevara, formada apenas treinta días antes, se encontraba, cuando terminaba el mes de agosto, en un valle de la Sierra Maestra conocida como El Hombrito, cuando conocieron por un campesino que una columna de soldados se preparaba para ascender la Maestra tomando el sendero que conducía a ellos, a El Hombrito.

---

[217] Audiencia celebrada el 30 de agosto de 1960.

[218] El Primer Ministro del gobierno de Batista, Jorge García Montes, se negó a asistir a una comida oficial que el embajador francés le ofrecía al embajador Earl Smith.

Guevara, con las patrullas de Lalo Sardiñas y Ramiro Valdés, preparó, con suficiente tiempo, una emboscada. Ciro Redondo atacaría por el flanco izquierdo a las tropas que avanzaban; Vilo Acuña[219] se encargaría de capturar las armas de los soldados que cayeran. Guevara, con su nuevo rifle automático, iniciaría el ataque luego de dejar pasar a los primeros doce soldados. La operación se realizó tal como se tenía planeada.

Cae herido el sexto soldado. Resultó ser un paramédico que llevaba tan solo un revólver calibre 45[220]; aquella columna la dirigía el coronel Merob Sosa[221]. Sobreponiéndose al inesperado ataque, las tropas del ejército responden el fuego y, por los rebeldes, pierde la vida Hermes Leyva, primo de Joel Iglesias[222].

El encuentro muy difícilmente podría considerarse como una victoria de Guevara y su columna, porque ésta tuvo que retirarse más de un kilómetro y presenciar *«ante nuestros propios ojos, como el ejército quemaba el cuerpo de Hermes Leyva...; en nuestra impotente irritación, tuvimos que conformarnos con disparar desde una larga distancia»*, admite en sus «Recuerdos» el propio Ernesto Guevara.

Guevara reconoce en sus memorias su propio error al precipitarse haciendo el disparo que iniciaría el combate (debía haber esperado, ése era el plan, a que pasaran doce o catorce soldados, y no pudo controlar su impaciencia disparando al sexto, lo que le permitió al ejército reagrupar de inmediato a sus tropas). Probó este encuentro *«lo pobremente preparadas que estaban nuestras tropas»*. Iluso, como

---

[219] Vitalio Acuña, Vilo, fue uno de los primeros campesinos alzados en la Sierra Maestra. Llegará a ser uno de los hombres de confianza de Guevara. Junto con Manuel Fajardo y Félix Torres estuvo al frente de las tropas que realizaron las «limpias del Escambray» en la que perdieron sus vidas Plinio Prieto, Sinesio Walsh, Porfirio Ramírez, José Palomino, Ángel Ramírez y tantos otros que combatieron en las montañas villareñas. Y en Bolivia, bajo el nombre de Joaquín, comandaba la retaguardia que es aniquilada en el Vado del Yeso. Junto a Vilo Acuña morirán Gustavo Machín, Israel Reyes Zayas, y Tamara Bunker (Tania, la guerrillera).

[220] Ernesto Guevara. *Recuerdos*.

[221] El coronel Merob Sosa, al caer el gobierno de Fulgencio Batista escapó al extranjero. En el juicio del coronel Jesús Sosa Blanco, varios de los que testificaron confundieron la identidad de estos dos oficiales.

[222] Joel Iglesias, joven campesino que se incorporó al Ejército Rebelde en la Sierra a la columna de Ernesto Guevara y, ya con el grado de capitán, participó en el ataque y ocupación de la ciudad de Santa Clara en los últimos días de diciembre de 1958.

siempre, escribe Guevara que «*la batalla de El Hombrito fue un gran triunfo para nosotros, porque habíamos detenido la columna de Merob*».

¿QUIÉN ASISTÍA A QUIÉN?

Lalo Sardiñas, que gozaba de la confianza de Castro, fue sometido a juicio por haber matado, arbitrariamente, a otro alto oficial del Ejército Rebelde. Todos votaron por condenarlo. 70 estaban a favor de aplicarle la pena de muerte; los otros 76 votaron por imponerle otro tipo de castigo. Pero, todos, lo consideraron culpable. Sardiñas había sido capitán, a las órdenes de Ernesto Guevara.

Al ser separado Sardiñas de esa posición, «*Fidel me dio uno de sus mejores combatientes: Camilo Cienfuegos, que fue designado capitán de la avanzada de nuestra columna*», manifiesta Guevara en su «*Reminiscencias*». Camilo, subordinado de Guevara.

Con Camilo irá, también, Daniel Alarcón (Benigno)[223], el joven campesino que se había incorporado a la guerrilla cuando un soldado asesinó a su esposa. Estrecha identificación se producirá, por años, entre el Che y Benigno. Lo veremos en su momento.

Finalizando noviembre se produce el combate de Mar Verde con las tropas de Sánchez Mosquera. En el encuentro hieren gravemente a Joel Iglesias; y Ciro Redondo muere intentando tomar una posición enemiga. A Ciro, póstumamente, y a petición del propio Guevara, le confieren el grado de comandante. Las tropas de Guevara descienden, durante breves días, a su cuartel de El Hombrito.

Cuando su campamento, allí, en El Hombrito, es destruido, se mueve hacia La Mesa. El valle que lo rodea será conocido como «La Mesa Volteada», y su propio campamento como la «Pata de la Mesa». Se producen, en esos momentos, continuos roces entre el doctrinario argentino y dirigentes del 26 de Julio.

En la Sierra convierte Guevara la pequeña escuela de La Mesa en su nuevo cuartel. Organiza una rústica talabartería, para confeccionar cartucheras; un taller para reparar los maltrechos zapatos y botas; y un

---

[223] Dariel Alarcón (Benigno) peleará en el Congo junto a Guevara, y lo acompañará en la aventura de Bolivia.

horno de pan. Va terminando 1957 y Guevara se mantiene, aún, en aquel estrecho territorio que le han asignado en la Sierra.

Ya tiene en su campamento un mimeógrafo con el que puede imprimir su periódico *El Cubano Libre* que, en enero de 1958, hará llegar a las zonas y poblados cercanos a la Sierra.

TENSIONES ENTRE LA SIERRA Y EL LLANO

Se agudizan, por días, las diferencias entre el M-26 y el Ejército Rebelde. Entre el Llano y la Sierra. Más bien, entre el ya marxista Guevara y los, aún, demócratas revolucionarios del 26 de Julio. De éstos se queja amargamente el Che a Fidel en carta del 9 de diciembre:

«Tengo que darte quejas contra la Dirección, pues llega mi suspicacia a suponer que hay un directo sabotaje contra esta columna, o, más claramente, contra mi persona».

Exageraba, intencionalmente, el guerrillero argentino. Esa semana, Latour, dirigente del 26 de Julio, le estaba enviando, a Guevara y a su columna, 17 mil cartuchos y balas de distintos calibres.

En enero de 1958, Armando Hart sube a la Sierra para tratar de resolver las diferencias.

El día 8, Ernesto Guevara le informa a René Ramos Latour (Daniel) que ya tiene un técnico que se compromete a construir, en dos semanas, una planta transmisora. Le da, al dirigente del Llano, el nombre y la dirección del técnico. Varias semanas después van obteniéndose las piezas necesarias para montar la pequeña planta transmisora que, luego, transportarán hacia la Sierra.

El 24 de febrero salía al aire, por primera vez, el mensaje de la emisora recién terminada por el Ingeniero Fernández: *«Aquí, Radio Rebelde, la voz de la Sierra Maestra, transmitiendo para toda Cuba en la banda de veinte metros».*

Una semana después, el primero de marzo, se forman dos nuevas columnas. La Columna Tres quedará al mando de Juan Almeida y avanzará hacia Santiago; Raúl Castro, a cargo de la Columna Seis, irá a formar un segundo frente dirigiéndose, también, a Santiago.

Surge, en esas semanas, una mujer en la vida de Guevara. *«El Che se enamora y se une a una joven campesina que conoce en Las Vegas de Jibacoa, Zoila Rodríguez; una mulata de 18 años (muy hermosa, según Joel), hija de un herrero serrano simpatizante del movimiento, soltero pero con una hija»²²⁴*. Conversaron esa tarde, y al día siguiente, y al otro. *«Días más tarde, entablan una relación que durará varios meses»²²⁵*.

Son los días anteriores a la huelga de abril.

Al poco tiempo, el 3 de mayo, la Dirección Nacional celebra una nueva reunión; esta vez en los Altos de Mompié, y el Che es invitado a participar en ella; así lo han pedido Ramos Latour y Faustino Pérez con quienes Guevara ha polemizado frecuentemente. Asisten, también, Fidel con Vilma, Ñico Torres, Luis Busch, Celia Sánchez, Marcelo Fernández, Haydee Santamaría, David Salvador e Infante.

Aunque Ernesto Guevara no pertenecía a la Dirección Nacional fue invitado a participar en aquella trascendente reunión, en Los Altos de Mompié, que se inició en las primeras horas del 3 de mayo, y se extendió hasta las dos de la mañana del día siguiente. Allí, apunta Guevara en uno de sus «Pasajes de nuestra Guerra Revolucionaria», se estuvieron analizando las consecuencias del fracaso de la huelga del 9 de abril, y las causas que provocaron aquella derrota. Tomaron, también, las medidas necesarias para la reorganización del Movimiento.

Habían sido, precisamente, Faustino Pérez y René Ramos Latour (Daniel), que tan fuertes críticas habían recibido de Guevara, los que insistieron en la participación de éste en los debates.

Se entablaron muchas discusiones violentas al analizar la participación de cada uno en los hechos que se debatieron; pero, de acuerdo a las palabras del propio Guevara, *«la más violenta fue la sostenida con los representantes obreros que se oponían a toda participación del Partido Socialista Popular en la organización de la lucha»*.

Para el guerrillero argentino los preparativos para la huelga estuvieron saturados de subjetivismos y de concepciones puchistas. Sin percatarse, o, tal vez muy consciente de ello, utilizó Guevara en su análisis los mismo calificativos que había empleado el propio partido comunista (PSP) al enjuiciar, en 1953, el ataque de Castro al Moncada. Con las mismas palabras con las que ayer los comunistas condenaron el ataque al Moncada (operación puchista y aventurerismo),

---

²²⁴ Paco Ignacio Taybo II. Página 217.
²²⁵ Paco Ignacio Taybo II. Obra citada.

Guevara pulverizaba, ahora, a los miembros del 26 de Julio. Calificó de «política aventurera» la de los dirigentes obreros que «habían fracasado contra una realidad inexorable»[226].

La responsabilidad se la endosan, despiadamente, Castro y Guevara a Faustino y Ramos Latour, como si no hubiera sido, el propio Castro, en la reunión del 12 de marzo, *«en la Sierra Maestra, Territorio Libre de Cuba, quien suscribiera la proclama en la que, con total imprudencia, informara, públicamente, con innecesaria anticipación, la convocatoria a la huelga general»*. Dijo «lo que iba a hacer y como lo iba a realizar»[227].

Las culpas máximas de la derrota, tronaba Guevara en «Los Altos del Mompié», caían *«sobre el delegado obredo David Salvador; el responsable de La Habana, Faustino Pérez, y el Jefe de las Milicias del Llano, René Ramos Latour»*[228].

El primero, por sostener y llevar a cabo *«su concepción de una huelga sectaria que obligaba a los demás movimientos revolucionarios a seguir a la zaga del nuestro»*. A Faustino, *«por la falta de perspectiva que tuvo al creer en la posibilidad de la toma de la capital por sus Milicias, sin aquilatar las fuerzas de la reacción en su bastión principal»*. A Ramos Latour por *«la misma falta de visión, pero referida a las Milicias del Llano que fueron organizadas como tropas paralelas a las nuestras, sin su entrenamiento ni moral de combate»*.

Aquella reunión mostró, con absoluta claridad, que *«la división entre la Sierra y el Llano era real»*, y éste tendría que someterse a aquélla.

Después de los fracasos frente a las fuerzas de la dictadura, concluía Guevara, *«surgía ya un dirigente único, un Comandante en Jefe, Fidel Castro»*.

Fidel, *dirigente único*. Fidel *dominando la Sierra y el Llano*. Todo lo demás sería paisaje.

---

[226] Ernesto Guevara. «Pasajes de la Guerra Revolucionaria», página 244.

[227] La huelga fue señalada para el miércoles 9 de abril. En el edificio Chibás, de G y 25, se estableció la comandancia de acción y sabotaje bajo las órdenes de Marcelo Salado. En 27 esquina a F se instaló la Dirección General de la Huelga, con Faustino Pérez, Manolo Ray, David Salvador y Marcelo Fernández. Fidel, Raúl y Guevara estuvieron al tanto de todos los preparativos.

[228] Ernesto Guevara. Obra citada.

La guerra sería conducida, militar y políticamente, por Fidel en su doble cargo de Comandante en Jefe de todas las Fuerzas y Secretario General de la Organización. Se seguiría la línea de la Sierra, de la lucha armada, y quedó bien sentado que «*la Dirección radicaba en la Sierra*».

Se hace en ella un análisis muy desfavorable de la huelga y, como consecuencia, se le formula una severa crítica al Llano, a cuya dirección la acusan de haber sobreestimado el papel del clandestinaje urbano, de sectarismo en el movimiento obrero por no colaborar con otros grupos, «entre ellos los militantes comunistas del PSP, y de no preparar adecuadamente para la acción a los grupos urbanos».

Fidel Castro y Ernesto Guevara son los acerbos críticos de los que dirigen la resistencia urbana. La larga y violenta discusión termina reeemplazando a Faustino Pérez por Delio Gómez Ochoa[229] y David Salvador por Ñico Torres[230] y demandando que Ramos Latour suba a la Sierra. Fidel Castro quedaría como comandante en jefe de todas las fuerzas; de la Sierra y del Llano.

En los trece meses que transcurren desde que el Granma parte de Tuxpán el 25 de noviembre de 1956 al 31 de diciembre de 1957 no ha mostrado Guevara la heroica imagen con que nos lo han querido presentar. Seis hechos de gran trascendencia se han producido en estos trece meses de intensa lucha. Ni Guevara, ni Castro, han participado en ellos. Las acciones las ha librado el movimiento clandestino, no la guerrilla.

Veamos algunas de ellas:

«En el aspecto militar, se producen tres grandes acciones en las tres principales ciudades de Cuba: la toma de Santiago, el 30 de noviembre; el asalto al Palacio Presidencial de La Habana, el 13 de marzo; la toma de Cienfuegos, el 5 de septiembre de 1957. Grandes atentados eliminan a tres jefes policíacos de la dictadura: el jefe del SIM, coronel Blanco Rico; el de la Poli-

---

[229] Al triunfo de la Revolución el ya comandante Delio Gómez Ochoa dirigirá en junio de 1959 una infructuosa invasión a República Dominicana para derrocar a Rafael Leonidas Trujillo.

[230] «Ñico manifestaba su disposición a trabajar disciplinadamente con … los compañeros del Partido Socialista Popular».

cía, teniente coronel Salas Cañizales, y el jefe militar de Holguín, coronel Cowley»[231].

En algunos encuentros, Guevara, a veces, ha huído. En el ataque a Bueycito, el 31 de julio, en respuesta al disparo que él le hace al centinela del cuartel, recibe *«un aguacero de tiros del Garand del soldado, y corrí con velocidad que nunca he vuelto a alcanzar».* Lo reafirma en su obra *Recuerdos* donde admite que *«mi participación en el combate fue escasa y nada heroica, pues los pocos tiros los enfrenté con la parte posterior del cuerpo».* Expresión poética de un militar que admite haber huído.

SUS PRIMERAS DECLARACIONES EN LA SIERRA

En las declaraciones formuladas en la Sierra Maestra a los primeros periodistas cubanos que arriban al alto macizo oriental, Guevara enfatizaba su firme posición «antiperonista». Pero tales manifestaciones, lo hemos visto en páginas anteriores, no se ajustaban a la realidad.

La juventud argentina, como todos los demás sectores de aquella nación, tenían opiniones definidas sobre el gobierno de Perón. Muchos, respaldándolo; otros, de franca oposición. Ernesto Guevara, contrario a lo que expresaba en la Sierra, fue, temprano en su juventud, rabiosamene peronista; más tarde mostró total indiferencia ante aquel movimiento político que sacudía a la nación argentina más allá de sus fronteras. Tan indiferente era a lo que acontecía en la vida pública de su patria como lo había sido a lo que sucedía en las naciones que, con tanta displicencia, había recorrido con su amigo Alberto Granado.

En la década de los 40, en la Argentina se era peronista o antiperonista; no había posición intermedia. En aquellos, que debieron ser sus años de formación ideológica, el joven Guevara era, marcadamente, peronista; luego, como las hojas lanzadas al viento del Lin Yu Tan, cambiará de posición aunque manteniendo, durante sus años juveniles, una total indiferencia hacia los problemas sociales de su patria y de los países que recorre.

---

[231] Carlos Franqui. «Vida, aventuras y desastres de un hombre llamado Castro».

En las calles de las ciudades de su país natal, –lo mencionamos en el capítulo I, se producen frecuentes choques entre los grupos de la extrema derecha de la Alianza Libertadora Nacionalista y los de la la Federación Universitaria y las Juventudes Comunistas. Estos enfrentamientos, con frecuencia sangrientos, se repiten en Córdoba, la ciudad donde reside el joven Ernesto Guevara. ¿Dónde se sitúa el que luego, muy luego, hará alarde de su antiperonismo?. El joven Ernesto Guevara se une a los manifestantes peronistas y, con ellos, destroza los cristales del Diario radical de Córdoba, *La Voz del Interior.*

Será poco después, durante su estadía en Guatemala y su contacto personal con la militante y doctrinaria Hilda Gadea, antes aprista, luego comunista, que el joven Guevara comienza a interesarse en la doctrina marxista.

Todo esto pretende Guevara ocultarlo a los periodistas que, al comenzar el año 1958, llegan hasta la Sierra a entrevistarlo.

PERIODISTAS CUBANOS EN LA SIERRA MAESTRA

No era del todo complicado el acceso a la Sierra Maestra. El cuartel de operación «La Granja», de las fuerzas militares del gobierno de Batista, se encontraba en la carretera de Bayamo a Manzanillo. De día, los carros patrulleros recorrían las carreteras y caminos vecinales, pero, al caer la tarde –recuerda el periodista Agustín Alles Soberón–, se reintegraban a su unidad militar. Era una rutina perfectamente conocida por los rebeldes, alzados en la Sierra, y por la amplia red clandestina que los avituallaba con prodigalidad.

En marzo de 1958 Agustín Alles Soberón y Eduardo Hernández, a quien todos conocían como Guayo, se convertirían en los primeros periodistas cubanos en entrevistar, en la Sierra Maestra, a Fidel Castro y a Ernesto Guevara.

El director de la revista *Bohemia,* Miguel Angel Quevedo, había autorizado el viaje de Alles Soberón pidiéndole, tan sólo, que fuese acompañado de un fotógrafo de absoluta confianza. Éste sería Guayo.

El contacto se había hecho a través de un ingeniero que, aunque funcionario de la administración del gobierno de Batista, era oculto militante del Movimiento 26 de Julio.

Las instrucciones fueron sencillas: tomar el vuelo de las cinco de la mañana de la línea comercial Cubana de Aviación, hasta Bayamo.

Allí serían recibidos, como simples periodistas al servicios de una empresa ganadera, por miembros del movimiento clandestino que los trasladarían, tres días después, a El Dorado, un caserío a unos ocho kilómetros de Bayamo. De allí avanzarán, a pie, cerca del cuartel de San Pablo de Llao, hasta que, abandonando los caminos, se internaron en el monte. Se aproximan a otro cuartel, el de «La Mina»; así, entre veredas y montes, tras cuatro días de marcha, los guías los conducen a los Altos de Conrado donde se encuentra «La Pata de la Mesa», el campamento de Ernesto Guevara.

Alles Soberón y Guayo se acercan a un bohío. Allí escuchan el: «*Aquí... Radio Rebelde! Transmitiendo, desde las montañas de Oriente, territorio libre de Cuba!*»[232], que muchos cubanos oían, ansiosos, en sus radios.

Al día siguiente se les acercan dos miembros del Ejército Rebelde que habían participado en el ataque al Moncada y desembarcado en el Granma: Camilo Cienfuegos y Ramiro Valdés pero, aún, no aparecían ni Fidel, ni Ernesto «Che» Guevara.

Dos días después, «*jinete en un caballo dorado*», irrumpió el Che «*en uniforme verde-olivo, cananas cruzadas al pecho, cuchillo comando, cantimplora, carabina MO*».

Les habla a los periodistas de los cinco encuentros –él los llama, *batallas*– contra las fuerzas del gobierno: Hombrito, 29 de agosto; Pino del Agua, 27 de septiembre; Mar Verde, 29 de noviembre[233]; Alegría de Pío, «donde fui herido»; la Plata, «la primera de nuestra iniciativa»; Parmamucha, Alto de Espinoza, Cubero.

Fue locuaz Guevara en aquella, su primera entrevista, a periodistas cubanos. Les ofrece algunos datos biográficos, torciendo algunos: «*al recibirme de médico en la Universidad de Buenos Aires, fui llamado a las filas del Ejército con el grado de teniente médico... hice mi carrera bajo el gobierno de Perón. Fuí opositor pasivo de su régimen. En su primera elección, milité en la Unión Democrática. Después me fui de la Argentina. Fui a Guatemala*».

---

[232] Eran las voces de los locutores Orestes Valera y Ricardo Martínez, bajo la dirección de Luis Orlando Rodríguez, que habían inaugurado la potente planta el 24 de febrero de aquel año.

[233] Encuentro en que murió Ciro Redondo cuyo nombre toma la columna.

PRIMERA ENTREVISTA A PERIODISTA CUBANO
En marzo de 1958, Agustín Alles Soberón se convierte en el primer
periodista cubano en entrevistar a Ernesto Guevara.
Pregunta el periodista: «¿Lee usted?». La respuesta es categórica:
«Menos los de medicina… todos los libros».

A medida que habla, Ernesto Guevara va embelleciendo su relato: *«Me gustó el experimento del gobierno de Arbenz y me quedé allí. Traté de conseguir un trabajo en Guatemala pero me exigían la reválida del título y seis meses de trabajo en un hospital. No pude cumplir todos los requisitos».*

Dándole rienda a su imaginación llega a afirmar que *«a la caída de Arbenz, presté servicio en un hospital de sangre a los heridos de ametrallamiento y bombardeo».* No se sonroja el guerrillero argentino al expresar esas falsedades[234] A las pequeñas falsas afirmaciones leS seguirán otras de mayor envergadura.

Le pregunta el periodista:

«Son ciertas las simpatías por el comunismo que a usted se le atribuyen?.

«En lo absoluto. No tenemos vinculación con el comunismo. Soy militar nada más. Sigo la línea del Movimiento 26 de Julio».

Viene otra pregunta a la que sí responde con honestidad:

¿Lee usted?.

*«Infatigable. **Menos los de medicina**... todos los libros».*

Días después se trasladan hasta La Plata desde donde, por entre los farallones, se divisa el mar y Castro mantiene su campamento que cuenta, entre otras comodidades, con aparatos de televisión.

Dos días de camino separaban el campamento de Guevara «La Pata de la Mesa», del de Fidel que, en aquel momento se encontraba en El Naranjo. Hasta allá llegaron Alles y Guayo.

Habla éste de sus planes de gobierno:

«Nuestro movimiento sostiene el criterio de que el gobierno provisional debe ser lo más breve posible. El tiempo estrictamente necesario para normalizar el país... y convocar a elecciones para todos los cargos del estado, las provincias y los municipios».

El término de la provisionalidad del gobierno será muy limitado:

---

[234] Al ser derrotado el gobierno de Arbenz, Guevara ingresa de inmediato en la embajada Argentina mientras que su compañera Hilda Gadea, se asila en la del Perú. Ambos partirán, días después, hacia México.

«Debemos hacer todo lo posible porque ese período de provisionalidad no rebase de dos años de duración».

Aquel gobierno, *«que debe ser lo más breve posible»*, debe ajustarse a un programa de diez puntos. Veamos los tres primeros:

1) *Libertad para todos los presos políticos y militares.*
2) *Absoluta libertad de información de la prensa radial o escrita.*
3) *Respeto de todos los derechos individuales y políticos establecidos por la constitución.*

Y hace una afirmación aún más contundente:

«A nuestro entender, la Constitución del 40 no necesita reformas, sino acatamiento. Es todo lo amplia y avanzada que puede exigir el ideal revolucionario del Movimiento 26 de Julio.» [235]

Con sorna debe haber escuchado Ernesto Guevara aquellas palabras.

Le dice Ernesto Guevara a Alles Soberón en aquella entrevista de marzo de 1958[236]:

«al recibirme de médico en la Universidad de Buenos Aires, fui llamado a la filas del ejército con el grado de teniente médico».

Guevara, siempre torciendo la verdad. Siempre mintiendo. Todos sabemos que al someterse al examen físico requerido al entrar en la edad militar, fue rechazado. Y sabemos, también, que al examinar –si es que lo hizo– su última materia en la carrera de medicina salió, definitivamente, del país. Jamás, Guevara *«fue llamado a las filas del ejército con el grado de teniente médico».*

En el campamento de Ernesto Guevara se mantuvo Agustín Alles cerca de un mes; en el de Castro, más de dos meses. No había estado allí como revolucionario ni como militante de una u otra organización. *«Fuí como periodista, como corresponsal y miembro de la revista Bohemia»*, expresa Agustín Alles a Enrique Ros en extensa entrevista.

---

[235] Es bueno destacar que esta reseña del periodista Agustín Alles Soberón fue publicada por Bohemia a sólo siete semanas del triunfo de la Revolución.
[236] Revista Bohemia, La Habana, 24 de febrero, 1959.

«Para mi mayor seguridad llevaba conmigo credenciales firmadas por Fidel Castro y el Che Guevara. Después lo hice, en el Escambray, con las que me ofrecieron Gutiérrez Menoyo y Faure Chomón».

PERIODISTAS EXTRANJEROS

Suben a la Sierra otros periodistas. Uno de ellos el húngaro-norteamericano Andrew Saint George. Guevara atiende, solícito, al corresponsal a quien, luego, acusa de haber sido un agente de los servicios secretos de los Estados Unidos. Veamos lo expresado por el propio guerrillero argentino sobre Saint George:

«Aquella vez solamente mostraba una de sus caras, la menos mala, que era la de periodista yanqui; además de eso, era agente del FBI. Por ser yo la única persona que hablaba francés en la columna... me tocó atenderlo y, sinceramente, no me lució el peligroso sujeto que surgiera en una segunda entrevista posterior, donde ya se mostraba como agente desembozado»[237].

Ávido de una publicidad que alega detestar, atiende, el 14 de febrero (1958), al periodista uruguayo Carlos María Gutiérrez[238]. No viene solo el corresponsal; lo acompaña –muy conveniente para el Ché– el fotógrafo del New York Times Homer Bigart. La entrevista y las fotos tendrán amplia divulgación. El argentino ha llevado al uruguayo y al norteamericano a recorrer sus posiciones, su *«fábrica de zapatos»,* su *«talabartería»,* su *«centro industrial»* que ha construido en El Hombrito.

Despide al uruguayo Gutiérrez y le da la bienvenida un argentino.

Recibe en abril la visita de otro periodista. Éste proviene de la propia patria argentina y le llega recomendado por su viejo amigo Ricardo Rojo, el extrovertido abogado con quien recorrió gran parte de su segundo viaje por el continente americano.

Cubrirá Jorge Ricardo Masetti con esmero, pero con prontitud, la entrevista con su compatriota quien *«parecía una caricatura rejuvenecida de Cantinflas».* Ni Masetti, ni periodista alguno en la isla, volve-

---

[237] Ernesto Guevara. *Escritos y Discursos* y en «Verde Olivo», 9 de junio de 1963.
[238] De la revista *Mañana* de Montevideo, Uruguay.

rá a hacer mención del claro parecido de Guevara con el mexicano Cantinflas.

Habla, con su compatriota, con mayor cuidado, de su reciente pasado.

En México, al ser detenido al ocuparse armas en el rancho Santa Rosa, declaró que había trabajado en la administración del depuesto presidente Jacobo Arbenz.

Ya, posteriormente, tuvo siempre buen cuidado de no volver a mencionar que había servido en el gobierno de Arbenz. Así en las declaraciones que le hace a su compatriota Jorge Ricardo Masetti, en la Sierra Maestra, en 1958, dice que era, sencillamente, «un decidido admirador del gobierno del coronel Arbenz[239].

Quiere, ahora, tapar, esconder lo que antes había admitido: *«No, nunca ocupé cargo en ese gobierno»*.

Pero, quiere, aún, mostrarse como un combatiente en aquella lucha y reafirma que *«de allí escapé a México»*. No escapó; continuó varias semanas más en Guatemala como un turista y, como tal, siguió a México.

Como de costumbre, culpando a otros de sus propias faltas, Guevara en forma admonitoria le dice a su compatriota: *«En Guatemala era necesario pelear y casi nadie peleó. Era necesario resistir y casi nadie quiso hacerlo»*. Y lo dice como si él no fuese el primero que debía haber peleado, y no peleó. Que debió resistir, y no resistió.

Le declara a Masetti que él *«estuvo entre los grupos que defendían la ciudad cuando había bombardeos y apagones. Fue denunciado y, por eso, perseguido»*.

Así, con esas falsedades, se fue escribiendo la leyenda, que no es historia, del que luego llamarían *guerrillero heroico*.

Termina la breve entrevista de Masetti y la muy extensa de Alles Soberón. Éste último se quedará merodeando entre los distintos campamentos de la Sierra en busca de información interesante para los lectores de la revista «Bohemia». En ésto, el amigo Alles no tendrá

---

[239] Periódico *Granma*, La Habana, octubre 17, 1967.

éxito porque el gobierno se verá obligado, nuevamente, a aplicar la censura[240].

Ahora llega a la Sierra otro periodista. Éste, de la CBS.

Bob Taber[241], cuando termina la entrevista para la Columbia Broadcasting System (CBS), no regresa solo. Lo acompañarán dos de los tres jóvenes norteamericanos que, para unirse a la guerrilla, se le habían escapado a sus padres de la base naval de Guantánamo. Todos vieron, con alivio, el regreso con sus padres de los jóvenes norteamericanos[242]. Terminaba, así, una situación que podía provocar una indeseada fricción con el gobierno norteamericano muchos de cuyos altos funcionarios comienzan a mostrar simpatía hacia Castro y su guerrilla.

Coincidía la presencia de Taber con la, para Fidel, sospechosa visita de otro periodista, que hablaba francés, Andrew St. George a quien Guevara sirvió de intérprete. Irritado, Castro no accedió a la entrevista. Volverá St. George, meses después, a la Sierra logrando la entrevista y las fotos deseadas[243].

Luego de divulgada la muy favorable entrevista de Hebert Matthews y la de otros periodistas se multiplican las peticiones de muchos para ser designados, en sus respectivos países, representantes de la organización que en la isla «está combatiendo a tan odiosa tiranía». Dos de estos «peticionarios» son bien conocidos.

Hilda Gadea fue siempre activa, persistente. En marzo (1958), luego de identificarse como la esposa de Ernesto Guevara, solicita de Mario Llerena se le envíe una credencial como la representante del Movimiento 26 de Julio en Perú[244]. Luego de esa carta, el representante oficial del M-26 recibió no menos de otras diez comunicaciones.

---

[240] Como antes dijimos, el extenso reportaje enviado por Agustín Alles Soberón a su revista será publicado después que Castro llegó al poder.

[241] Robert Taber publicará en 1961 su libro «M-26, Biografía de una Revolución» presentando una muy favorable visión del Ejército Rebelde y del gobierno revolucionario.

[242] La entrevista de Saint George se celebró poco antes que la de Alles Soberón.

[243] Andrew St. George continuó su labor periodística después del triunfo de la Revolución. Cubrió, entre otros importantes eventos, la forzada renuncia del presidente Urrutia y su asilo en la embajada de México y, poco después, los incidentes del Parque Central, frente a la estatua de José Martí cuando los jóvenes del Directorio Estudiantil retiraron la corona que había colocado Anastasio Mikoyán en su breve visita a La Habana.

[244] Mario Llerena. Obra citada.

Pero a la activa (¿o, más bien, oportunista?) Hilda le tomó más de año y medio solicitar aquella credencial. Seguramente muy poca confianza tuvo, durante los primeros dieciocho meses de haber partido el Granma hacia Cuba, del triunfo de la revolución en que su esposo estaba envuelto.

Otro que, ya considerando muy cercana la victoria del movimiento de Castro, mostró interés en ostentar la representación del M-26 en su patria fue Guevara Lynch, padre del Che que se dirigió, con igual propósito, a Raúl Chibás[245].

En julio (1958) todos los grupos políticos que se oponían al gobierno de Batista, con la excepción del PSP, se reunieron en Caracas creando el Frente Cívico Revolucionario Democrático[246] designando, a petición de Castro, al magistrado Manuel Urrutia como «Presidente de la República en Armas».

Por supuesto, se reconocía a Fidel Castro como el Comandante en Jefe de las Fuerzas Armadas Rebeldes.

Los comunistas criollos no deseaban quedar fuera de aquel grupo que, en la capital venezolana se había constituido. Por eso, en los mismos días el Partido Socialista Popular dio, públicamente, su respaldo a los que luchaban en la Sierra Maestra. No fue, para nadie, una sorpresa.

El 30 de julio es asesinado Frank País en Santiago de Cuba. Al día siguiente se está produciendo el ataque a Bueycito en el que la participación de Guevara «fue escasa y nada heroica». Es el encuentro en que él admite que *«los pocos tiros los enfrenté con la parte posterior de mi cuerpo»*.

---

[245] Carta de marzo 9 de 1958.

[246] Julio Duarte, Presidente del Colegio Nacional de Abogados, fue designado Presidente del Frente Cívico Revolucionario Democrático.

CAPÍTULO VIII
HACIA LAS VILLAS

SE INICIA LA INVASIÓN HACIA LAS VILLAS

La Columna Ocho se forma con hombres experimentados de la Columna Cuatro. La organizan en Las Mercedes y en ella se integran, además, muchos de los que estaban recibiendo entrenamiento en las escuelas de formación que habían constituido en Minas del Frío[247].

Recuerda Pablo Rivalta que el Che mandó a formar a la Columna Ocho frente a la casa de la comandancia. Eran cerca de ciento cuarenta hombres y su pelotón de vanguardia estaba comandado por Herman Mark quien, al caer, luego, herido, es sustituido por Manuel Hernández Osorio[248], quien moriría en Bolivia junto a Coco Peredo.

Sale la Columna Ocho desde el Jíbaro, en Las Mercedes; se le asignará el nombre de Ciro Redondo a la columna invasora que deberá marchar 540 kilómetros hasta Las Viñas. Recorrido más extenso se le señala a la Columna Dos, comandada por Camilo Cienfuegos, que recibe instrucciones de llegar hasta la provincia de Pinar del Río. Avanzan ambas fuerzas por distintos caminos. Guevara ya está en Camagüey donde algunos de sus lugartenientes se quejan de no recibir *«todo el apoyo que el Che esperaba; por lo menos, del Movimiento 26 de Julio»*[249].

Información contraria ofrece la propia revista Verde Olivo. En el artículo «Dos columnas hacia la victoria» se afirma que *«sus integrantes abordaron unos vehículos provistos para el cumplimiento de su misión. Pero por la inclemencia del tiempo tuvieron que abandonarlos*

---

[247] Pablo Rivalta. Verde Olivo, agosto de 1988.
[248] Manuel Hernández Osorio, con el nombre de *Miguel*, era el jefe de la vanguardia de la guerrilla de Guevara en Bolivia. En septiembre de 1967 morirá combatiendo en la Higuera; el mismo sitio en que, un mes después, perderá la vida Ernesto Guevara.
[249] Pablo Rivalta, artículo citado.

porque se atascaban y tuvieron que continuar bajo aguaceros y sobre el fango».

Antes que las columnas 2 y 8 del M-26, al frente de ellos Camilo y Guevara, partieran hacia Las Villas, ya hombres del Directorio Revolucionario se encontraban peleando en la provincia central.

En febrero, Faure Chomón, Eduardo García Lavandero, Enrique Rodríguez Loeche, Pepín Naranjo y otros habían desembarcado armas por Nuevitas. El 24 de febrero dan a conocer la Proclama del Escambray[250].

A fines de agosto, el comandante Víctor Bordón Machado, jefe de las fuerzas del Movimiento 26 de Julio en el Escambray pretendió trasladarse a la Sierra Maestra para informar a Castro de la «divergencias existentes con la Dirección del Movimiento 26 de Julio en Las Villas y, en particular, con el jefe de acción y sabotaje, Víctor Paneque (comandante Diego)[251]«. Al llegar a Ciego de Ávila desistió de su propósito y «regresó al Escambray, donde fue detenido, arbitrariamente, por la Dirección del II Frente…. Poco después fue puesto en libertad». Ya eran evidentes las diferencias entre las dos organizaciones.

El 4 de septiembre acampaba Ernesto Guevara en Concepción, ya en plena provincia camagüeyana, junto a la columna de Camilo Cienfuegos. El 9 la del Che se acerca a la hacienda La Federal. Se produce, allí, un encuentro con fuerzas del ejército que se parapetan en un edificio de dos plantas. El Che toma las medidas para iniciar el asalto; en el que, por supuesto, él no participa. Ordena a Ángel Frías, a Roberto Rodríguez (el Vaquerito)[252], y a Enrique Acevedo[253], asaltar y tomar la casa en que resistían los miembros del ejército[254].

---

[250] Detallada información de estas actividades del Directorio Revolucionario aparece en el Tercer Tomo del libro de José Duarte Oropesa «Historiología Cubana».

[251] Joel Iglesias «De la Sierra Maestra al Escambray».

[252] En la columna invasora, Roberto Rodríguez, «el Vaquerito», vino en el pelotón de Ángel Frías. Participa en los encuentros de *Cuatro Compañeros* y en *La Federal* y, más tarde, en el asalto al cuartel de Fomento.

[253] El 3 de agosto de 1957 Enrique Acevedo González, hoy General de División, se incorpora, junto con su hermano Rogelio y Rolando Kindelán Báez, hoy General del Brigada, a la Columna Cuatro. Ellos se unieron a la columna de Ernesto Guevara en El Hombrito.

[254] Herman Mark es herido en el encuentro de La Federal donde pierde la vida el guerrillero Darcio Gutiérrez. En el encuentro de La Federal hirieron, entre otros, a Enrique Acevedo González.

ANTES DE AVANZAR HACIA LAS VILLAS
En la Sierra, junto a Fidel, Raúl y Almeida, en agosto de 1958,
poco antes de partir con la columna 8 hacia Las Villas.

Algunos de los problemas que va encontrando el combatiente argentino se los resuelve el eficiente Camilo cuya columna marcha, paralelamente, en las inmediaciones. Lo ayuda y lo aconseja. El día 13 informa Guevara que *«llegaron unos 60 guardias y, por consejo de Camilo que estaba cerca, nos retiramos sin combatir casi»*. Se produce un encuentro en el que Enrique Acevedo es herido en ambos brazos y *«se distinguieron el mismo Acevedo, el capitán Ángel Frías[255] y el teniente Roberto Rodríguez (Vaquerito)»*.

Será Camilo Cienfuegos, cuyos hombres se encontraban en zonas cercanas, quien llega al oír los disparos. El encuentro termina con la retirada de las tropas rebeldes hacia un pequeño monte cercano.

Recibe Ernesto Guevara un sano consejo de alguien que era, militarmente, más avispado que él:

«Allí fue cuando Camilo le mandó al Che un mensaje diciéndole que no era bueno que entablara combate en el Llano; que era mejor salir, irse de esa zona e internarse en el monte. Así lo hizo el Che y continuamos hacia la ciénaga camagüeyana»[256].

La sabia advertencia de Camilo la da a conocer Pablo Rivalta, una figura, que, por años, ha estado sirviendo al gobierno de Castro. De Rivalta hablaremos, ampliamente, en los capítulos que dedicaremos a la guerra en el Congo.

Guevara no vacila en seguir el prudente consejo de Camilo y se dirige a Laguna Grande para acampar, seguramente así se siente más protegido, junto a Camilo.

SU PASO POR CAMAGÜEY

En septiembre se encuentra Guevara en Camagüey. Han llegado *«con cuatro caballos»*, y ya, el primero de septiembre, han pasado la carretera y toman tres carros[257] *«que se descomponían con una fre-*

---

[255] Ángel Frías formaría parte del grupo comandado por Arnaldo Ochoa que en julio de 1966 desembarcó en las costas de Falcón, en Venezuela, para incorporarse a las guerrillas comandadas por Douglas Bravo. Ángel Frías, por problemas de salud tuvo que regresar, con pasaporte falso, vía aérea a México.

[256] Pablo Rivalta. *Verde Olivo*. Agosto, 1988.

[257] Carlos Franqui. «El Libro de los Doce». Carta de Guevara a Fidel Castro, septiembre 3, 1958.

cuenca aterradora». Luego, dice Guevara que *«seguimos con los camiones, ayudados por cuatro tractores, pero fue imposible... y debimos renunciar a ellos el día siguiente, dos de septiembre».*

Es interesante observar que Guevara llega a Camagüey en la mañana del día primero *«con cuatro caballos»*; ese mismo día ya tiene *«tres carros que se descomponían con frecuencia»*, y son *«ayudados por cuatro tractores».* Todo ese equipo tienen que abandonarlo al día siguiente por la inclemencia del tiempo. ¿Quién suministra autos, camiones y tractores a la guerrilla de Guevara?. Si los toman por la fuerza, ¿Dónde se encuentran las tropas que deben combatir a la guerrilla?.

Muchas veces, con emboscadas, los guerrilleros sorprenden y se apropian de camiones que pasan. Las más, se los suministra el menospreciado movimiento clandestino.

No. No tienen que tomar los camiones y los autos con violencia. Se los consiguen, muchos de ellos, los vilipendiados hombres del Llano. Cuando el 12 de septiembre el Che está cerca de la finca El Fiscal, «envió a Rabel Arias a que saliera a buscar por mediación del Movimiento, cuatro camiones y un carro pequeño, para situarlos en San Miguel del Junco a las once de la noche de ese mismo día»[258].

Sigue la gente del Llano –tan ignorada y maltratada por Fidel y el propio Guevara– colaborando eficientemente con la columna invasora. En su carta de septiembre 8, Guevara le informa a Castro que *«estamos esperando unos camiones para ver si nos libramos de los caballos, perfectos para los tiempos anaviónicos de Maceo, pero muy visibles desde el aire».* Las filas de la columna se van nutriendo con nuevas incorporaciones; tantas, que, resultan para Guevara un serio problema; al extremo de solicitarle a Castro que *«debe atender lo que hace la Dirección en Camagüey, pues están haciendo promesas de incorporación a todo el mundo y nos vemos asaltados por cuadrillas de desarmados pidiendo ingreso»[259].*

[258] Joel Iglesias, «De la Sierra Maestra al Escambray».
[259] Carta de Ernesto Guevara de septiembre 13, 1958.

Días después, por no haber prácticos en el lugar, conocedores de largos tramos, decidió pedir ayuda, «**nuevamente, a la célula del Movimiento 26 de Julio del Central Francisco**»[260].

Dice el entonces capitán Joel Iglesias, hombre de absoluta confianza de Ernesto Che Guevara, que «ya teníamos cuatro camiones, dos jeeps y la recién adquirida camioneta de Ron Pinilla (que, con sus tres tripulantes, se había incorporado a la columna)».

Describe, el puntilloso Joel, las características del primer camión (marca, año, nombre del propietario que es quien la conduce). Describe, igualmente, al segundo vehículo, y al tercero, «marca Chevrolet, del año 1952, chapa 229 035, motor MT-43664, color verde, de dos toneladas, propiedad de Orlando Almanza González y manejada por éste. En él iba el pelotón de Ángel Frías, y, en la cabina, el propio Angelito». Similar descripción ofrece de los actos bélicos.

No fue, pues, para Guevara, muy peligrosa la invasión hacia Las Villas.

Del Central Elia se retiraron a la Federal.

La noche del 9 de septiembre la vanguardia de la columna de Guevara, al llegar a La Federal, cae en una emboscada en la que mueren dos de sus hombres, «pero el resultado más lamentable fue el ser localizados por las fuerzas enemigas»[261]. Insensibilidad por la pérdida de sus soldados. Luego «tras fatigantes marchas», llegan «junto a la fuerza de Camilo». Ya, junto a su ángel protector, el *guerrillero heroico* se siente seguro.

El periódico *El Mundo*, de La Habana, publicaba el parte oficial del Ejército sobre el encuentro de La Federal. Como de costumbre, al igual que lo hacía el Ejército Rebelde, exagerando las bajas que hacían sufrir al adversario y disminuyendo las propias.

El riesgoso hábito de Guevara de dejar constancia escrita de las actividades que realiza y de los hombres y medios con que cuenta le ocasiona un serio problema. El 20 de septiembre escucha por el radio un informe del general Francisco Tabernilla con detalles sobre su propia columna. ¿De dónde aquel general había sacado esta información?. Lo debe admitir el propio Guevara: *«Sucedió que en una de las*

---

[260]   Joel Iglesias. Obra citada.
[261]   Ernesto Guevara. «Pasajes de la Guerra Revolucionaria», página 253.

mochilas encontraron la libreta donde estaba apuntado el nombre, la dirección, las armas, balas y pertrechos de toda la columna, miembro por miembro».

Este error lo cometerá con frecuencia. El más serio, en Bolivia, donde, por las anotaciones encontradas por las fuerzas armadas, conocieron el nombre, dirección y detalles personales, de toda la red clandestina, que condujo a la detención de todos sus miembros y, en particular, de Loyola Guzmán, tesorera del incipiente ELN, episodio al que nos referiremos cuando hablemos de la presencia de Guevara en Bolivia.

En el campamento del Río Salado formó Guevara la «Escuadra de los Descamisados», como parte del pelotón de retaguardia, donde eran mandados los guerrilleros que incurrían en alguna indisciplina. El jefe de aquella escuadra fue Armando Acosta, cuyo nombre de guerra era Erasmo Rodríguez, y en quien el Che descansará, al triunfo de la revolución, para la formación ideológica del Ejército Rebelde.

Marcha la columna de Guevara desde San Miguel del Junco a Cayo Toro pero no conocen el camino –la ignorancia del terreno en que tiene que luchar será siempre un defecto insuperable para Guevara-. Lo guiará el menospreciado M-26. «Nos adentramos más en el monte… en ese lugar nos encontramos con algunos compañeros procedentes de San Miguel del Junco, enviados por Wilfredo Garrote Baños, perteneciente al Movimiento, para que nos ayudara a llegar»[262].

En Baraguá, Camagüey, el ejército cercó durante tres días a la columna de Guevara. Era, aquel, un sitio pantanoso y de obligado acceso sólo por tierra. Las dos columnas, la de Camilo y la del Che, avanzaban cerca la una de la otra. Es la zona donde las fuerzas del gobierno prepararon varias emboscadas, estableciendo, además, un cerco con tropas terrestres y la aviación.

En el encuentro de Cuatro Compañeros, a unos doce kilómetros de Santa Cruz, cae la columna de Guevara en una emboscada[263]. La

---

[262] Joel Iglesias. Obra citada.

[263] Al huir de la emboscada, Pablo Rivalta, militante del Partido Socialista Popular, dejó abandonada su mochila que contenía «entre otros documentos personales del Che; uno, donde él daba opiniones sobre algunas cuestiones del inicio de la lucha en la Sierra Maestra».

columna se estaba trasladando en camiones, pero fue atacada por sorpresa. Recuerda el hoy General de División, Rogelio Acevedo González, de la Columna Ocho de Guevara, que en el ataque *«se extraviaron mochilas, documentos y otros medios, hecho muy sancionado por el Che. Alrededor de treinta compañeros perdieron el contacto, diez de los cuales lograron unirse a Camilo varios días después; mientras el resto, a las veinticuatro horas, lograba incorporarse a la tropa»*. Siempre Camilo el ángel protector de Guevara.

Camilo, –nos dice Rogelio Acevedo González– pudo burlar todos esos peligros y, hábilmente, toma rumbo norte, cruzando la carretera central muy próximo a Ciego de Ávila[264]. Guevara toma otra dirección: de Yaraguá hacia el Embarcadero.

Disparándole, imprudentemente, a una columna del ejército que no los había visto, delata el Che con esos disparos su presencia y, al responder el ejército, la guerrilla tiene que retirarse mucho más hacia el sur. Dirección contraria a la que antes había tomado Camilo que demuestra, una vez más, una mayor habilidad militar que la del *guerrillero heroico*.

Hermán Mark había sido herido de alguna gravedad, ya próximo a cruzar el límite de Camagüey a Las Villas. Para resolver esto, Guevara acude a sus valiosos colaboradores del PSP a quienes comisiona para que lleven al norteamericano Mark[265] «a un lugar seguro para que fuera atendido».

Ya están en Las Villas.

Fuente: Joel Iglesias. «De la Sierra Maestra al Escambray».

[264] En la provincia de Camagüey ayuda eficiente recibe Guevara de los militantes del Partido Socialista Popular. Le confeccionan, en la casa de Raymundo Zacarías Díaz, dirigente del PSP en Ciego de Ávila, un plano y le entregan una brújula. Otros militantes ya le han conseguido medicinas y otros artículos de los solicitados por él (Joel Iglesias, obra citada).

[265] Herman Mark, al triunfo de la Revolución, se reincorporaría nuevamente al Ejército Rebelde junto a Ernesto Guevara. Será, entonces, el encargado de disparar el tiro de gracia a los condenados por Guevara a la pena de fusilamiento. Más tarde el propio Mark será ajusticiado por la Revolución «por sus actividades contrarrevolucionarias».

Quien ha recibido a Camilo cuando llega a Las Villas es Regino Machado, que dirigía la guerrilla del 26 de Julio en el Frente Norte de Yagüajay. Para su sorpresa Regino vio que, junto a Camilo llegaba, con grado de teniente, Félix Torres, militante del Partido Socialista Popular (PSP), quien, bajo el emblema del PSP, había sido electo concejal de aquel municipio.

Camilo se sentía eufórico con el respaldo que recibía de Félix Torres. Tan reconocido estaba de esa colaboración del militante comunista que en el primer informe que envía a Castro al llegar a Las Villas, el 9 de octubre, le expone: «En esta zona norte hemos encontrado un campamento rebelde de elementos valiosos; bien organizados, aunque deficientes en armas, cuyo comandante, Sr. Félix Torres, nos ha dispensado innumerables distinciones».

Entre éstas «innumerables distinciones» se encontraban los muchos contactos con militantes del PSP que, ya desde Ciego de Ávila, aportaban todo tipo de asistencia, y, en particular las armas que, a nombre del PSP de Las Villas, le entregaba el ya «comandante» Félix Torres, que, en pocos días saltaba de político, a teniente, a capitán, a comandante.

El 12 de octubre la Columna Ocho llegaba a suelo villareño tras 45 días días de mucho caminar y poco combatir. En la provincia central le espera a Guevara una situación compleja porque allí se encontraba la guerrilla del Segundo Frente del Escambray y las del Directorio Revolucionario, que, por breve tiempo, serán la misma cosa.

EL DIRECTORIO REVOLUCIONARIO

¿Cómo se había iniciado la lucha en Las Villas?.

Algunos participantes en la lucha afirman que antes de que se constituyera en La Habana el Directorio Revolucionario y, con anterioridad al ataque al Palacio Presidencial el 13 de marzo (1967), un pequeño grupo de jóvenes pertenecientes a la Juventud Ortodoxa, que simpatizaban con el Movimiento 26 de Julio, se había alzado en la zona de Banao[266]. Junto a ellos se encontraban algunos jóvenes del sector obrero; entre ellos, Domingo Ortega (Orteguita)[267]; Lázaro

---

[266] Entrevista de Andrés Nazario Sargén con Enrique Ros, octubre 18, 2001.

[267] Domingo Ortega desembarcaría posteriormente en Cuba con Eloy Gutiérrez Menoyo.

Artola, joven de Camagüey que, herido en aquella provincia, vino a refugiarse en Las Villas; Jorge Prieto (sobrino del capitán Prieto) que, apunta Andrés Nazario, luego se fue del grupo.

Para Ramón Molinet[268] los primeros pasos para el alzamiento en el Escambray se dieron con mucha mayor anterioridad. Fueron dados recién producido el Golpe del 10 de Marzo que produjo un acercamiento entre sectores del Partido Auténtico y del Partido Ortodoxo, dirigido éste último, en Cuba, por Millo Ochoa. Aquellas actividades fueron anteriores al asalto del Cuartel Moncada y a la creación del Movimiento 26 de Julio. (Entrevista con el autor, diciembre 13, 2001).

Mientras, se ha producido por el Directorio Revolucionario el asalto a Palacio el 13 de marzo donde mueren, entre otros, Menelao Mora y Carlos Gutiérrez Menoyo. Fracasado el intento de magnicidio, algunos integrantes del Directorio logran conservar muchas de las armas y deciden pasar al Escambray y unirse a los que ya, allí, se están alzando.

Es en ese momento que, por decisión del Directorio, Eloy Gutiérrez Menoyo llega hasta el Escambray con la encomienda de contactar a éstos y verificar si existían condiciones para un alzamiento. La gestión la realiza junto a Jorge Nazario Sargén y Plinio Prieto con quienes llega hasta las estribaciones de El Escambray. Regresa a La Habana convencido que existían las condiciones y así se lo explica al Directorio[269].

Vuelve Gutiérrez Menoyo a las lomas y se forma, ahora, un grupo mayor al incorporarse Enrique Villegas y otros que son conocidos como «Los Alzados de Banao». Las operaciones que comienzan a efectuarse preocupa al ejército que sube hasta el recién establecido campamento produciéndose un combate en que mueren varios soldados. El encuentro fuerza a los alzados a moverse más hacia adentro.

Poco después llegan, por Nuevitas, las armas y hombres del Directorio Revolucionario. Entre ellos Faure Chomón, Raúl Díaz Arguelles, Eduardo García Lavandero, Alberto Mora, Rolando Cubela, Pepín Naranjo y Enrique Rodríguez Loeche.

---

[268] Ramón Molinet era, en aquel momento, presidente de la Asociación de Estudiantes Universitarios en Cienfuegos.

[269] Andrés Nazario Sargén en entrevista con el autor.

Juntos comienzan todos a adentrarse más en las montañas porque Banao es de fácil acceso por estar cerca de la carretera. En el casi inaccesible y difícil camino hacia las partes más altas de las montañas algunos de los recién llegados del Directorio sufren de fatiga y agotamiento por lo que consideran, afirma Andrés Nazario Sargén, que la lucha en la montaña no es la mejor vía para producir el derrocamiento del gobierno. El planteamiento ha sido expuesto por Faure Chomón. Se produce una agria discusión pero prevalece la opinión de Chomón que se retira, junto a varios de los recién llegados, llevándose gran parte de las armas a La Habana.

Cubela y Armando Fleites se quedan con el Directorio cuando Chomón se quiere llevar las armas para La Habana con la intención de entregarlas a sectores auténticos que integran la Organización Auténtica, que responde a Carlos Prío.

SURGE EL SEGUNDO FRENTE NACIONAL DEL ESCAMBRAY

Ante la pretendida imposición de Chomón, Armando Fleites rompe con éste y se integra a lo que se denominará Segundo Frente Nacional del Escambray. Cubela, tras muchas vacilaciones, decide quedarse con el Directorio.

Distante de ambos grupos, el PSP de Las Villas asistía, por igual, a Camilo y al Che. Armando Acosta, «conocedor de la zona, visitaba algunos compañeros miembros y colaboradores del PSP» quienes frecuentaban el campamento de Guevara. Los contactos del guerrillero argentino con el partido comunista cubano se mantenían, también, a los más altos niveles. Así, el 15 de octubre recibe Guevara un informe confidencial de la Dirección Provincial del PSP en aquella provincia[270]. El informe lo entregaba «el compañero Manuel Quiñónez Clavelo», quien «habló con nuestro jefe explicándole su misión y entregándole, también, dinero».

---

[270] Joel Iglesias. Obra citada.

SUS CUATRO ERRORES

Al tomar Faure Chomón la decisión de enviar a La Habana las armas que había traído para ser usadas en el Escambray, el grupo del Directorio Revolucionario que se opuso a tal traslado cometió, según Emilio Caballero[271], el primero de cuatro graves errores[272]. Fue éste, el permitir que el minúsculo grupo encabezado por Chomón mantuviese el nombre de Directorio Revolucionario cuando la gran mayoría de sus miembros había decidido permanecer en Las Villas, peleando en el Escambray.

El siguiente error, imputable, como el primero, principalmente a Eloy Gutiérrez Menoyo, fue el de optar por el nombre de *Segundo Frente Nacional del Escambray*. *«Una organización no debe ser»*, afirma con calor Emilio Caballero, *«segunda agrupación revolucionaria»*.

Tal decisión motivó un largo y tenaz debate entre los dirigentes que, mayoritariamente, optaban por mantener el nombre de Directorio Revolucionario. Prevaleció la habilidad persuasiva de Gutiérrez Menoyo y, con la oposición de Fleites, Asencio, Caballero, Molinet y otros se aceptó la nueva denominación.

El tercer error, y de mucha mayor trascendencia en la lucha, fue la decisión –en los días de diciembre– de concentrarse en el ataque a Collantes. *«En cuya acción se empleó mucho tiempo y se gastó una enorme cantidad de parque; en un momento en que se iniciaba el ataque a Santa Clara»*[273]. Esto fue *«un grave error de Eloy porque la noticia del tren blindado le había llegado al Segundo Frente primero que al 26 de Julio»*.

Pero las fuerzas del Directorio se agrupaban en Cumanayagua para iniciar lo que sería –y no llegó a ser– el ataque a Cienfuegos. William Morgan, siguiendo instrucciones de Gutiérrez Menoyo, enviaba

---

[271] Emilio Caballero fue fundador, junto con Lázaro Asencio y Pedro Yanes de la Federación Nacional de Institutos de Segunda Enseñanza de Cuba. Natural de Cienfuegos, se integró a principios de 1957 en el Directorio Revolucionario. Mantuvo las más cordiales relaciones con prácticamente todos los dirigentes provinciales de Las Villas de aquella organización: Eloy Gutiérrez Menoyo, Armando Fleites, Lázaro Asencio, Jesús Carrera, Ramón Molinet, Luis (Ñongo) Martínez, Aurelio y Andrés Nazario y otros....

[272] Declaraciones de Emilio Caballero al autor. Diciembre 14, 2001.

[273] Íbidem.

urgentes mensajes a Aurelio y Andrés Nazario Sargén y a Genaro Arroyo que se encontraban en Manicaragua y a Asencio, que estaba en Sagua, para que movieran sus fuerzas en dirección a Cienfuegos. *«Olvídense de Santa Clara»* eran las órdenes perentorias transmitidas por William Morgan. Fue un gravísimo error, recuerda Emilio Caballero, porque «Genaro Arroyo, un magnífico combatiente, era el hombre indicado para tomar Santa Clara».

El cuarto error fue la disolución, sin duda, extemporánea, del Segundo Frente del Escambray. Medida tomada con la violenta oposición de Jesús Carrera, de William Morgan y otros. De nuevo prevaleció la opinión de Eloy que era partidario de mantener la organización pero en actividades civiles.

DIFERENCIAS Y CONFLICTOS CON GUEVARA

Surgen continuos roces entre dirigentes del II Frente del Escambray y del M-26. Principalmente con el explosivo Jesús Carrera.

Se produce un enfrentamiento entre Carrera y Ernesto Guevara cuando Jesús llega a su campamento y se encuentra al Che subido en su Jeep, arengando a las tropas del Segundo Frente. *«A empujones bajó Carrera a Guevara»*, recuerda Caballero, *«sacó su pistola retando a Guevara a sacar la suya y enfrentarse los dos»*.

Fué éste el primero de sus dos violentos encuentros. El segundo se produce en el Campamento de Columbia en el «reparto de las comandancias», cuando Guevara se opone a que le confirmen ese grado a Jesús Carrera porque «era un asesino que había matado a tres personas en las lomas y violado a una mujer». Era una afirmación falsa y difamatoria, recuerda Caballero, testigo de este último encuentro.

«Estábamos sentados alrededor de una larguísima mesa en la que se encaramó Raúl Castro caminando sobre ella, de un lado al otro, gritando: *«Aquí no hay que pelear»*. Y repetía: *«No peleen»*. Jesús Carrera dirigiéndose a Guevara le gritó: *«Tú no eres más que un cobarde. Sal ahora que te lo voy a demostrar ante todos tus jefes. Sal y vamos a entrarnos a tiros»*.

El Che se volvió a Carrera y le dice: *«Nosotros, los revolucionarios, no tenemos que pelear entre nosotros, porque ya tendremos que pelear contra los marines norteamericanos»*. Guevara no le perdonó esta afrenta a Jesús Carrera. *«Siempre lo persiguió hasta que terminó fusilándolo»[274]*.

Comenzando la segunda quincena de octubre se agudizaban las diferencias entre las guerrillas del 26 de Julio, dirigidas por Sebastián Viciedo Pérez, «Pompilio», y las del Segundo Frente del Escambray, cuando se conoció, en el campamento de Guevara, de «una circular firmada por Eloy Gutiérrez Menoyo y Jesús Carrera, jefe de la zona norte de Escambray», en la que prohibía penetrar en lo que consideraba territorio libre de ese frente, a cualquier tropa ajena a esa organización[275].

La situación se agrava cuando –expone Ramoncito Molinet– llega a Cienfuegos Humberto Castelló y, a nombre del Directorio, es decir de Faure Chomón, pretende que se le entregue la planta de radio con la que están transmitiendo. Se niegan Gutiérrez Menoyo, Jesús Carrera, Lázaro Asencio, Molinet y otros. «Ahí se produjo el rompimiento y es cuando se constituye el Segundo Frente Nacional del Escambray»[276].

DIFERENCIAS ENTRE EL DIRECTORIO REVOLUCIONARIO Y EL II FRENTE NACIONAL DEL ESCAMBRAY

Aunque los del II Frente son pocos, y no muy efectivos, –de acuerdo al 26 de Julio– su presencia y la posibilidad de su crecimiento, preocupa a la Dirección Provincial del M-26 de Las Villas.

Todos los miembros del Segundo Frente Nacional del Escambray con los que hemos hablado impugnan la afirmación de que eran pocos sus integrantes. Muy en contrario, todos coinciden en que superaban, con creces, la raquítica fuerza del Directorio. *«El Directorio se tiene que unir al 26 de Julio porque no tiene el avituallamiento con el que nosotros contábamos porque todo lo que iba al Escambray entraba por Cienfuegos. Nosotros teníamos los camiones, los contactos»[277]*.

---

[274] Emilio Caballero. Conversación con Enrique Ros, diciembre 7, 2001.
[275] Joel Iglesias. Obra citada.
[276] Entrevista de Ramoncito Molinet con Enrique Ros.
[277] Ramoncito Molinet, entrevista con el autor.

En Las Villas, ambos grupos –el M-26 y el II Fente– desbordan entusiasmo pero carecen de armas. Ambos las necesitan para, con ellas poder avanzar, victoriosos, hacia La Habana y asumir, en la capital, el poder. Para adquirirlas actuaron, las dos organizaciones, de espaldas la una de la otra. Ocultarán sus intenciones y planes, y llegarán a acuerdos que, ambas, tienen el propósito de incumplir. Quieren, las dos, las armas a cualquier costo.

En Las Villas ya se han alzado otros grupos revolucionarios ajenos al Movimiento 26 de Julio. Se encuentra allí otro frente, distinto; ajeno, al que dirige en la Sierra Maestra Fidel Castro. Sus integrantes, lo hemos mencionado, recién lo han denominado el Segundo Frente del Escambray.

El II Frente Nacional del Escambray era una desviación del Directorio Estudiantil que, pocos años antes, se había convertido en Directorio Revolucionario bajo la dirección de José Antonio Echeverría. El Directorio Revolucionario estaba dirigido por los presidentes de las asociaciones de estudiantes de las dinstintas universidades[278].

Luego del asalto a Palacio, el Directorio adoptó la línea insurreccional de guerrillas, adicionando a su nombre las siglas «13 de Marzo», y se alza en el Escambray con las armas traídas por Armando Fleites, Faure Chomón y Rolando Cubelas –entre otros– introducidas por Nuevitas.

En 1958 en Las Villas, la dirección del Movimiento 26 de Julio estaba integrada por Enrique Oltusky, Víctor Paneque (comandante Diego), Marino Fernández, el Dr. Guillermo Rodríguez y el médico Orlando Bosch.

Para impedir la posibilidad de que el nuevo frente pudiese avanzar a La Habana y llegar, primero que el 26 de Julio, a la capital, decide la Dirección Provincial enviar a la Sierra Maestra a uno de sus miembros. Es seleccionado Enrique Oltusky quien planteará a Castro la necesidad de enviar al Escambray, en Las Villas, a alguno de sus más conocidos comandantes: Raúl, Camilo o el Che[279].

---

[278] Fuente: Lázaro Asencio, presidente de la Federación Estudiantil de la Universidad Marta Abreu, de Las Villas.
[279] Orlando Bosch en entrevista con el autor. Septiembre 18, 2001.

Oltuski llega a la Sierra y habla con Castro. El dirigente nacional del Movimiento tiene las mismas preocupaciones que la Dirección Provincial. Pero pone, como condición esencial, que ésta le garantice a quien él envíe, el avituallamiento necesario cuando arribe a la provincia[280]; Oltusky acepta.

Con el propósito de adquirir las armas ofrecidas, parte Orlando Bosch hacia Miami donde contó con la colaboración de Haydee Santamaría. Tras distintos tropiezos[281], adquiere las armas, cerca de Bresto, Nevada. El barco «Calypso», tripulado por el Dr. Guillermo Rodríguez, tuvo que regresar al llegar a Cabo Anguila. Tampoco tuvo éxito el traslado de las armas en el viejo barco «Trudy Low». Será en el vapor «Cape-Home» que, por Caibarién, llegan las armas para las columnas del Che y de Camilo.

Orlando Bosch era, entonces, el Coordinador Provincial del M-26. Aleida March, dentro de la clandestinidad en Santa Clara, trabajaba bajo la dirección de Bosch, con quien se reunía, para recibir instrucciones, en la Clínica del Maestro, de la cual era Bosch médico y Jefe de Pediatría. *«Ella, y una enfermera Ernestina, me veían con frecuencia»*, le expone Bosch al autor. *«Ambas, luego, se fueron para la Sierra».*

---

[280] «Yo les mandaré a uno de estos comandantes, pero si ustedes no cumplen el compromiso de conseguirle las armas, yo los sometería a ustedes a un consejo de guerra luego del triunfo de la revolución». Palabras de Castro, según expresa Orlando Bosch en la entrevista con Enrique Ros, septiembre 18, 2001.

[281] Uno de ellos, una repentina hemorragia gástrica, cuando iniciaba su viaje.

CAPÍTULO IX
SE COMBATE EN LAS VILLAS

PRIMER CAMPAMENTO DE GUEVARA EN LAS VILLAS

Cuando el 12 de octubre, en la madrugada, cruza el Paso de la Ceiba, en Las Villas, Guevara establece su campamento cerca del monte Blanquizal, en la finca El Toro; sigue al batey de la finca Barquilla. Al día siguiente está cerca de Monte Quemado, en la finca Juan Débil, y el 14 realiza su primer contacto con las fuerzas del Directorio Revolucionario 13 de Marzo.

Después de haber penetrado cincuenta kilómetros en la provincia de Las Villas, Camilo le informa a Castro que «durante el cruce por la provincia de Camagüey, tuvimos un total de tres encuentros con el ejército mercenario de la tiranía, en los cuales no sufrimos ninguna baja»[282].

Informa, igualmente, que, luego del combate de Cuatro Compañeros, no ha tenido noticias de Ernesto Guevara. Había mostrado Camilo Cienfuegos mayor habilidad estratégica para avanzar hacia el punto que Castro le había señalado, que el argentino Guevara. El Che, tomando caminos equivocados, tuvo que desviar con frecuencia las rutas trazadas viéndose obligado, aunque trató de evitarlos, a envolverse en distintos encuentros.

GUEVARA CONOCE A ALEIDA MARCH

Luego de cruzar el río Jatibonico tiene la columna de Guevara el breve encuentro de Guinía de Miranda en horas de la madrugada.

Testigo fiel de la operación de la toma del cuartel en este pueblo fue el periodista Agustín Alles Soberón.

---

[282] Carlos Franqui, «El Libro de los Doce».

En relación con esta pequeña población, Guinía de Miranda, hay un dato interesante. Mientras a la Sierra Maestra se le llamaba «el primer territorio libre de Cuba», a Guinía de Miranda se le proclamó el primer *pueblo* libre de Cuba; pero, irónicamente, fue en esa población donde se iniciaron las confiscaciones de tierras y comercio y se convirtió en *el primer pueblo confiscado de Cuba.*[283]

Fomento es un término municipal atravesado por la Sierra del Escambray. Colinda con Cabaiguán, Sancti Spiritus, Trinidad, Cienfuegos y Santa Clara. Era, por tanto, lugar estratégico para el avance de la columna rebelde hasta la capital de la provincia. Una de las lomas que forman el grupo orográfico que atravesaba Fomento era la conocida como Sitio Pedrero, donde Guevara establecerá su campamento.

En la toma de Fomento cae mal herido Joel Iglesias pero recibe, pronto, atención médica. No en el hospital de campaña del Pedrero sino en la bien atendida clínica de Fomento. Cuidados médicos no le faltaban a la guerrilla de Guevara. Semanas después, cuando Batista ha abandonado el poder, pasa Fernández Mel[284] a buscar a Joel para que lo acompañe en la marcha triunfal hacia La Habana. Allá volverá a estar con Ernesto Guevara.

Recién acampado, le llega a Guevara una comisión del 26 de Julio para hacerle entrega de un apreciable aporte económico e informarle de la situación de las distintas áreas de la provincia. La comisión la forman, entre otros, el médico de Cienfuegos, Serafín Ruiz de Zárate y la activista de Santa Clara, Aleida March. Es, en esta ocasión, que Aleida conoce personalmente a Guevara.

Lo recuerda, testigo excepcional, Agustín Alles, que fue compañero de bachillerato de la joven Aleida[285].

---

[283] Entrevista del autor con Agustín Alles Soberón.

[284] Óscar Fernández Mell, designado como Presidente del Colegio Médico Cubano al triunfo de la revolución, ocupó distintas posiciones en el gobierno de Castro. Acompañó a Guevara, en 1965, en la aventura del Congo, en cuyo año será designado como miembro del Comité Central del Partido Comunista Cubano. (Octubre de 1965). Con Guevara, regresará a La Habana tras la, entonces, poco divulgada campaña del Congo.

[285] «Yo, estudiando en el Instituto de Santa Clara, me desempeñaba allí, también, como bibliotecario. Aleida venía con frecuencia a buscar libros; era una muchacha que lucía bien, atractiva, muy reservada, con una conducta siempre correcta, tanto en la biblioteca como en las aulas». Entrevista de Agustín Alles con Enrique Ros.

La comisión, luego de permanecer uno o dos días en el Pedrero, se retira; pero Aleida, aduciendo que ya era perseguida en Santa Clara, permanece en el campamento como asistente-secretaria de Guevara.

Ya Guevara se encuentra en el Pedrero. Lo acompaña su «secretaria» Aleida March, cuando Camilo arriba al campamento con armas ordenadas por el Che. Llega Camilo «en Jeepes y camiones, al frente del convoy»[286].

Una vez más, mientras el *guerrillero heroico* entretiene sus ocios, vuelve Camilo a resolverle una crítica situación. Veamos, como, con el mayor respeto y con frases muy cordiales, describe el hoy General de División Rogelio Acevedo González, la oportuna presencia de Camilo Cienfuegos en el Pedrero:

> *«Estando en ese lugar, nos sorprendió la ofensiva del ejército de la tiranía, que salió de Fomento y atacó esa Dirección. Allí solamente había un pelotón de las tropas del comandante Guevara. Camilo se encontraba acompañado por uno de sus pelotones e, inmediatamente, se puso al frente de ambos grupos. Organizó la defensa y logró detener a los guardias».*

Vuelve Camilo, como tantas veces hemos visto, a salvar el prestigio militar de Guevara, *«poniéndose al frente de ambos grupos»*.

Cuando el hoy General Rogelio Acevedo se acerca a Camilo, éste le dice:

> *«No sé que se piensa el Che; además de estar yo peleando en el norte, le tengo que parar los guardias aquí».*

Lo dijo con gran jovialidad, como siempre hablaba Camilo Cienfuegos. Pero expresó una gran verdad.

En Las Villas, Pablo Rivalta, conocido dirigente del Partido Socialista Popular, se mantiene junto a Guevara. Confía el guerrillero argentino en los militantes comunistas, pero no en el guajiro cubano.

El menosprecio de Guevara hacia el campesino se hace evidente en su Diario de Campaña y en su correspondencia. El 3 de octubre afirma que *«en cada campesino veíamos un presunto chivato; en una situación síquica similar al de los primeros tiempos de la Sierra Maes-*

---

[286] General de División Rogelio Acevedo González. «Apuntes de la Invasión». Revista *Verde Olivo*, septiembre 1o. 1983.

tra»[287]. Desconfía de los hombres de campo y del Movimiento 26 de Julio, pero no de los miembros del PSP. En sus anotaciones del 3 de octubre, ya en plena provincia de Las Villas, anota en su Diario que *«no pudo establecer contacto con la organización del 26 de Julio, pues un par de supuestos miembros se negaron a la hora en que pedí ayuda», y que «sólo la recibí monetaria, nylons, algunos zapatos, medicina, comida y guía, de parte de los miembros del PSP»*[288].

DE LAS MERCEDES AL PEDRERO

El carácter sanguinario de Ernesto Guevara resultaba repulsivo para algunos de los hombres que servían bajo su mando. Testimonio excepcional nos lo ofrece el Dr. Héctor Meruelo, médico de Cienfuegos. Dejemos que sea él quien nos describa este episodio:

«Ángel Luis Rodríguez, médico de Cartagena, que estaba alzado en la Sierra Maestra, me contactó, a principios de 1958, para enviarme a un joven de las fuerzas del Che Guevara que, en la batalla de Las Mercedes, resultó gravemente herido y que, por falta de medios no podía ser operado allá. Utilizando los contactos clandestinos, tras un terrible viaje, llegó a Cienfuegos el joven herido.

Lo llevé a mi consulta, le hicimos unas placas y lo pasamos a la casa de las hermanas Font y allí, en una silla, lo operamos.

Se mejoró y cuando ya estaba recuperado vino a verme un miembro del 26 de Julio a decirme que tratara de enviar al joven al Pedrero para que se incorporara de nuevo a la columna del Che Guevara que ya se encontraba allí.

Se lo comuniqué al joven y me dijo: «Mire doctor, yo me reuniría al Che Guevara porque es una orden del 26 de Julio, pero yo quiero que usted, si puede, modifique esa orden porque —y

---

[287] Desde que triunfa la Revolución, serán otras las expresiones de Guevara sobre el campesino cubano. En el primer número de *Bohemia*, de enero de 1959, Guevara, respondiendo a una pregunta sobre la participación del campesino cubano en la contienda que acaba de culminar, dice: *«El campesino es hombre de buena fé, de alta moral y de un amor inquebrantable por la libertad. Hombres y mujeres de la Sierra Maestra y de todos los campos de Cuba fueron los principales combatientes en esta lucha».*

[288] Esta es una de las distintas comunicaciones relacionadas por Ernesto Guevara en la Sierra del Escambray, el 23 de octubre de 1958, y que titula «De las Jornadas de la Invasión».

se lo confieso a usted porque usted me ha salvado la vida– yo no quiero unirme al Che Guevara». Me extrañó la respuesta y le dije: «¿Por qué si tú has estado peleando con las fuerzas del Che?».

«Le voy a decir la verdad, doctor, y si usted es indiscreto esto me puede costar la vida: «Yo no quiero ir con el Che Guevara porque él es un asesino y yo soy cristiano, católico. Yo prefiero unirme a la columna de Camilo que está aquí por la parte norte».

Meses después, al triunfo de la Revolución, en 1959, –nos sigue informando el Dr. Héctor Meruelo,– el joven me fue a ver ya de uniforme y me informó que no sabía si se quedaría o no en el Ejército Rebelde. Yo me fui de Cuba dos años después; y un día veo a aquel joven retratado en La Habana, totalmente integrado, con el grado de general, en una entrevista con una figura política bien conocida en Miami. El nombre de aquel joven que no quería seguir con Guevara porque era un asesino es el hoy general Reynaldo Morfa[289].

EL DIRECTORIO SE ACERCA A GUEVARA

Hasta ahora, no ha combatido en la provincia central y llega, así, en horas de la mañana del día 15 a las montañas del Escambray. Para Guevara ha concluido, en 46 días, la invasión que lo llevó desde el Jíbaro, en la Sierra Maestra, hasta el Escambray.

Aquí se reúne con Víctor Bordón[290] quien llega al frente de su columna guerrillera. Las tropas de Bordón, del 26 de Julio, se le subordinan de inmediato a Guevara.

Al frente de los rebeldes que peleaban en la loma de Capiro, se encontraba Alfonso Zayas junto a quien peleaba el «Vaquerito» que, horas después, en el ataque a la Jefatura de Policía, morirá combatiendo.

---

[289] Entrevista del Dr. Héctor Meruelo con el autor. Enero 24, 2002.
[290] Víctor Bordón, joven estibador de la zona de Quemado de Güines, militante del M-26 en Las Villas, fue de los primeros miembros de esa organización en alzarse. Mantuvo Bordón frecuentes fricciones con dirigentes del Segundo Frente. Fué muy perseguido por las fuerzas del gobierno que lo acusaban de haber matado en Santa Clara a un hijo del general Eleuterio Pedraza.

En Cabaiguán, la columna se divide en tres grupos; al mando, respectivamente, de Guevara, Víctor Bordón y Orlando Pantoja[291]. Éste y el entonces adolescente Eliseo Reyes[292], (San Luis), resultan heridos en el encuentro de Guayos.

Cuando llegan a Las Villas las dos columnas del Ejército Rebelde ya están peleando en la provincia central los militantes del Directorio Revolucionario y los del Segundo Frente del Escambray.

PACTO DEL PEDRERO

En los primeros días surgen diferencias entre los que llegan de Oriente y los miembros del Directorio. Pero, pronto, las discrepancias iniciales parecen desaparecer cuando Rolando Cubela, a nombre del Directorio Revolucionario y Ernesto Che Guevara, a nombre del 26 de Julio firman un documento dirigido al pueblo villareño en el que hablan de la unidad de propósitos y de acción.

Hacen patente *«la plena identificación que existe en la lucha contra la tiranía, ambas organizaciones se dirigen al pueblo de Las Villas desde las Sierras del Escambray, donde sus fuerzas combaten por la libertad de Cuba».*

Afirman, ambos, que *«es propósito del Movimiento 26 de Julio y del Directorio Revolucionario mantener una perfecta coordinación en sus acciones militares, llegando a combinar operaciones donde sus fuerzas participen al mismo tiempo, así como utilizar, conjuntamente, para beneficio de la Revolución Cubana, las vías de comunicación y abastecimiento que estén bajo el control de una u otra organización».*

Palabras vanas. Al rubricar aquel documento, los dos firmantes sabían que no cumplirían tal compromiso.

Pero la resistencia la encuentra el guerrillero argentino con las tropas del Segundo Frente del Escambray.

---

[291] Orlando Pantoja Tamayo será designado, luego del triunfo de la revolución, Jefe de la Guardia Fronteriza, y formará parte —con el nombre de Antonio— de la guerrilla de Ernesto Guevara en Bolivia.

[292] Eliseo Reyes Rodríguez (San Luis), fue, siempre, uno de los hombres en quien Guevara más confiaba. Designado Jefe de Inteligencia y Seguridad, en Pinar del Río, Guevara lo incorporará a su guerrilla en Bolivia, donde, con el nombre de «Rolando», muere el 24 de abril, combatiendo en el Mesón.

Dos días después se entrevista, en el Algarrobo, con Faure Chomón[293] y los dirigentes del Directorio Revolucionario. Tendrá tiempo, el 23 de octubre, para enviar a Fidel el amplio informe que mencionamos anteriormente relatándole los distintos incidentes de la jornada invasora.

Tras la entrevista con Chomón, coordina Guevara con éste el primer ataque a uno de los cuarteles del ejército. Será el 26 de octubre que se produce el ataque al cuartel Guinia de Miranda el que inicia con disparos de bazuka, logrando la rendición de la guarnición compuesta de 14 soldados.

Al llegar a Las Villas su principal propósito, de inmediato, más que avanzar, era entorpecer las elecciones.

Cuando comienza noviembre ya mantiene con Faure Chomón y el Directorio Revolucionario las mejores relaciones y traza Guevara, con ellos, bases de trabajo contando con *la posición positiva y unitaria de las fuerzas del Partido Socialista Popular (PSP)*[294].

En esos momentos están reunidos, en el Cuarto de Conferencias de la embajada norteamericana, el Embajador Smith; el Attaché Militar, coronel Samuel Kair; y Jim Noel, jefe de la CIA. Están discutiendo los informes que reciben de las acciones del Ejército Rebelde en la provincia de Las Villas. En la discusión salta el nombre de Ernesto Guevara, «un joven médico argentino».

El Embajador Smith preguntó con voz calmada: *«¿Es Guevara comunista?»*[295]. Porque, recuerda a todos, Guevara estuvo en Guatemala durante la revolución que derribó al gobierno de Arbenz y probablemente, era comunista. Posición que le impugna John Topping, asesor político de la embajada, que afirma que no ha habido prueba ni indicio alguno de que Guevara se hubiese unido nunca al Partido Comunista. Con Topping coincide Jim Noel, el recién nombrado jefe de la oficina de la Agencia Central de Inteligencia de La Habana quien, con gran inocencia (¿?), afirma, una vez más, que *«un agente,*

---

[293] Faure Chomón, fundador en diciembre de 1955 del Directorio Revolucionario, junto con José Antonio Echeverría, Jorge Valls y otros, participó en el ataque a Palacio el 13 de marzo de 1957.
[294] Adis Cupull y Froylán González. «Guevara. Ciudadano del Mundo».
[295] John Dorschner y Roberto Fabrizzio, «Los Aires de Diciembre».

que ha estado en la Sierra por un tiempo, le ha informado que Castro no tiene íntimo contacto con personas que sospechamos puedan ser comunistas». Así, de bien informada, estaba la Agencia de Inteligencia de los Estados Unidos.

El primero de diciembre establece allí, la Comandancia de Operaciones en El Pedrero, donde había firmado el Documento de Unidad con el Directorio Revolucionario 13 de Marzo. La claudicación del, hasta ayer, anticomunista Faure Chomón, le será premiada, al triunfo de la Revolución, con la embajada cubana en Moscú. La de Cubela, con la presidencia de la FEU.

El 15 de diciembre se destruye el puente sobre el río Sagüa la Chica y el que cruza el río Falcón, y se interrumpen las comunicaciones, por la carretera central, entre La Habana y las ciudades que quedan al este de Santa Clara. Se concentra ahora, Guevara, en la toma de la ciudad de Fomento que la inicia manteniendo extensas conversaciones con el teniente Reynaldo Pérez Valencia, jefe del cuartel. Cae Fomento y, a las pocas horas, se rinde Guayos y se inicia un intenso combate para tomar la ciudad de Cabaiguán.

Se ordena la interrupción del puente de Sibanicú y el bloqueo de la carretera de Trinidad a Sancti Spiritus. El debilitado gobierno de Batista envía un tren blindado, compuesto de dos locomotoras y 19 vagones que tienen instalados lanzacohetes, morteros, catorce ametralladoras calibre 30, abundantes municiones y 400 soldados. Viene el tren blindado con muchas armas pero poca decisión de pelear.

Con las columnas de Camilo y el Che ya en Las Villas y acercándose a Santa Clara se toma el acuerdo –afirma Lázaro Asencio[296], comandante del II Frente– de no atacar la ciudad «por lo que significaba de fortaleza el regimiento Leoncio Vidal». Se evadiría, por el momento, Santa Clara, mientras el M-26 avanzaría hacia el norte de la provincia, y el II Frente partiría hacia el Sur para tomar Cienfuegos y Cumanayagua.

Pero, al formalizar el acuerdo se ocultaron, mutuamente, conversaciones y planes que cada una de las partes estaba desarrollando.

---

[296] Entrevista de Lázaro Asencio con Enrique Ros, septiembre 21, 2001.

EL TREN BLINDADO. DISTINTAS VERSIONES

Con el objeto de contener las columnas que ya se encontraban en Las Villas, el gobierno de Batista añadió nuevas fuerzas a las que allá se mantenían. Se organizaron diez compañías, de cien hombres cada una; más tres batallones que contaban con cuatrocientos hombres cada uno. Junto a esa fuerza el gobierno envió el mencionado *tren blindado*[297] capaz de transportar 600 hombres. Para apertrecharlos se utilizó prácticamente las últimas armas disponibles en las guarniciones de La Habana. El tren viajaría al mando del jefe del Cuerpo de Ingenieros, coronel Florentino Rosell Leyva.

Al II Frente lo movía la *noble* intención de evitarle a la capital villareña el baño de sangre de una, seguramente, cruenta batalla, y la nada noble de apoderarse de las armas que transportaba el «tren blindado» y, con ellas, avanzar hacia La Habana antes de que el M-26 pudiera hacerlo.

Un líder tabacalero, (Cuso) Castañeda, transmitió a los dirigents del II Frente un importante mensaje: el coronel Rosell estaba dispuesto a entregar el armamento que transportaba, con la condición de que los soldados que con él venían no tuviesen que combatir contra sus compañeros y se les garantizase su permanencia en una zona de seguridad. Sobre esas bases comienzan las conversaciones de absoluta confianza del coronel Rosell: su propio hermano, maestro de Placetas[298].

El tren entraría en Santa Clara por el camino del acueducto hasta el Barrio Provincial, área rural muy cercana al centro de la capital villareña.

Días después, el jefe del Estado Mayor del Ejército, general Pedro A. Rodríguez Ávila, informaba al presidente Batista que el coronel Rosell «sin autorización de la superioridad, regresó a La Habana diciendo que necesitaba rendir informes inaplazables»[299]. Al día siguiente era informado que «el coronel Rosell había desertado».

Ya el «tren blindado» está en la ciudad, estacionado frente al cuartel de la policía de carretera. El cuartel de Los Caballitos.

---

[297] El llamado «tren blindado» era, simplemente, un tren que conducía armas y equipos militares para reforzar a las tropas del ejército en Las Villas.

[298] Lázaro Asencio. Entrevista.

[299] Fulgencio Batista. «Respuesta...».

Confiados en el acuerdo convenido con el M-26, las fuerzas del II Frente están marchando hacia el sur, hacia Cienfuegos.

Pero Guevara conoce de las negociaciones que el Segundo Frente sostiene con el coronel Rosell y ordena atacar el convoy militar.

LA BATALLA DE SANTA CLARA

Se inicia así, una cruenta e innecesaria batalla, afirman dirigentes del II Frente Nacional del Escambray. El ataque *«daba a todos la apariencia de que el II Frente no había cumplido el pacto»*[300].

El 23, en horas de la madrugada, se rinde el cuartel de Cabaiguán. El 24 Guevara se ha instalado en el hotel Tullerías, en Placetas, ciudad que se rinde el día siguiente. El 26, toma Remedios y Caibarién. El ejército está totalmente desmoralizado. Sólo en Yagüajay y Santa Clara se peleaba con intensidad. Yagüajay era atacada por la columna de Camilo Cienfuegos, y Santa Clara por la Columna Ocho de Ernesto Guevara.

El 27 de diciembre se decide marchar sobre Santa Clara. Ya el 28, en horas tempranas, las primeras unidades de la Columna Ocho arriban a la Universidad, moviendo, allí, la Comandancia de las Tropas.

El pelotón de Rogelio Acevedo ataca la cárcel y el edificio de la Audiencia. El Che traslada la comandancia de la Universidad a las Oficinas y Talleres de Obras Públicas. Se concentra la acción sobre la loma del Capiro hacia la que ascienden los rebeldes usando granadas para desalojar a los soldados.

Poco después se inicia un ataque a las tropas atrincheradas en la loma del Capiro. El teniente Roberto Rodríguez, el Vaquerito, toma la estación del ferrocarril, y Pedro Pardo Guerra ataca el tren blindado que retrocede sin percatarse que, a menos de cuatro kilómetros, la línea férrea ha sido levantada.

En horas del mediodía el Che conversa con dos de sus capitanes, Ramón Pardo «Guile» y Rodríguez, «el Vaquerito». Están en el centro de la ciudad. En las afueras, donde se encuentra el tren blindado, se intensifica el combate. Guile, que está ahora al mando de las fuerzas de asalto se acerca hacia donde se encuentra el tren y propone una

---

[300] Lázaro Asencio. Entrevista con el autor, septiembre 21, 2001.

tregua[301]. Se produce una entrevista entre Ernesto Guevara y el comandante Gómez Calderón, del ejército. Discuten los términos para poner fin al combate. A los quince minutos los soldados comienzan a descender abandonando sus armas.

Fue sangrienta aquella batalla. Lo admite el propio Guevara. «Nuestros hombres se batían contra tropas apoyadas por unidades blindadas... pero muchos pagaron con la vida su arrojo, y los muertos y heridos empezaron a llenar los improvisados cementerios y hospitales[302].

La Universidad Central le había servido a Guevara, en el primer momento, de base de operaciones. Va tomando distintos puntos de la ciudad. Combaten en las lomas del Capiro *«durante todo un día 30... ya, en ese momento, se han cortado todas las comunicaciones entre el centro de Santa Clara y el tren blindado».*

El 31 de diciembre la estación de policía, el gobierno provincial, la cárcel y otros centros han sido tomados por las tropas rebeldes. En horas de la tarde ya ha terminado la cruenta batalla en Yagüajay.

Cuando Alles Soberón, luego del combate de Yagüajay, se traslada a Santa Clara, allí se encuentra nuevamente a Aleida con el Che, *«junto a él casi todo el tiempo. Con Guevara está cuando la toma del tren blindado».*

Ahora todo se concentra en el cuartel Leoncio Vidal, sede del Regimiento Número Tres que contaba con una guarnición de casi 2 mil soldados, comandado por Casillas Lumpuy. Se aproximan las fuerzas del Directorio al cuartel cuando a Rolando Cubela una bala le atraviesa su brazo derecho. Será Gustavo Machín Hoed quien se hará cargo del ataque al cuartel que comienza a arder. Se combate también en el Gran Hotel.

Horas después *«se rendía la dotación completa, del tren blindado, con sus 22 vagones, sus cañones antiaéreos, sus ametralladoras, sus fabulosas cantidades de municiones»[303].*

Las primeras patrullas insurgentes avanzaban por la Calle San Miguel, Nazareno, Caridad y otras.

---

[301] Paco Ignacio Taibo II. Revista *Verde Olivo*, enero de 1989.
[302] Ernesto Guevara. OCLAE, enero 13, 1968.
[303] Íbidem.

El primero de enero de 1959 el Escuadrón 31 de Santa Clara se rinde en aquella ciudad. Poco después, serán eliminados los últimos francotiradores que disparaban desde el Gran Hotel[304].

Existe otra versión, aún menos heroica, mucho menos sangrienta, sobre la batalla del *tren blindado*.

Según el capitán del Ejército Rebelde, Francisco Rodríguez Tamayo («el Mexicano»), el coronel Rosell, y el general Río Chaviano, «por una suma (que algunas mentes dicen haber sido $350 mil dólares y otros un $1 millón de dólares) vendieron todo el tren blindado al Che Guevara»[305].

Hay otra distinta; de acuerdo a ella, el coronel Florentino Rosell, Jefe del Cuerpo de Ingenieros del Ejército, preparaba un golpe de estado contra el gobierno del presidente Batista y, había establecido, por ello, contacto con miembros de los alzados en El Escambray.

A medida que se sucedían los encuentros en Las Villas y, en los días finales de diciembre, se intensificaba la lucha para tomar la ciudad de Santa Clara, crecía el prestigio del, hasta entonces, ignorado Guevara, y quedaba opacado, en las sombras, allá en Oriente, Fidel Castro.

Junto a Guevara sobresalían –será, por muy breve tiempo– el Directorio Revolucionario y el Segundo Frente Nacional del Escambray. El gobierno de Batista agonizaba, ya próximo a caer; y el Segundo Frente y el Directorio, junto al ahora prestigioso Guevara, –todos más cerca de La Habana, que Castro, aislado y alejado en la Sierra Maestra– representaban para éste seria preocupación. Inquieta situa-

---

[304] Eran seis los soldados que desde el segundo piso del Gran Hotel disparaban con una ametralladora a las fuerzas rebeldes que los rodeaban. El Che se encontraba muy molesto porque acababan de herir mortalmente al Vaquerito Rodríguez cuando llega un oficial rebelde junto al Dr. Serafín Ruiz de Zárate (uno de los principales jefes del 26 de Julio en Las Villas) y le informa que los seis soldados acababan de rendirse.

Ruiz de Zárate pasa a la habitación cercana y le informa a Ernesto Guevara. La respuesta, fría, cortante, despiadada de Guevara fue la siguiente: *«Bueno, Serafín, mándalos a fusilar».* Le respondió el médico: «Pero Comandante, la Revolución prometió que no se mataría a nadie sin hacerle juicio». Respuesta aún más cínica del guerrillero: *«Serafín, si todavía te quedan prejuicios burgueses, fusílalos ahora y hazles un juicio mañana por la mañana».* Anécdota contada por el médico Serafín Ruiz de Zárate a su colega y amigo Dr. Héctor Meruelo.

[305] Declaración al periodista Stanley Ross, en el «Diario de Nueva York» del 25 de julio de 1959, citada en el libro «Respuesta...» antes citado.

ción para el líder de la Revolución, que Fidel la resuelve tomando tres medidas.

Ordena a Raúl avanzar hacia Santiago, luego de establecer conversaciones con el coronel Rego Rubido, jefe de la guarnición militar de aquella ciudad, a quien, ya puestos de acuerdo, nombra jefe del ejército. Ocupada la ciudad, Castro da su segundo paso: proclama a Santiago capital de la nación. Ya desde la ciudad oriental, Castro se convierte, de hecho, en jefe de estado y proclama a Manuel Urrutia como Presidente de la República.

HACIA LA HABANA

La tercera medida fue ordenar a Camilo, que aún se encuentra batallando en Yagüajay, que avance hacia La Habana para ocupar el campamento de Columbia, símbolo del poder militar en la isla, instruyendo a Guevara, que está más cerca de La Habana que el propio Camilo, a ocupar La Cabaña, donde se mantendrá manchándose con la sangre de los fusilados.

En La Habana, poco antes, Fulgencio Batista ha abandonado el país y, en horas tempranas de aquel primero de enero, Fidel Castro, desde Palma Soriano, por las ondas de Radio Rebelde, da a conocer un comunicado convocando a una huelga general y desconociendo la Junta Militar que el presidente depuesto había designado. Es un día largo, que no termina. Castro ordena a sus fuerzas avanzar sobre Santiago de Cuba, al tiempo que le pide la rendición a las guarniciones militares en toda la isla.

Llegan las tropas rebeldes a tomar posesión, en distintas ciudades, de los centros de mandos de las derrotadas fuerzas armadas.

El primer oficial rebelde que penetra en el edificio del Estado Mayor en La Habana fue el capitán Antonio Sánchez Díaz, pinareño, que se había incorporado al Ejército Rebelde, en marzo de 1957, cerca del campamento de La Trata[306]. El joven de Viñales se adelantó, en

---

[306] El capitán Antonio Sánchez Días será de los que forman parte de la guerrilla de Ernesto Guevara en Bolivia quien lo designa, al iniciar aquella campaña, como jefe de la vanguardia. Sin embargo «por sus continuas irresponsabilidades, es destituido ante toda la tropa y pasa a ser soldado en la retaguardia». Aunque indisciplinado, Sánchez Díaz (Marcos, «Pinares») mostró siempre gran arrojo. Fue, injustamente, humillado, reiteradamente, por Ernesto Guevara. En el capítulo de Bolivia nos referiremos a «Pinares», «Marcos», con mayor

unas horas, a la llegada al Campamento Militar de Columbia, de Camilo Cienfuegos que arriba en horas tempranas de la noche.

En la provincia central, Guevara envía un ultimátum a los soldados que resisten en el cuartel Leoncio Vidal, exigiéndoles la rendición incondicional antes de las 12:30 del mediodía. Minutos antes de esa hora los soldados avanzan, desarmados, rindiéndose a las tropas rebeldes.

Será el 2 de enero que Guevara recibe órdenes de avanzar hacia La Habana y tomar la fortaleza de La Cabaña. A las tres de la tarde inicia su marcha hacia La Habana, entrando en La Cabaña en la madrugada del 3 de enero. Con Aleida, se instala, en la casa de la comandancia, en otra «unión de hecho».

Hambriento de la publicidad que dice detestar, concede de inmediato una entrevista a Luis Gómez Wangüemert. Horas después está concediéndole, por teléfono, otra al periódico argentino *Correo de la Tarde*. A las cuarenta y ocho horas de haber llegado a La Cabaña hace Guevara declaraciones a toda la prensa, nacional e internacional, que son, de inmediato, reproducidas en todos los diarios.

---

amplitud.

CAPÍTULO X
EN LA HABANA:
EL ODIO COMO FACTOR DE LUCHA

LOS FUSILAMIENTOS

Con la misma celeridad conque concede entrevistas, ordena los fusilamientos. Con causa o sin causa. Con juicio o sin juicio.

Fusilando a diestra y siniestra, aplicaba Guevara las normas que, desde la Sierra, predicaba:

«El odio como factor de lucha, el odio intransigente al enemigo, impulsa más allá de las limitaciones naturales del ser humano y lo convierte en una efectiva, violenta, selectiva y fría máquina de matar. Nuestros soldados tienen que ser así»[307].

Desde su creación el Buró de Actividades Comunistas (BRAC) funcionaba desde La Cabaña, dirigido por el teniente José Castaño a quien ningún revolucionario había acusado de cometer crímenes.

A pesar del prestigio que gozaba Castaño como oficial serio y honesto dedicado, tan sólo, a las investigaciones de actividades comunistas, Guevara, junto con el dirigente del PSP Osvaldo Sánchez[308], muy vinculado a Aníbal Escalante, no demoró en ajusticiarlo.

Las ejecuciones se realizan de noche, entre las once y las cuatro de la madrugada.

---

[307] Mensaje de Ernesto Guevara supuestamente enviado por Guevara, desde Bolivia, a la Tricontinental. La fecha del mensaje no se ajusta a la de la celebración de la Conferencia en La Habana.

[308] Osvaldo Sánchez fue dirigente de la Juventud Comunista, estrechamente asociado a Flavio Bravo, Lionel Soto y a Luis Más Martín. Trabajó luego con Aníbal Escalante en la creación del PURS y de la ORI. Junto a Isidoro Malmierca fue enviado a Moscú para ser entrenado por la KGB y crear, en Cuba, la Seguridad del Estado. Algunos acusan a Osvaldo Sánchez como uno de los que preparó la «desaparición» de Camilo Cienfuegos. Osvaldo Sánchez murió al ser derribada, aparentemente por error, la avioneta en que viajaba en enero de 1961.

Frente al muro hay un poste de metro y medio de altura al que se atan los brazos del que va a morir. El Padre Javier Arzuaga, párroco de Casablanca, de la Orden de San Francisco, es el capellán de los ajusticiados en La Cabaña.

La obligación que el Padre Javier se ha impuesto es la de asistir a los condenados a la última pena; confortarlos con los auxilios de la religión. Es ésta la descripción que, tras un extenso diálogo con el Padre franciscano, ofrece el periodista Francisco Pares:

«Cuando el reo queda de pie, a dos metros del muro, el Padre Javier le abraza; nadie más tocará el cuerpo vivo del condenado. El último momento es casi siempre igual: de pie, en una final manifestación de hombría, el sentenciado contempla los fusiles y, después, busca con los ojos la escueta silueta del Padre Javier Arzuaga, situado a la izquierda del pelotón.

El hábito franciscano se perfila a contraluz y sobre la cabeza del sacerdote brilla, herido por los rayos del proyector, un crucifijo... el crucifijo permanece en el aire hasta que el solitario tiro de gracia rubrica la salva de muerte»[309].

Sólo abandona Guevara la vieja fortaleza, por muy breve tiempo, para trasladarse a Matanzas a encontrarse con Fidel y poder compartir con él la amplia publicidad que el líder de la Revolución habrá de recibir a su llegada a La Habana. Compartirán las primeras planas de los periódicos el *príncipe de la guerrilla,* Fidel Castro, y el *guerrillero heroico,* Ernesto Guevara.

Cuando Castro arriba a La Habana el 8 de enero es apoteósica su recepción. Aquella noche, en el campamento militar de Columbia, somete, con su palabra, a las fuerzas del Directorio Revolucionario que se han apoderado de armas y municiones y del Palacio Presidencial. La masiva respuesta recibida a su pregunta *¿armas para qué?,* obliga a los miembros del Directorio a entregar las armas y unirse a la fuerzas populares que respaldan a Fidel.

Aquella noche, en aquel discurso, lanzó una advertencia: *«Quienes hayan asesinado serán castigados sin excepción y sin piedad».* La

---

[309] Revista *Bohemia*, marzo 10 de 1959.

tarea la ejecutará, con gusto, Ernesto Guevara, y la aplicará, también, a su capricho, a muchos que *«no han asesinado»*.

En los fosos de La Cabaña la sangre comienza a correr a raudales. Caen, por igual, criminales, no criminales e inocentes. El odio como factor de lucha.

Las primeras ejecuciones las realiza Guevara, sin mucho ruido ni fanfarria, en los fosos de la fortaleza a su mando.

En enero han funcionado, sin descanso, los pelotones de fusilamiento. El suelo, las paredes, el poste, el muro de La Cabaña, todo está anegado en sangre. De regreso de haber recibido, de manos del presidente del Colegio Médico Nacional, su título de *médico honorario,* recibe el Che la visita de Salvador Allende, entonces senador y aspirante –lo fue por cinco veces-, a la presidencia de Chile. Se establece, aquel día, una estrecha relación entre las dos figuras nacidas en el Cono Sur.

Ya el 9 de enero han llegado a la capital cubana los padres y hermanos del guerrillero argentino.

Llegan los padres; su madre, Celia, declara a la prensa: «No lo veíamos, desde aquel día que lo despedimos en la estación de Buenos Aires, desde donde se dirigía a Venezuela». Otro mentís a la leyenda inventada por su padre, y repetida por tantos biógrafos, de la meta que el joven Ernesto se había trazado.

Junto con los padres y parte de su familia llega un periodista que ya conocemos, Jorge Ricardo Masetti. Dentro de poco estará a cargo de *Prensa Latina,* al servicio de la Revolución Cubana, como antes estuvo, en *Agencia Latina,* puliendo la imagen de Domingo Perón.

¿Cómo se proveyó de fondos a la nueva agencia noticiosa?. Raúl Chibás afirma que, siguiendo instrucciones directas de Fidel Castro, entregó al Che Guevara los primeros $100,000 dólares para el establecimiento de Prensa Latina y que, posteriormente, pagó, en efectivo, a Prensa Latina otros $400,000 dólares. Afirmaba Raúl Chibás que después de darle a Guevara otra partida de $100,000 dólares para Prensa Latina hizo otra entrega de $200,000 dólares a Masetti y que tanto Guevara como Masetti rehusaron firmar recibo por el dinero entregado[310].

Otros viejos amigos vienen a sentarse al festín de la Revolución. Uno de ellos, Julio Roberto Cáceres, el *Patojo*[311], el joven guatemalteco que Guevara había conocido en su viaje a México.

SE LE RINDEN HONORES

El 14, el Colegio Médico Nacional de Cuba declara a Ernesto Guevara de la Serna, *Médico Cubano Honorario*.

La alta distinción la destaca así el periódico *Revolución* en su edición del 15 de enero de 1959:

«Reunidos en sesión solemne, el ejecutivo del Colegio Médico Nacional, recibió ayer al comandante Ernesto Guevara, prestigioso médico argentino que hizo suya la causa de la Revolución.

El Dr. Raúl de Velasco, presidente del Colegio Médico Nacional, dio la bienvenida al destacado profesional y revolucionario, expresando que los médicos cubanos consideraban un gran honor estrechar su mano».

Es la mano que, poco antes, ha firmado infinidad de sentencias de muerte. El «destacado profesional» tiene prisa en volver a La Cabaña. Quiere estar allí, cerca del poste, frente al muro, antes de las 11 de la noche.

Ese día el *guerrillero heroico* está presidiendo los tribunales revolucionarios y, no casualmente, consumido de su hambre publicitaria, visita la redacción del periódico *Revolución*.

Mientras, los Guevara siguen llegando. El 21 son Hilda Gadea y su hija Hilda Beatriz, los que arriban a La Habana. La llegada de Hilda precipita una inevitable conversación entre Ernesto y su esposa peruana.

---

[310] Jules Dubois. «Operación América».
[311] Al triunfo de la Revolución el *Patojo,* que había permanecido en México, vino a Cuba. Residió, por algún tiempo, en la propia casa de Ernesto Guevara. Luego, marchó a su patria, Guatemala donde, incorporado a uno de los frentes guerrilleros murió, en agosto de 1962, en un enfrentamiento con las tropas del ejército.

«Ernesto, con su franqueza de siempre, me habló de que tenía otra mujer que había conocido en la lucha en Santa Clara»[312].

Dispuesta siempre a trabajar, como lo había hecho en Perú, en Guatemala, en México, Hilda comenzó a laborar, de inmediato, en Viviendas Campesinas, organismo creado para construir algunas viviendas a campesinos cuyas casas habían sido dañadas en la breve lucha que recién terminaba.

De los principales biógrafos de Ernesto Guevara[313] quien trata con mayor crudeza el regreso a Cuba de Hilda Gadea es el historiador Robert Quirck, quien narra así este espisodio:

«Hilda Gadea se esforzó en superar una situación imposible. Había llegado a La Habana con su hija en enero 21, de 1959, para encontrar que su esposo estaba viviendo con Aleida March. Hilda tiñó su cabello de rojo, logró un trabajo en un ministerio del gobierno y obstinadamente se negó a salir del país.

Debe haber habido serios y amargos reproches y mucha aspereza. En una ocasión se le oyó gritar: *«Saquen a esa puta de aquí»*. En otra ocasión la policía de La Habana la arrestó por manejar sin licencia de conducir y fue detenida por veinticuatro horas. A pesar de sus lagrimosos ruegos, Guevara se negó a interceder. Él le dijo a la policía: *«Ella cometió una ofensa, y no hay razón para ignorarla»*. En la ciudad de México, Guevara había tratado de salir de ella, y ahora ella estaba de nuevo aquí»[314].

Días después vuelve Guevara a la redacción del periódico *Revolución*.

El 7 de febrero de 1959, el régimen promulgó la llamada Ley Fundamental en sustitución de la Constitución de 1940 que habían ofrecido restablecer.

---

[312]   Hilda Gadea. «Años Decisivos». El divorcio se legalizó el 22 de mayo de aquel año. Una semana después, el 2 de junio, Guevara se casaba con Aleida March.

[313]   Jorge G. Castañeda, Jon Lee Anderson, Paco Ignacio Taibo II, Pierre Kalfon, Hugo Gambini.

[314]   Robert E. Quirck. «Fidel Castro». Página 244.

MANUEL URRUTIA LLEÓ. SU BREVE PRESIDENCIA

No fueron nunca muy amistosas las relaciones de Fidel Castro con Manuel Urrutia, el presidente que, desde la Sierra, él había designado.

Al anochecer del 5 de enero de 1959 Manuel Urrutia llega al Palacio Presidencial a tomar posesión, en un ambiente nada protocolar, del cargo de Presidente de la República. Sería otro abogado, José Miró Cardona quien ocuparía la posición de Primer Ministro. Le durará menos que la presidencia a Urrutia.

A través de Luis Buch, como Secretario de la Presidencia, Fidel Castro despachaba asuntos que debían ser de la sola incumbencia del Presidente de la República. La misma indelicadeza mostraba Castro hacia el Primer Ministro, Miró Cardona, quien, desautorizado una vez más en declaraciones que había hecho sobre el «no restablecimiento del juego, en ninguna de sus formas», presentó su renuncia el 13 de febrero la que le fue, de inmediato, aceptada, extendiéndole su nombramiento como embajador en España, a cuya capital se trasladó.

Había salido Castro, en menos de seis semanas, de un obstáculo. Ya ha preparado el terreno para salir del otro que le estorbaba. Antes asume, para sí, la posición de Primer Ministro del renunciante Miró.

Se hacen, pronto, públicas las fricciones con Urrutia y las críticas a su actuación. La compra de una modesta casa que se hace aparecer como la indebida adquisición de una lujosa residencia; el pago de salarios retroactivos a revolucionarios que habían sido cesanteados por sus actividades contra el régimen anterior, con cuya medida se beneficiaba personalmente el presidente Urrutia. Iba en aumento la campaña de descrédito. Ahora se le acusaba de negarse a aceptar la rebaja de sueldo, que se había acordado; «para todos los ministros».

El presidente Urrutia no había vuelto a asistir a una reunión del gabinete desde que Castro asumió la posición de Primer Ministro.

En dos ocasiones distintas Urrutia hizo declaraciones públicas enfatizando la posición anticomunista de la Revolución. El 13 de junio «volvían las cámaras y los micrófonos al Palacio Presidencial, para una nueva exposición que hizo Urrutia[315]. «Lleno de entusiasmo, fue esa vez un poco más detallado en sus acusaciones. De manera enfáti-

---

[315] Ángel Pérez-Vidal. «Historia Íntima de la Revolución Cubana».

ca, se manifestó contra la infiltración comunista… sus pronunciamientos tuvieron ribetes dramáticos» recomendando al pueblo de Cuba la lectura del libro «La Nueva Clase» expresando que «el primer deber de un buen revolucionario era denunciar la infiltración comunista»[316].

A los cuatro días se daba a conocer que Fidel Castro había renunciado al cargo de Primer Ministro. Era una comedia. Las organizaciones sindicales, profesionales, estudiantiles, todas clamaban por el retorno del Primer Ministro.

Aquella noche Fidel, ausente durante varios días, habló por la televisión explicando «la razón» de su renuncia. Urrutia «había bordeado la traición al negarse a firmar las leyes que el Consejo de Ministros aprobaba». En horas tempranas de la tarde se anunció que Castro le hablaría a la nación a las ocho de la noche. Ya, antes, desde las cinco de la tarde el Palacio Presidencial se encontraba rodeado de una inmensa turba profiriendo gritos insultantes para el Presidente de la República y pidiendo «paredón».

Acosado por la multitud, el 17 de julio, a las diez de la noche, firmaba Urrutia su renuncia como Presidente y, oculto en un carro, salía, con su inmediata familia, en busca de refugio en una casa amiga y, luego, en la embajada de Venezuela. Osvaldo Dorticós Torralba era designado nuevo Presidente.

Por supuesto, Fidel era el jefe supremo. Dos figuras que ostentaban cargos de secundaria importancia, eran, después de Castro, las personas más poderosas: Su hermano Raúl, gobernador militar de Oriente y Ernesto Guevara, comandante de La Cabaña. Serán ellos, Raúl y Guevara, los ejecutores de la política de Castro[317]. Su primera labor sería fortalecer los lazos con un grupo que otros mantienen a distancia: el Partido Socialista Popular (PSP).

Ernesto Guevara se encargaría de elevar la conciencia política de las nuevas fuerzas armadas. Para lograrlo inauguró, en la propia fortaleza de La Cabaña, la «Academia Militar-Cultural»; y fundó, para los soldados de su campamento, *La Cabaña Libre* y la revista *Verde*

---

[316] Íbidem.
[317] Camilo Cienfuegos, carismática figura y hombre de confianza de los hermanos Castro, no ejercería mayor influencia en la política del gobierno revolucionario.

Olivo que sería, ésta, el órgano oficial de las Fuerzas Armadas Revolucionarias.

Al frente de la «Academia Militar-Cultural» estaría un miembro prominente del PSP, Armando Acosta[318], quien ejercía, además, el mando de la fortaleza de La Punta.

Sin que fuese, aún, de público conocimiento, el Che se había apropiado, o, para decirlo en una forma más delicada, le habían asignado, son las palabras del propio comandante: «una casa en un sitio tranquilo, lejos de las diarias visitas... me ví forzado a vivir en una casa que pertenecía a representantes del antiguo régimen»[319], admitía, candorosamente el propio Guevara en carta a Carlos Franqui, director del periódico Revolución que en una edición anterior había titulado una nota *«El comandante Guevara se muda a Tarará».* Igual irritada respuesta recibió el periodista Antonio Llano Montes por una nota escrita en su columna «Tras la noticia».

El primer semestre de la Revolución nos muestra a Guevara presidiendo los Tribunales Revolucionarios, organizando y desarrollando los planes de preparación política para los integrantes de las Fuerzas Rebeldes y recibiendo homenajes de organizaciones obreras y de colegios profesionales. Se incorpora al Departamento de Industrialización del Instituto Nacional de la Reforma Agraria. Funda la revista *Verde Olivo*. El 8 de mayo viaja a Matanzas para asistir a la conmemoración de la muerte de Tony Guiteras. Al día siguiente está en la Plaza de la Revolución dándole la bienvenida a Castro que regresaba de Montevideo.

El 17 de mayo se encuentra en La Plata, en la Sierra Maestra, firmando la Ley de Reforma Agraria. El 25 se firma la Resolución donde es ratificado como Comandante del Ejército Rebelde.

El 19 se declaraba la Ley de la Reforma Agraria como parte integrante de la Constitución de la República. Firman la disposición el presidente y los miembros del gabinete: Urrutia, Fidel Castro, Fausti-

---

[318] «Armando Acosta Cordero era el tipo más déspota dentro del Ejército Rebelde; el menos querido. Era del PSP. Acosta se había alzado junto al Che, cuando éste llegó al Escambray, y sabíamos que era un cobarde, que había huido en los combates, sorteando al enemigo». Declaraciones de Dariel Alarcón Ramírez «Benigno» en «Memorias de un Soldado Cubano».

[319] Periódico Revolución, marzo 10, 1959.

no Pérez, López Fresquet, Roberto Agramonte, Enrique Oltuski y los demás miembros del Consejo de Ministros.

GUEVARA ALEJADO DE LA ISLA Y DEL PODER

El 2 de junio formaliza el matrimonio con Aleida March[320]. Enlace sin luna de miel porque el 12 está viajando a la República Árabe Unida donde es recibido por su presidente Gamal Abdel Nasser. Sigue a Damasco y al Canal de Suez. Antes de partir a su próximo destino ya se ha ocupado de iniciar las operaciones de *Prensa Latina,* al frente de la cual ha colocado a su compatriota Jorge Ricardo Masetti.

Coincide el viaje de Guevara, presidiendo la Misión Comercial, con la orden de detener, al menos, públicamente, los fusilamientos en La Cabaña.

Los ajusticiamientos, realizados sin acatamiento a norma legal alguna, produjeron la acerba crítica de la prensa extranjera. También, de algunos órganos de la prensa nacional. El gobierno revolucionario trató de aplacar –temporalmente–, las críticas al barbárico procedimiento.

El sábado 17 ordenó Raúl Castro desde Holguín, donde se encontraba, la suspensión de las ejecuciones.

Desde la ciudad oriental, el hermano menor afirmaba que, *«para hacer las cosas lo mejor posible, es que hemos ordenado el cese momentáneo de las ejecuciones para tratar de obtener mayor cantidad de pruebas contundentes contra cada sentenciado»[321].*

Para que ningún iluso se llamara a engaño, subrayó que era «un cese momentáneo» y reconfirmó que *«en ningún momento se puede decir que ha cesado el proceso contra las alimañas que han estado ensangrentando a nuestro pueblo durante siete años».*

Quedaban «suspendidos momentáneamente las ejecuciones», pero se seguirán instruyendo de cargos a todos los acusados.

Era todo para consumo de los ingenuos.

Días después comenzaron a aparecer distintos artículos afirmando que «suspender los fusilamientos ofendería al pueblo cubano», y el

---

[320] Entre los pocos invitados a la ceremonia se encontraba Herman Mark, el americano que se encargaba de disparar el tiro de gracia a los fusilados por Guevara en La Cabaña.
[321] Periódico *Revolución* sábado 17 de enero, 1959.

martes 20 de enero el titular de primera plana de *Revolución* decía: «los fusilamientos evitarán más sangre» manifestando como subtítulo «El pueblo de Cuba exige aplicación de justicia a criminales de guerra».

El comandante Raúl y el comandante Guevara, tan complacientes, «en cumplimiento de la demanda popular», continuaron los ajusticiamientos.

Coincidiendo con el largo viaje de Guevara, se produce la primera remoción del Consejo de Ministros, «muy natural en un gobierno revolucionario». Los nuevos ministros eran: *Estado*, Raúl Roa; *Salubridad*, Serafín Ruiz de Zárate que era, hasta entonces, alcalde de Cienfuegos; *Agricultura*, Pedro Miret, que fungía como director del plan de repoblación forestal; *Gobernación*, Pepín Naranjo, que ocupaba el Gobierno Provincial de La Habana; *Bienestar Social*, Raquel Pérez, antes, Directora General del Ministerio de Defensa.

Apenas un pequeño párrafo en la primera plana mencionaba que Guevara embarcaba para el Lejano Oriente, en lo que parece un improvisado viaje de turismo. Llegan a El Cairo el miércoles 16 de junio, en una semana de fiestas religiosas en Egipto (cuyas ceremonias no terminarán hasta el viernes); por lo tanto, «los cubanos no podrán llevar a cabo entrevistas oficiales hasta la semana que viene» se ve obligado a declarar el periódico *Revolución*. La nota, realmente, pone en ridículo al *enviado especial* que, «ayer visitó las pirámides y el museo egipcio, y pasó el día de hoy viendo varias mezquitas y sitios de interés» en la capital.

Las notas de prensa resultan, peor que inapropiadas, ridículas para cubrir las actividades de una «misión comercial» de alto nivel.

«Mañana irán por vía aérea a la franja de Gaza y, al día siguiente volarán a Damasco. El sábado visitarán Alejandría y el domingo el área del Canal de Suez». La imagen de austeridad con la que se había pretendido mostrar a Guevara quedaba dañada con esta reseña más propia de un indolente turista y no de un «enviado especial de un gobierno revolucionario».

La Misión al Tercer Mundo, presidida por Guevara, estaba integrada por el capitán Omar Fernández, el economista Salvador Vilaseca[322], el adolescente teniente José Agudín y dos amigos de Guevara que no habían participado del proceso revolucionario: Pancho García Vals y el Patojo[323]. Otro de los miembros de la delegación fue el economista Alfredo Menéndez[324], también militante del PSP y envuelto en temas azucareros. José Pardo Llada se incorporaría al grupo en la India.

Para el biógrafo Pierre Kalfón, Pardo Llada se une a la delegación en la India en sustitución del *Patojo*, quien regresa a Cuba. No es así. Desde que la delegación partió de La Habana se había acordado que Pardo Llada se uniría a ella luego de la visita a Egipto.

El viaje de la Misión Comercial era una democión del papel que Guevara pretendía desempeñar en el gobierno revolucionario. Con su partida hacia países del Oriente se producía –un nuevo insulto para Guevara– la desmovilización del regimiento de La Cabaña que fue enviado a Las Villas y la designación, como nuevo comandante de la vetusta fortaleza, de Filiberto Oliver, carente de apreciable bagaje revolucionario.

Habiéndolo retirado de La Cabaña y asignado a Las Villas el regimiento de aquella fortaleza, quedaría ya Guevara, permanentemente, sin contacto con unidades militares.

Orlando Borrego, que siempre estuvo cerca de Guevara, afirmó *«nos sentimos muy molestos cuando supimos que el Che partía hacia el extranjero»* y al conocer de la desmovilización del regimiento de La Cabaña, afirmó Borrego: *«Para mí fue como una casa que se desplomaba»*[325].

En una pequeña nota se hace mención del viaje de Guevara. En un pase a páginas interiores se da a conocer, en el último de los cuatro párrafos, el nombre de los acompañantes. En los siguientes días la

---

[322] Es en El Cairo donde Salvador Vilaseca se incorpora a la delegación.
[323] Julio Roberto Cáceres, el Patojo, tuvo que regresar a Cuba en la segunda escala de la misión, al llegar a Nueva Delhi.
[324] Será Alfredo Menéndez quien negociará, en secreto, los términos de los tratados con la Unión Soiviética para la venta de azúcar. Consecuencia de estas conversaciones fue el viaje y permanencia en Cuba de Alexander Alexiev, de quien hablamos, extensamente, en la obra «De Girón a la Crisis de los Cohetes: la segunda derrota».
[325] Declaraciones de Orlando Borrego a Jon Lee Anderson.

prensa ni siquiera menciona a Guevara. Las columnas del periódico las ocupan los comentarios sobre la Reforma Agraria; el respaldo que ésta recibe; el cambio de ministros en el gabinete; la toma de posesión de éstos; la denuncia de «inversionistas americanos que se mueven contra Cuba»; la concentración de campesinos que se celebrará en La Habana. Se habla de todo y de todos; menos de Guevara.

En junio 19 ya aparece una nueva nota: «llega el comandante Dr. Ernesto Guevara a Damasco».

Los países cubiertos en el extenso itinerario eran las naciones del Pacto Bandung[326], con las que Castro deseaba establecer relaciones diplomáticas y comerciales. Sólo Japón era ajeno a ese grupo.

En Egipto, Guevara estrechó sus relaciones con Nasser, entonces sobresaliente figura del Tercer Mundo, a quien, en el primer quinquenio de la década del 60, Castro pretendió desplazar como figura señera de aquel mundo emergente[327]. Nos referiremos a esta pretensión en próximo capítulo.

Durante su estancia en El Cairo, Anuar Al-Sadat, que habrá de sustituir a Nasser, en la presidencia de Egipto, invita a Cuba, a través de Guevara, a participar de la próxima Conferencia Afroasiática de la que Sadat es Secretario General.

En los acostumbrados cuatro pequeños párrafos que, a veces, le conceden, informan que el primero de julio la delegación había partido de El Cairo, hacia Bombay. Lo esperará en el aeropuerto, Eugenio Soler, jefe del Centro de Información de las Naciones Unidas en la India. En la misma edición, a plena página, se publica el discurso del «líder máximo» en el programa «Ante la Prensa» rechazando la petición de Trujillo a la OEA para que iniciase una investigación sobre planes de Castro de realizar acciones militares contra su régimen.

---

[326] Luego de la Conferencia de Bandung, en 1955, comenzó a gestarse el movimiento de los Países No Alineados.

[327] La Organización de Solidaridad de los Pueblos de África y Asia (OSPAA) había recomendado en 1961 invitar al próximo congreso a países latinoamericanos. Castro se apropió de la idea convocando en La Habana, en enero de 1966, la primera Conferencia de Solidaridad de los Pueblos de África, Asia y América Latina (OSPAAL), eligiendo a Osmany Cienfuegos su Secretario General. Controlando la OSPAAL Castro competía con otras figuras por el liderazgo del Tercer Mundo.

El primero de julio ya ha dejado El Cairo y se encuentra en la India donde lo reciben Jawarhal Nehru y varios funcionarios.

Al llegar a la India establece contacto con el viejo militante del comunismo cubano, Eugenio Soler quien, en esos meses, como dijimos, trabajaba para el Departamento de Información de la ONU en el sureste de Asia. En aquella, para el antiguo militante, provechosa conversación, Soler quedó designado como embajador de Cuba en la India.

Castro se siente a gusto manteniendo a Guevara lejos de la isla[328]; por eso lo alienta a continuar ese largo recorrido. Durante quince días permanecerá en la India.

El 14 de julio parte hacia Japón.

Ya el 15 se encuentran en Tokio residiendo en el hotel Fuji. La primera visita la realiza a la empresa Toshiba donde ofrece una conferencia de prensa. La jornada de trabajo en Japón es más intensa que la realizada en sus escalas anteriores. El 17, junto con su delegación, inspecciona la fábrica de fertilizantes Showa Denko, recorre los astilleros de Ishikawajina, almuerza con representantes diplomáticos de varios países latinoamericanos y termina el día con una entrevista con el Ministro de Relaciones Exteriores. Así, de intensas, se suceden las horas de su estadía de dos semanas en Japón.

Ha visitado fábricas de tubos de acero, industrias automovilísticas, de tractores y locomotoras, de arado y algunos químicos; de implementos eléctricos y de maquinarias textiles. Visita la Comisión de Fomento Comercial de Japón, la Cámara de Comercio e Industriales de Osaka. En aquel extenso recorrido parece haber tomado la decisión de realizar, en Cuba, el plan de industrialización, para salir, como antes dijera, de «monocultivo y de la monoexportación». Ha sido atendido por el embajador cubano Mario Alzugaray[329].

No será hasta el 16 de julio que aparece una foto, bien pequeña, de Guevara en la prensa cubana pero sin relación alguna con su viaje.

---

[328] En su libro «El Che que yo conocí», de José Pardo Llada, cuenta éste que al compartir una habitación con Guevara en el hotel Ashoka, el guerrillero argentino, medio en broma y medio en serio, admitía que «Castro me había sacado de Cuba porque yo molestaba demasiado».

[329] Mario Alzugaray había sido designado embajador en Japón por Roberto Agramonte, Ministro de Relaciones Exteriores del régimen de Castro.

Aparecía condenando, desde Japón, «las declaraciones increíbles de Díaz Lans en los Estados Unidos». Se refería a las declaraciones del antiguo jefe de la Aviación Cubana que había desertado.

El 16 de julio Pardo Llada había partido para incorporarse a la delegación; pero su viaje no fue siquiera reportado en un breve espacio del periódico porque la noticia de aquel día, y de los siguientes, era «la renuncia de Fidel»; el primer paso orquestado, como antes expresamos, para sacar a Urrutia de la presidencia de la república.

Algo trascendente para la imagen del régimen, aunque no para su estabilidad, está sucediendo en La Habana cuando Guevara visita astilleros y centros industriales en Japón. Fidel, con su teatralidad acostumbrada, ha comenzado sus maniobras para salir del presidente Urrutia.

Ya en horas de la noche del viernes 17 Manuel Urrutia Lleo renunciaba a la presidencia y, hombre precavido, se asilaba en la embajada de Venezuela. Osvaldo Dorticós sería el nuevo presidente designado. Elecciones, ¿para qué?.

El Sexto Aniversario del asalto al Moncada encuentra a Guevara en Tokio tratando de comunicarse, infructuosamente, con Castro. Le dice a quien tiene a su lado:

«Ahora, poco más o menos a estas horas, estará hablando en la Plaza de la Revolución, ese sinvergüenza de Faustino Pérez...»[330].

Ese día el periódico *Lunes de Revolución* publica el artículo «Guerra y población campesina» que había escrito en 1958. Al día siguiente parte para Indonesia. Era, éste, uno de los puntos claves en el itinerario. En el palacio de Jakarta recibe Sukarno a la misión cubana. Se entrevista luego con los ministros de relaciones exteriores y de defensa y ya, el primero de agosto, está recorriendo las instalaciones de un central azucarero y una fábrica de tabaco.

Comparte, todos esos días, con su compatriota el embajador argentino Rufino Laspiun –que le recordaba a su amigo Ricardo Rojo: gordo, jovial, expresivo. Con el embajador Laspiun mantenía, como antes con Rojo, extensas conversaciones sobre política y filosofía mientras consumía parte de la extensa provisión de «mate» que el

---

[330] José Pardo Llada. «El Che que yo conocí».

diplomático conservaba en su embajada. Antes de partir de Indonesia sostiene largas entrevistas con los ministros de agricultura y de comercio. No fue, para los que lo acompañaban, muy grata la estadía en Indonesia por la poco atractiva comida que les servían.

«De todos los países que hemos visitado, la República de Indonesia es, quizás, la que ha desarrollado, en tiempos recientes, un proyecto social e histórico como el nuestro» escribía Guevara en su artículo «Indonesia», publicado en *Verde Olivo* el 26 de octubre de 1959.

El extenso itinerario que cubrirá, luego, –Ceilán, Pakistán, Yugoeslavia, Sudán y Marruecos-, termina el 8 de septiembre Durante tres meses ha estado Guevara ausente del país.

En su ausencia se ha constituido el Instituto Nacional de Reforma Agraria (INRA) cuya presidencia, que Guevara había deseado, la ocupa Fidel Castro. Al viajero, que por tres meses lo mantuvieron a distancia, lo designan, sólo, como Jefe del Departamento de Industrialización de aquel organismo. Entretiene sus ocios redactando artículos sobre su viaje que serán publicados en la revista *Verde Olivo*[331].

Según otros, cuando Castro se designó a sí mismo presidente del INRA, Che Guevara se la agenció para designar a su hombre de confianza, Antonio Núñez Jiménez, como Director General de aquel organismo (Fuente: José Pardo Llada: «Fidel y el Che»). De hecho, a través de Núñez Jiménez, Guevara controlaba el INRA.

Pancho García Vals, el confiable militante del PSP, fue incorporado por Guevara al INRA, formando parte de su reducido grupo de colaboradores.

El Ejército Rebelde, comandado desde el triunfo de la Revolución por Camilo Cienfuegos, la marina de guerra, la aviación y demás cuerpos militares, estaban adscritos al Ministerio de Defensa. En octubre, a los diez meses del triunfo de la Revolución se produce un importante cambio. Queda suprimido el Ministerio de Defensa al que todos esos organismos militares estaban adscritos y se crea el Ministerio de las Fuerzas Armadas, bajo la jefatura de Raúl Castro. El cordial

---

[331] Octubre 5: «La República Árabe Unida, un ejemplo»; el día 12 «La India, país de grandes contrastes»; el 19, «Recupérase Japón de la tragedia atómica»; el 26, «Indonesia y la sólida unidad de su pueblo»; el 16 de noviembre, «Intercambio comercial con Ceilán y Pakistán»; el 26, «Yugoeslavia, un pueblo que lucha por sus ideales».

y carismático Camilo quedaba subordinado a Raúl. Raúl comenzaría a imponer una estricta disciplina militar.

Raúl va consolidando su poder. Fuerza la renuncia de Manuel Fernández –prestigioso revolucionario no comunista– como Ministro de Trabajo y logra situar en esa posición al ya anterior Ministro de Defensa, Augusto Martínez Sánchez, hombre de su absoluta confianza.

En los días en que se suprime el Ministerio de Defensa y se crea el de las Fuerzas Armadas, a cargo de Raúl Castro, el gran titular del periódico *Revolución* es que «NO APOYA EL GOBIERNO NI EL M-26, CANDIDATOS A LA FEU». En la edición del martes 20 de octubre destaca Carlos Franqui, director de *Revolución*, la toma de posesión de Raúl Castro como Ministro de las Fuerzas Armadas.

El que Huber Matos hubiera renunciado el 20 de octubre no fue, ésta, una noticia ni siquiera de regular importancia para el director de *Revolución*. El día siguiente, miércoles 21, ni la primera plana –ni siquiera, las otras– mencionaban su renuncia. Lo que sí destacaba el periódico era las declaraciones del comandante Raúl Castro, flamante nuevo Ministro de las Fuerzas Armadas sobre los altos objetivos de la Revolución.

El jueves 22 destacaba, en titular que cubría totalmente la primera plana: «PARTIERON DE ESTADOS UNIDOS LOS AVIONES». Se referían a los panfletos que la tarde anterior se habían dejado caer sobre las calles de La Habana. Compartía la primera plana del periódico el anuncio de que Fidel hablaría ese día en el programa «Ante la Prensa». Destacaba, como traición, la actividad del comandante Díaz Lans. Todavía, ni una palabra de la renuncia y detención de Matos. El 22, Fidel concurre al programa de televisión «Ante la Prensa». Habla del «ametrallamiento del pueblo» realizado por las avionetas que dejaron caer tan sólo panfletos, y convoca para el lunes una concentración de un millón de personas ante Palacio.

El 26 «confesó Díaz Lans ser el autor del ataque aéreo». Será, entonces, el sábado 24, que aparece, por primera vez mencionado el nombre del Comandante que habían detenido y arrestado en Camagüey: «Relación entre Matos y Díaz Lans», es el titular de aquel día.

El 28 de octubre desaparece en el mar el comandante Camilo Cienfuegos[332] que había viajado a Camagüey con órdenes de detener a Huber Matos. Se va despejando la cúpula militar de la Revolución.

DE REGRESO: EL BANCO NACIONAL. «VERDE OLIVO».

El martes 8 de septiembre ya estaba Guevara y su delegación de regreso en La Habana.

El jueves 26 de noviembre es nombrado Guevara presidente del Banco Nacional. El *Patojo* actuaba como jefe de personal en el Departamento de Industrialización. Esta designación de Guevara sí es destacada por la prensa oficial, aunque coincide con la designación de dos nuevos ministros: Osmani Cienfuegos, que pasará a ocupar el Ministerio de Obras Públicas; y Rolando Díaz Azcaraín, nuevo ministro de Recuperación de Bienes.

Como antes hizo la Universidad de La Habana con el presidente Gerardo Machado, ahora la Universidad de Las Villas le confiere a Guevara el 28 de diciembre el grado de «*Doctor Honoris Causa de la Facultad de Pedagogía de la Universidad Central*». La misma sumisión, los mismos tristes resultados.

Con esta condenable abyección de la Universidad de Las Villas termina para Guevara, «El Año de la Revolución».

Comienza 1960 y ya está escribiendo, con el seudónimo de «el francotirador» en la revista *Verde Olivo*. Antes, lo había empezado a hacer en *Revolución*.

El 5 de enero de 1960 está presente en la clausura de la Semana de la Liberación en Santa Clara. A los pocos días —ya ha estrechado sus lazos con la dirigencia de esa institución— asiste a la toma de posesión del nuevo ejecutivo del Colegio Médico Nacional; y participa de la reunión de los delegados de agencias mundiales informativas convocada por *Prensa Latina* presidida por su amigo Masetti.

Tal vez preparando su próximo paso, tiene a su cargo la clausura del ciclo de conferencias sobre el Banco Nacional de Cuba; institución a la que nuevamente se dirige en un largo discurso, el 29 de enero.

---

[332] Sólo quedan dos comandantes con mando efectivo de tropas.

Febrero lo inicia en actividades más gratas. El día 3 firma un convenio de cooperación con la República Árabe Unida, y el 4 recibirá an el Aeropuerto Internacional José Martí a Anastás Mikoyán quien, días después, será objeto de otra muy distinta recepción frente a la estatua de José Martí en el Parque Central[333].

Ya la Unión Soviética está dando sus primeros pasos, abiertos, de intercambio comercial y cultural con el nuevo gobierno. Los pasos políticos serán mucho más encubiertos.

Con la presencia de Guevara se inaugura, en el Palacio de Bellas Artes, la exposición soviética de Ciencia, Técnica y Cultura; y del 5 al 13 de aquel mes interviene en la redacción del convenio comercial entre Cuba y la Unión Soviética.

Antes de cumplirse un año del triunfo de la Revolución Guevara ha quedado desposeído de todo mando militar. Para Castro, ya no es un peligro. Para la economía cubana será, desde ese momento, un verdadero desastre.

Va desapareciendo de la prensa oficial la imagen del médico argentino. La reforma tributaria «que ha merecido la aprobación de las entidades económicas del país» es también destacada. Hasta comentarios intrascendentes de Rufo López Fresquet eran recogidos en las informaciones del periódico *Revolución.* Sobre Guevara, silencio.

Entretiene Guevara sus ocios recibiendo misiones económicas, firmando con otras naciones convenios de cooperación, recibiendo títulos honorarios de universidades e instituciones profesionales y escribiendo artículos, muchos para la revista *Verde Olivo,* el órgano oficial de las Fuerzas Armadas, que él fundara. Veamos:

Marzo 24: «Prólogo del libro *La Guerra de Guerrillas.*

Abril 10: «El Payaso Macabro y otras alevosías».

Abril 17: «El más poderoso enemigo y otras boberías».

Abril 24: «El desarme continental y otras claudicaciones».

---

[333] El 5 de febrero Anastas Mikoyán colocó una corona de flores ante la estatua del apóstol José Martí. A los pocos minutos un grupo de estudiantes llegó y retiró violentamente la ofrenda floral. Fueron detenidos Alberto Muller, Juan Manuel Salvat, Ernesto Fernández Travieso, Enrique Casuso, y otros. Algunos estudiantes, entre ellos los hermanos Blanco, habían salido de las oficinas cercanas del Ministerio de Comercio, donde trabajaban, para unirse a la demostración. Conocida su identificación, los hermanos Blanco permanecieron ocultos varios días hasta asilarse en la Embajada de Venezuela.

Mayo 01: «No seas bobo, compadre, y otras advertencias».

Mayo 08: «La Democracia Representativa Surcoreana y otras mentiras».

Mayo 15: «Solidaridad en el combate».

Mayo 22: «Los dos grandes peligros, los aviones piratas y otras violaciones».

Mayo 29: «El aprovechamiento del terreno».

Junio 05: «Estambul, Puerto Rico, Caimanera y otras «bases de discusión».

Junio 12: «Ydígoras, Somoza y otras pruebas de amistad».

Junio 17: «El plan Marshall, el plan Eisenhower y otros planes».

Junio 24: Nixon, Eisenhower, Hagerty y otros toques de atención».

La revista *Verde Olivo*, órgano oficial de las FAR, se nutre de artículos llenos de elogios recíprocos entre los comandantes de la revolución triunfante. Ernesto Guevara no será una excepción. En su artículo *«Notas para el estudio de la ideología de la Revolución Cubana»* resalta la siguiente *heroicidad* del creador del Segundo Frente Oriental: *«Raúl realiza la hazaña de cruzar la carretera central los primeros días de marzo de ese año».* Las Guásimas, la Indiana, Peralejo, Sao del Indio, La Sacra y Palo Seco, eran nada al lado de la heroicidad de Raúl Castro de cruzar (en 1958) la carretera central.

Las anotaciones que hacía Ernesto Guevara fueron publicadas, intermitentemente, en distintos números de la revista *Verde Olivo*, en vida del guerrillero argentino.

Luego de su muerte, en 1971 se imprimieron, bajo el título de *Pasajes de la Guerra Revolucionaria,* 18 de esos pasajes incluyendo uno dedicado a «el Patojo». Después, en 1998, en el «Treinta Aniversario de la caída del *guerrillero heroico* y sus compañeros», la Editora Política publicó un nuevo número, más amplio, con el mismo título de *Pasajes de la Guerra Revolucionaria.* En esa nueva edición se adicionaban dieciséis otros episodios pero, curiosamente, quedaba suprimido el que había dedicado Guevara a su joven compañero, «el Patojo».

Resultaría de interés conocer por qué fue suprimido aquel artículo sobre el joven guatemalteco que acompañó a Guevara en su viaje hacia México, que compartió su hogar en la capital mexicana y a quien Castro no le permitió formar parte de la expedición del Granma. El Patojo era el más íntimo amigo de Guevara, su hombre de confianza, su confidente. En vida de Guevara la revista *Verde Olivo* publicó el sentido artículo que Guevara escribió al conocer la muerte de su amigo; pero aquel tributo fue eliminado en la edición extraordinaria del Treinta Aniversario.

El asmático Guevara inaugura en agosto un ciclo de charlas de Capacitación Física auspiciado por el Ministerio de Salud Pública. En septiembre dedica el tiempo a la recaudación de dinero para la compra de armas y aviones y, el 20 de ese mes, ordena la nacionalización de tres bancos norteamericanos.

UN NUEVO AÑO ALEJADO DEL PODER

Si en 1959 entretienen a Guevara con extensos y distantes viajes, al siguiente año lo veremos forzado a pronunciar discursos con los que lo mantienen alejado del poder militar.

En enero, el día 29, en el Banco Nacional; el 7 de febrero se estará dirigiendo a los trabajadores de la industria textil y el 24 será el Centro Escolar «Oscar Lucero» quien escuchará las palabras de quien, al morir, calificarán de «guerrillero heroico».

Marzo de 1960, el año de la Reforma Agraria, no será distinto. Pronunciará la Conferencia Inaugural del Programa de Televisión *«Universidad Popular»*. Esa tarde hablará de la soberanía política e independencia económica; temas que ampliará en otra conferencia; esta vez en una charla pronunciada en la universidad de La Habana sobre «El Papel de la Universidad en el Desarrollo Económico de Cuba».

Mantiene Castro ocupado a Guevara con charlas, conferencias y discursos. El primero de mayo, el casi ignorado Guevara sale a defender a Castro «frente a la imputación de que el gobierno pretende obligar a todos los trabajadores a vivir en un estado de esclavitud». Falso, dice el guerrillero argentino. No hay tal esclavitud: *«son los trabajadores libres, reunidos en un congreso sindical los que resuelven, por unanimidad, descontarse el 4% de sus salarios para contribuir a la industrialización del país».*

Veinte días después está hablando en la inauguración de la exposición industrial en la que afirma, sin rubor, que «ya empiezan a ponerse las primeras bases de la gran industria siderúrgica que estará, probablemente asentada en Oriente, y que en cinco años autoabastecerá de ese vital producto a la nación cubana»[334].

Pero, para el descendiente de *«una de las casas de la grandeza de España», eso era poco comparado con la próxima etapa «que nos librará del rótulo de país subdesarrollado: el lograr la ocupación plena, y el lograrla en un tiempo record».* Dadivoso en promesas, incumplido en realizaciones. Ese fue, siempre, Ernesto Guevara de la Serna.

El 14 de junio pronuncia un discurso dirigido a la clase obrera; el primero de julio les habla a los estudiantes y a los profesores de la Escuela Técnica Industrial, y el 10 del propio mes, será en un acto frente al palacio presidencial donde tiene una nueva oportunidad de mantener vigente su presencia, llenando de alabanzas a «nuestro Jefe Máximo». Dos o tres veces cada mes estará hablando –poca atención le prestarán– : en el curso de adoctrinamiento del Ministerio de Salud Pública; en la Plenaria Nacional Tabacalera, en el Ciclo de Conferencias del Banco Nacional.

Es Castro quien, como siempre, hace gala de la diatriba para fustigar a sus adversarios. El 7 de octubre calificaba al presidnete John F. Kennedy de «millonario, analfabeto y gangster internacional» denunciando de «insolentes las amenazas de Kennedy»[335].

Tres semanas después el cintillo del periódico oficial anunciaba la nacionalización de 166 empresas «en defensa de nuestra economía». El aviso llega con una amenaza destacada en una edición extraordinaria de Revolución:

«Amenazas de Kruschev: Habrá cohetes si hay agresión».

Volaba Guevara a Moscú para iniciar conversaciones sobre planes «económicos».

1961 NO SERÁ DISTINTO PARA GUEVARA

Este nuevo año no será distinto para el marginado argentino. El lunes 9 de enero la prensa oficial destacaba «la presencia de portaaviones yankis» en la Base de Guantánamo que «tenían un plan de bombardeo a las refinerías petroleras». Las noticias eran, aún, más escan-

---

[334] Ernesto Che Guevara. «Escritos y Discursos», Tomo IV.
[335] Periódico Revolución, octubre 7, 1960.

dalosas: «Minan el litoral de Caimanera y lo refuerzan con destructores» y, en un tercer titular, tan dramático como los anteriores, se denunciaban, «armas norteamericanas lanzadas en Pinar del Río».

En páginas interiores aparecían otros titulares «Armas Yankis en El Escambray» con profusión de fotos. Para enero 10 los cintillos son igualmente alarmantes: «Trasladan mercenarios desde Miami a Guatemala», y otros igualmente alarmistas.

Lo sorprende el 17 de abril –donde no tuvo arte ni parte– en la provincia de Pinar del Río a donde había ido «a saludar la clausura de la Semana de la Salud Pública... y a gozar de un merecido descanso»[336].

No ha participado en la movilización de tropas que se hizo necesaria para aplastar la invasión del 17 de abril. Continúa, como antes, pronunciando discursos y conferencias. Al terminar ese mes está hablando en el ciclo de «Economía y Planificación» de la Universidad Popular. Habla, allí, del nuevo Ministerio de Industrias al que ha sido asignado. El resto del año lo mantendrán entretenido –es decir, alejado de la esfera del poder– pronunciando conferencias sobre «cursos de adiestramiento del Ministerio de Industrias (23 de junio); introducción a la Primera Reunión Nacional de Producción (27 de agosto).

NUEVO VIAJE. LEJOS DE LA ISLA

Sólo en agosto de 1961 vuelve a figurar Ernesto Guevara, en la prensa internacional, como noticia. Será con motivo de la Conferencia Interamericana del Consejo Económico que se desarrolla en Punta del Este y a la que asiste presidiendo la delegación cubana. El 19, invitado por el presidente argentino Arturo Frondizi viaja, subrepticiamente, a Buenos Aires para una entrevista secreta.

Otro mandatario, que muy poco durará en la presidencia, extiende una inesperada invitación a Ernesto Guevara. Janio Quadros, quien tan sólo el 31 de enero de aquel año había asumido la presidencia, muestra amplia satisfacción en recibirlo, en Brasilia, la recién construida capital de Brasil. Allí le entrega la condecoración Orden Cruzeiro do Sul. Era ésta una afrenta totalmente intolerable para Carlos Lacerda,

---

[336] Ernesto Che Guevara. «Escritos y Discursos», Tomo V.

el poderoso gobernador del estado de Guanabara, que acusó a Quadros de planear el establecimiento de una dictadura comunista en aquella república.

A la dura crítica del gobernador Lacerda se unieron la de los más altos oficiales de la cúpula militar. Una semana después, el 25 de agosto, Quadros presentaba su renuncia que, de inmediato, le fue aceptada.

Situación similar enfrentó Frondizi a los pocos meses cuando, en enero 31 (1962), en la Octava Reunión de Consulta de Cancilleres Latinoamericanos se aprobó, con seis abstenciones, una resolución que «excluía al presente gobierno de Cuba de participar en el sistema interamericano». Argentina era una de las «abstenciones».

Presionado por las fuerzas armadas, Frondizi rectificó su posición, y el 8 de febrero rompía relaciones diplomáticas con el régimen de Castro. De poco le valió. El 28 de marzo era depuesto. Los dos presidente suramericanos visitados por Guevara habían perdido su posición.

En La Habana Ricardo Rojo había servido de intermediario para una entrevista entre un enviado confidencial de Arturo Frondizi y Guevara[337], previa a la reunión de Frondizi y Guevara en Buenos Aires.

A la reunión Guevara pidió ser acompañado por el director del área latinoamericana de la Cancillería de Cuba «el eficiente y miope Ramón Aja Castro». Simultáneamente, sin que aún él lo supiera, se estaban dando los pasos de la Alianza para el Progreso de Kennedy. También Raúl Prebisch, Secretario General de la Comisión Económica para América Latina de las Naciones Unidas quiso entrevistarse con Guevara antes del viaje de éste a Punta del Este. De Montevideo viajaba Guevara a Buenos Aires en un pequeño avión acompañado de Ramón Aja.

En la reunión con Raúl Prebisch, Frondizi y otros, Guevara hizo un análisis del proyecto norteamericano expuesto por el jefe de la delegación de ese país, Douglas Dinnon. Estaba presente Robert Woodward, Secretario de Estado Adjunto para Asuntos Latinoamericanos de los

---

[337] Ricardo Rojo, página 139 de «Mi Amigo el Che».

Estados Unidos. Guevara había leído un documento, hasta ese momento secreto, que le había sido cursado al embajador Teodoro Moscoso sobre el desarrollo económico de Venezuela[338].

De regreso a la isla toma parte, muy discretamente del «Primer Congreso de Escritores y Artistas» que se celebra la última semana de aquel mes.

Tendrá a su cargo el discurso de clausura de la Primera Asamblea de Producción de la Gran Habana (24 de septiembre) y, para no variar, en octubre pronuncia una charla a los trabajadores del Ministerio de Industrias.

En Cuba, Guevara está notoriamente marginado. Deambula, sin que le presten mucha atención, por cuantas exposiciones se presentan en La Habana. El primero de octubre asiste a una recepción ofrecida en la Embajada de la República Popular China al celebrarse un aniversario más de su Revolución. El 15, asiste a la recepción ofrecida por el embajador checoeslovaco al canciller de su país Wacrav David. El primero de noviembre concurre a la primera exposición industrial en Cuba de la República Democrática Alemana; el 7 acude a una recepción en la embajada soviética en conmemoración al cuadragésimo cuarto aniversario de la «Revolución de Octubre». El 15 habla en un acto celebrado en una fábrica de pintura con motivo de entregar premios a los ganadores en una emulación de alfabetización.

Noviembre lo termina asistiendo a la recepción en la embajada de Yugoeslavia al celebrarse su fiesta nacional. Pone fin a diciembre, para él sin brillo, hablando en el acto de graduación de la Escuela de Administración de Industrias Patricio Lumumba. No tuvo Guevara, en todos estos meses, participación alguna en actos importantes del gobierno.

Los primeros meses de 1962 no serán distintos.

El 10 de enero le ofrece un almuerzo a una delegación inglesa a la que le brinda «amplia información» acerca de los planes de industrialización del país; el 11 ya está en otra recepción; ésta, nuevamente, en la Embajada de la República Popular China. En marzo, mientras Guevara visita en Santiago de Cuba una fábrica de tornillos, tuercas

---

[338] Íbidem.

y arandelas, se está constituyendo la Dirección Nacional de las Organizaciones Revolucionarias Integradas (ORI) acusada, pocos días después, por Castro, de sectarismo. El dictador cubano centra su ataque en Aníbal Escalante. Aquella crisis no afectó a Guevara que siguió formando parte del Secretariado de la ORI. Ha vuelto a gozar de la confianza de Castro.

Moscú ha visto con total indiferencia el descabezamiento de Aníbal Escalante. El Pravda ha expresado en un editorial que «Cuba podrá contar siempre con la ayuda soviética». Coincide esta declaración de solidaridad con viajes a Moscú de importantes dirigentes de la Revolución Cubana. Guevara será uno de estos viajeros.

GUEVARA EN MOSCÚ

El 3 de abril de 1962 parte Ramiro Valdés, Ministro del Interior a la capital soviética; el 29 viaja Osmany Cienfuegos. Semanas después, el 2 de julio, llegará a Moscú Raúl Castro, invitado por el Ministro de Defensa de la Unión Soviética. Se multiplican las visitas a Moscú.

En agosto (1962) viaja nuevamente a la meca soviética con el aparente propósito de sostener conversaciones sobre intercambios económicos. El motivo real es otro.

Viajaba a formalizar, junto con Emilio Aragonés, el convenio secreto iniciado por Raúl Castro un mes anterior por el que la Unión Soviética enviaba a Cuba armas nucleares[339]. Es ésta –la puntualiza

---

[339] Quedaba formalizado el envío, muchos de ellos ya en camino, de las siguientes unidades militares:

Una división de cohetes de mediano alcance, con un radio de 2,500 kilómetros
Dos divisiones de cohetes de defensa aérea
Cuatro regimientos motorizados, con tres baterías tácticas de proyectiles nucleares.
Un regimiento de cuarenta naves aéreas MIG-21.
Dos regimientos de cohetes dirigidos.
Un regimiento de helicópteros de transporte M1-8.
Un regimiento para la defensa costera con cohetes Sopka.
Una brigada de barcos patrulleros Komar, con dos lanzadores de cohetes cada uno.
Se había previsto que la Unión Soviética llevaría a Cuba 45,000 soldados.
Cuando se produjo la Crisis (octubre 22 de 1962) ya habían estacionado en la isla 42,000 hombres. (Datos ofrecidos por el general Anatoly Gribkov, Inspector General del Ministerio de Defensa Soviético, quien planeó la operación «Anadyv» y tuvo a su cargo la supervisión de su desarrollo en Cuba). (Fuente: Conferencia de La Habana, 1992, James

ción del acuerdo del envío de armamentos atómicos a Cuba, que Castro formalizará al regreso de Guevara a La Habana– la sola participación de Guevara en aquel trascendente hecho en la historia de Cuba. No fue factor en la invasión de Playa Girón. No lo sería en las conversaciones que pusieron fin, ignominiosamente para Castro, a la Crisis de los Cohetes.

El compromiso –convenio, acuerdo, pacto –de Kruschev y Kennedy, tomado a espaldas de Castro, de retirar los cohetes de la isla, creó un serio resentimiento del dictador cubano contra el líder soviético. Eran extremadamente tensas las relaciones entre Cuba y la Unión Soviética al terminar 1962.

CASTRO RECONCILIADO CON MOSCÚ. GUEVARA, MARGINADO

En los primeros meses de 1963, aunque por distintos motivos, Castro y el Che Guevara continuaban distanciados de la Unión Soviética.

Castro aparentaba no mostrar interés a las insistentes invitaciones del Kremlin. Kruschev siguió cortejándolo, utilizando al embajador Alexseiev quien siempre mantuvo cordiales y abiertas relaciones con el gobernante cubano.

Inesperadamente, en la noche del viernes 26 de abril la radio y la televisión nacional dio la noticia: «Atención… atención… noticia de última hora… el Primer Ministro del Gobierno Revolucionario, comandante Fidel Castro, se encuentra en estos momentos en viaje hacia la Unión Soviética…».

Nadie lo sabía. Como un forajido partía hacia Moscú el, hasta ahora, irritado, ofendido, humillado dirigente cubano. Terminaba el divorcio de Castro con Kruschev al tiempo que se profundizaba el distanciamiento de Guevara con el dirigente soviético, con Castro, con la Revolución Cubana.

Castro sería objeto de innumerables atenciones por parte de Kruschev. Su viaje se prolongaría por siete semanas.

Bright y otros, «Cuba on the Brink»). Mayor y más precisa información puede encontrarse en el libro «De Girón a la Crisis de los Cohetes, la segunda derrota» del autor.

Durante su estadía había surtido efecto la capacidad de persuasión de Kruschev o la comprensión por parte de Castro de su económica dependencia de los soviéticos. El 30 de abril, desde Moscú, anunció que no visitaría China, ni Argelia. Aceptaba, para el consumo exterior, la coexistencia pacífica y daba la espalda –sólo de palabra– a la lucha armada fomentada por Ben Bella y Mao. Castro y Guevara se iban distanciando.

Las negociaciones soviéticas realizadas a espaldas de los dirigentes cubanos durante la Crisis de los Cohetes, acentuaron en Guevara su distanciamiento de la línea moscovita. También de los integrantes de la vieja guardia.

En el campo doméstico el Ministro de Industrias fracasaba en su programa de «industrialización acelerada» y «diversificación de la economía»; al tiempo que en la arena internacional se distanciaba de la línea de Moscú al oponerse a la política de «coexistencia pacífica» y abogar por el camino de la lucha armada.

El Che había tomado, abiertamente, una posición maoísta; pro-china. Sostenía, ante el imperio que ya estaba sufragando los elevados gastos de la Revolución Cubana, una actitud descarnadamente anti-soviética, una posición tolerada, tal vez alentada por Castro en los meses que transcurren entre la Crisis de los Cohetes (octubre de 1962), cuya solución tanto lo irritó, y su regreso de Moscú en junio de 1963; pero, no más allá.

Castro llegó de Moscú domesticado. El Che, sin embargo, se mostraba cada vez más reacio a aceptar los dictados soviéticos. Ya había expresado el antiguo jefe de La Cabaña profundas diferencias, fundamentalmente teóricas, con Carlos Rafael Rodríguez, Director del INRA. En agosto de 1963, en el periódico Revolución, hace una descarnada crítica a la actuación –o no participación– de los dirigentes del antiguo Partido Socialista Popular en la lucha contra Batista.

En septiembre de 1963 ocupa la tribuna del Primer Encuentro Internacional de Profesores y Estudiantes de Arquitectura, celebrado en La Habana. Enfatiza aquella tarde que «los deberes de la Revolución Cubana están más allá de las fronteras de la isla. Cuba tiene el deber de expandir la llama ideológica de la Revolución por todos los rincones del continente».

A Moscú le preocupaba que «la exportación de la Revolución emanada desde Cuba favoreciese a China, ya que, mientras la Unión Soviética abogaba por la coexistencia pacífica», Pekín respaldaba –al menos, de palabra– la lucha armada[340]. Dentro de ese marco se desarrollaba el gradual distanciamiento entre Fidel Castro y el Che Guevara. El primero alentando y abogando por la acción guerrillera en Latinoamérica pero, al mismo tiempo, viéndose sometido a los dictados de Moscú; mientras que el militante argentino, sin atadura alguna, se concentraba en su tema favorito: la Revolución Latinoamericana. Para producirla sólo había un camino que él pretendió facilitar con su obra «La Guerra de Guerrillas: Un Método».

El Che defendía «la socialización total de la distribución; la Revolución es sacrificio, lucha, confianza en el futuro». Combatía «el interés, el lucro y los estímulos materiales». En una de sus muchas polémicas concluyó con esta frase: «es necesario cambiar la mentalidad para obtener un *hombre nuevo*». La frase tuvo fortuna pero, el hombre nuevo del Che Guevara no se distinguió, para bien, del «hombre antiguo». Fue, sólo, una frase vacía[341].

En enero de 1964, Castro vuelve nuevamente a Moscú. Entró y salió Castro de Rusia sin fanfarria alguna. Su sumisión ya era plena. La visita se realiza sin el derroche publicitario del viaje anterior. Apenas si hay fotos o declaraciones.

Los intereses de las dos grandes naciones del bloque comunista, China y la Unión Soviética, chocaron. Cuba se encontraba entre ambas potencias. Pekín objetaba vociferadamente la política soviética de «coexistencia pacífica». Las relaciones se hicieron más críticas en el Consejo de Solidaridad de los Pueblos afro-asiáticos celebrado en Argelia en el mes de marzo. Guevara estará, consciente o inconscientemente, en el centro de aquella crisis.

En noviembre de 1964, a las pocas semanas de haber sido destituido Kruschev como Premier y Secretario General del Partido Comunis-

---

[340] Información más detallada de esta crisis puede encontrarse en el libro «Años Críticos: del camino de la acción al camino del entendimiento» del autor.

[341] «Para crear al *hombre nuevo*, el Che no vacilaría en exterminar a la humanidad» (Luis Ortega en «Yo soy el Che», 1970).

ta Soviético, Che Guevara fue a Moscú en lo que sería su última visita a la capital imperial.

De regreso a La Habana, donde ya se sentía incómodo, el comandante Guevara se preparaba para participar en la reunión de dirigentes afro-asiáticos que se celebraría en Argelia.

CAPÍTULO XI
UN PASO EN FALSO

DE LAS NACIONES UNIDAS AL CONTINENTE AFRICANO
Primero, hablaría en la Asamblea General de las Naciones Unidas, y, luego, se trasladaría, de inmediato, a Argelia para establecer los contactos necesarios en otros países de África en un recorrido que le habrá de tomar tres meses, y que producirá un distanciamiento entre los dos guerrilleros de la Sierra Maestra cuyos grandes egos no les permite vivir, juntos, en tan pequeña isla.

El viernes 11 de diciembre el Ministro de Industrias de Cuba pronunciaba su discurso ante la Asamblea General[342].

Algunas acotaciones de su discurso lo distanciaban de la línea soviética: *«el camino de la liberación, que es el del socialismo, se logrará con balas en casi todas partes»* y *«la coexistencia pacífica no puede significar coexistencia entre explotadores y explotados; entre opresores y oprimidos».*

La visita del Che Guevara a los Estados Unidos perseguía un propósito, para él, más importante que hablar en el recinto de la ONU: fortalecer en unos casos e iniciar, en otros, contactos con las delegaciones afro-asiáticas con vista al Seminario de la Organización de Solidaridad Afro-Asiática que se celebraría en Argel.

El 17 de diciembre partía rumbo a Argel donde lo recibió Ben Bella. Conversaron, reservadamente, sobre la forma de enfrentar a los rusos en la conferencia del mes de febrero, sin necesidad de alinearse en el frente chino. Allí se mantiene Guevara durante una semana en plena actividad estableciendo los contactos con los grupos revolucio-

---

[342] Resultó un discurso sonado y sonoro. Una explosión frente a aquel edificio provocó que se elevara una columna de agua de siete metros de altura. La explosión sacudió el inmueble. Los manifestantes anticastristas que desfilaban en el exterior lucharon por penetrar en el edificio. Guevara no pareció inmutarse, y continuó su extensa disertación.

narios del continente africano y preparando su intervención en el Seminario de Solidaridad.

Una semana después, el 26 de diciembre, el Che estaba en la República de Mali, la pequeña nación del oeste de África que limita con la propia Argelia. Ya comenzaban a llamarlo en aquel contiente «el Mao de América Latina». Terminaba el año 1964. Llega en enero 2 al Congo Brazzaville, la antigua colonia francesa que, pocos meses antes había establecido relaciones diplomáticas con Argelia y, poco después, lo hará con la China de Mao Tse-Tung. Parte en enero 8 hacia Guinea, gobernada por Sekou Doure, que recientemente había intercambiado visitas con Chou En-Lai, el Primer Ministro de la República Popular China, y con el Presidente de Argelia, Ben Bella. Doure[343] mantenía una línea Maoísta en su política exterior, y se manifestaba en favor de las guerras de liberación nacional.

Significativamente, la prensa cubana que viene cubriendo con grandes titulares y fotos, en su primera plana, el recorrido del comandante Guevara, no hace mención alguna de sus actividades, contactos y entrevistas en este país africano que se mueve en la órbita china, y donde ha permanecido por más de una semana.

Durante esos ocho días en que permanece en la pro-china nación africana, el nombre de Ernesto Guevara ha desaparecido de la prensa oficial. Se publican dos artículos sobre la amistad de los pueblos de Cuba y Guinea sin, siquiera, hacer mención en las largas cuartillas del nombre del Ministro de Industrias. Con esto, Castro le ha enviado un claro mensaje al guerrillero argentino: estamos obligados a mantenernos en la línea soviética. Guevara desdeña el aviso. Volverá a cometer el error y lo pagará caro.

El incansable viajero sigue visitando capitales africanas en busca de respaldo a su tesis de la lucha armada y, también, para mantenerse alejado de la isla del Caribe que ya resultaba muy pequeña para sus ambiciones y sueños.

Al salir de Guinea y dirigirse a Ghana vuelve Guevara a aparecer en la prensa controlada de La Habana. Se traslada el 16 de enero a

---

[343] Había sido el embajador de Guinea en La Habana quien, el pasado año, había informado al embajador norteamericano William Attwood las posibilidades de propiciar un acomodo entre los Estados Unidos y Castro.

Ghana y se entrevista con el mandatario Kuame Nkrumah. Ghana, Guinea y Mali eran un triángulo clave en el recorrido de Guevara, pues los tres países habían pactado luchar por la unificación de África Occidental.

Ha visitado, hasta ese momento, además de Argelia, países que forman el corazón de África. En Ghana ha permanecido otra semana y todas sus actividades han sido destacadas en la primera plana del periódico *Revolución*. Siguió el 21 de enero a Dahomei. Acompañado del comandante Jorge Serguera, embajador cubano en Argelia, regresa a ese país el 25 de enero. Se reúne con Ben Bella informándole los pormenores de su viaje y con él discute los asuntos que a ambos interesan: los países del Tercer Mundo, la disputa entre China y la Unión Soviética y, por supuesto, los temas que Guevara quiere desarrollar en el Segundo Seminario Económico de la Organización de Solidaridad Afro Asiática.

Planeada tenía una visita a Tanzania y a la República Árabe Unida. Pero hubo un cambio repentino. Algo inesperado, no programado, ocurre.

EL VIAJE VEDADO

Hasta ahora, repetidamente, la prensa cubana ha destacado, con excepción de su estadía en Guinea, «la gira del comandante Guevara por países africanos».[344]

El 30 de enero, una pequeña nota en la prensa de La Habana informa que *«Che llega a París. Irá a Pakistán».* Será a Cantón donde llega el Ministro de Industrias. El 2 de febrero se conoce el arribo de Ernesto Che Guevara a Cantón, en la República Popular China.

Decisión, repentina, inconsulta. Error de apreciación que habrá de costarle caro al «condotiero» argentino.[345] El inesperado y, muy probablemente, inconsulto viaje a Cantón, donde se entrevista con Mao Tse-Tung, ahondará las diferencias, ya casi insalvables, entre el dogmático e inflexible Guevara y el pragmático y moldeable Castro.

La decisión de Guevara sorprende e irrita al gobernante cubano y, para salvar en algo las apariencias, la prensa oficial informa que «con esta visita inicia Guevara su anunciada gira por distintos países asiáti-

---

[344] Antes de iniciar su viaje, Che Guevara era, permanentemente, noticia de primera plana para la prensa controlada del régimen. Veamos:

FECHA PROMINENCIA

Dic. 1o. Primera plana: Foto. Resumen de acto en Santiago de Cuba.
Dic. 3 Primera plana: Palabras en la Universidad de Oriente contra el Burocratismo.
Dic. 4 Un mural sobre normallización técnica del Ministerio de Industria.
Dic. 9 Primera plana: Che Guevara hacia las Naciones Unidas.
Dic. 10 Primera plana: Guevara hablará mañana en la ONU.
Dic. 11 Primera plana: Guevara hablará hoy en la Asamblea General.
Dic. 12 Primera plana: «Luchará el pueblo de Cuba junto a su gobierno», Che.
Dic. 14 Primera plana: Che en la TV de Estados Unidos.
Dic. 15 Primera plana: Reunión de Che y Gromyko.
Dic. 18 Primera plana: Parte Che de Nueva York hacia Argelia.
Dic. 19 Primera plana: Che arribó a Argelia.
Dic. 22 Primera plana: Ben Bella celebró nueva reunión con Guevara.
Dic. 23 Primera plana: Che en Argelia. ¿Razón de su viaje? Visitar varios países africanos.
Dic. 26 Primera plana: Guevara hacia Mali.
Dic. 29 Primera plana: Entrevista del comandante Guevara y el Ministro de Justicia de Mali.

Durante el mes de enero de 1965 continúa este prominente destaque del comandante Guevara; el único culto a la personalidad, distinto al suyo propio, que permite Fidel Castro. Hasta el inesperado, sorpresivo, viaje a la China de Mao.

[345] Una afectuosa carta dirigida a sus padres, escrita probablemente en mayo de 1965, y en la que les anuncia, vagamente, su salida de Cuba, la termina conla frase «acuérdense de vez en cuando de este pequeño condotiero del siglo XX».

cos». No. Con este viaje, Guevara exterioriza su distanciamiento de la línea soviética de Castro. El dictador cubano no se lo perdonará.

En esos momentos, Guevara se siente alejado de la Unión Soviética. Pronto, dentro de pocos meses, se apreciará, también, su distanciamiento de Castro.

En el número de *Revolución* de febrero 3 de 1965 apareció la inesperada noticia: *«Llegó Che Guevara a Cantón. Recibido por líderes del partido comunista en la región».* Pero en la edición del día siguiente eran declaraciones de Fidel Castro y una foto de su hermano Raúl las que tomaban la primera plana.

Además de las palabras de Fidel, las páginas de *Revolución* cubrían Casilda; el viaje de Kosygin a Vietnam; Camilo José Cela; y los 27,000 macheteros ubicados en el corte de caña. A quien no se pudo ubicar en el periódico fue al Che. La prensa cubana no vuelve a hacer mención del Che Guevara ni de su viaje.

Ya el 29 de enero había conocido Fidel, y los hombres de su confianza, la decisión de Guevara de ir a China a entrevistarse con Mao Tse-Tung. Por eso, Carlos Rafael Rodríguez, de inmediato, con la obvia autorización de Castro, comienza la tarea de colocar en su sitio a este díscolo guerrillero que se había jactado de su profundo dominio de los principios marxista-leninistas y que, en su arrogancia, pretendía trazarle pautas a Fidel.

Durante la sesión final de trabajo en la reunión nacional del INRA celebrada el sábado 30 de enero de 1965, Carlos Rafael le lanza esta andanada al disidente Ministro de Industrias que ha defendido la línea Maoísta y el principio de los incentivos morales.

«Podemos afirmar, que en lo que a nosotros atañe, al concebir los incentivos materiales como instrumentos de trabajo, no hacemos otra cosa que entenderlos en la forma que el creador genial del socialismo, Carlos Marx, lo postuló, cuando analizó estos problemas y en particular en su célebre «Crítica al Programa de Gotha» de los socialistas Lassallanos».[346]

---

[346] La «Crítica al Programa de Gotha» se refiere a un análisis, cáustico y mezquino, realizado por Carlos Marx al programa del partido social demócrata alemán que había sido fundado por Fernando Lassalle quien tuvo profundas diferencias con Marx cuando éste dio a conocer su Manifiesto Comunista (1848).

El viejo militante comunista identifica las ideas de Guevara con las de Lassalle, uno de los más profundos críticos del marxismo.

Dos párrafos más adelante, en su vitriólico discurso, Carlos Rafael, sin mencionarlo, vuelve a calificar de hereje a Guevara:

«La dialéctica nos enseña a distinguir entre el pensamiento mecánico y el pensamiento que toma en cuenta el desarrollo interno de las propias contradicciones. Es fácil separar de un lado a los partidarios de los incentivos materiales y de otro lado a los partidarios de los incentivos morales».

Acusa, ahora, a Ernesto Guevara de *mecanicista*. Con este ataque sitúa al dirigente fuera de la filosofía marxista.

Durante una semana, mientras Guevara se entrevista (sin fruto alguno) con Mao Tse-Tung, la primera plana de Revolución la cubren estas notas: «las palomas mensajeras de Cuba establecen récord mundial», el «Primer Chequeo de la Molienda», «Análisis de Metas Educacionales», «Campaña de Ayuda a Vietnam», «La Acción en la Poesía y Pintura».

SILENCIADA SU VISITA A CHINA

Marcado y comprensible interés tiene Castro en ocultar la escapada hacia Cantón que, por decisión propia e inconsulta, realizó Guevara. Así narra el equipo de «reporteros-escritores de la revista Cuba, de La Habana, dirigido por Lisandro Otero y Ernesto González Bermejo», los últimos días de Ernesto Guevara en el continente africano:

«Al regreso de un recorrido por el interior de Argelia, se anuncia que viajará a la RAU. A comienzos de marzo llega a El Cairo. Se entrevista nuevamente con los dirigentes árabes. Y visita la prensa de Aswan, en construcción».

A continuación de ese párrafo termina la historia transcribiendo un cable de Prensa Latina:

«La Habana, marzo 14, (PL) – El Ministro de Industrias, comandante Ernesto Che Guevara, regresó hoy a esta capital después de un recorrido de poco menos de tres meses por varios países de África».

Han suprimido, estos «biógrafos» del comandante Guevara, su visita a China y su entrevista con Mao Tse-Tung. No podemos culpar a estos «biógrafos», pues la prensa oficial no se hace eco del viaje de

Guevara a Cantón. Por eso, dos años después, cuando su muerte en Bolivia lo convierte en noticia obligada, muchos de los que escriben sobre el guerrillero argentino ignoran ese viaje a China al cubrir su periplo por África. Los escritores cubanos (Fernández Retamar, Antonio Benítez Rojo, Reynaldo González, y otros), lo silencian. Otros, no todos cubanos pero simpatizantes de Guevara, mencionan el viaje a China pero sin comentario alguno (Ricardo Rojo, «Mi Amigo el Che»; Norberto Frontini, «Crítica»; John Álvarez y García, «Che Guevara»; Luis González, «El Gran Rebelde»; José Leopoldo Decamiri, y otros).

El 12 de febrero llega Guevara a Tanzania en visita oficial de cinco días. Se entrevista con el presidente Julius Nyerere quien, poco después, también viajará a Pekín. Irá el Che, luego, a Sudán. La prensa cubana seguirá ignorándolo, hablando del cumplimiento de las metas agrícolas, de la llegada de Rosita Fornés; de Fidel, Raúl, Janos Kadar, Dorticós, Hart. De todos, menos de Guevara.

CRÍTICAS A LA UNIÓN SOVIÉTICA

Ya desde el principio del año anterior (1964), era evidente el distanciamiento ideológico entre Pekín y Moscú. El Primer Ministro Chino Chou En-Lai había desestimado todas las exhortaciones de Kruschev para resolver en conversaciones privadas las diferencias que separaban a estas dos potencias socialistas. El camino que recorre en enero y febrero de 1965 Guevara por los países de África lo había transitado en los mismos meses del pasado año, el Primer Ministro Chino. Antes que lo hiciera Guevara, Chou había fustigado de «revisionista» la política de Kruschev. El Premier Chino había visitado Argelia, la República Árabe Unida, Mali, Ghana. Un año después, Guevara seguía los mismos pasos.

El 27 de febrero está, por tercera vez, de regreso en Argel y habla en la Conferencia, como observador cubano, para criticar a los dirigentes soviéticos que quieren

> «regatear su apoyo a las revoluciones populares en beneficio de una política exterior egoísta, distanciada de los grandes objetivos internacionalistas de la clase obrera».

El ataque a la política de la metrópoli moscovita es frontal:

> «La tarea consiste en fijar los precios que permitan el desarrollo, y habrá que cambiar el orden de las relaciones internacio-

nales. No debe ser el comercio exterior el que fije la política sino, por el contrario, aquel debe estar subordinado a una política fraternal hacia los pueblos».

Con estas palabras sintetizaba Guevara, en el Segundo Seminario económico de la Organización de la Solidaridad Afro Asiática, sus diferencias con los dirigentes del Kremlin que

*«regatean su apoyo a las revoluciones populares en beneficio de una política exterior egoísta, distanciada de los grandes objetivos internacionalistas de la clase obrera».... «No debe hablarse más de desarrollar un comercio de beneficio mutuo, basado en los precios que la ley del valor y las relaciones internacionales intercambian e imponen a los países atrasados».... «si establecemos este tipo de relación entre los dos grupos de naciones, debemos convenir en que **los países socialistas son, en cierta manera, cómplices de la explotación imperialista».***

Aquella tarde, en la capital de Argelia, Guevara sabía que con estas palabras quebraba el ya frágil eslabón que lo unía a la Revolución Cubana supeditada, económica y políticamente, a Moscú. Lo confirmaría a su regreso, pocos días después, a La Habana.

La profusa publicidad que, por meses, se le había dado al Seminario impidió que el régimen ignorase la celebración del evento y la presencia de Guevara. En su edición de marzo 2, el periódico *Revolución* muestra una foto de la presidencia del acto en la que aparecen en primera fila Ben Bella y otras personalidades. Como lacerante humillación al guerrillero argentino concluye así el pie de grabado:

«Al fondo, detrás de Ben Bella, aparece el comandante Ernesto Guevara».

En efecto, se ve, bien diminuta, apenas la cabeza de Guevara. Está al fondo, no sólo en la foto, sino, también, en los cuadros jerárquicos de la isla. Pronto lo comprobará.

La prensa cubana sólo lo vuelve a mencionar, pero sin mucho destaque, para informar que ha llegado a El Cairo y se ha reunido con ministros de la RAU.

El 14 de marzo, con mucha parquedad, la prensa controlada informa que «el Ministro de Industrias, comandante Ernesto Che Guevara regresó hoy a esta capital después de un recorrido de poco menos de tres meses por varios países **de África**». Lo reciben, con marcada frialdad y sin protocolo alguno, Fidel Castro y Osvaldo Dorticós.

Che GUEVARA: UN CADÁVER POLÍTICO

Literalmente el nombre de Ernesto Guevara desapareció de la prensa cubana. Aparece la reproducción, en la revista Verde Olivo, del artículo de Guevara «Socialismo y el Hombre en Cuba» que había sido publicado, semanas atrás, en la revista uruguaya «Marcha», con las críticas expresadas por el Che Guevara a los errores incurridos por Fidel Castro en el asalto al Cuartel Moncada y su falta de preparación marxista-leninista en los comienzos de la Revolución.

Guevara es degradado. Su democión es completa. Pagaba así su arrogancia de haber calificado –en su artículo de la revista «Marcha», publicado durante su viaje– el ataque al Cuartel Moncada de «fracaso transformado en desastre». Es decir, el Moncada no era, para el ahora apóstata Guevara, el inicio de la Revolución Cubana, como repetían a coro Castro y sus seguidores. El Moncada era «un fracaso», «un desastre».

El Che no asiste al Ministerio de Industrias; no participa de actividades oficiales; no rinde un informe oficial de su viaje; no forma parte en los preparativos que se realizan para dar a conocer «el nuevo partido». El Che Guevara ha sido políticamente decapitado.

No puede ocultar que ha fracasado. Que no ha alcanzado ninguno de los objetivos que en su vida política se había trazado: No consiguió persuadir a la Unión Soviética de adoptar hacia Cuba la «equitativa visión socialista de participación internacional que daría a los países subdesarrollados liberados el necesario capital».[347] Fue incapaz de lograr una respuesta generosa en su visita a la supuesta «pura» República Popular China. Igual, o peor, no fue capaz Guevara de anotarse un solo éxito en América Latina en el campo en que se creía experto: la revolución armada.[348]

Era un record de completo fracaso. Lo sabía Ernesto Guevara. Lo sabía, y se lo recordaría con frecuencia, Fidel Castro.

---

[347] Palabras de Guevara en el Segundo Seminario Económico de la Organización de la Solidaridad Afro Asiática, en Argel.
[348] Daniel James. «Che Guevara».

Guevara perdería su Ministerio de Industrias, donde había sido tan evidente su descalabro.[349] Tres meses después de su regreso de ese viaje, Castro critica abiertamente el principio guevarista de los «incentivos morales para la construcción del socialismo». Castro se muestra abiertamente alineado a la línea de Moscú y a los comunistas cubanos de la Vieja Guardia, abogando por los «incentivos materiales»[350] (que, por supuesto, nunca se materializaron para el obrero cubano).

En Argel, el guerrillero argentino había denunciado a la Unión Soviética acusándola de no estar ayudando suficientemente a los países en desarrollo. «Los países socialistas tienen la obligación moral» de asistir a los países del Tercer Mundo, de lo contrario «se convierten en cómplices de la explotación imperialista». Los soviéticos –había expresado Guevara en varios de sus discursos en diversos países de África– eran unos «revisionistas marxistas», el peor insulto que, en aquella época, podía lanzarse a un comunista.

Y, ya en La Habana, quien le responde, no es Castro. Será, nada menos, Blas Roca, el más típico representativo cubano de la Vieja Guardia, quien se atreve a responder[351] –con dureza– los exabruptos de quien, hasta ese momento había sido la tercera figura jerárquica en los cuadros dirigentes de la isla. Por supuesto, el acomodaticio Blas no hubiera dado ese paso sin la autorización, –sin el aliento, tal vez– de Fidel y Raúl.

Poco antes[352], Carlos Rafael Rodríguez –cuando Che Guevara viaja sin autorización previa a Cantón– había iniciado, como ya expusimos, el ataque al «guevarismo».

---

[349] La producción industrial en 1964 se encontraba en un 60% por debajo de la del último año prerrevolucionario. «Antes de la revolución la industria cubana –sin contar la azucarera– empleaba una sexta parte de la fuerza laboral del país. El azúcar, el níquel y el tabaco eran un sector de la producción industrial en donde los salarios estaban al nivel de los de los Estados Unidos y, en algunos casos (tabaco), por sobre esos niveles». Radoslav Seluck, economista checo, artículo publicado en la revista «Literrassi Noviny», de Praga, el 8 de agosto de 1964. Fuente: «Informe sobre Cuba», número 94, noviembre 7, 1964, redactado por Antonio Alonso Ávila. Archivo personal de Enrique Ros.

[350] Discurso de Fidel Castro el 24 de Julio de 1965, en Santa Clara.

[351] Periódico «Hoy», de abril 24, 1965. Mencionado por Daniel James en su obra «Che Guevara».

[352] Periódico «Hoy», La Habana, enero 31 de 1965.

«La tesis... (de Guevara)... de estímulos morales es un profundo error debido a ignorancia, o a un deseo de enturbiar el problema.»

El Che ha sido totalmente marginado. Ni siquiera le hacen llegar los urgentes mensajes de Buenos Aires que le anuncian la gravedad de su madre y su inminente fallecimiento.[353]

CONDENADO AL OSTRACISMO

A los pocos días de la discreta llegada del Che a La Habana y su sobria recepción, otro personaje también arriba. Regresa a la capital, *«después de visitar la Unión Soviética, Polonia, Hungría y Bulgaria, el Segundo Secretario del Partido Unido de la Revolución Socialista Cubana y Ministro de las Fuerzas Armadas, comandante Raúl Castro».*

A recibir «a tan distinguido viajero acudieron al Aeropuerto Internacional el Presidente de la República Dr. Osvaldo Dorticós; el Ministro de Relaciones Exteriores, Raúl Roa; los miembros de la Dirección Nacional del PURSC, Comandantes Juan Almeida, Ramiro Valdés, Faure Chomón y Guillermo García; Blas Roca, Carlos Rafael Rodríguez, capitán Osmany Cienfuegos; el Ministro de Comunicaciones, comandante Jesús Montane. También se encontraban presentes los comandantes Belarmino Castilla, René Rodríguez, José R. Fernández, Rogelio Acevedo, Julio García Olivera, Fernando Ruiz, Rolando Díaz Azdaraín, Narciso Fernández, Diocles Torralba y otros oficiales de nuestras FAR»[354].

Era notable el diferente recibimiento ofrecido a los dos dirigentes; pero no era, aún, perceptible la ausencia de Guevara en este comité de recepción.

El 11 de abril, los más altos funcionarios del Gobierno y dirigentes del Partido «dan el paso al frente en esta nueva batalla, la batalla de la zafra, que es la batalla de nuestra economía».

---

[353] No le entregan la carta de abril 14 de su madre ni le transmiten la llamada del 10 de mayo colocada por su amigo Ricardo Rojo para informarle del crítico estado de Celia Serna de Guevara, que moriría el 19 de mayo. Al sepelio no asiste representación alguna del Partido Comunista Argentino. (Fuente: Ricardo Rojo, «Mi Amigo el Che».)

[354] Periódico «Hoy», abril 7, 1965.

Con grandes titulares se engalanan las primeras páginas de los periódicos: «Encabeza el Gobierno la marcha hacia los cañaverales». Y mencionan, con gran destaque, «los que han respondido al llamado del Primer Ministro para dar el máximo impulso a la V Zafra del Pueblo. La encabezan el presidente Osvaldo Dorticós; el Primer Ministro comandante Fidel Castro; los ministros y dirigentes nacionales del PURSC; Armando Hart Dávalos, de Educación; Manuel Luzardo, de Comercio Interior y Carlos Rafael Rodríguez; los Ministros y presidentes de organismos Alfredo Yabur, de Justicia; comandante Jesús Montané, de Comunicación; Marcelo Fernández, de Comercio Exterior; José Llanusa, Director del INDER; comandante Faustino Pérez, Presidente del Instituto Nacional de Recursos Hidráulicos, y el capitán Antonio Núñez Jiménez, Presidente de la Comisión de la Academia de Ciencias. Viajan también, Joel Domenech e Isidoro Malmierca».

Se citan otros nombres; pero no aparece, tampoco esta vez, entre los que han partido al corte de caña, el comandante Ernesto Guevara.

A las 24 horas se da a conocer que la Comisión Interestatal Soviético-cubana «que ha venido discutiendo algunos aspectos del desarrollo de la producción metalúrgica, fertilizantes y prospectición geológica, había terminado sus trabajos preliminares con importantes acuerdos». Aparecen los nombres de los representantes soviéticos; también el de aquéllos que componen la delegación cubana. El primer nombre que se menciona es el del «compañero Arturo Guzmán Ministro p.s. de Industrias». No se hace mención del Ministro titular

La prensa lanza al vuelo sus campañas para destacar, al día guiente, que «el líder cortó ayer 417 arrobas». Se refería, por supuesto, a «*Fidel, que en pleno cañaveral, mientras manejaba la mocha sin tregua, cortando rápido, uniforme, con ritmo sostenido, cortó 417 arrobas ayer martes*».

Se repetían de nuevo, los nombres de los Ministros y dirigentes que con Castro se encontraban: Dorticós, Chomón, Montane, Luzardo, Yabur, Hart, Machado Ventura, Aragonés, Severo Aguirre, Carlos Rafael, Llanusa, Pepín Naranjo, Núñez Jiménez, Malmierca; Boti, Faustino Pérez. Hasta el comandante Jorge Serguera, el embajador en Argelia que había acompañado a Guevara en su estadía en aquel país del norte de África. Todos aparecen. Todos son mencionados, menos uno. En la Cuba oficial, Guevara ya no existe.

Cuatro días después muere, tras una larga dolencia, César Escalante. Fallece el hermano de Aníbal el 18 de abril. El duelo lo despedirá Osvaldo Dorticós, Presidente de la República. Durante tres días se publican largos relatos sobre «este valioso compañero que, enfermo durante más de dos años, siguió trabajando». En tres ediciones consecutivas se publicaron numerosas fotos. En las crónicas se menciona, prácticamente, a toda la dirigencia nacional: Fidel, Raúl, Dorticós, Blas Roca, Carlos Rafael, Haydee Santamaría, Hart, Flavio Bravo, René Vallejo, Raúl Roa, Raúl Curbelo, Ramón Calcines, Ramiro Valdés, Osmany Cienfuegos, José Abrahantes, y a todos los miembros del PURSC. Hasta aparece, en media docena de fotos, Aníbal Escalante, el recién perdonado sectario. En los funerales, en las fotos, en la crónicas, el Che es el gran ausente.

Pasaron las semanas, los meses. Corren mil rumores sobre la prolongada ausencia de Guevara. Unos afirman que está participando en la cruenta guerra civil que desangra al pueblo dominicano. Otros, especulan que ha regresado a Argel o al Congo. Algunos lo hacen en la Argentina, en Bolivia. En mil sitios a la vez.

En junio 17, con motivo del cuarto aniversario del Ministerio del Interior, al resumir el acto celebrado en el teatro Chaplin habla Castro, sin ton ni son, de las derrotas y los fracasos que «el imperialismo está cosechando en todo el mundo». A continuación, con la misma falta de hilación, menciona, por primera vez en tres meses, a Ernesto Guevara.

«Nuestros enemigos están muy intrigados sobre el Che Guevara... ¡qué les importa dónde está Guevara!... ¡si están preocupados, que sigan preocupados!... nuestro pueblo no se preocupa, conoce a su Revolución y conoce a sus hombres».[355]

«Cuando se preocupan los imperialistas por el comandante Guevara es señal que lo respetan. Es señal que lo valoran».

Quien no lo respeta ni, mucho menos, lo valora es Castro. Volverá a silenciar su nombre y lo mantendrá en el ostracismo durante los

---

[355] Periódico Revolución, junio 17, 1965.

siguientes cuatro meses. Pocos sospechan la afrenta de que ha sido objeto el otrora orgulloso guerrillero argentino.

LA CARTA SIN FECHA DE GUEVARA

En junio de 1965, apenas a los tres meses de su silencioso regreso había sido depuesto el Jefe de la Revolución Argelina. Las alianzas con países africanos que Guevara había formalizado, o al menos, alentado, a la vera de Ben Bella, entraban en crisis. La doble necesidad de alejarse de Castro y de salvar aquellos lazos que con tanto tesón había formado antes lo impulsan a regresar a África. En octubre de 1965 Guevara estaba de regreso en Congo Brazzaville.

Guevara ha sido sometido a un intenso proceso de autocrítica. Se lo facilita su formación marxista y su interés de salir, cuando antes, de aquella isla que es ya, para él, una cárcel. Esto explica la redacción de una carta que –aunque escrita en abril[356] será leída, con gran dramatismo, en octubre de ese año– y en la que llena de elogios a su verdugo:

... «*Mi única falta de alguna gravedad es no haber confiado más en tí desde los primeros momentos en la Sierra Maestra... y no haber comprendido, con suficiente celeridad, tus cualidades de conductor y de revolucionario...*».

... «*Me enorgullezco también de haberte seguido sin vacilaciones, identificado con tu manera de pensar y de ver y apreciar los peligros y los principios*».

... «*Otras tierras del mundo reclaman el concurso de mis modestos esfuerzos. Yo puedo hacer lo que a tí te está negado por tu responsabilidad al frente de Cuba...*».

La misiva, sin fecha, fue entregada a Castro «*para ser leída en el momento en que lo considerara más conveniente*».[357]

La redacción recuerda los testimonios de Zinoviev y Kamenev en los juicios a que fueron sometidos por Stalin en las purgas de los años 20. Trae la imagen, también, de las últimas palabras del General de

---

[356] Carta escrita por Guevara y entregada a Castro la noche antes de partir hacia el Congo. Fuente: Víctor Dreke, Revista *Verde Olivo*, junio, 1988.

[357] A la carta del Che Guevara, Castro, y los escritores que sirven al régimen, le ponen las fechas que más les interesan. A veces afirman que fue escrita el 1o. de abril. Otras veces la cambian al 20 del pripio mes. Otras veces, lo que es cierto, tienen que admitir que era una misiva sin fecha alguna.

División Arnaldo Ochoa Sánchez, Héroe de la Revolución, al concluir su alegato frente al tribunal que lo juzgaba:

«Si yo fuera condenado al paredón, yo le prometo a todos ustedes que, en aquel momento, mi postrer pensamiento estará junto a Fidel y a la gran Revolución que él le ha dado a nuestro pueblo».

Fidel utilizará con maestría la misiva sin fecha del comandante Guevara. Al presentar la composición del Comité Central del Partido Comunista Cubano el 3 de octubre de 1965, Castro muestra la carta y dice textualmente:

«No fue puesta la fecha, puesto que esta carta estaba para ser leída en el momento en que lo considerásemos más conveniente, pero ajustándonos a la estricta realidad, fue entregada el 1o. de abril de este año...»

(Periódico *Granma,* octubre 4, 1965. Primer número de aquel periódico*).*

Ernesto Che Guevara había sido separado de todos sus cargos, pero nada se había informado a la nación. El 22 de agosto la prensa cubana mencionó a Arturo Guzmán como Ministro de Industrias,[358] cargo que ocupaba el combatiente. Pero había sido el 12 de junio –se sabrá después– que Guevara había sido reemplazado en aquel Ministerio. El 28 de septiembre, en la Plaza de la Revolución, Castro anuncia que había terminado los esfuerzos para lograr la organización de un Partido Comunista y que daría a conocer en pocas horas la composición de su Comité Central. Tres días después, el 2 de octubre, el propio Castro relacionaba los nombres de los que compondrían la dirección del partido. No aparecía en esa lista Ernesto Che Guevara.

A las veinticuatro horas, se informa a la ciudadanía la renuncia de Guevara al ya antiguo Partido Unido de la Revolución Socialista (PURS), a su puesto de ministro (del que ya lo habían renunciado el 12 de junio), a su grado de comandante y a su condición de cubano. A los efectos formales, el documento-renuncia fue escrito, para unos, el primero de abril. Para otros, el 20 de aquel mes. La fecha no importa. La carta significaba para el Che Guevara poder salir de la isla que ya

---

[358] Agencia Reuter, 22 de agosto 1965.

lo asfixiaba más que el asma que lo atormentaba. Partiría hacia el Congo, donde, ya antes, había estado.

Guevara se ha convertido en una figura embarazosa para Castro.

Para mantenerlo alejado de la isla se había organizado, en los primeros meses del triunfo de la Revolución, un viaje por varios países consciente de que realizaría –como efectivamente lo hizo– actividades totalmente inocuas; luego, se le hizo emplear su tiempo en charlas y conferencias y, como simple mandadero, fue a Moscú, luego de la caída de Kruschev, para traer el borrador de un convenio que el propio Castro había acordado.

GENERAL DE BRIGADA
RAFAEL MORACÉN LIMONTA

En 1965, Moracén junto a otros («Todos éramos negros. Nunca había visto tantos juntos» diría en entrevista a *Granma*) partieron hacia el Congo Brazzaville. Luego pasó a Angola y se convirtió en el hombre de confianza de Agostino Neto.

CAPÍTULO XII
HACIA EL CONGO

NEGROS EN LAS SIERRAS PINAREÑAS

Ahora, mientras Guevara se encuentra en el prolongado periplo visitando países lejanos en otro viaje que Castro esperaba fuese tan inocuo como los anteriores, comienzan a organizar, en un campamento de las sierras pinareñas, dos batallones, compuestos enteramente de negros que van a a ser enviados para ayudar a la insurrección congolesa[359].

El 2 de febrero de 1965 –Guevara aún no había pronunciado su censurable discurso en la Conferencia Afro Asiática de Argel– más de un centenar de jóvenes que ya tenían experiencia combativa en Lucha Contra Bandidos, Girón o el Ejército Rebelde, se miran sorprendidos, sonrientes y felices en el campamento en que se están entrenando. Ellos se han ofrecido voluntariamente a cumplir una riesgosa misión de por lo menos cinco años[360]. No saben cuál será esa misión ni donde se desarrollará. Todos son negros. Tantos, que producen este comentario de Wagner Morro (Kawawa), «Primer Machetero Millonario de las Fuerzas Armadas Revolucionarias»:

«Coñoooó como hay negros aquí! recogieron a todos los negros de Cuba y los han traído para acá»[361].

Era el entonces comandante Víctor Dreke quien estuvo al frente de aquellos soldados durante los dos meses y medio de entrenamiento. Pero, en el intervalo, Guevara ha pronunciado su imprudente y dañino discurso en la Conferencia de Argel en el que, tan dura y descarnada-

---

[359] «A los pocos días varios compañeros comenzamos el entrenamiento. Todos éramos negros. Nunca había visto tantos juntos». General de Brigada Rafael Moracén Limonta, periódico *Granma*, abril 23, 1997.
[360] Declaraciones del comandante Víctor Dreke. Revista *Verde Olivo*, junio 1988.
[361] Víctor Dreke. «Tatu, un guerrillero africano». Revista *Verde Olivo*, junio 1988.

mente, ha criticado a la Unión Soviética, sostén económico de la Revolución Cubana.

En la expedición que Castro está organizando, ve la oportunidad de alejar y castigar al imprudente argentino. Tal vez; sólo, tal vez, deshacerse de quien se ha convertido en un verdadero estorbo.

No será pues, Víctor Dreke quien habrá de comandar los dos batallones cuando, a fines de abril, lleguen al Congo Leopoldville. Se lo informará Osmany Cienfuegos el 30 de marzo, en una casa por el Laguito, en las afueras de La Habana, en una reunión a la que también concurre –recién amonestado por Castro– quien estará al frente de esa tropa: Ernesto Che Guevara.

Partirá Guevara con los comandantes José María Martínez Tamayo y Víctor Dreke. Éste último será Moja; que en el dialecto Swahili significa «uno»; Martínez Tamayo será M'bili, que significa «dos», y Ernesto Guevara será conocido por «Tatu» (número tres)[362]. Junto a Guevara se encuentran varios que luego lo acompañarán en su aventura de Bolivia: Harry Villegas Tamayo «Pombo», Jesús Suárez Gayol (Rubio), Dariel Alarcón Ramírez (Benigno).

Luego de un recorrido por varios países de Europa arribarán a Tanzania el 20 de abril para iniciar su penosa estadía en ambas riberas del lago Tanganika.

Para el 24 ya estarán en tierra congolesa. Habrán atravesado el lago en pequeñas lanchas con motor fuera de borda. Comenzarán pronto acciones militares que totalizarán cerca de medio centenar[363], que le costarán la vida al capitán Iris Crisógenes Vinajera (Amsurune); al teniente Norberto Pío Pichardo (Ine); al Sargento Víctor Manuel Ballester (Thetayhne) y al Cabo Warner Moro (Kawawa), aquel sonriente machetero que había comentado la presencia de tan gran número de cubanos negros en la campiña pinareña. Éstos caen en el combate de Forces-Bendera, el 29 de junio.

Se reúne el Che en Dar Es-Salaam, la capital de Tanzania, con Osmany Cienfuegos. Antes, se ha entrevistado con Ben Bella para

---

[362] Ver amplia información sobre la presencia cubana en el Congo en «Cubanos Combatientes: peleando en distintos frentes» de Enrique Ros.

[363] «Entre emboscadas, escaramuzas y combates, los cubanos estuvimos en unas cincuenta acciones en el Congo Leopoldville». Víctor Dreke, «Tatu, un guerrillero africano».

concretar la ayuda militar que había de recibir del dirigente argelino. Luego pasa a Ghana precisando el respaldo que espera del presidente Nkruma.

DIFICULTADES EN TANZANIA

El grupo cubano encontró dificultades en Dar Es-Salaam porque ninguno de los líderes cuya lucha venían a respaldar se encontraba para recibirlos. Gastón Soumaliot y Laurent Kabila habían partido para una importante reunión en El Cairo. Será un funcionario inferior, Antoine Gotefloi quien se hace cargo de la atención a los recién llegados. Bajo malos auspicios comienza la aventura.

Establece su pequeño campamento en Kigoma y luego cruzan el lago hasta la aldea congolesa de Kibamba en la ribera opuesta. Son 14 los primeros que llegan a Kibamba. Al Che lo establecen en una de las dos casitas pequeñas que existían. El resto es alojado en pequeñas chozas hechas por los nativos[364]. Pronto se encontraron en una torre de Babel. El idioma fue uno de los primeros graves problemas. Ninguno de los cubanos habla swahili, el dialecto conel que se comunicaban los nativos. Sólo Guevara hablaba francés. Los problemas se agigantaban con la ausencia de Soumaliot y Kabila que permanecían en El Cairo.

El 8 de mayo, cuando apenas el grupo de Guevara se establecía en Kibamba, llegaba a través del lago un segundo grupo de cubanos.

Al frente del grupo se encontraba el comandante Santiago Terry Rodríguez, (Aly), veterano de la Sierra Maestra. Junto a la pequeña banda llegaba un oficial congolés, Leonard Mitoudidi, con estudios universitarios, que hablaba francés. Un alivio para la inquieta mente de Guevara.

Las enfermedades de la zona abaten a los soldados cubanos. Los atiende Kumi, el médico Rafael Zerquera, que había sustituido al comandante Tatu (el Che) en estos menesteres desde la primera semana de su llegada al «área liberada».

Para fines de mayo llegaba un nuevo grupo de cubanos; entre ellos, uno de alta posición en la jerarquía cubana: el comandante Osmany Cienfuegos. Ambos, Osmany y el Che, se mantenían en un limbo

---

[364] Comandante Víctor Dreke (Moja). Revista *Verde Olivo,* junio 1988.

esperando el regreso de Laurent Kabila, cuando supieron que éste se encontraba en Dar Es-Salaam reunido con el Primer Ministro chino Chou En-Lai.

El 24 de junio venía un cuarto grupo de cubanos. Entre los 38 recién llegados se encontraba Harry Villegas, Pombo, hombre de confianza de Guevara que lo seguirá, luego, a la aventura de Bolivia y será, allá, uno de los tres sobrevivientes cubanos. Viene también otro veterano de la Sierra Maestra, Carlos Coello (Tuma) que morirá en Bolivia.

El resto del grupo está compuesto de hombres que no tenían mucha experiencia militar. Su entrenamiento, en la Sierra Maestra, estuvo a cargo del entonces teniente Videaux. Llegarán a Tanzania tras un recorrido que los lleva a Praga, París y El Cairo. En el grupo vienen tres médicos: José Raúl Candevat (Chumi); Gregorio Herrera (Farat) y Diego Lagomartino (Fisi). Arriban en distintos vuelos. Cuando llegó el último combatiente, (eran 38), partieron de Dar Es-Salaam hacia la aldea de Kigoma, distante más de mil kilómetros. Aún se encontraban en Tanzania.

Los cubanos permanecen aislados e inactivos en la ribera congolesa cuando les llega una comunicación, precisamente de Kabila y Chou En-Lai, de atacar la guarnición de Force Bendela cerca de Kibamba. Era el 17 de junio.

Organiza Guevara el ataque a Front de Force o Front Bendela, en cuyo centro hay una hidroeléctrica, en las márgenes del río Kimbi, que sirve de defensa natural. Pretenden emboscar a parte de la columna que se encuentra en el fuerte, pero ya antes aquella columna había salido y los emboscadores resultan emboscados. En los primeros momentos muere el teniente Norberto Pío Pichardo (Inne), que en Cuba había combatido en la Columna Tres bajo el mando del comandante Juan Almeida, y es herido el Cabo Warner Moro (Kawawa), que muere a las pocas horas.

LOS CONGOLESES NO QUIEREN PELEAR

Un contingente de cuarenta cubanos con tropas congoleses y de otras tribus avanzaba hacia el objetivo. En el choque muchos congoleses huyeron y cuatro cubanos murieron en aquel disparatado ataque ordenado, desde la distante Tanzania, por Kabila. Fueron los cuatro cubanos nombrados por el comandante Víctor Dreke, que antes mencionamos.

Fue en ese cruento choque de Bendela donde cayó en manos de la tropa del gobierno congolés el Diario de uno de los soldados de Guevara que mostraba, sin lugar a dudas, la presencia de fuerzas cubanas entre los rebeldes congoleses. Era el Diario que pudo leer el piloto anticastrista Tony Soto.

«El resultado de este doble ataque había sido una desmoralización muy grande entre congoleses y ruandeses, pero, también, entre los cubanos se produjo un gran abatimiento», expresaba el Che Guevara al hacer el resumen de las actividades de junio. *«Los cubanos habían tenido la triste experiencia»*, sigue comentando Ernesto Guevara, *«de ver como las tropas que iban al ataque se disolvían en el momento del combate; como armas preciosas eran arrojadas por doquier para huir velozmente de él»*.

Se había observado, también, la falta de compañerismo entre ellos, abandonando los heridos. Para Guevara siempre serán los nativos los responsables. Ahora, en el Congo, los ruandeses y congoleses; mañana, en Bolivia, los campesinos de aquella región. Las pérdidas son serias porque han perdido cuatro soldados y estos muertos fueron recogidos por el enemigo que, además, les encontraron un pequeño Diario; *«Ay, mi madre»*, expresa el oficial Erasmo Videaux al recordar aquella acción.

Guevara se siente indignado ante la reacción negativa de sus compañeros cubanos luego de la derrota del fuerte Bendela:

«Quien renuncia a esta lucha, traiciona la revolución y no cumple con su palabra dada; éste ha sido el primer combate realizado por los nativos. La lucha comienza ahora, lo sucedido en front de Force no es nada; nos veremos en situaciones más difíciles que ésta».

De las dificultades, como siempre, culpa a otros. Al poco tiempo querían irse dos de los médicos. ¿Quién era el responsable de estas deserciones?. Los que en Cuba habían hecho la selección de los combatientes. Fue ésa la fácil conclusión a que arriba Guevara:

«La selección realizada en Cuba no era lo suficientemente buena... no hay que basarse solamente en la historia del hombre con las armas en la mano; ése es un gran antecedente,

pero los años posteriores de vida cómoda también cambian a los individuos».

Culpa también a otros: *«Luego está la inmensa mayoría a los que la Revolución hizo revolucionarios»;* una clara alusión a los millares y millares de cubanos que, luego del primero de enero de 1959, se convirtieron en fervorosos «revolucionarios».

Llegarían Aldo Margolles[365], Emilio Aragonés, Oscar Fernández Mell[366], Antonio Palacios Ferrer, Víctor Schueg y otros. De inmediato les asignarían nombres africanos. A Aragonés, por ser corpulento, lo llamaron Tembo (elefante); al médico Fernández Mell, de mal carácter le ponen Siki (vinagre). A Palacios Ferrer, Comisario Político, le dieron el nombre de Karim. Al luego general Víctor Schueg se le dio el nombre de Ziwa. Aldo Margolles será conocido por Uta.

MÁS CUBANOS CON GUEVARA

Entre los que se encuentran con Guevara en el Congo están los comandantes Héctor Vera Acosta (Indi) del Ministerio del Interior; el luego general Martín Chibás González (Ishirine); Erasmo Videaux Robles (Kisua), teniente de la FAR, perteneciente a la División de La Dirección de Tropa Serrana de la Lucha Contrabandidos de la Sierra de Cristal; Arcadio Benito Hernández Betancourt (Dogna), que jugaba ajedrez con el Che; el teniente Israel Reyes (Azi), que, luego, bajo el nombre de «Braulio» estará con el Che en Bolivia donde morirá; Rafael Bustamante (Tom), comisario político; Eduardo Torres (Nane), que tuvo a su cargo el entrenamiento de varios de los que fueron al Congo; Octavio de la Concepción de la Pedraja (Moro), médico, que estará con el Che en Bolivia donde morirá.

Las fuerzas iban creciendo. Aragonés (Tembo) era el cubano número ciento veinte en haber ingresado en el Congo. Siete veces el número de cubanos que pudo incorporar Guevara en su aventura de Bolivia. Era un equipo sustancialmente numeroso. *«Una fuerza de*

---

[365] El capitán Aldo Margolles, junto con Emilio Aragonés, participó en lo que se conoce como la «limpia del Escambray» combatiendo de 1960 a 1962 a los alzados de la región central de Cuba.

[366] «Fernández Mell, viejo compañero de lucha, era el hombre que yo había pedido a Cuba con intención de reforzar el cuadro de mando». E. Guevara. Obra citada.

alguna magnitud para intentar algo pero, como se ha visto, por diversas circunstancias que no pude o no supe evitar, estaban dispersos en una extensa área y al momento de la acción no se podía contar con más de 30 ó 40 hombres» anota Guevara.

Al aumentar el número de combatientes, los problemas de disciplina se hacían más frecuentes. Hasta Santiago Terry Rodríguez (Aly), combatiente de la Sierra Maestra que estuvo en el Congo comandando las tropas de uno de los frentes, se mostraba renuente a regresar a Kibamba.

El dinero corría a raudales. El Che comisiona a Rivalta, el embajador en Tanzania[367], buscar la casa con condiciones para instalar una planta con torres para facilitar las comunicaciones. Tiene, además, que «comprar una finca, carros; otros medios, como mochilas, botas, anteojos; dinero para cambiar por dinero congoleño o francos. Se abrieron cuentas en varios bancos. Se ayudó a los movimientos de liberación nacional de Angola, Mozambique, Malawi, Burundi, al personal de Kambona para la edición de un periódico»[368]. Emilio Aragonés había llegado con suficiente dinero que entregó a Rivalta. Fondo de lo que el embajador no informó a Osmany Cienfuegos *«que era el compañero que, con el Che, atendía directamente la operación y al que todos le consultaban».* Admite ahora Rivalta y expresa que *«aunque en ello no había ninguna mala intención... siempre me quedó un resentimiento por no habérselo dicho a tiempo a Osmany».*

Eran días difíciles para el ya desmoralizado grupo cubano. El 19 de junio, pocos días antes del ataque a Fort Bendela, era depuesto en Argelia Ben Bella, buen amigo de Castro y Guevara.

VERGONZOSO SILENCIO SOBRE LA CAMPAÑA DE GUEVARA EN EL CONGO

Funcionarios, dirigentes del partido, escritores y periodistas han guardado, durante muchos años, un cómplice silencio sobre la fracasada aventura de Ernesto Guevara en el Congo.

---

[367] Se trata de Pablo Rivalta que participó en diciembre de 1958, en las acciones de la toma de Santa Clara.
[368] Declaraciones de Pablo Rivalta a Paco Ignacio Taibo II.

Sobre dos episodios de la inquieta actividad de Guevara en 1965, procuró el régimen castrista guardar absoluto mutismo: su repentino, y no autorizado viaje a China en febrero de aquel año; y las fracasadas acciones militares que dirigió, de junio a noviembre, en el Congo. En la edición especial del periódico Granma del 16 de octubre de 1967 en que dan a conocer que es «dolorosamente cierta la muerte del comandante Ernesto Guevara» se hace un recuento cronológico de las actividades del guerrillero argentino.

Se relatan, con pormenorizados detalles, la llegada y quehaceres de Guevara en cada una de las capitales de los países visitados desde enero primero, en que arriba a Mali, hasta enero 21 cuando parte de Ghana rumbo a Dahomey.

Reinician la mención de su recorrido cuando llega, en febrero 12, a Dar Es-Salaam, capital de Tanzania. Han suprimido, los biógrafos oficiales de Guevara, su inconsulto viaje a China y su entrevista con Mao Tse-Tung (ver detallada relación de este viaje en «Años Críticos: del camino de la acción al camino del entendimiento», del autor).

Sobre su excursión militar al Congo ninguna mención aparece en esa relación de actividades de Ernesto Guevara. No es que esté guardando un comprensible silencio sobre la ubicación de un guerrero. Eso, todos lo entenderíamos. Es algo más. Han borrado de la historia los calamitosos meses de su jornada en el Congo. El silencio lo mantendrán, también, sus biógrafos.

Daniel James, en su biografía «Che Guevara» que consta de más de 200 páginas, dedica solamente dos (página 159 y 160) a la presencia de Guevara en el Congo donde «encontró a los rebeldes razonablemente bien equipados y bien armados por los soviéticos». Admite, este entusiasta biógrafo, que la presencia del Che en el Congo fue un secreto bien guardado. Hugo Gambini, argentino como el Che, en su obra «El Che Guevara», llena de anécdotas y datos personales, con reproducción de notas manuscritas y cartas familiares, guarda el mismo sepulcral silencio sobre la presencia de Guevara en la nación centroafricana. La obra de Gambini, de más de 560 páginas, sólo dedica dos párrafos –ni siquiera dos páginas– a la actuación de Guevara en el Congo.

Otro de los entusiastas biógrafos del Che, Víctor Pérez Galdós, cuyo libro «Un hombre que actúa como piensa» está dedicado «a todos, como el Che, creadores de la vida», también es omiso en las conversaciones de Guevara con el dirigente chino en los primeros días de febrero y, aún, en la simple presencia de Guevara en el Congo. Su obra que va describiendo cronológicamente, la vida del guerrillero argentino salta –sin vergüenza alguna– de abril 20 a octubre 3. Para este biógrafo, típico de tantos que han escrito sobre Guevara y la Revolución cubana, Guevara ni siquiera estuvo en Tanzania o en el Congo.

Continúa el silencio de estos biógrafos. Horacio Daniel Rodríguez en su libro, «*Che Guevara, ¿Aventura o Revolución?*», tampoco hace mención a la incursión militar de Guevara en aquella nación. Sólo Ricardo Rojo, que había conocido íntimamente a Guevara, y refleja esa relación en el título de su obra «*Mi Amigo el Che*», recoge este episodio de Guevara aunque reduciéndolo a sólo cinco páginas. Ricardo Rojo se señala a sí mismo como «una de las contadas personas que conocieron a Guevara bien, antes y después de su entrada a la historia», y califica a su libro no como una biografía sistemática del Che, sino como una tentativa de reconstruir las principales etapas de su existencia». Ni el salto a Pekín ni las mal capitaneadas batallas del Congo parece que fueran, para este amigo del Che, *etapas principales* en la existencia del guerrillero argentino.

Otro escritor, Enrique Salgado en «*Radiografía del Che*» ignora en total silencio la aventura del Congo. El silencio oficial sobre las actividades de Guevara en el Congo se hace, descarnadamente evidente en «*Tiempo del Che: ensayo de una cronología*», libro realizado por el Departamento de Consulta y Referencia de la Biblioteca Nacional José Martí de La Habana. Cronología que desvergonzadamente termina el 14 de marzo de 1965, un mes antes de partir Guevara hacia su aventura africana.

Juan Benemelis que en la década de los 60 desempeñó cargos diplomáticos en África y fue, luego, analista en el Ministerio de Relaciones Exteriores del régimen de Castro, admite que «la presencia del Che Guevara en la contienda bélica del Congo ha sido uno de los pasajes más pudorosamente silenciados por el castrismo. Los pormenores de la campaña no se han filtrado hasta ahora», expone Benemelis en su obra, ya citada, editada en 1988. Y ahonda más en esta idea al afirmar que la misión del Che en el Congo era manejada con tal discreción que sólo contadas personas de la élite castrista conocían de la misma. Afirma el antiguo diplomático que «incluso el diario de campaña africano del Che Guevara aún hoy día es guardado celosamente por órdenes de Fidel Castro»[369].

GUEVARA EN EL CONGO. SUS PRIMEROS PASOS

Se enfrentarán en el continente negro dos combatientes blancos. Uno, sur africano con estrechas y viejas relaciones con aquella región del Congo. El otro, sur americano totalmente ajeno a las inquietudes y necesidades de la nación en que ambos medirán sus fuerzas. Mike Hoare recibirá sus emolumentos y el de sus tropas del propio país cuya independencia defiende. Los fondos de Ernesto Che Guevara provienen de una distante isla caribeña. El primero será calificado de mercenario. El segundo será reverenciado como un revolucionario. Interesante uso de los vocablos.

Guevara penetra en el Congo justamente cuando el ejército congolés del gobierno central ha avanzado sobre Buta, Titule y Bondo, y han aplastado a los rebeldes en el área de Kasongo. El ejército congolés, toma Punia el 16 de julio. Antes han caído Akeri y Bumba. Guevara pretenderá hacerse fuerte en la región de Fizi Baraka.

En 1965, cuando la visita a Tanzania del canciller chino Chou En Lai, Pekín estaba envuelto en la lucha que se desarrollaba en aquel país africano, ofreciéndole ayuda militar y política a la facción pro china del movimiento insurgente dirigido por Laurent Kabila[370].

A la llegada de Guevara al Congo, después de la recaptura de Stanleyville por el ejercito congolés, la región de Chivuka, de donde

---

[369] Será en 1997, como con cierto pudor que, en boca de militares de alta graduación (que participaron con Guevara en sus descalabros congoleses), comienzan a publicarse –con gran discreción y siempre con términos amables y elogiosos– anécdotas de su actividad militar en aquella región. Aparecerán en algunas de las entrevistas recogidas en el libro «Secretos de Generales».

En 1999, bajo la interesada supervisión de Aleida March –quien mantiene bajo su estricto control los documentos de Guevara– se publicó «Pasajes de la Guerra Revolucionaria: Congo». A la documentación original los historiadores no han tenido, aún, acceso.

[370] 32 años después, el 17 de mayo de 1997, Laurent Kabila, tras años de combatir al presidente Mobuto, logra derrotarlo y ocupa el poder. Le da a Zaire su antiguo nombre: Congo, (República Democrática del Congo). Pero a los tres años es depuesto y asesinado.

provenían Gastón Soumaliot y Laurent Kabila, se mantenía como la única zona importante de operaciones de los grupos insurgentes.

Es en esta región donde se encuentra el enclave de Fizi-Baraka donde Guevara planea operar.

Mantenía Kabila su cuartel general en Kigoma, en la ribera oriental del lago Tanganika, que era, en esos momentos, el área de mayor importancia por ser el puerto de entrada para las armas y provisiones que, provenientes de China y Cuba, llegaban a las zonas rebeldes.

Con Kabila, Guevara había hecho contacto meses antes, en Dar-Es-Salaam pero, al arribar a el Congo surge un problema que no estaba previsto: Kabila, y los miembros del gobierno revolucionario, se encontraban en El Cairo discutiendo la nueva constitución de la organización revolucionaria. Sus segundos, Masengo y Mitudidi, estaban con él. Sólo pudo Guevara hablar con un delegado, Chamaleso, quien luego fue conocido por los *internacionalistas* como «Tremendo Punto». Comenzaba Kabila a mostrar el poco interés que le merecía Ernesto Guevara. Era la primera de las muchas humillaciones que el orgulloso Guevara recibía del combatiente congolés.

Ante Chamaleso (Tremendo Punto) Guevara, cuya fisonomía había sido hábilmente modificada[371], le explicó quien era. La revelación provocó un rechazo total: *«la reacción fue de aniquilamiento; repetía la frase «escándalo internacional»* y *«que nadie se entere, por favor. Que nadie se entere»* anota Guevara en su Diario.

Esa misma noche partió *Tremendo Punto* hacia el Cairo para darle a conocer a Kabila la presencia de Guevara. La información no modificó la indiferencia del combatiente de Kigoma hacia el guerrillero argentino. Permaneció en el Cairo atendiendo asuntos, para él, mucho más importantes.

El orgulloso Guevara, tan altanero y despótico con los que tiene a su mando, pide al embajador Rivalta avisar al gobierno de Tanzania «de mi presencia aquí, disculparme por el método en que se hizo, decisión mía y no de Cuba»; y solicita de Rivalta conversar con Kabi-

---

[371] «Un buen día aparecí en Dar-Es-Salaam. Nadie me conoció; ni el mismo embajador (Pablo Rivalta), viejo compañero de lucha, invasor con nosotros y capitán del Ejército Rebelde, pudo identificarme a mi llegada».

la, pero «éste se negó terminantemente». Kabila rechazó la petición del Che de informar de su presencia al gobierno de Tanzania.

Con su congénito espíritu de superioridad Guevara, aduciendo su experiencia guerrillera, pretendía comandar las tropas. No sólo las del medio centenar de cubanos que ya allí se encontraba sino, también, las de distintos grupos nativos.

Recibe, en su pretensión, otro agravio de Kabila que, aún, dos meses después de la llegada de Guevara a Kigoma no se ha molestado en entrevistarse con él.

Desde la distante ciudad de El Cairo le escribe Kabila una nota a Guevara el 16 de junio participándole que en el ataque que se tiene planeado para el 25 de junio, los cubanos habrán de participar pero bajo las órdenes de Mundandi, el comandante ruandés.

Dice así, parcialmente, la nota de Kabila:

«Ya le dije, camarada, que quiero empezar las emboscadas; el camarada Mundandi le hablará. Permita que una buena cincuentena de cubanos participen en el ataque del 25 de junio, con el rango de combatientes, bajo la dirección de Mundandi.

El orgulloso Guevara inclina su cabeza y le escribe al altanero Kabila esta vergonzosa carta:

Querido camarada: Gracias por su carta... Espero su llegada con impaciencia porque lo considero un viejo amigo y le debo una explicación... me pongo a sus órdenes de manera incondicional.

Según sus órdenes, los cubanos salen mañana hacia Front de Force[372]*; desgraciadamente hay muchos enfermos y el número será un poco más bajo (40). En Kabimba hay cuatro camaradas. A medida que lleguen los otros, los enviaremos.*

Y termina con un párrafo aún más vergonzoso:

---

[372] Front de Force es la población que Kabila y Mundandi, sin participación alguna de Guevara, habían decidido atacar el 25 de junio.

Para vergüenza de Guevara, *«la respuesta llegó unos días después y no fue negativa; siguiendo su característica era huidiza. Todavía tuve tiempo de escribir otra carta más, precisando que me dijera francamente sí o no... carta que, simplemente, no contesté, por lo tanto, no fui a Front de Force».* (Ernesto Che Guevara. «Pasajes de la Guerra Revolucionaria»).

«Le pido un favor: Deme permiso para ir a Front de Force, sin otro título que el de comisario político de mis camaradas; completamente a las órdenes del camarada Mundandi...»

Es, entonces, que con la condescendencia que jamás mostró hacia sus subalternos, Guevara escribe en su Diario:

«... mi impresión es que tengo un chance de que Kabila me deje hacer algo. Por ahora sigo de becario».

Los cubanos, avergonzados del triste papel que todos desempeñaban en aquella tierra extraña expresaban, una y otra vez su interés en regresar a la isla. En agosto, *«tres nuevos compañeros Sita, Saba y Baati, pedían su retorno a Cuba; fuí extremadamente duro con ellos, negándome de plano a considerar su traslado»*[373]. Aumenta el número de los que se niegan a permanecer en el Congo. Tan crítica es la situación que Ernesto Guevara se ve obligado a confeccionar un «Mensaje a los Combatientes» para ser leído a las tropas cubanas.

En su primer punto expresa lo siguiente:

«Es bien sabido de todos que un grupo de compañeros no hizo honor a su palabra de revolucionario ni a la confianza que en él se depositara y ha planteado abandonar la lucha. Ese hecho no se puede justificar; pediré las más severas sanciones morales para estos compañeros... su acción es la más repudiable que pueda hacer un revolucionario... Hoy esos compañeros están arrinconados y se han unido entre ellos como una medida de defensa y justificación de un acto que no la tiene».

El mensaje está fechado el 12 de agosto de 1965. Kabila no se había dignado regresar.

Al fin, al comenzar julio, luego de haber transcurrido más de tres meses del arribo de Guevara, Laurent Kabila se reúne con el guerrillero argentino. Guevara había permanecido sometido a los designios de Kabila. Al anotar el balance del mes de julio confía Guevara en tener «un chance de que Kabila me deje hacer algo». Por ahora, sigo de becario».

---

[373] Ernesto Guevara. Obra citada.

El 7 de julio Kabila se digna pasar al campamento de Guevara. *«Se mostró cordial pero esquivo».* Cinco días después partirá de regreso a Kogoma sin decirle a Guevara ni cómo ni cuándo[374].

Se viajará de Kigoma, en Tanzania, a Kibamba en el Congo, a través del lago Tanganika.

Guevara había hecho sus primeros contactos con Kabila a principios de aquel año cuando el guerrillero argentino, en su recorrido por varios países africanos, visitó, en Kigoma, las fuerzas cubanas que allí se encontraban pero, cuando meses después llega Guevara para pretender dirigir la lucha armada contra el gobierno del Congo (Leopoldville), se enfrenta a la desconfianza de Kabila. Se buscaría un entendimiento entre tres figuras que giraban, con mayor o menor dependencia, dentro de la órbita o, al menos, influencia china: Guevara, Mulele y Kabila.

El momento era inoportuno para la inclinación ideológica –si es que ésta existía– de los tres guerrilleros. El antiguo bloque monolítico chino-soviético se agrietaba y las relaciones chino-cubanas comenzaban a deteriorarse seriamente.

Varios pilotos cubanos, anticastristas, que habían participado en la fracasada invasión del 17 de abril, ya se encuentran en el Congo defendiendo al acosado gobierno de Kasavubu y dando cobertura aérea a las fuerzas del 5to. Comando del coronel Mike Hoare.

Habían sido Mario Ginebra, Rafael García Pujol, César Luaices, Eduardo Herrera, Alfredo Maza de los primeros en participar en aquella contienda.

Luego se incorporarán Segisberto Fernández[375], J. (Pupy) Varela, Nildo Batista, Raúl Solís, Ernesto Peinó, César Baro, César Toribio, Tony Soto y otros.

No demoran en unirse a esas fuerzas Gustavo Ponzoa, René García[376], Tony Blázquez, Luis Ardois[377], René Travieso, Fausto

---

[374] Ernesto Guevara. «Pasajes de la Guerra Revolucionaria: Congo», página 85.

[375] Segisberto Fernández estaba a cargo del mantenimiento del equipo aéreo.

[376] El capitán René García se había incorporado, en Junio de 1961, a la fuerza aérea de las Naciones Unidas.

[377] Luis Ardois es de los primeros en pilotear T-28. «Antes sólo teníamos T-6».

Gómez, Castor Cariceda, Jorge Navarro, Tomás Afont, Tristán García, Tinti Perón y otros.

Combatiendo se encuentran también comandos terrestres anticastristas, entre los que se encuentran Alberto Pérez, José Pérez Castro, «el negro» Tamayo, Folín Silva y Ricardo (el Moro) Morales[378] .

En agosto, las distintas facciones que combatían en el Congo se reunían en El Cairo en busca de un acuerdo, con dos condiciones previas:
a) La salida de Moisé Tshombe del poder y,
b) La retirada de todas las tropas militares y paramilitares extranjeras.

Éstas últimas incluían a las tropas del Quinto Comando compuesto de sur-africanos y rodesianos; a los asesonres militares norteamericanos; a las tropas belgas y también a las tropas de Castro que se encontraban en aquella región. Cuando estas condiciones se cumpliesen, se proclamaríaun gobierno de reconciliación nacional que incluyese a personalidades representarivas de la oposición, bajo la presidencia de Joseph Kasavubu[379].

Consecuente con aquel acuerdo, que nunca materializó, Gastón Soumaliot que tan sólo meses antes, en septiembre, había sido huésped de honor en La Habana, pidió en noviembre la retirada de las fuerzas cubanas. Soumaliot, recordémoslo, era el único líder insurgente pro-soviético.

Ni Mulele,[380] ni Kabila, los verdaderos guerrilleros, habían participado de las negociaciones que condujeron a los acuerdos de El Cairo. Ya Guevara está en Tanzania, en el Congo. La demanda de Soumaliot de que se retirasen las fuerzas cubanas distanciaron a Guevara de este pro-soviético insurgente y lo acercaron a Kabila y Mulele.

El flujo de cubanos continúa. Un quinto grupo arriba en Kibamba al comenzar septiembre. Llegan con este nuevo contingente Emilio Aragonés, Secretario de Organización del Partido Unido de la Revo-

---

[378] Amplia información sobre la participación de los pilotos y comandos cubanos anticastristas en el Congo aparece en el libro «Cubanos Combatientes», del autor.

[379] Carlos Moore. Obra citada.

[380] Pierre Mulele siguió combatiendo al gobierno de Mobutu hasta rendirse en el otoño de 1968. Aparentemente fue ejecutado luego de su rendición.

lución Socialista, y Oscar Fernández Mell.[381] Semanas después llegaba José Ramón Machado Ventura, el Ministro de Salubridad Cubana, formando parte del sexto grupo de la guerrilla cubana. Eran instantes críticos para las fuerzas de Guevara porque, en esos momentos, se iba estrechando, alrededor de Fizi Baraka, el cerco que había planeado el coronel Hoare y que ejecutaba con el 5to. Comando auxiliado por el comando terrestre de cubanos anticastristas y los ya aguerridos pilotos veteranos de la Brigada 2506.

En ocubre 13 Kasavubu había destituido a Tshombe como Primer Ministro sustituyéndolo por Evaristo Kimba, su antiguo compañero de gabinete.[382] Sin duda que la popularidad de Tshombe, que hubiera obtenido una aplastante victoria en las elecciones señaladas para febrero, fue el factor determinante en la decisión de Kasavubu quien pretendía convertirse en la voz de la «reconciliación nacional». De nada le valió.

En la reunión de jefes de estados africanos celebrada en Accra el 23 de octubre, para, entre otros motivos, ratificar los acuerdos de El Cairo de exigir la retirada de las fuerzas extranjeras, Kasavubu dio a conocer la destitución de Tshombe.

Los acuerdos de El Cairo, ratificados en Accra, tenían la aprobación del presidente Kasavubu. Pero ni los dirigentes de la oposición ni Kasavubu, contaban con la habilidad y la decisión del coronel Joseph Mobutu que el 25 de noviembre deponía al Presidente –como antes lo había hecho con otros gobernantes– para convertirse en el mandatario único de la nación.

Meses atrás, en mayo, el Che había convocado también en El Cairo, rival de Argel como meca de los agitadores del continente africano, una reunión con los jefes e insurrectos para constituir el Consejo Supremo de la Revolución, integrado por Gastón Soumaliot, Pierre Mulele y Bocheley Davidson, ratificando a Christopher Gbeyne como presidente del gobierno. Subordinados a ese Consejo Supremo

---

[381] Óscar Fernández Mell había sido designado como Presidente del Colegio Médico Cubano al comienzo de la Revolución. Luego ocupó distintas posiciones en el gobierno.

[382] Semanas después Kimba y otros antiguos miembros del gabinete ministerial fueron ahorcados en la gran plaza de Kinshasa (Leopoldville) por haber tomado parte en un frustrado complot para asesinar al presidente Mobutu. Fuente: Peter J. Schraeder. Obra citada.

quedarán –un serio error estratégico de Guevara– los hombres que con las armas mantienen la lucha en territorio congolés: Pierre Mulele, en la región de Kwilu; Laurent Kabila, en el área de Kivu y el general Olenga en la provincia Oriental.

GUEVARA CULPA A LOS CONGOLESES

Comienza pronto, Guevara, a enfrentar graves obstáculos. No supo, no pudo, ganarse la confianza de los principales jefes tribales. Para ellos –aunque recelosos los unos de los otros– este blanco extranjero era un extraño, desconocedor de los dialectos, ignorante de las costumbres. Lo esquivan. Resentido por el manifiesto desprecio que recibe de los nativos, tratará de responsabilizar a éstos de la derrota que pronto considera inevitable. Así comienza a reflejarlo en su diario y en posteriores conversaciones con algunos de sus allegados.

La experiencia falló porque «el elemento humano falló. No hubo voluntad de pelear. Los líderes eran venales» le declara Guevara a su amigo Ciro Roberto Bustos,[383] meses después.

A Félix Rodríguez, al caer el Che preso en La Higuera, minutos antes de morir le dijo: «Los africanos eran soldados muy, muy malos».[384] Así también se expresan algunos combatientes castristas: «con frecuencia decepcionante, los cubanos que toman parte en esta campaña, son abandonados por los combatientes congoleses, quienes huyen en pleno combate».[385]

«Tres miembros de la fuerza cubana que luchan con el Che en el Congo y después en Bolivia confirmaron, en conversación con guerrilleros bolivianos, que los rebeldes del Congo (Kinshasa) no habían sabido pelear».[386]

Y continúan los testimonios: «Guevara atribuyó su fracaso en el Congo a la irresponsabilidad de los revolucionarios africanos... los negros africanos no estaban aún preparados...»

Las causas eran otras.

---

[383] Daniel James. «Che Guevara».
[384] Félix I. Rodríguez. «Guerreros de lasSombras».
[385] Cita por Juan F. Benemelis. «Castro, Subversión y Terrorismo en África».
[386] Daniel James, página 20.

En los últimos días de mayo comienzas los B-26 y T-28 el ablandamiento de las posiciones rebeldes en Buta. Mario Ginebra, que está al frente de otro de los grupos de pilotos, participa en esta operación que cubre el área de Fizi-Baraka y que continuará hasta agosto. Para junio las acciones se concentran en la región de Banalia sobre cuyos caminos los pilotos cubanos que cubren al 5to. Comando y al ejército congolés han mantenido creciente presión.

LOS RAJADOS Y LOS DESERTORES

Como pronto le volverá a sucedes en Bolivia, a los pocos meses de haber arribado a las riberas del Lago Tanganika comienzan a aparecer los «rajados», aquéllos que no desean ya formar parte del «Ejército Libertador».

Algunos son mencionados por los nombres africanos que les han sido asignados. Otros, los menos, también por sus propios nombres. La deserción que más le duele a Guevara es la de Sitaine, su propio ayudante que todos conocían por «el Chino».

Comenta el Che que «los rajados, obligados a permanecer contra su voluntad, tratan de justificar su actitud haciendo propaganda negativa que encontraba fácil eco entre otros compañeros». Se conocen los detalles porque dos miembros de la guerrilla llevan diarios de campaña, además de los apuntes que realiza el Che Guevara. Uno es Mena, el otro Kahama. El 4 de agosto Mena anota en su diario que a las siete horas Fara,[387] el médico, le plantea a Moja (comandante Víctor Dreke) que desea regresar a Cuba. «Nada, que se le han aflojado las piernas». En su diario Kahama informa que «hace varios días llegaron al fin el Chino (ayudante del Che) y Ajili, (combatiente cubano) que se presentaron a Tatu y solicitaron su baja del servicio; es decir, querían regresar a Cuba...y ya van cinco».

Las solicitudes de baja siguen en aumento. Al día siguiente son los mellizos Sita, que se encontraban entre los primeros que habían llegado al Congo los que quieren regresar a Cuba. «Los mellizos Sita, Saba y Baati, han solicitado su retirada. Todos ellos están aquí en la base en la espera de una decisión». El Che está irritado; encolerizado, los

---

[387] Gregorio Herrera, médico.

increpa con dureza. «Fui extremadamente duro con ellos, negándome de plano a considerar su traslado pero ordenándoles quedar en la base para las tareas de abastecimiento» menciona el Che en sus apuntes.

Recientemente, algunos autores han comenzado a escribir, por primera vez, sobre la presencia de Guevara en el Congo. Todos tienen algo en común: prodigalidad en los elogios, embellecimiento de las acciones, silencio sobre los hechos y situaciones que podrían ensombrecer la imagen del guerrillero argentino. No hablan estos autores sobre el estado de sometimiento en que se encuentra Guevara en relación a Kabila («Le pido un favor; deme permiso para ir a Front de Force sin otro título que el de Comisario Político de mis camaradas, completamente a las órdenes del Camarada Mundandi»);[388] silencian la negativa de muchos de los soldados cubanos a continuar combatiendo («durante los días subsiguientes al ataque –29 de junio– gran cantidad de soldados desertaron o pidieron la baja»).[389]

Mucho menos hablan de la indisciplina y del desorden. Al resumir las actividades del mes de julio escribe el propio Guevara: «Existe el pésimo método de regar las armas sin orden ni concierto». Peor es la situación con los propios rebeldes congoleses: «Varios congoleses habían desertado; se produjeron riñas por falta de autoridad de los jefes suplentes. Las labores se habían disuelto en un pandemonium».

El mismo Ernesto Guevara debe admitirlo: «No podemos decir que la situación sea buena: los jefes del movimiento pasan la mayor parte fuera del territorio. El trabajo organizativo es casi nulo, debido a que los cuadros medios no trabajan; no saben hacerlo, además. La indisciplina y la falta de espíritu de sacrificio son las características dominantes de todas estas tropas guerrilleras. Naturalmente, con esas tropas no se gana una guerra».[390]

SUS PRIMERAS DERROTAS

Mientras el Che avanzaba hacia Kasimia y Kibanga, junto al lago Tanganika, teniendo en la ribera opuesta a Kigoma (el centro de operaciones de Kabila) como punto de abastecimiento, el coronel

---

[388] Carta del Che Guevara a Kabila en junio de 1965.
[389] Anotación de Ernesto Guevara de junio de 1965.
[390] Anotación de Ernesto Guevara del 12 de agosto.

Hoare, al frente del 5to. Comando, cubierto con la pequeña y efectiva fuerza aérea anticastrista, se dirigía hacia la región de Fizi-Baraka donde se decidiría –aún Guevara no estaba consciente de ello– la pobremente ejecutada campaña congolesa del guerrillero argentino.

Se une al Che, en el Congo, Víctor Schueg Colas, que llegará a ser General de Brigada en las Fuerzas Armadas de Castro. «Fuí de Kigoma, en Tanzania, a Kibamba (Kibanga) en el Congo, atravesando el lago en una lancha con el capitán Roberto Sánchez Bartelemy (Lawton) y otros cubanos» expresa Schueg en el libro «Secretos de Generales» donde, ya abiertamente, se admite la presencia del Che en el Congo.[391]

Y luego de reunirse con el Che, organizar sus fuerzas e iniciar una batalla, descubre Schueg una experiencia que parece repetirse:

«En un momento determinado del combate me viro para dar una orden de desplegarnos y me percato que me había quedado con un solo compañero. El resto se había ido... ya me habían dicho que eso ocurría con los nativos, pero fue mi primera experiencia amarga».

«El campamento del Che se conocía como La Base en una montaña que lleva el nombre de Luluaburg, el punto más alto de la sierra. Tenía alrededor de 3,000 metros de altura con una temperatura cálida por el día y muy fría en la noche» narra el Gral. Schueg en su entrevista en «Secretos de Generales».

Pronto tendrá otra amarga experiencia. Ya en franca retirada hieren a Orlando Puentes Mayeta (Bahaza); tienen que llevarlo, mal herido, en una fatigosa ascensión por lomas muy empinadas. «Los hombres no aguantaban más de diez minutos cargando sobre sus hombros al compañero herido. *Los congoleses no se prestaban a ello* y éramos pocos los cubanos. Bahaza falleció al día siguiente». No podían contar, estos libertadores, con la colaboración del pueblo, «que querían liberar», para ayudarlos a cargar a un compañero herido.

---

[391] «Secretos de Generales», obra citada.

LA MUERTE DE BAHAZA

Luego del golpe de estado a Kasavubu el Gral. Mobutu inició una intensa campaña de pacificación , con los panfletos que dejaban caer los antiguos pilotos de la Brigada 2506, alentando la deserción y entrega de los rebeldes congoleses. «Crecían las tensiones entre nosotros y algunos congoleses. La propaganda del enemigo estaba funcionando entre ellos. Oían las transmisiones de radio en Swahili».[392]

El 12 de octubre se intensifica la ofensiva de las fuerzas del 5to. Comando y la Brigada Cubana que lo respalda. «Los congoleses estaban hablando de retirada, decían que había que acabar la lucha, haciéndole caso a la propaganda de Mobutu. El Che pensaba salvar algo, al menos un grupo de quince cubanos que permaneciera actuando como una pequeña guerrilla».[393] Mientras, el capitán Santiago Terry Rodríguez (Aly) cumple las instrucciones de reunir a todos los cubanos y avanzar (más bien, retroceder) hacia el lago.

El 13 de octubre las tropas del 5to. Comando del ejército congolés comienzan a envolver un ala de las fuerzas de Guevara que continúan su repliegue, muriendo en la acción el soldado Francisco Torriente Acea (Aurino) y viéndose forzado Bahaza (Orlando Puentes Mayeta) a abandonar el cañón de 75 milímetros que, días antes, habían dejado sin atención rebeldes congoleses que huían de la zona de combate.

Con su injusticia característica, el Che en presencia de sus compañeros, incrimina duramente a Bahaza por la pérdida de aquella arma. Días después vuelve a estar cercado Guevara y su puñado de hombres. Guevara se retira y será Bahaza quien, junto con otros dos guerrilleros, cubre la retirada enfrentándose a las tropas que avanzan sobre el Che.[394] Protegiendo la vida de su jefe el ayer denostado y humillado Bahaza cae gravemente herido. Dos días después morirá. *«Por la mañana cumplimos el solemne y triste ritual de cavar la fosa y enterrar al compañero Bahaza; era el sexto hombre que perdíamos y el*

---

[392] comandante Víctor Dreke (Moja). Entrevista con Pago Ignacio Taibo II. «El año en que estuvimos en ninguna parte».
[393] Víctor Dreke. Obra citada.
[394] Junto a Bahaza se encuentra el teniente Camilo Cárdenas (Azima) y el hoy general Víctor Schueg Colás (Ziwa).

primero que podíamos honrar de cuerpo presente» escribe Ernesto Guevara en su diario, «Pasaje de la Guerra Revolucionaria».

El hoy General de Brigada Rolando Kindelán Bles es otro de los oficiales negros que Castro envía al Congo. Era, entonces, capitán. Pronto lo ascenderían a comandante. Citado a una reunión fue informado por el propio Castro que iría a una misión en la República del Congo, con base en Brazzaville, como jefe militar. Jorque Risquet sería el responsable de la dirección política.

Mientras cuatro B-26 se incorporan a la ya muy efectiva fuerza aérea de cubanos anticastristas. Al despegar en una de sus misiones el T28 de Mario Ginebra se vuelca, cae Mario sobre el río y se ahoga. Fue una de las más sensibles pérdidas sufridas por estos combatientes.

Hacia Baraka, población con numerosas playas en las orillas del lago Tanganika, marchan las fuerzas combinadas del ejército congolés. Seis T-28 y dos B-26 piloteados por cubanos facilitan el avance de las tropas. Participa también el grupo de anticastristas que tripulan las lanchas rápidas en la parte superior del lago. Hoare inspecciona el área a bordo de un B-26 piloteado por uno de los veteranos de Bahía de Cochinos. Bajo una lluvia torrencial e intenso fuego de ametralladora se detuvo la columna. Por la madrugada continuó el avance cuando los seis T-28 volando a poca altura comenzaron a ametrallar al enemigo.

«Como para compensar su ausencia del día anterior, los cubanos montaron un verdadero show aéreo capaz de competir con cualquiera exhibición, con sus alas blancas resplandecientes a la luz del día. Un espíritu agresivo surgió en ese momento en todos los hombres y las patrullas avanzaron con alto espíritu de combate».

Fueron estas las palabras con que el jefe del 5to. Comando describe el respaldo recibido de los aviadores cubanos anticastristas.

Hay choques frontales. Los rebeldes se retiran de varias de sus posiciones y caen en poder de la columna que avanza, documentos abandonados. Muchos están escritos en español. Cerca de Bendera, en un cruce de caminos que se llama Semental, tiene un combatiente cubano la oportunidad de «leer el diario que el comandante del ejército congolés (ANC) le había tomado a guerrilleros que huyeron hacia el lago», expone al autor Tony Soto, piloto anticastrista que en esa zona está volando un helicóptero.

«Mencionaban en el diario que tres cubanos habían muerto en combate, y se quejaban de que los africanos no querían cargar las ametralladoras calibre 51, lo que irritaba a las tropas cubanas» sigue explicando Soto.

Con el diario en poder del ejército congolés no quedaba ya duda alguna. Se hace evidente la presencia de Guevara en la zona. Los choques en aquella área durarán cinco días y se harán más intensos. Al quinto, las tropas de Guevara se han retirado de Baraka.

Semanas después llega al Congo un joven piloto que había actuado como «hombre rana» junto a RIP y a Grayton Lynch, en la invasión de Bahía de Cochinos. Amado Cantillo había sido contactado en Miami, como tantos otros, por Roberto Medel. Llegaba Amadito junto con Raúl Solís que volvía por segunda vez. Operaría sobre el Lago Tanganika.

De La Habana llegan también, en fútil intento de diferir la inevitable derrota, algunos militares. También arriban otros menos preparados para acciones guerreras. Entre éstos, en septiembre, Oscar Fernández Mell[395] y Emilio Aragonés por una brave estadía. El último volverá al Congo, más bien a Tanzania, en enero para convencer a Guevara de su regreso a Cuba.

El 5 de octubre (1965) escribe Guevara a Cuba un largo informe sobre los acontecimientos en el Congo. Al día siguiente los guerrilleros atacan Uvira y ocupan Mulongue. Poco antes había llegado al campamento el médico José Ramón Machado Ventura con una carta y un mensaje de Castro. En la misma semana las tropas del gobierno del Congo toman Lubonja, luego de haber derrotado a Guevara en Fizi Baraka. Para Guevara todo está perdido. Sus tropas han participado en más de 50 acciones; prácticamente, todas pequeñas, limitadas a emboscadas y escaramuzas. Ya, el 20 de noviembre, no puede lograr

---

[395] Óscar Fernández Mell como médico recién graduado se había incorporado en mayo de 1958 a la recién constituida Columna Ocho del Che Guevara. En los primeros meses del Gobierno Revolucionario había sido designago presidente del Colegio Médico Nacional. En octubre de 1965 formará parte del Comité Central del Partido Comunista Cubano.

comunicación con Kigoma. Cesan, también, las transmisiones de la planta.

Ese día Guevara había convocado a una reunión de los jefes del frente a la que asisten también Machado Ventura y Víctor Dreke, Emilio Aragonés (Tembo) y Martínez Tamayo. Concurren varios jefes ruandeses y congoleses. En la reunión discrepan, violentamente, Fernández Mell y Aragonés, con Ernesto Guevara. Lo admite el propio guerrillero: «Mención aparte merecen Siki y Tembo, con quienes discrepé a menudo y a veces violentamente en mi evaluación de la situación...»[396]

Los cubanos, avergonzados del triste papel que todos desempeñaban en aquella tierra extraña expresaban, una y otra vez su interés en regresar a la isla. En agosto, *«tres nuevos compañeros Sita, Saba y Baati, pedían su retorno a Cuba; fuí extremadamente duro con ellos, negándome de plano a considerar su traslado»*[397]. Aumenta el número de los que se niegan a permanecer en el Congo. Tan crítica es la situación que Ernesto Guevara se ve obligado a confeccionar un «Mensaje a los Combatientes» para ser leído a las tropas cubanas.

En su primer punto expresa lo siguiente:

«Es bien sabido de todos que un grupo de compañeros no hizo honor a su palabra de revolucionario ni a la confianza que en él se depositara y ha planteado abandonar la lucha. Ese hecho no se puede justificar; pediré las más severas sanciones morales para estos compañeros... su acción es la más repudiable que pueda hacer un revolucionario... Hoy esos compañeros están arrinconados y se han unido entre ellos como una medida de defensa y justificación de un acto que no la tiene».

El mensaje está fechado el 12 de agosto de 1965. Kabila no se había dignado regresar.

Ya se notaban signos de las serias discrepancias que van desuniendo a la guerrilla. Imputan al Che no haber informado debidamente a La Habana; es decir, a Castro. Muchos afirman que se mantienen en el Congo porque Fidel no conocía la situación real que se vivía. Algunos enjuician severamente al Che quien se ve obligado a tomar una

---

[396] «Pasajes de las Guerras Revolucionarias».
[397] Ernesto Guevara. Obra citada.

posición defensiva: *«No les podía exigir que tuvieran confianza en mi capacidad de dirección; pero sí, como revolucionario, podía exigirles que tuvieran respeto por mi honestidad...si era cierto que no había comunicado a La Habana la opinión de que todo estaba perdido, fue honestamente porque no la tenía»* comenta Guevara en sus apuntes.

Tan difícil y crítica era la situación en aquel momento que el propio guerrillero argentino admite que *«quedaba atrás la época romántica en que amenazaba a los indisciplinados con enviarlos de vuelta a Cuba; si lo hubiera hecho ahora, quedaba reducido a la mitad de los actuales efectivos, con buena suerte».* Hubo, también, discrepancias entre los que recién llegaban y los que ya llevaban meses en la región. Los nuevos creían que los problemas se podían resolver fácilmente, que podían estructurar un ejército regular con los congoleses.

La próxima batalla se desarrollará en Fizi, una ciudad moderna construida a cuatro mil pies de la planicie, desde donde se podía ver el Lago a más de 30 millas de distancia.[398] Militarmente hubiera sido casi impenetrable pero fue tomada sin apenas oposición. Guevara quería descansar en lo que se consideraba a sí mismo como un experto: la lucha de guerrillas. Fue ése, precisamente, el día que la columna conoció que Tshome había sido destituido por el presidente Kasavubu.

La columna continúa su avance ahora sobre Kasimia, el primer punto por el que había penetrado Guevara en territorio congolés. Había transcurrido un año desde la recaptura de Stanleyville por las fuerzas armadas del gobierno congolés, y siete meses desde la llegada de Ernesto Guevara. Toda una etapa llena de derrotas para las fuerzas castristas, sobre la que guarda total silencio la prensa oficial del gobierno de Cuba.

Guevara tiene que operar junto con las fuerzas del feroz Nicolás Olenga y con las del pro-chino Kabila; sólo a través de ellos puede recibir abastecimiento pues el coronel Hoare le ha cortado la fácil

---

[398] Fizi es un pequeño poblado «el más grande que conocí en el Congo; tiene dos barrios muy bien delimitados; uno pequeño, con casas de mampostería, algunas muy modernas; el barrio africano con las chozas habituales, con mucha miseria, sin agua ni higiene alguna», así describe Ernesto Guevara aquella población en cuya área recibirá una afrentosa y definitiva derrota.

comunicación que antes tenía a través del lago Tanganyka. No puede Guevara contener el ataque de Hoare que cuenta con el decisivo respaldo de los T-28 y B-26 de los pilotos cubanos anticastristas. El guerrillero argentino es aplastado militarmente en Fizi Baraka. Le quedará poco tiempo en las inhóspitas tierras del Congo.

¿Quiénes quedaban junto a Guevara en aquel momento?: Víctor Dreke (Moja), Harry Villegas (Pombo), Carlos Coello (Tuma), hasta un total de 14 hombres. Pudieron retirarse. «Por poco matan al Che», comenta el comandante Dreke al recordar aquella acción en la que el coraje de Bahaza le salvó la vida al comandante argentino.[399]

Van de regreso a la base en Luluaborg. Necesitan comunicarse, para pedirle ayuda, con Kabila que sigue, inmóvil, en Kigoma al otro lado del lago, lejos del teatro de guerra. Quien llega es el capitán Roberto Sánchez Bartelemy («el capitán Lawton») que es sorprendido en el cruce del lago por dos lanchas rápidas del comando de cubanos anticastristas. En la madrugada arribó el capitán Lawton; «su llegada fue anunciada desde mucho antes por el trazado en el cielo de las balas lumínicas, ya que se produjo una verdadera batalla naval al ser sorprendido por las lanchas de patrullaje» anota Ernesto Guevara en «Pasajes de la guerra revolucionaria» ya mencionado.

Días después el Che envía una comunicación a La Habana: «La presión enemiga aumenta y tentativa del bloqueo del lago se mantiene. Urge cantidades sustanciales de dinero congoleño previniendo aislamiento. Ofensiva se mantiene y avanza. Hay que moverse rápido. Nos preparamos para defender la base». Era el 9 de noviembre de 1965.

No recibe Guevara respuesta de La Habana. Ante la situación creada «le manda una carta a los chinos, le envía una carta a Chou Enlai, pidiéndole ayuda. Éste le pidió que no se retirara, que pasara a formar grupos para subsistir dentro del territorio sin presentar combate».[400]

El menosprecio al combatiente nativo se generaliza. No es sólo Ernesto Guevara quien los menoscaba. También sus oficiales subalter-

---

[399] Entrevista del comandante Víctor Dreke en «El Año en que estuvimos en ninguna parte», obra citada.

[400] Pablo Rivalta, embajador cubano en Tanzania, citado en «El año en que estuvimos en ninguna parte», de Paco Ignacio Taibo II.

nos. *«Los congoleses querían irse; ellos no iban a pelear, yo los tengo a la cañona aquí; cuando el enemigo empiece a avanzar se van a ir. Estamos junto a un personal que no quiere pelear. Yo creo que no es correcto obligarlos»* escribe Azina al comandante Oscar Fernández Mell (Siki). Y le describe la situación «no hay comida, hay crisis de carne, no hay nada para darles de comer y también llueve todos los días; desde por la mañana emplieza a caer agua y no hay donde alojarse».

IGNORADO GUEVARA POR LOS SUBALTERNOS DE KABILA

No sólo Kabila menospreciaba a Guevara. El desprecio le llegaba, también, de oficiales subalternos. Nadie atendía las quejas, múltiples, del guerrillero argentino. Sus peticiones eran ignoradas. Lo admite así el orgulloso descendiente del virrey de la Nueva España: *«una vez más, traté de hablar con los responsables. En ese momento lo era el mayor Kasali[401]; no me recibió porque tenía 'dolor de cabeza'».*

Las fuerzas cubanas, bajo su mando, se percataban del desprecio que hacia su comandante manifestaban los congoleses. El malestar aumentaba entre los «internacionalistas» que abiertamente expresaban su interés en retirarse de aquella región. Guevara lo admite así en el Diario que meticulosamente lleva:

«En efecto, se palpaban síntomas de descomposición en nuestra tropa; ya durante la retirada de Front de Force algunos compañeros habían manifestado que con esa clase de gente no peleaban más y se retirarían de la lucha; habían rumores de que varios iban a plantear formalmente abandonar el Congo»[402].

La lucha en el Congo iba de mal en peor. Guevara había subestimado al enemigo: *«no calculamos que era gente que había recibido una instrucción militar que estaba parapetada y, al parecer, alerta».*

La falta de disciplina y el decaimiento de la moral combativa eran otros dos graves problemas a los que, sin poder superarlos, se enfrentaba, aislado en un medio para él desconocido, el *guerrillero heroico*.

---

[401] Comandante congolés adscrito al Estado Mayor.
[402] Ernesto Guevara «Pasajes de la Guerra Revolucionaria: Congo».

Se le presenta una gravísima crisis con las lanchas que le permitirían transitar por el lago. Ha pedido, repetidamente, a La Habana el envío de técnicos para reparar las lanchas soviéticas que está usando en el transporte de tropas, pero Castro no le hace caso a las reiteradas peticiones:

«Lo de las lanchas merece punto y aparte.

Hace tiempo que vengo pidiendo dos técnicos en motores para evitar el cementerio en que se está convirtiendo el embarcadero de Kigoma. Llegaron hace poco más de un mes tres lanchas soviéticas de paquete, y ya dos están inservibles, y la tercera en la que cruzó el emisario, hace agua por todos lados. Las tres lanchas italianas seguirán el mismo camino que las anteriores».[403]

Como vemos, la incompetencia del personal iban convirtiendo «en un cementerio» las nuevas y vistosas lanchas soviéticas e italianas que con prodigalidad recibían.

Dinero, a raudales, reciben otros, pero no Guevara. De esto se queja amargamente Guevara a Castro. Por supuesto, poco caso le hace el líder máximo:

*«El asunto del dinero es lo que más me duele por lo repetido que fue mi advertencia. Me había comprometido a abastecer un frente, el más importante, con la condición de dirigir la lucha. Para ello calculaba 5 mil dólares por mes. Ahora me entero que una suma **veinte veces más grande** se le da a los paseantes de una sola vez, para vivir bien en todas las capitales del mundo africano, sin contar que ellos son alojados por cuenta de los principales países progresistas que muchas veces les pagan los gastos de viaje».*

La crítica de Guevara a Castro es dura, incisiva. Castro no se lo perdonará.

Antes de terminar aquella carta del 5 de octubre de 1965 vuelve a solicitar el envío de mecánicos e insiste en el error de remitirles *«a los paseantes»* sumas fabulosas cuando él sólo recibe migajas:

---

[403] Ernesto Guevara obra citada, página 158.

«Manden a la brevedad los mecánicos y un hombre que sepa navegar para cruzar el lago con relativa seguridad... no vuelvan a incurrir en el error de soltar dinero así. Confíen un poco en mi criterio...»

Desde tiempo atrás, Castro no confiaba en Guevara y, mucho menos, en su criterio.

Recordaba, todavía con irritación, sus comprometedoras palabras en la conferencia de Argel.

DERROTA TOTAL

Las tropas de Guevara están desmoralizadas. El comandante Martínez Tamayo envía una nota informando que los jefes congoleses se habían negado a hacer trincheras yéndose a los puños con un oficial que lo recriminó. *«Le digo que cuando ataque los mercenarios y los congoleses se van a retirar dejando a los cubanos».*

La situación era insostenible para las fuerzas de Guevara. Durante el día la aviación continuaba hostigándolos. Siguen retrocediendo hacia la base. La posibilidad de resistir desde el anillo exterior de defensa ya no existía. Lo admite el propio comandante Erasmo Videaux: *«Había deserción general. Ni el mismo Martínez Tamayo podía saber con exactitud la cantidad de congoleses conque contaba. Las deserciones eran imposibles de detectar, porque ellos eran muchos más que nosotros...».* A Guevara le había fallado Castro; le había fallado Kabila; le habían fallado los congoleses que los rodeaban. Sólo le quedaba, como remota esperanza, Mulele, el poco confiable insurgente que respondía a los intereses de la China de Mao. Fue una vana ilusión. No tenía Guevara posibilidad alguna de hacer contacto con el distante Mulele.

Quien abandona ahora a Guevara es Ildefonso Masengo, el congoleño Jefe del Estado Mayor del Frente Oriental. *«Masengo decidió abandonar la lucha y lo mejor para nosotros es salir de aquí cuanto antes»* escribe con acritud Ernesto Guevara. Sólo le quedaba ante la catástrofe tomar la última decisión: *«destruir la base para que el enemigo no ocupara las plantas y otros objetos de importancia»*[404].

A fines de octubre, ya todo parecía perdido. Así lo reconoce Guevara en su diario de campaña:

*«Octubre, mes de desastres sin atenuantes. A la caída vergonzosa de Baraka, Fizi, Lumonja y el frente de Lambert se agrega la sorpresa que me dieron en Kilonwe... casi todos los jefes han huído; **los cubanos no están mucho mejor**, desde Tembo (Aragonés) y Siki (Fernández Mell) hasta los soldados. Todo el mundo justifica sus propias culpas echándolas sobre los hombros de los congoleses».*

Aunque, con tanta frecuencia él, también, ha culpado de todos los males a los congoleses, esta vez acepta su propia culpa pero pretende aminorarla culpando, vergonzosamente, a los soldados cubanos:

«Sin embargo, en nuestros combates, a los errores míos se agregan, **las debilidades graves de los combatientes cubanos**».

(«Pasajes de la Guerra Revolucionaria: Congo», página 302).

A medida que pasan los días la actitud de los congoleses hacia Guevara y sus tropas es *«de franca hostilidad y se manifiesta en no hacer nada»*[405].

Ruandeses y congoleses le daban la espalda a los combatientes cubanos.

Martínez Tamayo[406] dos horas después envía a Guevara un nuevo informe: *«todos los ruandeses se fueron, ... creo que rumbo a su país... según veo se llevaron las armas y no me dijeron nada... los congos aquí ya saben la noticia y se van».*

Todo el andamiaje que Castro había creado en el Congo se desploma. Lo admite Guevara en comunicación enviada a Rafael, su delegado en Tanzania:

---

[404] Declaraciones del comandante Erasmo Videaux en «El año en que estuvimos en ninguna parte», de Paco Ignacio Taibo II. Confirmado también por Guevara en «Pasajes de la Guerra Revolucionaria».

[405] Carta de José María Martínez Tamayo (Mbili) a Ernesto Guevara, noviembre 17, 1965.

[406] José María Martínez Tamayo («Mbili», en el Congo; «Ricardo», en Bolivia) partirá muy pronto hacia el país suramericano a establecer los contactos necesarios para la nueva aventura que Guevara, conciente de su derrota en el Congo, planea llevar a cabo en Bolivia.

«Rafael: la situación se derrumba, tropas enteras y campesinos se pasan al enemigo. No hay tropa congolesa segura».

Y pide, para la ya inevitable y vergonzosa retirada, los medios necesarios: *«urge tripulación y lanchas en buen estado».*

Envía su dramático mensaje: *«Lo mejor para nosotros es salir cuanto antes».*

LA HISTORIA DE UN FRACASO

«Esta es la historia de un fracaso. Desciende al detalle anecdótico como corresponde a episodios de la guerra, pero está matizada de observaciones y de espíritu crítico ya que estimo que, si alguna importancia pudiera tener el relato, es la de permitir extraer experiencias que sirvan para otros movimientos revolucionarios», así comienza la narración de Ernesto Che Guevara en su libro «Pasajes de la Guerra Revolucionaria: Congo».

Sabe Guevara, en el Congo, que ha fracasado. La derrota es para el combatiente argentino *«una gran fuente de experiencias positivas, máximo considerando las circunstancias extraordinarias que rodean el episodio: los actuantes e informantes son extranjeros que fueron a arriesgar sus vidas en un territorio desconocido».*

Aquel fracaso, aquella derrota debió haber sido, para él, fuente de experiencia. No lo fue. Por no aprender de su propia experiencia morirá pocos años después en otro, para él, desconocido territorio.

Su aventura en el Congo más que la historia de un fracaso es, y son sus palabras textuales, *«la historia de una descomposición»*[407].

La retirada era una vergüenza. Lo admitirá el propio Ernesto Guevara: *«...la evacuación me parecía denigrante; nuestra retirada era una simple huida y, peor, éramos cómplices del engaño con el que se dejaba la gente en tierra... pasé así las últimas horas, solitario y perplejo y, al fin, a las dos de la mañana, llegaron los barcos con la tripulación cubana...; a las cinco y media sería de día y estaríamos a mitad del lago...».*

---

[407] Ernesto Che Guevara obra citada. Capítulo I: «Advertencia Preliminar».

GENERAL DE BRIGADA
ROLANDO KINDELÁN BLES

El entonces capitán Rolando Kindelán cumple su primera «misión internacionalista» en el Congo Brazzaville para asistir a Ernesto Guevara que intentaba sostenerse en el Congo Leopoldville. Es también, su primer fracaso.

Se organizó la evacuación y empezó un espectáculo doloroso, plañidero y sin gloria; *«debían rechazar a hombres que pedían con acento suplicante que los llevasen; no hubo un solo rasgo de grandeza en esa retirada. No hubo un gesto de rebeldía».*

Permanecerá en Dar-Es-Salaam solo, varios días terminará allí sus notas de la aventura del Congo.[408]

Comenta el daño que, en lo personal, le causó la carta que, dirigida confidencialmente a Fidel Castro en abril de aquel año, el gobernante cubano hizo pública sin su consentimiento, en octubre.

«Pesó en mis relaciones con el personal...la carta de despedida a Fidel. Ésta provocó que los compañeros vieran en mí, como hace muchos años, cuando empecé en la Sierra, un extranjero en contacto con cubanos; en aquel momento, el que estaba de llegada; ahora, el que estaba de despedida. Había ciertas cosas comunes que ya no tenía; ciertos anhelos comunes a los cuales tácita y explícitamente había renunciado y que son los más sagrados para cada hombre individualmente: su familia, su tierra, su medio. La carta que provocó tantos comentarios gloriosos en Cuba, y fuera de Cuba, me separaba de los combatientes».

No otra había sido la intención de Fidel Castro.

SILENCIOSO REGRESO

Perdido Fizi-Baraka, Guevara pretende reconquistar Bukavu. Pero ya todos conocen que es una causa perdida. Militarmente ha sido vencido por las tropas combinadas del ejército congolés, el 5to. Comando, la fuerza aérea anticastrista, y el comando –naval y terrestre– de cubanos exiliados. Políticamente será víctima de la maniobra, gestada en Moscú, de lograr, con la separación de Tshombe, un gobierno de «conciliación nacional».

Mientras en el Congo el arrollador avance del 5to. Comando iba reduciendo el espacio geográfico del «área liberada» jefes de estado africanos celebraban una conferencia en Accra el 23 de octubre,

---

[408] Ernesto Guevara «Pasajes de la Guerra Revolucionaria».

presidida por el progresista Kwane Nkruma con la distante complicidad del presidente Kasavubu.

Guevara –como le sucederá en Bolivia– se queda solo y aislado en un territorio inhóspito. La Unión Soviética, de la que Castro se encuentra cada vez más dependiente, presiona a La Habana para que se retire Guevara, tan poco confiable, del escenario africano. Soumaliot, siempre en la órbita soviética, también lo exige. Aunque la maniobra moscovita de un gobierno de «reconciliación nacional» se ha frustrado por el golpe de estado de Mobutu, ya es tarde para Guevara.

Era el fin de la aventura de Guevara. En varios pequeños barcos volvían a atravesar, en dirección inversa, el gran lago Tanganika. Esta vez hacia Kigoma. De allí se trasladaron a Dar-Es-Salaam desde donde partieron de regreso a Cuba.[409] En la embajada cubana quedó, prácticamente solo, Ernesto Che Guevara. Poco después viajaba hacia la capital de Tanzania su esposa Aleida March. Ya, para entonces, Guevara había enviado hacia Bolivia, para iniciar su nueva y final aventura, a José María Martínez Tamayo que en el Congo había sido conocido como Mbili y en Bolivia todos lo conocerían como Ricardo. Poco después también partirían hacia el altiplano boliviano Harry Villegas (Pombo) y Carlos Coello (Tuma).

Tiempo después, pretendiendo encubrir la derrota, Fidel Castro expresa:

«... el movimiento aquel era muy incipiente todavía... se comprobó que no había condiciones para el desarrollo de aquella lucha en ese momento... la estancia en África de Guevara era transitoria, en espera de que se creasen las condiciones para viajar a Sudamérica...»[410].

En los primeros días de enero de 1966 ingresa Che, ya de retirada, en Tanzania. En Dar-Es-Salaam, Ernesto Guevara es visitado por su

---

[409] No todos regresaron de inmediato. En Dar-Es Salaam quedan cinco soldados cubanos a las órdenes del hoy general Martín Chibás: Julián Morejón, Virgilio Jiménez, José Aguiar, Ezequiel Jiménez e Isidro Peralta para, transcurridas unas semanas, volver a atravesar el lago y localizar y rescatar a tres de sus compañeros que se habían extraviado. El contacto en la capital de Tanzania lo mantendrían a través de Oscar Fernández Mell. Habrán de encontrar a dos de ellos. Fuente: Paco Ignacio Taibo II. Obra citada.

[410] Mina Gainni: «Un encuentro con Fidel», Oficina de Publicaciones del Consejo de Estado, La Habana, 1987.

esposa Aleida, que llega acompañada de Ulises Arbesú (Ariel) quien está al frente de la sección de África del Departamento de Seguridad que dirige Manuel Piñeiro, Barba Roja.[411] De allí pasa, derrotado, al Congo Brazzaville. Allá lo verán cuatro compañeros que son, ahora, emisarios de Castro: los comandantes Víctor Dreke y Eliseo Reyes y los capitanes Osmany Cienfuegos y Emilio Aragonés. Dreke había llegado al Congo, con el propio Che y, porque su condición de negro lo hacía más aceptable, lo habían nombrado, nominalmente, jefe de las fuerzas cubanas. Aragonés regresaba luego de su breve estadía en septiembre. Su misión es simple pero difícil. Convencer al condotiero argentino que debe regresar.

La labor de persuasión es extensa y ardua pero exitosa. Aleida ha regresado a La Habana sin que Guevara, aún –todavía dolido de su carta que Castro había hecho pública y de la vergonzosa derrota sufrida en el país africano– hubiera consentido regresar a la isla donde ya, ni siquiera su debilitado matrimonio, nada lo ata.

Pasa, rumiando solo su amargura, dos meses más. Decide, por fin, su regreso. Pero no para quedarse sino para hacer realidad un proyecto largamente acariciado por él y sólo compartido con un muy estrecho círculo de compañeros.

El 14 de julio Guevara llega a Praga con un pasaporte cubano a nombre de Rafael Álvarez Hernández. Ese día parten para Bolivia, desde la misma ciudad, Harry Villegas (Pombo) y Carlos Coello (Tuma), quienes viajan con pasaportes ecuatorianos.

Guevara cambia, cinco días después, de identidad, viajando por tren a Viena con el pasaporte #130748 a nombre de Ramón Benítez Fernández; lo acompaña Alberto Fernández de Oca. Siguen a Ginebra y se hospedan en el lujoso y concurrido Hotel Intercontinental. No parecen preocupados en ocultar su presencia. Continuará, vía Zürich, a Moscú donde llega el 20 de julio.

Días después, el 25 Harry Villegas y Carlos Coello han arribado a Bolivia donde, en el aeropuerto de Santa Cruz, los espera José María Martínez Tamayo (Ricardo). Ya están preparando las condiciones para la lucha guerrillera en el país suramericano.

---

[411] John Lee Anderson. «Che Guevara».

CAPÍTULO XIII
BOLIVIA

GUEVARA CONDENADO AL OSTRACISMO

Guevara era un réprobo. Ya en enero de 1965 Carlos Rafael Rodríguez, el más dialéctico de los marxistas cubanos, había calificado de «socialista lasallano»[412] a Guevara que, en aquel momento, se encontraba en Argelia.

Identificar al guerrillero argentino con la doctrina de Fernando Lasalle, tan duramente criticado por Carlos Marx, era afrentoso para Guevara quien vuelve a recibir de Carlos Rafael un nuevo ataque. Ahora lo acusa de *mecanicista* porque, aunque no menciona su nombre, Guevara no comprende que *«la dialéctica nos enseña distinguir entre el pensamiento mecánico y el pensamiento que toma en cuenta el desarrollo interno de las propias contradicciones».*

Desde su regreso a Cuba, el 14 de marzo de 1965, –luego de su extenso recorrido por países de África, su inconsulto viaje a China y su discurso en la conferencia de Argelia en el que calificaba a la Unión Soviética de cómplice del imperialismo– Guevara apenas volvió a ser mencionado por la prensa cubana.

Ni una palabra se publica de su partida hacia el Congo en abril de aquel mismo año. Ni una palabra sobre sus acciones y descalabros militares en aquella nación centroafricana. Nada se dijo de su regreso a La Habana en febrero[413] ni, tampoco, de su partida hacia Bolivia.

La prensa internacional, pero no la cubana, hacía conjeturas sobre el paradero de Guevara. Lo consideraban en Vietnam, en República Dominicana, en la Argentina. Nada se sabía del ex-comandante, ex-

---

[412] Discurso de Carlos Rafael Rodríguez el 30 de enero de 1965 en la reunión nacional del INRA.

[413] Algunos afirman que regresó a La Habana a fines de enero de 1966.

Ministro de Industrias, ex-cubano Ernesto Guevara. Guevara, se sabrá después, estaba en Bolivia hacia donde había partido con un número de combatientes que habían servido junto a él en la Sierra Maestra y, algunos, recientemente en el Congo.

Cometerá en la altiplanicie boliviana los mismos errores en que había incurrido, antes, en el Congo. Si en la nación africana recibió –pero mal utilizó– respaldo militar del régimen cubano, en las inhóspitas tierras bolivianas ninguna ayuda recibirá el guerrillero argentino. Ni de Cuba ni de la propia Bolivia.

En 1965, luego de su inconsulto viaje a la China de Mao, Castro destruyó políticamente –dentro del Partido Comunista Cubano– a Ernesto Guevara. En 1967, en Bolivia, lo liquidará físicamente. Y lo convertirá en un mito porque ya no le estorba. Castro le falló a Guevara. No hay un solo documento que pruebe que Fidel Castro haya tratado de ayudar al guerrillero argentino o, al menos, establecer comunicación con él en la breve y patética aventura del altiplano boliviano. La razón es obvia. Guevara, como mártir, resultaba más útil que como incómodo crítico.

Regresará Guevara a Cuba tan silenciosamente como había partido. Vendrá prácticamente solo. Los dos batallones de cubanos negros permanecerán en África, moviéndose entre Brazzaville, Angola y Tanzania. Pero Guevara regresa, solo y derrotado.

Permanece Guevara en La Habana varias semanas. El 23 de octubre parte de la isla con el pasaporte diplomático No. 479-66 a nombre de Luis Hernández y Gálvez, funcionario del Instituto Nacional de Reforma Agraria, otorgado por el Ministro de Relaciones Exteriores Raúl Roa García. Viajará nuevamente hacia Moscú, luego a Praga donde cambia su identidad por la de Ramón Benítez Fernández, uruguayo. Sigue por tren a Viena y con un nuevo pasaporte uruguayo (No. 130748) a nombre de Adolfo Mena González parte hacia Bolivia.

Ya le han conseguido, al llegar a La Paz, el 3 de noviembre una credencial con cuño de la Dirección Nacional de Informaciones de la Presidencia de la República de Bolivia, firmada por el jefe de la misma Sr. Gonzalo López Muñoz. La credencial lo presentaba como un enviado especial de la OEA: Organización de Estados Americanos, para efectuar un estudio sobre «las relaciones económicas y sociales que regían el campo boliviano».

Al día siguiente está reunido con Harry Villegas y José María Martínez Tamayo quienes, desde antes, se encontraban en la ciudad estableciendo contactos en la elaboración de una red clandestina de apoyo a la futura guerrilla.

Antes de partir para Bolivia Guevara ha perdido el respaldo y la confianza de Castro. También, de la Unión Soviética. No olvidarán en Moscú que en la Conferencia de Países Afro-Asiáticos[414], celebrada en Argel, denunció a los dirigentes del Kremlin que

«regatean su apoyo a las revoluciones populares en beneficio de una política exterior egoísta, distanciada de los grandes objetivos internacionalistas y de la clase obrera».

Si esto se hace

«los países socialista son, en cierta manera, cómplices de la explotación imperialista».

Ni Moscú ni La Habana le perdonarán que en un cónclave internacional de países afro-asiáticos le hiciera tan descarnada crítica a la metrópoli soviética. Ni le tolerarán el desafío y desvío que representó su inesperado viaje a Cantón para entrevistarse con el dirigente chino. Che Guevara, se percatará de ello después, había firmado en Argelia su propia sentencia de muerte.

Desde ese momento, lo hemos detallado en un libro anterior[415], Che Guevara es un paria, un proscrito. Desaparecerá de la prensa oficial hasta poco antes de su muerte en Valle Grande el 9 de octubre de 1967, con excepción del momento histriónico en que, precisamente dos años antes, Castro agita la carta sin fecha que Guevara ha firmado para salir de la isla. Carta en la que renuncia a sus posiciones en el partido, sus grados militares y a su ciudadanía cubana.

Durante dos años, en vida de Guevara, su nombre es silenciado. Cuando muere, porque ya no es un peligro ni para Moscú ni para La Habana, se glorifica su memoria.

---

[414] Segundo seminario económico de la Organización de la Solidaridad Afroasiática celebrado en Argelia en febrero de 1965.

[415] «Años Críticos: del camino de la acción al camino del entendimiento», Editorial Universal.

SITUACIÓN INTERNA DEL PARTIDO
COMUNISTA BOLIVIANO

Las antiguas y prolongadas disenciones dentro del Partido Comunista Boliviano 9PCB) hicieron crisis temprano en agosto de 1964. Cuatro líderes del partido –Alfredo Arrabia, Secretario del Comité Central; Raúl Ruiz, Hilario Claude y Atilio Carrasco, todos miembros del Comité Central– en una carta al periódico El Diario atacaron la más alta lideratura del partido, «la camarilla de Mario Monje, líder del partido», a Jorge Kolle y Ramiro Ortega. Planteaban que el PCB debía unirse con todos los grupos, de derecha y de izquierda, para «destruir el gobierno de La Paz, símbolo del imperialismo».[416]

La dirección del PCB no sólo recibió el ataque de estos acomodaticios miembros del Comité Central que se unen con cualquiera en contra del «imperialismo» sino, también, del periódico «Masas» órgano oficial del Partido Trostkista (POR) que incluyó entre los dirigentes objetos de su ataque a Simón Reyes, el que formaría, junto con Mario Monje y Jorge Kolle la troika que iría a La Habana en enero de 1966 (y antes, en noviembre de 1964) a discutir con Castro la operación que Guevara planeaba realizar en Sur América.

Jesús Lara, dirigente del Partido Comunista Boliviano y suegro de Inti Peredo, ofrece el siguiente resumen en la obra de Gerardo Irusta Medrano «Lucha Armada en Bolivia» sobre la situación interna del PCB: En mayo de 1966 se realizó un nuevo Congreso Regional del Partido Comunista de Bolivia, cuyo informe político fue elaborado por Indi, en el que se establecía que la única vía capaz de tomar el poder era la armada.

A mediados de 1965 se encontraban en la capital cubana doce militantes de la Juventud Comunista de Bolivia que estudiaban en la Universidad de La Habana y que pidieron recibir un entrenamiento guerrillero. Jorge Kolle, Segundo Secretario del Partido, que estaba allí, dio su consentimiento y ofreció, además, enviar otros militantes con la misma finalidad. Viajaron a La Habana Coco Peredo, Rodolfo Saldaña, Jorge Vásquez Viaña y Julio Luis Méndez, en enero de 1966. Eran los días en que Mario Monje había contraído con Castro el

---

[416] Aerograma del Departamento de Estado A-201, noviembre 27, 1964. National Archives Central Files RG59, Caja 1878.

compromiso de iniciar a breve plazo la lucha armada en Bolivia como primer paso de un empeño continental e ingresó en un campamento guerrillero en La Habana para entrenarse.

Unos meses después siguen arribando a la isla otros futuros guerrilleros. Inti Peredo viajó a Cuba, con nueve hombres, a recibir entrenamiento militar el 25 de julio de 1966, vía Argentina. Entre julio y agosto, Mario Monje recibe el informe de que el Che encabezaría la lucha en Bolivia y que la acción tendría carácter continental[417].

Entre diciembre de 1966 y enero de 1967, es decir dos o tres meses «antes del estallido de la insurrección, en Cochabamba se reunía la Comisión Política del PCB». Un miembro del Secretariado, Gabriel Ramírez, «reveló que un puñado de cubanos y otro de camaradas bolivianos, por su poropia iniciativa, sin intervención del PCB se hallaban empeñados en desatar la lucha armada en Bolivia. No lo creyeron: dijimos que si cubanos y bolivianos se aprestaban para la lucha armada, en nuestras montañas, no podría ser sino por disposición o cuando menos conanuencia de nuestra alta dirección.[418]

Dos meses antes, en septiembre de 1966, se había producido una acalorada discusión sobre este tema entre Monje y el comandante José María Martínez Tamayo (Ricardo), enviado por el Che Guevara como avanzada para dar los pasos preliminares en la organización de la guerrilla. Hablaremos de este enfrentamiento en próximas páginas. Mario Monje, Secretario del PCB, era partidario de un alzamiento general que sirviese como detonante, mientras que Ricardo y los otros cubanos, de acuerdo a las instrucciones traídas desde Cuba, insistían en la necesidad de establecer primero un foco guerrillero.

En las elecciones que se celebraron en julio de 1966[419] –cuando ya Inti y Coco Peredo, Rodolfo Saldaña, Jorge Vásquez Viaña y otros se encontraban recibiendo entrenamiento guerrillero en Cuba– René

---

[417] Jesús Lara, «Guerrillero Inti». Colección Biográfica Boliviana, La Paz, Bolivia, 1971.
[418] Jesús Lara. Obra citada. (Lara, suegro de Inti Peredo, ayudó a escapar, vía Chile, a los sobrevivientes de la guerrilla de Ernesto Guevara).
[419] Temiendo que su Frente de la Revolución no era aún políticamente fuerte, Barrientos había demorado meses antes su regreso al país después de haber renunciado a su posición de co-presidente que compartía con el general Alfredo Ovando. Fuente. Aerograma A-316, marzo 2, 1966. Departamento de Estado. (Desclasificado septiembre 25, 1997).

Barrientos ganaba con una muy amplia mayoría la contienda presidencial.

Luego del golpe militar que había depuesto 18 meses antes a Paz Estenssoro, Barrientos había constituido el Frente de la Revolución Boliviana (FRB) con antiguos pequeños partidos y algunos de reciente creación, prescindiendo completamente de los grupos de izquierda y del MNR[420].

Han presenciado aquellas elecciones, que dieron masivo respaldo al general René Barrientos, José María Martínez Tamayo (Ricardo), Harry Villegas (Pombo) y Carlos Coello (Tuma), los tres hombres que Ernesto Guevara había enviado para, a espaldas de Mario Monje, comenzar a crear su red clandestina. Ni una simple mención a la impresionante victoria y a esta nueva alineación de fuerzas políticas en aquel país aparece en el Diario que el guerrillero argentino comenzó a llevar, días antes de llegar a La Paz.

Como primeras medidas el nuevo congreso elimina la existencia de milicias populares e institucionalizó la nacionalización de las minas, la reforma agraria, el voto universal y la reforma educativa.

Uno de los más graves errores de Guevara al seleccionar Bolivia como el escenario de su lucha guerrillera fue su completo, e incomprensible, desconocimiento de la situación política y social de aquella nación en esos momentos.

Barrientos, al asumir el poder el 4 de noviembre, le dio nuevo vigor a las viejas reclamaciones de «acceso al mar», sumamente sensible para la nación boliviana. Planteó Barrientos condiciones para

---

[420] Las siguientes cifras pueden mostrar el amplísimo respaldo de Barrientos en estas elecciones:

PARTIDO	VOTOS
FRB (Partido de René Barrientos)	677313
CDC	136817
MNR*	87601
MNR	61309
FLIN (Frente de Liberación Nacional)**	33018
AID	10735

     * El MNR disidente,
     **Apoyado por el Partido Comunista de línea moscovita.

renovar las relaciones diplomáticas con Chile en busca de un acceso ilimitado al mar, al tiempo que buscaba igual acceso al Atlántico a través de nuevos acuerdos con Brasil y Argentina. Temas éstos de un alto contenido emocional para aquel pueblo. Perseguía el dirigente boliviano sus metas con una política firme pero no agresiva.

Esgrimía con frecuencia el presidente Barrientos la «mediterraneidad» conociendo el alto sentimiento nacionalista que ésta despertaba.

Con un natural sentido político el mandatario boliviano, que contaba con amplio respaldo popular, se había opuesto a la formación de un «partido único», prefiriendo descansar en el respaldo de varios pequeños partidos políticos, diversificando, así, su base de apoyo. Tras los muchos años de monopolio político ejercido por el MNR la posición de Barrientos le ganaba simpatía y respaldo en distintos sectores populares. Uno de ellos, el de los campesinos, principalmente aquellos de su nativa Cochabamba, tan cercana al área donde operaría la guerrilla.

Antes de las elecciones, cuando gobernaba como presidente de la Junta Militar, el general Alfredo Ovando esperaba que el nuevo gobierno de Barrientos no duraría en el poder más de seis meses y que él (Ovando) lo sustituiría como presidente de otra junta militar o como un presidente constitucionalmente electo[421].

Tampoco tiene Guevara una clara conciencia del descorazonador cuadro que, para él, muestra el movimiento guerrillero en la América cuando ha llegado, en noviembre de aquel tétrico 1966, a Ñancahuazú. En enero habían caído en Perú Luis de la Puente Uceda y Guillermo Lobatón; en febrero, Camilo Torres cae abatido en Colombia; un mes después será Fabricio Ojeda el otro dirigente guerrillero que muere en Venezuela; en octubre, perece Turcios Lima en Guatemala.

Debió haber entendido Guevara que su concepto de la guerrilla rural no había pasado la prueba; que el esquema del foco guerrillero había fracasado. No lo comprendió.

---

[421] Departamento de Estado, de los Estados Unidos, Aerograma A-314, del Departamento de Estado, de abril 15, 1967.

BOLIVIA EN LA TRICONTINENTAL

Da comienzo en La Habana la Conferencia Tricontinental. En representación de la izquierda boliviana viajan dos delegaciones:

Una, representando al Frente de Liberación Nacional (FLIN) que era el nombre tomado por el Partido Comunista (pro-soviético) y estaba compuesta por:

Mario Monje, Primer Secretario del PCB

Mario Miranda Pacheco, candidato a la vicepresidencia por el FLIN

Juan Carlos Lazcano, representante del Grupo Espartaco

Gabriel Porcel Salazar, dirigente sindical minero.

La otra delegación, representada por miembros del Comité Revolucionario del Pueblo (CODEP) integrado por distintos grupos de izquierda, estaba formada por:

Lidia Gueiller, sub-jefe del PRIN[422].

Guillermo Lora, dirigente del POR[423]

Raúl Ruiz González, del partido Comunista Boliviano Marxista-Leninista (PCML) pro-chino.

A la conferencia sólo fue admitida la delegación del FLIN.

Lora, Secretario General del Partido Obrero Revolucionario de Bolivia (POR) cuestionó, poco antes de iniciarse las sesiones de la Conferencia Tricontinental, la falta de asistencia militar y de todo tipo a Ernesto Guevara y la infiltración en el MR-13 guatemalteco de agentes cubanos con el propósito de manipular dicha organización. Castro, en sesión pública, hizo una acerba crítica a la línea extremista del POR sin responder las afirmaciones de Lora[424].

Lora y Zamora de la Tricontinental en La Habana, donde sus delegaciones no fueron aceptadas, volaron a Pekín en busca de apoyo.

En medio de este conflicto interno dentro del PCB se produce una de las tantas conversaciones entre Fidel Castro y Mario Monje. Se están entrenando en Cuba para la lucha guerrillera continental varios jóvenes bolivianos.

---

[422] Lidia Gueiller llegaría en 1969 a la presidencia de la República de Bolivia.

[423] Humberto Vásquez Viaña. «Antecedentes de la Guerrilla del Che en Bolivia», Instituto de Estudios Latinoamericanos. Estocolmo, septiembre, 1987.

[424] Luis M. González-Mata «Las muertes del Che Guevara».

En esta entrevista (Mayo de 1966) le pide Castro a Monje que elija «personalmente a cuatro compañeros de confianza para que protejan a un compañero que conocían los dos y de quien nadie podía poner en duda sus condiciones de revolucionario, para que lo protejan a su paso y, si es posible, lo acompañen después a seguir a su país»[425].

Para esa tarea fueron seleccionados Roberto (Coco) Peredo, Julio (Ñato) Méndez, Jorge (Loro) Vásquez Viaña y Rodolfo Saldaña[426].

Roberto (Coco) Peredo era director de la Juventud Comunista de Bolivia y director del Comité Regional de La Paz. Había viajado a la Unión Soviética y a Cuba en 1962 y 1965; en la isla recibió entrenamiento de guerrilla. A la llegada de Guevara a Bolivia se convertirá en uno de sus más valiosos colaboradores. Morirá en Higuera en septiembre 27, 1967.

Julio Luis Méndez, «el Ñato», militante del Partido Comunista, fue de los primeros cuatro bolivianos que se integraron a las guerrillas comandadas por Guevara, siendo uno de los dos bolivianos –el otro era Inti– que formaron parte del Estado Mayor del Destacamento Internacionalista[427]. Experto tirador, machetero y carpintero, tuvo el Ñato a su cargo la construcción de la «Casa de Calamina» que sirvió de base en los primeros días de la preparación del foco guerrillero. Cae combatiendo el 15 de noviembre de 1967 en la zona de el Mataral.

Jorge (Loro/Bigotes) Vásquez Viaña será uno de los que exploran el sitio en que se asentará la granja que servirá de base a la guerrilla. Está ya en contacto con Martínez Tamayo (Ricardo) y Harry Villegas (Pombo) cuatro meses antes de la llegada de Guevara a Bolivia. Entregado o capturado morirá el 27 de mayo de 1967 en la forma enigmática en que siempre vivió.

Rodolfo Saldaña, miembro de la Juventud Comunista de Bolivia, es otro de los que viajan a Cuba a recibir entrenamiento de guerrilla. Fue comisionado por Guevara para la localización (junto con Debray

---

[425] Carta del 15 de julio de 1968 de Mario Monje dirigida al Comité Central del PCB. Revista «Presencia» y, publicada también, en la revista «Marxismo Militante» en La Paz.

[426] La entrevista y los nombres mencionados fueron confirmados en declaraciones posteriores por Jorge Kolle. En próximas páginas ampliaremos estos detalles.

[427] Granma, octubre 6, 1969.

y el minero Moisés Guevara) de la finca en Alto Beni. Saldaña fue el único de los cuatro (Coco, Ñato, Loro, Saldaña) que sobrevivió la aventura guerrillera[428].

A fines de junio volvían a Cuba, antes ya habían estado, los cuatro miembros del PCB asignados por el Partido para recibir entrenamiento militar en Cuba y regresar a Bolivia a colaborar en el traslado hacia la Argentina de Ernesto Guevara cuando éste llegase a la nación del altiplano. Llegaban también a La Paz el capitán Harry Villegas Tamayo (Pombo) y el teniente Carlos Coello (Tuma). Ya Ricardo (Martínez Tamayo) se encontraba desde antes en la capital boliviana[429].

Desconoce Monje que Castro y Guevara están sosteniendo conversaciones, y trazando planes, con elementos disidentes de su partido. Ya han hablado con el joven Oscar Zamora. Luego, Castro hablará con otros.

En el verano ya están en Bolivia Martínez Tamayo, Pombo y Coello. Mantienen –a espaldas de Mario Monje– contactos con los disidentes del PCB, no con su Primer Secretario.

GUEVARA ACTÚA A ESPALDAS DEL PCB

A principios de marzo (1966) llega nuevamente a Bolivia –había estado en el país en distintas ocasiones antes de acompañar a Guevara en el Congo– José María Martínez Tamayo (Ricardo). Actuaría en la sombra, sin que Monje conociese de sus actividades, contactando a antiguos militantes comunistas hostiles a Monje. Es la etapa, mediados de 1966, en la que los partidos comunistas del continente se debaten entre intentar llegar al poder por la lucha armada –como lo demandan los más jóvenes militantes– o por el más tranquilo camino de los frentes populares como alienta Moscú.

En mayo de 1966 se convoca por el PCB a un Congreso Regional. El informe político es elaborado por Inti Peredo, cuyo hermano Roberto (Coco) se encontraba en Cuba recibiendo entrenamiento para la lucha guerrillera. El mismo camino que recorrerá Inti al concluir el

---

[428] Vivió sus últimos años en Cuba. Morirá en La Habana el 29 de junio del 2000.
[429] En julio de 1963 José María Martínez Tamayo (Ricardo) había llegado a La Paz con un pasaporte colombiano.

Congreso Regional[430], cuyo congreso concluyó que «la única vía capaz de conducir a la liberación del pueblo, en otros términos, a la toma del poder, era la armada» y planteaba la «necesidad inmediata e impostergable de prepararla e iniciarla»[431].

Ahora hay prisa en completar el entrenamiento de estos futuros guerrilleros. Ernesto Guevara, derrotado en Fizi-Baraka, cerca del lago Tanganika, luego de permanecer rumiando su derrota en Dar-Es-Salaam[432], el Congo Brazzaville y otros países vecinos del teatro de guerra en que fue humillado, ya se ha recuperado sicológicamente en Praga.

En julio 19, (1966), con falso pasaporte uruguayo, se desplazó hacia Viena, luego a otras ciudades y, finalmente, a Moscú desde donde, con nuevo pasaporte, vuela hacia La Habana.

Al llegar, silencioso y sombrío, a La Habana se mantiene informado, a distancia, del intensivo entrenamiento a que someten a los hombres que lo habrán de acompañar en una nueva aventura cuya ubicación y detalles pocos conocerán de antemano. Permanecerá en Cuba cerca de tres meses hasta partir hacia su destino final en Bolivia.

Ya, antes de salir de Praga, había dado instrucciones a Martínez Tamayo (Ricardo) de adquirir una hacienda que le sirviese a la guerrilla de centro de operaciones. La compra se hace a través de Roberto (Coco) Peredo.

Ordena, aún sin llegar a la nación sudamericana, que se realizase un estudio sobre la más conveniente ubicación –para los secretos fines que ya él tenía en mente– de la finca que serviría de centro de operaciones porque la que habían adquirido (en Ñancahuazú) no era adecuada para los planes que a muy pocos les había confiado. Correspondió a Regis Debray el estudio para la localización de la nueva finca que se adquirió a nombre de otro disidente del PCB, Rodolfo Saldaña[433].

Todo sin contar con Mario Monje.

---

[430] El 25 de julio de 1966 Inti Peredo, junto con nueve compatriotas suyos, viajaba a La Habana, vía Argentina, para iniciar su entrenamiento militar.

[431] Gerardo Irusta Medrano. «La Lucha Armada en Bolivia».

[432] Es visitado por su esposa Aleida y Ulises Estrada (Jefe de la Sección de África y Asia del Departamento de Seguridad que dirige Manuel Piñeiro).

[433] Detalles pormenorizados sobre la llegada, selección y adquisición de ambas haciendas pueden encontrarlos en «La Guerrilla del Che», de Regis Debray.

Antes y después de la Conferencia de Partidos Comunistas celebrada en La Habana en noviembre de 1964 y de la Tricontinental de enero de 1966 Mario Monje afirma haber manifestado su oposición al concepto del foco guerrillero.

En carta de Mario Monje al autor[434] expresaba el Primer Secretario del Partido Comunista de Bolivia:

«Mi criterio adverso a la teoría del foco guerrillero la expuse en Bolivia en 1961. Lo repetí en Cuba en 1962. Y después pensé y dije en Bolivia en noviembre de 1965 que este país podía ser envuelto en la lucha guerrillera por el Che. En febrero de 1966 alerté a los bolivianos sobre este peligro. No tenía por qué informar a la dirigencia soviética conociendo su pragmatismo político».

Por eso los emisarios del Che han decidido –las órdenes les llegan de La Habana– «cortar prácticamente nuestras relaciones con el Partido» (Diario de Pombo, septiembre 6, 1966). «Van a organizar las cosas con (el minero Moisés) Guevara».

Alertado Mario Monje, se produce un fuerte careo del dirigente del PCB con Harry Villegas (Pombo) y José Martínez Tamayo (Ricardo)[435].

Les recrimina Monje ese 28 de septiembre, las conversaciones que han tenido a sus espaldas y la participación de Regis Debray que ha sido un crítico de la política de los partidos comunistas latinoamericanos, como el de Bolivia, que siguen la orientación de Moscú. Impugna el nuevo plan que ha conocido a través de otras personas.

Monje confirma este enfrentamiento:

«En junio volvieron mis recelos. En julio y agosto reuní pruebas. En septiembre, sin dudar, exigí a los representantes cubanos cesar

---

[434] Carta fechada en Moscú el 22 de febrero del año 2000 de Mario Monje a Enrique Ros.

[435] Amplia información sobre los miembros de la guerrilla de Guevara en Bolivia, las dificultates que encontraron, los errores cometidos y los distintos encuentros con las fuerzas armadas en los que perecieron 13 de los 16 cubanos que lo acompañaron y varios de los peruanos y bolivianos enrolados en el ELN, puede encontrarse en «Cubanos Combatientes: peleando en distintos frentes» del autor.

toda actividad en Bolivia. En octubre informé detalladamente a la Comisión Política del PCB sobre lo que podía ocurrir[436].

En octubre de 1966 Monje viaja al Congreso de Bulgaria pero ya se siente intranquilo porque observa «que hay algunas cosas que no están dentro de lo que se había hablado». Entonces decide partir y de Bulgaria pasa a La Habana[437].

En noviembre llega Monje a La Habana y sostiene una nueva entrevista con Castro. En ella –esta es la versión de Monje– expresó sus preocupaciones sobre las conversaciones que, sin su conocimiento, se estaban realizando en su país. Castro *«reiteró su completo acuerdo conmigo sobre que la revolución boliviana debería ser dirigida por los propios bolivianos. Le expresé mi firme intención de encararla y la urgencia de una nueva conferencia de partidos comunistas y obreros. Entonces, me invitó a celebrar una entrevista con el compañero Ernesto Che Guevara, indicándome que se encontraba en un país próximo a Bolivia y que la entrevista tendría lugar en un punto fronterizo que me sería comunicado después. Acepté entusiasta la invitación».*

Lo que confirma el propio Monje al autor:

«En noviembre viajé a Cuba calculando que el Che trataría de llegar a Bolivia a despecho de la prevención. En diciembre hablé con Fidel seguro de que el Che ya estaba en Bolivia, aunque él no lo reconocía»[438].

En relación a la conferencia de partidos propuesta por Monje, Castro indicó que *«ello dependería de los acuerdos a los que podríamos llegar con el compañero Guevara».*

Al regresar Monje a La Paz, poco antes de la navidad, convoca a una reunión de la Comisión Nacional de la Organización del Partido, donde se invitó a la juventud. Se habló de que *«el partido había pasado una etapa de la división de las posiciones chinas y soviéticas, y que ahora había una tercera posición».* Fue Jorge Kolle el encarga-

---

[436] Carta de Mario Monje a Enrique Ros antes citada.
[437] Declaraciones de Loyola Guzmán. Obra citada.
[438] Carta de Mario Monje antecitada.

do del informe político y dejó traslucir, afirma Loyola Guzmán[439], que esa tercera posición era la cubana.

LLEGAN LOS PRIMEROS CUBANOS

Diecisiete cubanos formarán parte de la guerrilla de Ernesto Guevara. Ha habido notable confusión en precisar la fecha de la incorporación de la guerrilla de cada uno de estos combatientes porque algunos autores han tomado la fecha probable en que partieron de Cuba y otros la fecha de su llegada a Bolivia. Ambas, conducirían a errores.

La fecha de su partida de La Habana no es convincente porque salían con itinerarios distintos y sumamente elaborados,[440] la fecha de su llegada a Bolivia tampoco es procedente porque no todos se incorporaban de inmediato a la guerrilla.

Cotejando la información contenida en los diarios del Che Guevara, de Pombo (capitán Harry Villegas Tamayo) y las declaraciones de distintas personas que participaron en aquel episodio podemos señalar con aceptable precisión ese dato.

Llegan a La Paz en julio de 1966[441] Harry Villegas Tamayo, «Pombo»,[442] que será uno de los tres únicos supervivientes cubanos de la guerrilla, y Carlos Coello «Tuma», escolta permanente del Che, con

---

[439] Loyola Guzmán Lara formaba parte, hasta febrero de 1967, del Comité Ejecutivo Nacional de la Juventud Comunista de Bolivia (JCB). En diciembre de 1966, luego de la llegada a aquella región de Ernesto Guevara, Loyola Guzmán se incorporó al aparato urbano del naciente Ejército de Liberación Nacional (ELN).

A mediados de septiembre de 1967 fue detenida –siendo Ministro del Interior Antonio Arguedas– al ser encontradas sus fotos en las cuevas de la guerrilla. Juzgada y sentenciada, permaneció presa hasta que fue liberada, junto con otros presos del ELN, en julio de 1970.

[440] Braulio (Israel Reyes Zayas), por ejemplo, voló Habana-Moscú-Praga-Chile-Bolivia. Salió el 25 de octubre, llegó a La Paz el 25 de noviembre. Guevara salió vía Moscú, Praga, París, Río de Janeiro. Luego a La Paz.

[441] Es julio el mes en que se celebran las elecciones bajo la Junta Militar que presidía el general Alfredo Ovando Candia en las que saldrá triunfante la candidatura del general René Barrientos que gobernará con un sólido respaldo de las fuerzas armadas y de las masas campesinas. Apoyo que se fue materializando en los próximos meses pero que no fue debidamente calibrado ni por esta primera avanzada enviada por Guevara ni por los que arribarían a Bolivia en los próximos meses.

[442] Harry Villegas Tamayo («Pombo») había combatido junto a Guevara en la Sierra Maestra y en el Congo. Sale de Bolivia, junto a «Benigno» y «Urbano», hacia Chile. Hoy es general de las fuerzas armadas cubanas.

la encomienda de establecer los primeros contactos e iniciar los preparativos necesarios para recibir a Guevara.[443]

Todo está conversado a espaldas de Mario Monje, Pombo llega a Santa Cruz el 25 de ese mes. Lo espera Martínez Tamayo (Ricardo) quien le informa que «los camaradas bolivianos se ocupan de arreglarnos nuestros documentos...». Todo se había arreglado sin contar conMario Monje, el Secretario del Partido Comunista Boliviano. «Los camaradas bolivianos» de que hablan Pombo y Ricardo son los opositores de Monje. Ya los iremos conociendo.

Ya estaba en el país andino el comandante José María Martínez Tamayo «Ricardo» o «Papi» quien mantenía, como propio, un pasaporte boliviano[444] a nombre de Ricardo Morales Rodríguez y conservaba cordiales relaciones con Mario Monje y otros altos dirigentes del Partido Comunista Boliviano que se quebrarán después de la entrevista de Monje y Guevara el 31 de diciembre de 1966. Ricardo le facilita los primeros pasos a los recién llegados.

Estrechas relaciones habían cultivado los hombres que desde La Habana llegan para prepararle el camino a Ernesto Guevara. Gonzalo López Muñoz, Ex-Director de Informaciones de la Presidencia de la República, será acusado de haber entregado al guerrillero argentino una credencial, a nombre de Adolfo Mena que era uno de los nombres con que funcionaba Guevara como, nada menos, Enviado Especial de Organización de Estados Americanos (OEA). En la credencial se le pedía a las autoridades nacionales y a las personas e instituciones privadas, prestar al Señor Adolfo Mena toda la cooperación que pueda facilitar su labor investigadora.[445]

---

[443] Es la segunda vez que Pombo y Tuma viajan juntos, para una misión internacionalista. Poco más de un año antes ambos habían partido para asistir al Che Guevara en su aventura del Congo. Harry Villegas y Carlos Coellos habían hecho aquel viaje hacia el corazón de África vía Moscú. El Cairo y Dar Es Salaam hasta llegar, como otros, al campamento de Luluabulg donde se encontraba el Che.

[444] «Ricardo» había trabajado en Bolivia junto a Ramón Aja Castro en el Departamento de Asuntos Latinoamericanos (DAL), adscrito a la Dirección General de Inteligencia (DIG) que luego fue dirigida por el comandante Manuel Piñeiro (Barba Roja). Ver «Años Críticos: del camino de la acción al camino del entendimiento».

[445] Documentos presentados en el juicio de Debray y que aparecen reproducidos en el periódico «Presencia» de La Paz, Bolivia, del viernes 27 de octubre, 1967.

Marcelo Galindo, Secretario General de la Presidencia, será enjuiciado por haber entregado recomendaciones a Tania y a Regis Debray.[446]

En diciembre 2 habrá de escribir indiscretamente el Che en su diario:

«Coco tiene instrucciones... de contactar al Jefe de Informaciones de la Presidencia, que se ha brindado para darla, pues es cuñado de Inti».

Por supuesto esta persona, perfectamente identificable aún por el más incompetente investigador, era Gonzalo López Muñoz.

Hacen contacto con Orlando Jiménez Bazán (Camba), obrero, miembro del Partido Comunista Boliviano, que había recibido entrenamiento guerrillero en Cuba.[447] El propósito: adquirir una hacienda que sirviese de cuartel general a la operación planeada. La finca se adquirió a través de otro boliviano. Roberto (Coco) Peredo quien, también, regresaba de un prolongado entrenamiento en La Habana.[448]

Los guerrilleros venían llegando por rutas distintas. Contaban con dinero abundante. Braulio, en el Diario que llevó de aquellas operaciones anotaba: *«El jueves 25 de octubre salí de mi casa dejando en ella mi mujer hecha un mar de lágrimas; el 29 salí de La Habana; allí empezó mi segunda aventura; iba a Bolivia con el nombre de Braulio, con pasaporte panameño y $23,000 dólares en el bolsillo...».*

Otro grupo compuesto de 5 personas salió de Cuba el 20 de noviembre, vía Leningrado y Moscú de donde pasaron a Alemania Oriental y, cruzando el Atlántico, a Sao Paulo, luego a Buenos Aires y, finalmente a Bolivia.

---

[446] Periódico «Presencia» de La Paz, Bolivia, del viernes 27 de octubre, 1967.

[447] Orlando Jiménez Bazán, «Camba», desertó de la guerrilla el 27 de septiembre de 1967. Posteriormente declaró en el juicio de Regis Debray y Ciro Roberto Bustos. Reveló también al tribunal militar que él (Camba) había recibido entrenamiento en Cuba desde agosto de 1962 a marzo de 1964. (Declaraciones de octubre 5, de 1967).

[448] Roberto (Coco) Peredo, director de la Juventud Comunista en Bolivia y director del Comité Regional de La Paz. Viajó a Cuba y la Unión Soviética en 1962 y 1965. Participó en la guerrilla. Murió en Higuera en septiembre 27, 1967.

TANIA, LA GUERRILLERA

Viene también una figura que resultaría muy conocida: *«Tania la guerrillera»*. Haydee Tamara Bunke Vider había nacido en Buenos Aires[449] de padres europeos, el padre alemán y la madre polaca, ambos militantes comunistas, que habían venido como refugiados a la Argentina en 1935. A los trece años fue con sus padres a vivir en el Berlín Oriental donde conoció a Ernesto Che Guevara cuando éste, como Presidente del Banco Nacional de Cuba, llegó en diciembre de 1959 al frente de una misión comercial[450] y ella le sirvió de intérprete durante su visita a Alemania Oriental.[451]

Entró Tania a Bolivia con pasaporte argentino a nombre de Laura Gutiérrez Bauer. Formaba parte del equipo de Guevara aunque era una agente de la KGB soviética, esto le representaba un serio conflicto de intereses y sentimientos ya que Rusia no alentaba la acción guerrillera de Guevara en aquel país. Ya los guerrilleros cubanos, a los que se les había unido una docena de bolivianos, se encontraban preparando su campamento en Ñancahuazú, la extensa hacienda de 1,227 hectáreas adquirida en julio por Coco Peredo.

En la primera quincena de noviembre de 1966 solo 4 hombres se encontraban en Ñancahuazú; entre ellos, el Che. A fines de aquel mes, el día 27, llegaban Juan Vitalio Acuña Núñez (Joaquín), de larga experiencia guerrillera en Cuba; el comandante Israel Reyes Zayas (Braulio), miembro del Comité Central del Partido Comunista Cubano, quien, meses atrás, había estado con Guevara en el Congo; el capitán Leonardo Tamayo Núñez (Urbano) que cinco años antes, durante una de las tantas conferencias celebradas en Punta del Este, actuó de Secretario de la Delegación Cubana que presidía el propio Guevara.[452][453] Llegaba también aquel 27 de noviembre el capitán

---

[449] El 19 de noviembre de 1937.

[450] Daniel James. «Che Guevara».

[451] De acuerdo a «Benigno» (Daniel Alarcón Ramírez), otro de los tres sobrevivientes de la guerrilla, Guevara conoció a Tania, en Cuba, en 1962, a través de Armando Hart.

[452] Leonardo Tamayo Núñez (Urbano) que, por indisciplina, tuvo serios problemas con Guevara fue el tercer cubano sobreviviente de la guerrilla. Es hoy Coronel de las Fuerzas Armadas Cubanas.

[453] Leonardo Tamayo Núñez (Urbano) que, por indisciplina, tuvo serios problemas con Guevara fue el tercer cubano sobreviviente de la guerrilla. Es hoy Coronel de las Fuerzas Armadas Cubanas.

Manuel Hernández (Miguel), veterano de la Sierra Maestra.[454] Ricardo informó que el «Chino» ya estaba en Bolivia.

Pero el «Chino», Juan Pablo Chang,[455] a quien Guevara ya conocía y que acaba de llegar al campamento, no viene, aún, a integrarse a las tropas de Guevara. El «Chino», que es peruano, le ofrece al Che más guerrilleros del país inca. Sólo dos se unirían. Al día siguiente, «luego de conversar largamente con el Che sobre las guerrillas del Perú» sobre las que ambos tienen amplio conocimiento, parte el Chino hacia La Paz. El 11 de enero salió para Cuba –las fáciles comunicaciones entre ambos países!– «aparentemente con gran entusiasmo y espera volver aquí cuando regrese» anota el Che en su diario; se entrevistará con Fidel y volverá con una demanda económica.

No se ha destacado por los que han escrito sobre la lucha de Guevara en Bolivia las viejas relaciones del aventurero argentino con las guerrillas del Perú. Una de las primeras comunicaciones de Pombo cuando llega a Bolivia en julio de 1966 fue la de informarle al Chino (Juan Pablo Chang) –quien estaba al frente de las mal preparadas guerrillas rurales peruanas– que Cuba iniciaría la lucha en Bolivia y luego la continuaría en Perú.

El Chino, que había estado en Cuba en diversos momentos, había mantenido estrecho contacto con Castro y con el Che antes de que hubiera llegado, acompañado del Coco Peredo, al Campamento de Ñancahuazú, a fines de noviembre.

---

[454] El 25 de noviembre habían salido de La Paz en un jeep Joaquín, Braulio y Ricardo junto a Inti Peredo. En otro vehículo, más adelante, iban Urbano, Miguel, Coco y el estudiante boliviano Maimura. De Cochabanba siguieron a Ñancahuazú. Fuente: Inti Peredo. «»i Campaña con el Che"» Colección Historia Viviente, La Paz, Bolivia.

[455] Juan Pablo Chang, había sido deportado a México durante el gobierno de Odría al descubrirse que jefaturaba una célula aprista vinculada con una división de tanques del ejército peruano. En su exilio en México, Chang vivió varios años junto a dirigentes apristas y comunistas también deportados como los poetas Gustavo Valcárcel y Manuel Scorza y el líder trostkista Ismael Frías. En México Chang conoció a Ernesto Guevara a través de la esposa peruana de éste. Hilda Gadea, exiliada por su condición de Secretaria de Prensa del Partido Aprista. Al intentar ingresar clandestinamente a su país, fue detenido y, luego de una corta prisión, deportado nuevamente radicándose por varios años en París.

Al término del gobierno de Odría, retornó al Perú y durante varios años trabajó en la Agencia Cablegráfica France Press en calidad de redactor, ya para entonces se encontraba militando en las filas marxistas. También Tania llega a Bolivia, desde el Perú, en marzo de 1965. Fuente: Luis J. González «The Great Rebel».

Otros dirigentes comunistas bolivianos quieren cerciorarse del verdadero alcance y dimensiones del plan. Este es el caso de Jorge Kolle, uno de los miembros del Buró Político del PCB y quien es la segunda figura del partido; que en enero viaja a La Habana. Se va a entrevistar con Manuel Piñeiro (Barbarroja) y otros dirigentes de la División de América Latina (DAL) y con Fidel Castro.

Fidel es informado del viaje y prevenido de la adversa posición de Kolle. El 25 de enero le llega a Guevara un mensaje de Castro. «Fidel me dice que los escuchará (a Kolle y a Simón Reyes)[456] y será duro con ellos». No será duro, sino falso y engañoso.

A Kolle, que se opone a la lucha armada como el mejor camino para llegar al poder, se le hace ver –como antes a Monje– que no se trata de una acción centrada en Bolivia sino una de magnitud continental. «Si éste es el caso, Kolle está dispuesto a colaborar». Es este el informe de La Habana que descifra Guevara el 14 de febrero.

Arriban luego Antonio Sánchez Días, «Marcos», que se convertirá en jefe de vanguardia, y el joven capitán Eliseo Reyes Rodríguez, «San Luis» que había sido miembro de la columna del Che en la Sierra Maestra. El 11 de diciembre serán Gustavo Machín Hoed de Beche, «Alejandro»[457] y René Martínez Tamayo, «Arturo» quienes llegan acompañados de otros dos cubanos, Dariel Alarcón Ramírez, «Benigno», y Octavio de la Concepción de la Pedraja, «Moro», para un total de 16.[458]

Coincidía el arribo de estos experimentados guerrilleros cubanos con el de Guido (Inti) Peredo, hermano de Coco Peredo,[459] que, como

---

[456] Simón Reyes, dirigente del PCB y de un sindicato de trabajadores mineros.

[457] Gustavo Machín, fue miembro del Directorio Revolucionario, bajo las órdenes del comandante Rolando Cubela; nombrado luego Sub-Secretario de Hacienda.

[458] Todos utilizaron pasaportes fraudulentos ecuatorianos, colombianos, panameños y peruanos:

Ernesto Guevara, «Ramón», pasaporte uruguayo #130220 a nombre de Ramón Benítez Fernández.

comandante Juan B. Acuña Núñez, «Joaquín», pasaporte panameño #65736 a nombre de Joaquín Rivera Núñez.

Jesús Suárez Gayol, «Rubio».

[459] Roberto (Coco) y Guido (Inti) Peredo eran hijos del periodista y político Rómulo Arano Peredo, que había sido Director del Periódico «El Imparcial» de Cochabanba y Senador del Partido MNR.

éste, recién regresaba del entrenamiento recibido en Cuba. Junto a él venía Freddy (Ernesto) Maimura Hurtado, estudiante boliviano de medicina que actuaría como médico en la conferencia que se iniciaba.

VIAJA A LA HABANA EL SECRETARIO DEL P.C. BOLIVIANO

En octubre, un mes antes de que llegase a Bolivia el Che Guevara, y luego de varias entrevistas entre Ricardo y Pombo con distintos miembros del P.C.B., el Comité Central del Partido debatió la lucha armada y el tipo de participación que en ella pudiera tener el P.C.B. Luego de discutir distintas discrepancias que existían entre los miembros del Comité Central y cubanos que ya habían llegado a Bolivia, el Comité Central acordó enviar a La Habana a tres miembros para discutir este tema con los dirigentes cubanos. Fueron designados para este viaje Simón Reyes y Mario Monje. Irá también Kolle.[460]

Informado, Pombo se opuso considerando que no era necesario que Monje fuera a La Habana para realizar la misión, que, de acuerdo a una decisión anterior se le había asignado a Coco Peredo. Era, por supuesto, absurda la proposición de Pombo que pretendía que una persona, que ni siquiera era miembro de aquel Comité Central fuera a La Habana a superar diferencias con Castro.[461]

Como se ve era fácil y frecuente la comunicación entre La Habana y el foco guerrillero de Bolivia.

Tan fácil era la comunicación en los primeros días de diciembre que Mario Monje, Secretario General del Partido Comunista Boliviano, viaja, como habían decidido, a La Habana para una larga entrevista con Castro. Le preocupa a Monje, disciplinado militante fiel a la línea moscovita, la posición no ortodoxa de Guevara que, meses atrás, había criticado a la Unión Soviética en un evento internacional.[462] Ya antes

---

[460] Mario Monje es el Primer Secretario del PCB desde la fundación del partido hasta diciembre de 1967. Lo sustituye Jorge Kolle Cueto, también fundador del PCB, quien ocupa esa posición hasta 1985, fecha en la que es sustituido por Simón Reyes que ocupa la posición hasta 1989. Curiosamente, los tres que se entrevistan con Castro en diciembre de 1966.

[461] Diario de Harry Villegas (Pombo).

[462] Discurso de Ernesto Guevara en la Conferencia de Países Afroasiáticos celebrada en Argelia.

Guevara ha mantenido distintas conversaciones con Monje y otros dirigentes del Partido Comunista Boliviano.

Es larga la conversación de Castro y Monje, pero poca información se tiene de los temas discutidos. A fines de diciembre regresa Monje a Bolivia a una crucial entrevista con Ernesto Che Guevara.

CONVERSACIONES PREVIAS CON MARIO MONJE

Mario Monje se había entrevistado frecuentemente con Castro en sus múltiples viajes a La Habana.

En noviembre de 1964 ostenta Monje la representación del P.C. Boliviano en la Conferencia de partidos comunistas celebrada en la capital cubana. Puede conversar largamente con Castro y otros dirigentes de PURS (aún no es llamado oficialmente, Partido Comunista Cubano); entre ellos, con Guevara que está preparando su viaje a Nueva York donde pronunciará un discurso en las Naciones Unidas antes de partir a su viaje de cuatro meses por varios países africanos.

Hablan con Monje de la necesidad de prestarle atención especial a los «problemas de la solidaridad con el pueblo cubano», de «la necesidad de estimular el acercamiento entre los distintos partidos», y, con gran cinismo, se toca el tema de la necesidad de «intercambiar experiencias y el mutuo conocimiento».

Pero Castro y Guevara, que exhortan este intercambio de experiencia y conocimiento, no le informan a Monje que, desde julio del pasado año, el comandante José María Martínez Tamayo, «Ricardo», se encuentra en Bolivia con nombre y pasaporte falsos, en estrecho contacto con activos e importantes disidentes del P.C. Boliviano.

No «intercambian» con Monje la información de que con los bolivianos Coco e Initi Peredo, Rodolfo Saldaña, Jorge Vásquez Viaña –con el asesoramiento del comandante Martínez Tamayo– habían puesto en marcha, pocos meses atrás en Tajira, una base de operaciones para respaldar la guerrilla argentina que, desde Salta, pretendió dirigir Jorge Ricardo Masetti, íntimo amigo de Guevara[463] quien lo

---

[463] Masetti, conoció a Guevara cuando, como periodista en tránsito por Cuba, subió a la Sierra Maestra en marzo de 1958. «Sorí Marín hizo las presentaciones ante los ojos de veinte hombres que nunca habían visto a dos argentinos juntos... pronto hablamos sin mucha reserva y comenzamos a tutearnos». En Buenos Aires publicó un laudatorio libro sobre la revolución

había designado, por esa relación personal, como director de la Agencia Prensa Latina, controlada por el régimen cubano. A espaldas de Monje, se había organizado un foco guerrillero en la frontera argentino-boliviana con militantes de su propio partido.

Porque era, el de Argentina y Bolivia, un plan diseñado con gran antelación al que se le concedió, desde su concepción, una gran importancia. Por eso luego de ser situado al frente de la Seguridad del Estado y ocupar, posteriormente, la Jefatura de la Policía Revolucionaria, el ahora General de Cuerpo del Ejército Abelardo Colomé Ibarra, es designado «para cumplir su primera misión internacionalista». ¿Con qué finalidad?. Lo dirá textualmente el Gral. Colomé Ibarra: «preparar las condiciones para un alzamiento guerrillero en Argentina que estaría encabezado por el periodista Jorge Ricardo Masetti, quien había hecho una buena afinidad con su compatriota Ernesto Che Guevara».[464]

La responsabilidad de Furry era bien clara y precisa. Lo expresará él mismo: «buscar una ubicación para crear una base de apoyo y hacerme de una fachada para recibir el personal, las armas y pasarlos para Argentina».

Ya, para entonces, actuaba a espaldas de Monje. Viaja Furry libremente por Bolivia y Argentina con pasaporte de Argelia.[465]

No le informan en 1964 a Monje que un año antes, en unión de Coco Peredo había Furry viajado por Bolivia y Argentina para hacer nuevos contactos con Masetti. Precisamente, pocos meses antes de aquel viaje de Monje a La Habana había regresado de Bolivia Furry Colomé a la capital cubana. Monje lo ignoraba.

Dentro del P.C. Boliviano existían grandes tensiones. Uno de los elementos más hostiles a la dirección de Monje era el dirigente estudiantil Oscar Zamora. Largas conversaciones sostuvo Guevara con el

---

castrista. «Los que luchan y los que lloran» (Editorial Freeland, Septiembre 1958). A su regreso a Cuba ya tenía asegurada la dirección de la agencia cablegráfica Prensa Latina puesta al servicio del gobierno revolucionario.

[464]   Luis Báez «Secreto de Generales» editorial Si-Mar, S.A., La Habana, 1996.

[465]   Viajaba con nacionalidad argelina. «En diferentes ocasiones visité Argelia. Los argelinos se portaron muy solidarios con nosotros. Nos dieron pasaportes argelinos y nos dijeron que si teníamos algún tropiezo nos reclamarían como ciudadanos de ese país». Fuente: Entrevista del Gral. Abelardo Colomé Ibarra con Luis Báez. Obra citada.

joven Zamora cuando éste formaba parte de la delegación de estudiantes bolivianos que había visitado La Habana aquel 1964. No fue informado Monje de estos extensos cambios de impresiones con este antiguo e inteligente miembro de la «microfacción» boliviana. Tan hábil y dialéctico era Zamora que en menos de dos años había formado su propio partido marxista leninista. No podemos concluir, todavía, que haya sido Monje quien traicionó a Guevara. Analicemos más datos.

Un año después vuelve a participar el Secretario General del Partido Comunista Boliviano, en enero de 1966, de otra conferencia multinacional convocada por Castro. Es Monje quien preside la delegación boliviana a la primera Conferencia Tricontinental. Le hablan los dirigentes cubanos, se sabrá luego con gran precisión, de «liquidar la opresión, causa común de todos los males de los pueblos», por medio de la lucha armada en un movimiento de escala internacinoal que se desarrollaría en varias naciones. En este plan Bolivia sería sólo la plataforma de partida para el Perú, Brasil y la Argentina. Se le hizo ver a Monje que Bolivia sería el trampolín, no el campo de batalla.

Y en esos días de la Primera Conferencia Tricontinental, Mario Monje recibe entrenamiento guerrillero. Fue Dariel Alarcón Ramírez (Benigno) el encargado de recogerlo en el hotel Habana Libre, el antiguo Hilton, y llevarlo a Punto Cero para realizar prácticas de tiro. Era visitado continuamente por el comandante Manuel Piñeiro, Jefe del Departamento de América, por Armando Campos, el segundo de Piñeiro, o por Juan Carretero (Ariel), oficiales de inteligencia y miembros del Departamento América que tenían a su cargo los asuntos relacionados con la región del Cono Sur.[466] Le hablan de la dimensión continental de la empresa que se planea.

A ese escenario que le dibujaron de una lucha en todo el continente, el Secretario General P.C. Boliviano dio su consentimiento y ofreció aportar un número determinado de militantes a los instructores que irían a Bolivia para preparar las fuerzas que marcharían a los países limítrofes: Perú, Argentina, Brasil.

---

[466] Dariel Alarcón Ramírez (Benigno), «Memorias de un soldado cubano» Tusquets Editores.

Terminada la Primera Conferencia Tricontinental reúne Castro, ya lo explicamos con anterioridad, a un grupo de dirigentes para crear las bases de un nuevo instrumento de lucha: la Organización de Solidaridad con los Pueblos Latinoamericanos. Monje es uno de los privilegiados, representando a Bolivia. Monje cree gozar de la confianza de Castro y de Guevara. Ignora los planes que están poniendo en marcha los agentes del Che Guevara en su propio país y dentro de su propio partido.

Ya están en La Habana, derrotados en el Congo pero entusiasmados con la nueva operación que se prepara –aunque ignoran aún donde se desarrollará– los combatientes fieles a Guevara. No están todos. Uno, Martínez Tamayo, ya anda por Bolivia revitalizando sus viejos contactos, todos ellos adversarios de Monje, con la encomienda de adquirir una hacienda en la que la guerrilla, que ya se va a formar, tenga su centro de operaciones. Como siempre, todo a espaldas de Monje. Todo, minando la autoridad del Secretario General del Partido Comunista Boliviano.

Pronto llegarán otros hombres también de absoluta confianza de Ernesto Guevara. Cuando Pombo y Tuma arriban a La Paz, en el mes de julio, se intensifican todas las actividades solapadas contra la autoridad de Monje de estos hombres que, pronto, acusarán a este crédulo y burlado comunista, de traidor. Cuando apenas se han apagado los aplausos y vítores con los que se cerraron las sesiones de la Tricontinental, en cuya tribuna se encontraba Mario Monje, llegaba en marzo, una vez más, a Bolivia, Martínez Tamayo para adquirir la finca deseada.

**GUEVARA JUNTO A JUAN PABLO CHANG (EL CHINO)
Y OTROS GUERRILLEROS**
En los meses inmediatos a su llegada a Bolivia, aparece Guevara junto al
Chino Chang –tan estrechamente vinculado al guerrillero argentino– y otros
integrantes de la guerrilla recién constituida.

CAPÍTULO XIV
PRIMEROS PASOS EN ÑANCAHUAZÚ

SE COMPRA LA HACIENDA A ESPALDAS DE MONJE

Dos años antes, en 1963, poco después de haber llegado Ricardo, apareció en Bolivia el capitán Orlando Pantoja Tamayo (Antonio). No venía sólo; lo acompañaba Hugo Blanco, guerrillero peruano; ambos llegaban a organizar la guerrilla que pasaría a otro país, no a quedarse en Bolivia.

En Tajira, al sur deBolivia, prepararían una base de aprovisionamiento para el foco guerrillero que Jorge Ricardo Masetti operaría en la vecina región argentina de Salta. Laborarían también con el recién creado ELN peruano que actuaba no lejos de la frontera boliviana y del que formaba parte Juan Pablo Chang (El Chino) que se vinculará estrechamente con Castro y con Guevara. Eran estos los pasos iniciales que se estaban tomando en el transcurso del año 1964.

Ricardo, que tenía un pasaporte boliviano, obtuvo el 8 de febrero de 1965 uno colombiano. Usaba indistintamente uno u otro para dificultar que pudieran detectar sus movimientos. En 1963, aunque Cuba había sido separada de la Organización de Estados Americanos, Bolivia mantenía relaciones con La Habana. Representaba a Cuba Ramón Ajá Castro. Aquel año, al verse envuelto en una conspiración contra el gobierno boliviano Aja fue invitado a salir del país. Cuando el 20 de agosto de 1964 Bolivia rompe todas las relaciones con Cuba se cierra la embajada pero queda en La Paz, con sus dos pasaportes, Martínez Tamayo (Ricardo). Con ellos saldrá y volverá al país frecuentemente.

En julio, de 1966 compra la hacienda de 1,227 hectáreas en la región de Ñancahuazú. La adquiere a nombre de Roberto (Coco) Peredo que era quien la había localizado. Está situada en una región montañosa al suroeste de Santa Cruz, a unos 220 kilómetros de aquella ciudad y a unos 80 del Centro Petrolero de Camiri «población que en los cálculos guerrilleros tenía particular importancia» según dice en su diario el propio Pombo.[467]

Cometen el gran error de llevar las armas a la finca recién adquirida. No tenía sentido que se hubiesen trasladado, de inmediato, armas para la Casa de Calamina donde se pretendía dar la impresión de ser una hacienda ganadera. Sin llevar las armas, con tanta prisa, a la finca, los hombres de la guerrilla hubieran tenido una mayor oportunidad para explorar el terreno, para compenetrarse con los problemas y necesidades de la región, facilitar contacto con los campesinos y adaptarse al medio.

Ernesto Guevara no tendría, en sus recorridos desde Ñancahuazú, a ninguna persona oriunda de aquel lugar. Es decir, nadie de los que formarían la guerrilla conocía los caminos, senderos, riachuelos, arroyos y obstáculos del área que recorrerían. Perderían tiempo y energía en marchas totalmente infructuosas. Las fuerzas armadas bolivianas tenían personal que conocía aquella área geográfica; por eso al mes de iniciarse las acciones militares, el ejército tendría aislada a la guerrilla sin que ésta tuviese posibilidades de contacto con el exterior.

Pero días después llega Pombo con instrucciones del Che para comprar una finca «más al norte». Guevara quería, sigue diciendo Pombo, una finca más al centro ya que *«nuestros esfuerzos en Bolivia tendrían por teatro esa región»*. La decisión de comprar una finca «más al norte» se oponía «al trabajo hecho, iniciado en las zonas circunvecinas a Camiri, por gente del partido» prosigue aclarando Pombo. Por supuesto, cuando habla de «la gente del partido» se refiere al grupo opuesto a Monje.

La primera transacción, es decir, la compra de la primera finca, se hizo a través de Coco Peredo conocido opositor de Monje dentro del P.C. Boliviano. La segunda hacienda se comprará, también, a través de otro adversario, Rodolfo Saldaña.

Vemos como se han utilizado, sin conocimiento de Monje, a dos de sus adversarios para adquirir las fincas en las que operaría la guerri-

---

[467] En julio 14, 1966, Harry Villegas (Pombo) comienza a escribir su diario. La última anotación en esa libreta la hará el 28 de mayo de 1967. Después continuará otros cuadernos.

lla. Pero lo que rebosa la copa es que en la decisión de adquirir la nueva hacienda «más al norte» –o sea, en el mismo centro de Bolivia– quien interviene e influye es otro adversario de Monje que no es boliviano pero que tiene una mayor estatura y peso político: Regis Debray. Fue Debray, lo confirmarán separadamente Pombo y Monje, quien más influyó en la decisión de operar en la finca enclavada en el Alto Beni. Un área desde donde la guerrilla no podía desplazarse a otros lugares.

Ya la incógnita se va despejando. Se le había hablado a Monje de que la guerrilla que un día llegaría a Bolivia vendría de paso para actuar en escenarios más amplios. Esto mismo se les dijo a los elementos disidentes del P.C. Boliviano (Coco, Inti, Saldaña y otros).

La intención, cuya decisión se había tomado ya pocos meses antes, era otra. Se operaría sólo en Bolivia. Bolivia sería el único escenario de la lucha guerrillera. Es consecuente esa decisión con la otra de haber elegido la zona aislada de Alto Beni, desechando las anteriores, donde se acaba de adquirir la hacienda de Camiri. En otras palabras, siempre, y a espaldas de Mario Monje, Ernesto Guevara llegará a Bolivia para desarrollar su labor junto al minero Moisés Guevara[468] concentrando toda su actividad guerrillera dentro de Bolivia y abandonando el plan, antes discutido con Mario Monje, de una lucha continental.

Ya están en aquel país, desde julio, Pombo (Harry Villegas) y Tuma (Carlos Coello) y, desde marzo, Ricardo (José María Martínez Tamayo). Todos han mantenido continuas conversaciones con los elementos disidentes de Monje (Coco, Inti, Saldaña, Vásquez Viaña y otros). También con Monje a quien le han informado de la compra de la primera finca en un sitio conveniente al plan inicial que tendría a Bolivia como un simple trampolín para la lucha guerrillera, pero nada aún sable el Secretario del Partido Comunista de la compra de la segunda hacienda.

---

[468] Moisés Guevara Rodríguez, minero de Huanuni, había sido tesorero del sindicato de mineros de su región. Fue miembro del partido comunista de línea pro soviética hasta abril de 1964 en que se incorporó al partido comunista pro chino formando parte de su Comité Central. En 1966 fue expulsado por tratar de iniciar un movimiento con el nombre que luego el Che en 1967 le dio a su propia guerrilla.

Ha arribado a La Paz, también con nombre y pasaporte falsos, el capitán Alberto Fernández Montes de Oca, «Pacho», con instrucciones precisas, ya definitivas del Che Guevara de operar desde la segunda finca, en Alto Beni y establecer contactos con un dirigente obrero, minero, de ascendencia en el campo sindical y con los otros distanciados políticamente de Monje. El 3 de septiembre escribe Pombo en su diario que Alberto Fernández Montes de Oca había llegado por tren de Chile y «plantea el asunto de la zona elegida por el Che, informando que el minero Moisés Guevara recibirá $500 dólares y que la visita de Debray tiene como objetivo hacer un estudio geopolítico de la zona elegida y discutir con el propio Che los informes del minero Moisés Guevara».

«Tenemos prácticamente todo lo que necesitamos (la granja, 45 rifles, ropa, etc.); parte del equipo en la zona de Santa Cruz. Pero con el plan de Mongo (el Che), nos vemos obligados a trasladar nuevamente las cosas a La Paz en ruta al Beni».

Como vemos, de febrero a septiembre, con mucha antelación a su llegada a Bolivia, el Che (y por supuesto, Castro) habían decidido trabajar con el maoísta y disidente Moisés Guevara, y prescindir del grupo del partido fiel a Monje.

Lo confirma el propio Harry Villegas (Pombo) en su anotación del 6 de septiembre:

«La cuestión más compleja es el estado en que quedamos ante el Partido con la decisión de organizar las cosas con (el minero) Guevara y la orden de suspender, prácticamente, nuestras relaciones con el Partido».

Han sido Ernesto Guevara y Fidel Castro –desde La Habana– meses antes de la llegada a Bolivia del guerrillero argentino, quienes han roto con Monje y con el Partido Comunista Boliviano.

Las conversaciones con el dirigente obrero Moisés Guevara estarían a cargo de Regis Debray. El plan, elaborado en La Habana por Castro y el Che, es de una límpida claridad: marginar a Mario Monje, Secretario del Partido Comunista Boliviano.

Eran claras directrices dictadas desde La Habana. Lo admite el propio Debray: «Fidel Castro me habló del boliviano Moisés Guevara para que yo viera a su grupo...yo vine a Bolivia en septiembre de 1966 y viajé para conocer el Alto Beni. Me encontré en el hotel con Moisés

Guevara... Regresé a Francia y luego a Cuba... El 6 de marzo entré a Bolivia con Tania...».[469]

PRIMER ENFRENTAMIENTO CON MONJE

El 28 de septiembre Ricardo y Pombo tienen una acalorada discusión con Monje al conocer éste de las conversaciones que se han tenido a sus espaldas y de la participación de Regis Debray que ha sido un crítico de la política de los partidos comunistas latinoamericanos, como el de Bolivia, que siguen la orientación de Moscú. Expone Monje –y los argumentos aparecen expuestos en el diario del propio Pombo– que el compromiso contraído por él con Castro en La Habana era el de «ayudar a organizar el asunto del sur,[470] poner cuatro hombres en contacto con Martínez Tamayo y coordinar con Brizola el asunto de Brasil». Estos eran compromisos de él con La Habana.

Expresa, irritado, que el plan estratégico inicial daba una importancia secundaria a Bolivia, pero que al trasladar el centro de operaciones a la región de Alto Beni, era obvio que aquel había cambiado ya que el Alto Beni «es un sector a partir del cual no puede una guerrilla desplazarse hacia otros países». El Pombo que estaba al tanto del engaño en que había, hasta ese momento, hecho caer a Monje, escribe con total cinismo: «Ha sido capaz (Monje)de establecer que el punto central del plan era Bolivia y está a punto de comprenderlo todo». El hombre, engañado y traicionado, se ha percatado del engaño y la traición.

Ya Ernesto Guevara está en camino hacia Bolivia. Será un recorrido largo que lo lleva por Madrid, Sao Paulo y otras ciudades. Llegará a Ñancahuazú el 7 de noviembre y, desde el primer día –lo podemos comprobar en el propio Diario de Guevara– trata de minar la confianza que militantes del partido le tienen a Monje.

«Bigotes se mostró dispuesto a colaborar con nosotros, haga lo que haga el partido, pero se muestra leal a Monje, a quien

---

[469] Declaraciones de Regis Debray el 8 de mayo de 1967. Fuente: Gral. Arnaldo Saucedo Parado. «No disparen...soy el Che».

[470] Se refiere a organizar la fuerza guerrillera en el sur de Bolivia con fácil acceso a Brasil y Argentina.

respeta y parece querer. Según él (Rodolfo Saldaña)[471] está en la misma disposición y otro tanto sucede con el Coco, pero hay que tratar que el partido se decida a luchar. Le pedí que no informara al partido hasta la llegada de Monje que está de viaje por Bulgaria».

Aprovechando la ausencia de Monje sigue socavando la lealtad de sus hombres. Así escribe el Che en su diario el 20 de noviembre: *«Vino (con Marcos y Rolando) Rodolfo, que me hizo muy buena impresión. Al parecer está más decidido que Bigote a romper con todo. Papi (Martínez Tamayo) le informó de mi presencia, así como al Coco, violando las instrucciones... Rodolfo retornó en la madrugada».*

Para atraérselo, Guevara le pidió a Rodolfo que le consiguiese un agrónomo de confianza. Para el día 27 Rodolfo Saldaña estaba funcionando con la guerrilla a cargo, junto a Coco, de los contactos.

Mientras Guevara, con halagos y asignación de mandos se iba atrayendo a los cuatro bolivianos que Monje había puesto a su disposición, éste luego de su viaje a Bulgaria seguía a La Habana para enfrentarse a Fidel.

No es sólo Bulgaria el destino de Monje. También se detiene el preocupado viajero en Moscú para celebrar trascendentes entrevistas con los jerarcas del Kremlin.[472] Evidentemente les informa de los planes que sin contar con los soviéticos ni los cuadros oficiales del PCB están desarrollando, en el corazón del continente suramericano, Castro y el Che.

A mediados de diciembre se produjo ese careo sobre el que Castro, en su detallado prólogo del libro «El Diario de Che Guevara», guarda parcial silencio.

Pronto regresa Monje a su país. El 26 de diciembre concerta con Guevara, a través de Jorge Vásquez Viaña (Loro), una reunión. Ésta se celebrará el 31 de diciembre de 1966.

---

[471] Rodolfo Saldaña había recibido entrenamiento en Cuba junto con los hermanos Coco e Inti Peredo y Jorge Vásquez Viaña. Éstos eran los cuatro hombres que Mario Monje pondría en contacto con Martínez Tamayo para «el amplio escenario suramericano».

[472] Dariel Alarcón R. «Benigno».

Todos los autores que se han referido a esa entrevista han repetido, creo que sin excepción alguna, la versión de Castro y de Guevara. Según ésta su planteamiento fundamental quedaba resumido en tres condiciones básicas, a las que nos referimos en mayor detalle al comienzo de este capítulo:

1) Monje renunciaría a la dirección del partido y ofrecería cuadros para la lucha.
2) La decisión político-militar de la lucha le correspondería a él mientras la revolución tuviera un ámbito boliviano.
3) Monje manejaría las relaciones con otros partidos sudamericanos.

Con esta versión, profusamente divulgada durante todos estos años, Monje ha aparecido como el ambicioso y pequeño dirigente de un minúsculo partido comunista que pretendía, palabras de Castro, «discutirle al Che la jefatura política y militar del movimiento».

Castro, para cubrir su propia duplicidad, calificará a Monje de «inexperto seso-hueco de estrechas miras chauvinistas». Puede que lo haya sido. Puede que lo sea. Pero en esta sucia aventura de Bolivia Monje, «seso-hueco» o no, fue engañado por Castro y por Guevara. Monje, «de estrechas miras chauvinistas» o no, fue lisonjeado y honrado por Castro en la primera Conferencia de Partidos Comunistas de La Habana de noviembre de 1964, en la Primera Conferencia Tricontinental en enero de 1966 y en la Reunión Preparatoria para la creación de la Organización Latinoamericana de Solidaridad (OLAS), también celebrada en La Habana. Ahora, el hombre que compartió por años la presidencia de tantos eventos internacionales era tan sólo, en palabras de Castro, un «seso-hueco». Como de costumbre, para encubrir sus propias deslealtades y engaños, acusa Castro a la víctima de su propia falsía de ser la persona traidora.

ENTREVISTA DE MARIO MONJE Y GUEVARA

«A las 7:30 llegó el médico con la noticia de que Monje estaba allí. Fuí con Inti, Tuma, Urbano y Arturo. La recepción fue cordial pero tirante. Flotaba en el ambiente la pregunta: ¿A qué vienes?.

Así comienza la nota manuscrita del 31 de diciembre de 1966 en el Diario del Che Guevara.

«La conversación con Monje –sigue expresando Guevara en su diario– se inició con generalidades pero pronto cayó en su planteamiento fundamental resumido en tres condiciones básicas:

***Primero**, él renunciaría a la dirección del partido pero lograría de éste, al menos, la neutralidad y se extraerían cuadros para la lucha.*

***Segundo**, la dirección político-militar de la lucha le correspondería a él mientras la revolución tuviera un ámbito boliviano.*

***Tercero**, él manejaría las relaciones con otros partidos sudamericanos, tratando de llevar la oposición a la posición de apoyo a los movimientos de liberación, poniendo como ejemplo a Douglas Bravo».*

Sobre el primer punto Guevara le respondió que la renuncia como Secretario del Partido quedaba enteramente al criterio de Monje aunque él (Guevara) lo consideraba un error. Sobre el tercer punto, de manejar las relaciones con otros partidos, no tenía reparo aunque estimaba que estaba condenado al fracaso.

Donde presentó una seria objeción fue al segundo punto:

«Sobre el segundo punto no podía aceptarlo de ninguna manera. El jefe militar sería yo y no aceptaba ambigüedades en esto. Aquí la discusión se estancó y giró en un círculo vicioso».

LUIS XIV: «EL ESTADO SOY YO»
Che GUEVARA: «EL JEFE SOY YO»

El carácter absolutista del monarca francés que asumió en sus manos todo el poder reaparece en la mente del guerrillero argentino.

La extensa conversación con Monje, cuya conclusión ya era prevista, la termina Guevara con una irreconciliable afirmación. «El jefe soy yo».

En esos momentos –continúa la fácil comunicación entre La Habana y Ñancahuazú– le llegan a Guevara varios mensajes de Castro. No ha comenzado la lucha; la seguridad de la vida de Guevara no está aún en peligro. Castro se mantiene solícito y accesible.

Treinta días después Monje le da la espalda a Guevara.

«Como lo esperaba, la actitud de Monje fue evasiva en el primer momento y traidora después. Ya el partido está hacien-

do armas contra nosotros y no sé donde llegará. Pero eso no
nos frenará y quizás a la larga sea beneficioso».
apunta Guevara en su Diario.[473] Y hace una observación de gran
interés: «La gente más honesta y combativa estará con nosotros».
Cuando, meses después la situación se hizo crítica para el Che, sus
corresponsales y camaradas de La Habana no hicieron esfuerzo alguno
por contactar a «esta gente honesta y combativa» y abandonaron a
Guevara en Valle Grande. Allá llegaremos.

Pero, primero, debemos fijar responsabilidades. ¿Fué Monje un
traidor o fue engañado y traicionado por Castro y por Guevara?. Hasta
hoy sólo hemos conocido –por su gran divulgación– la versión de
Castro expresada por el Che en su diario. En busca de la verdad es
necesario escudriñar todos los datos disponibles.

Fidel Castro, el Che y prácticamente todos los que han escrito
sobre la trascendente conversación de Monje y Guevara han repetido
como artículo de fe la versión que dejó en su Diario el «guerrillero
heroico». Hay otra versión, a la que debe dársele la misma validez que
a la expresada por Guevara, que ha sido siempre totalmente ignorada.

Veamos lo que Mario Monje, en su comprensible retórica marxista
marxista, manifestó que había planteado en aquella reunión:

1) *«La realización de una conferencia de partidos comunistas y*
   obreros del continente para coordinar una acción común contra
   la ofensiva del imperialismo yanqui.
2) *La formación de un frente político amplio en el país en el que*
   intervengan todas las fuerzas populares y anti-imperialistas,
   incluido el Partido Comunista de Bolivia, cuyo frente debería
   organizar un comando único revolucionario.
3) *Debe realizarse lo siguiente:*
   El plan revolucionario para Bolivia debía estar en correspon-
   dencia con la experiencia y conciencia de las masas y no
   asentarse exclusivamente en el esquema guerrillero.

---

[473] Enero 31, 1966.

La jefatura político-militar podría estar en mis manos o en las de quien elija el comando revolucionario, pero en todo caso, la jefatura militar debía subordinarse a la jefatura política.

Al comenzar esa lucha yo dimitiría a todos mis otros cargos políticos a los cuals de todas maneras tenía intención de renunciar.»[474]

Frente a la pretensión de Ernesto Guevara de asumir, por su decisión unipersonal, la dirección político-militar, Monje pedía una reunión de los partidos comunistas y movimientos de izquierda, de todo el continente, para tomar la trascendente decisión de dirigir la lucha.

No era un planteamiento utópico o irrealizable en un país donde el partido comunista y otras organizaciones de izquierda estaban legalizadas y 16 cubanos –todos con pasaportes de nacionalidades distintas– ingresarían al país y viajarían, sin dificultad alguna, a Santa Cruz, Cochabamba, La Paz y Ñancuahuazú.

Pero Monje sabía que la decisión había sido tomada antes de su visita a la hacienda aquel 31 de diciembre. Guevara no admitiría someter al criterio de otros la dirección de lo que él, en su miopía, consideraba la epopeya latinoamericana del siglo y no sería más que su tumba en el pequeño pueblo de Vallegrande.

Monje, de formación marxista, que había militado en el P.C. Boliviano desde su juventud, abogaba por crear primero las condicions que condujeran a un alzamaiento general que sirviera de detonante para tomar el poder. Para el Che, influido por las ideas de Debray, el triunfo sólo podía alcanzarse con la creación de un foco guerrillero.

A Monje se le había hecho creer en las reuniones con Castro en La Habana, que el teatro de operaciones de esa gran revolución continental serían Argentina y países limítrofes. Tarde conoció que el plan elaborado tendría a Bolivia, y sólo a ella, como escenario. Era La Habana quien había decidido crear en el país andino –y no en cualquier otra nación– un foco guerrillero. Atrás quedaba olvidado el viejo

---

[474] Mario Monje, «Los problemas planteados en la conversación con el Camarada Guevara», Septiembre 12, 1967, trabajo mimeografiado citado por Philippe Labreveux en «Bolivia bajo el Che», Colección Replanteo.

concepto de que el partido es la vanguardia de la revolución. Ahora, con el Che, el foco guerrillero es el motor de la revolución.

Escogida Bolivia, a sus espaldas, como centro de operaciones pretendía Castro que «este inexperto seso-hueco de estrechas miras chovinistas»,[475] aún sabiéndose engañado, se subordinara a un proyecto condenado al fracaso.

Ya, con gran anterioridad, Monje había puesto las más serias objeciones al concepto del *foco guerrillero*. Se lo confirma al autor en una de sus cartas[476]:

«Mi criterio adverso de la teoría del foco guerrillero lo expresé en Bolivia en 1961. Lo repetí en Cuba en 1963 y después. Pensé y dije en Bolivia en noviembre de 1965, que este país podía ser envuelto en la lucha guerrillera por el Che».

Insiste Monje en dejar constancia de su firme oposición a los planes esbozados por Castro y Guevara:

«En febrero de 1966 alerté a los bolivianos sobre este peligro»....de marzo a mayo traté de alejar el peligro. En junio volvieron mis recelos. En julio y agosto reuní pruebas. En septiembre, sin dudar, exigí a los representantes cubanos cesar toda actividad en Bolivia[477]

Varios días después, el dos de marzo, en conversación telefónica, volvió el dirigente comunista boliviano a confirmarnos estas aseveraciones. Se encontraba Monje en Moscú en el Departamento de Asuntos Internacionales del Instituto Latinoamericano de Rusia[478].

LA GUERRILLA: IMPROVISACIÓN E IMCOMPETENCIA

Del diario del Che Guevara se han publicado millones de ejemplares en distintos idiomas. Muchos, los más, sin siquiera haberlo leído, lo comentan favorablemente cuando, en realidad, el diario muestra las fallas y errores que marcarán la dirección de Ernesto Che Guevara en el altiplano boliviano: improvisación e incompetencia.

---

[475] Palabras de Fidel Castro en su «Introducción Necesaria» al Diario del Che Guevara.
[476] Carta de febrero 22 del 2000 de Mario Monje a Enrique Ros.
[477] Carta citada.
[478] Conversación telefónica de Enrique Ros con Mario Monje. Marzo 2 del 2000.

Lo importante para el Che era escoger una zona de operaciones en la que la columna guerrillera pudiera mantenerse y crecer. Por esto, la elección del terreno era esencial.

Nada está planeado. Ni siquiera la ubicación de la finca o hacienda que servirá de centro de operaciones para la guerrilla. Consideró Guevara conveniente que ese terreno estuviese próximo a la frontera argentina.

Improvisación. *«Una investigación más minuciosa hubiera servido precisamente para revelar la peligrosa aridez de las condiciones locales de la zona de Ñancahuazú»* afirmaba Regis Debray[479].

En la parte tropical del país, admite Debray, la «cuestión campesina» no es una «cuestión agraria». Allí existían «demasiadas tierras cultivables o rotulables para muy pocos agricultores. El potencial revolucionario del campesinado estaba capitidisminuido por la superabundancia de tierras».

Improvisación. *Ante esa realidad «era muy poco probable que el campesinado se inclinase a respaldar un foco guerrillero dirigido por extranjeros que poco le ofrecían». (Fuente: Regis Debray).*

En cuanto estuvo claro para él que Bolivia era realmente su lugar de destino como guerrillero, centró su atención en el Alto Beni, la región llamada de los Yungas, al noreste de La Paz. Por eso se compró allí una granja de lo cual se encargó a Papi (Ricardo).

Improvisación. *Posteriormente se comprobó que estaba mal situada, muy cerca de un campamento militar[480].*

Pombo llegó con instrucciones de Ramón (el Che) para Ricardo de comprar una finca «más al norte». Siguiendo, aunque perplejos, esas instrucciones se comisiona a tres hombres, uno de ellos Bigotes (Vásquez Viaña) marchar hacia el norte en busca de una finca. Los tres enviados regresarán el 15 de agosto. Para entonces las armas y el avituallamiento se encontraban en una casa que habían comprado en Santa Cruz. Ahora «debido al plan de Mongo (Che) nos vemos forzados a llevar el material escondido a La Paz, para allí poderlo llevar a

---

[479] Regis Debray. «La Guerrilla del Che».
[480] Regis Debray. Obra citada.

Beni». Por temor a represalias, no se opusieron abiertamente ni objetaron las instrucciones de Guevara.

Improvisación. *Días después el Che dio instrucciones de que comprasen la nueva finca pero que no transfirieran a ella, todavía, las armas.*

Se consideró la conveniencia de comprar una gran concesión de tierra, en la misma región pero más dentro del monte. El Che comisionó a Pacho (capitán Alberto Fernández) para adquirirla. Al mismo tiempo encargó a Debray realizar un estudio geopolítico de aquella zona así como la del Chapare, al norte de Cochabamba.

Improvisación. *Era la tercera localización de la finca que servía de campamento a la guerrilla.*

En octubre envía Debray al Che el resultado de su trabajo: «investigaciones bastante minuciosas y documentación detallada (mapas, fotos, planos, etc.) no sólo de índole física y militar sino, ante todo y sobre todo, social y política, comprendida una lista nominativa, aldea por aldea, pueblo por pueblo, de los simpatizantes y colaboradores eventuales».

Improvisación. *Ya Pombo (Harry Villegas) había enviado el 10 de septiembre a La Habana un «comunicado informando que había dispuesto la compra por Coco Peredo de una nueva hacienda al sur de Santa Cruz, cerca del río Ñancanhuazú, sin que por ello se abandonara la granja de Alto Beni».*

En el área escogida de Ñancahuazú la fauna era escasa; poca o ninguna caza; sólo había «una decena de pájaros tísicos y algunas gacelas sorprendidas por el Ñato, el mejor cazador del grupo; los famosos tapires no aparecieron jamás. El cuadro no era brillante»[481].

Improvisación. *Esto llevó a la guerrilla a agotar, muy pronto, sus reservas alimenticias, acumuladas en los meses anteriores y –apunta Debray– a salir de sus posiciones para ir a comprar víveres a los campesinos. «Actividades estas conocidas con el nombre de «góndolas», que ponían cada vez en peligro su seguridad y que, repetidas, desgastaron a la larga a los combatientes, ya que el transporte de los víveres se hacía a cuestas*

---

[481] Regis Debray. Obra citada.

a lo largo del Ñancahuazú, terreno accidentado y lleno de emboscadas».

Para poder establecer un útil contacto con algunos residentes del área en que se va a operar Che «requiere la presencia de guerrilleros de la región... ya que sólo ellos pueden aportar todos los conocimientos elementales del medio... sin los cuales cualquiera en una región remota y atrasada se ve fatalmente tratado como extraño, como extranjero y como sospechoso».

Improvisación. *Tan sólo un boliviano de la guerrilla hablaba unas cuantas palabras de guaraní, la lengua más común entre los peones indios de las haciendas en esta región que linda con el Paragüay. Ni el quechua ni el aymara, que conocían algunos se hablaban en aquella región.*

Absurdamente, en un área no conocida por ellos, lejos de apresurarse a familiarizarse con ella los más instruidos, «puntualmente, de las cuatro a las seis de la tarde,...daban cursos de gramática, de economía política, de historia boliviana, a las que el Che añadía, por la noche, a título optativo, cursos de francés. Recíprocamente, algunos camaradas bolivianos daban a los otros cursos de quechua»[482].

Improvisación. Esa despreocupación que predominó durante los meses de febrero y marzo condujo a un abandono de las medidas de seguridad y al aislamiento en que, súbitamente, se encontraron Alejandro[483], Rolando y Joaquín cuando, separados del grueso de la guerrilla se inició la repentina ofensiva del ejército boliviano. Ofensiva que «transformó ese campo de entrenamiento y preparación en teatro de operaciones»[484].

SE COMPLETA EL EQUIPO CUBANO

Al iniciarse el año 1967 ya se encuentran en Bolivia los 17 combatientes que forman la guerrilla de Guevara. «Se ha completado con todo éxito el equipo cubano» apunta en Diario el Che,[485] y en marzo

---

[482] Regis Debray. «La guerrilla del Che».
[483] Alejandro, (Gustavo Machín) era el jefe de las operaciones del centro.
[484] Regis Debray, «La guerrilla del Che».
[485] Jesús Suárez Gayol, «Rubio», será el último en incorporarse (diciembre 18, 1966) y el primero en morir (abril 10, 1967).

redacta un documento –de mínima circulación en el país suramericano– en el que da a conocer (pocos se enteran) la constitución del «Ejército de Liberación Nacional». Tan poco «nacional» que de los cuarenta y tres hombres que forman este «Ejército de Bolivia» sólo 23 eran bolivianos: diecisiete son cubanos y tres peruanos.

Algunos de los bolivianos son aportados por un líder minero maoísta que que está distanciado de Monje y del Partido Comunista del altiplano: Moisés Guevara Rodríguez, sin parentesco alguno con el Che. Dos de estos hombres (Rocabado y Barrera) se convertirán en los primeros desertores y delatores.[486] En marzo, cuando abandonan el campamento, informarán al ejército la identidad del Che y la presencia de Debray y Tania.

Los cubanos que componen el grupo de Guevara son guerrilleros experimentados, cinco de ellos ostentando el más alto grado militar de la isla: Los Comandantes Ernesto Che Guevara, Gustavo Machín Hoed De Beche, Juan Vitalio Acuña, Antonio Sánchez Díaz, José María Martínez Tamayo.

Otros habían ocupado altas posiciones: capitán Alberto Fernández Montes de Oca, Director de Minas del Ministerio de Industrias; capitán Eliseo Reyes Rodríguez, Jefe de Inteligencia y Seguridad de la Provincia de Pinar del Río; capitán Jesús Suárez Gayol, Viceministro de Industria Azucarera. Algunos de ellos con altas posiciones en el Partido Comunista Cubano, como los comandantes Juan Vitalio Acuña y Antonio Sánchez Díaz que eran miembros del Comité Central del Partido. Leonardo Tamayo Núñez, como antes dijimos, había sido secretario de la Delegación Cubana a la Alianza para el Progreso celebrada en la Argentina; Octavio de la Concepción y de la Pedraja, Jefe de Cirujanos del Hospital Calixto García en La Habana; el capitán Orlando Pantoja Tamayo, Jefe de la Guardia Fronteriza.

---

[486] Vicente Rocabado y Pastor Barrera desertaron el 11 de marzo y se entregaron o fueron hechos prisioneros en Camiri, el día 14. Sirvieron luego de guías a los militares bolivianos. Fuente: Luis J. González, «The Great Rebel», Grove Press, New York, y distintos periódicos bolivianos de la época.

TANIA EN BUSCA DE DEBRAY Y BUSTOS

Tania se encontraba en Ñancahuazú el 31 de diciembre cuando se produce la entrevista del Che y Mario Monje. Es aquí cuando recibe la encomienda de Guevara de traer al campamento a «dos contactos» que espera: Regis Debray y Ciro Roberto Bustos. A Bustos lo visita en la Argentina en su ciudad natal, Córdoba y lo cita para verse en La Paz, donde ya se encuentra Debray. Habrán de verse allí el 28 de febrero.

Bustos y su esposa habían llegado a Cuba en abril de 1961, semanas antes de la invasión de Bahía de Cochinos donde se unió a Jorge Ricardo Masetti, Alberto Granado, Haydee Tamara Burke y otros miembros de la colonia argentina que permanecían en Cuba. Bustos y Masetti, junto con Abelardo Colomé Ibarra, pronto serían encargados de poner en marcha la operación guerrillera planeada para operar en la región de Salta, en Argentina. Para mayo de 1963 ya se encontraban –tras una larga estadía en Europa y Argelia– en Bolivia.

En junio ingresaban en Argentina bajo la demencial[487] jefatura de Masetti. En menos de un año la guerrilla que empleó su tiempo en dirimir sangrientamente sus pugnas internas y no en combatir, era liquidada.[488]

UNA JOVEN A CARGO DE LAS FINANZAS

Loyola Guzmán Lara, joven boliviana, estudiante en aquel momento, estuvo encargada de las finanzas de la guerrilla. Fue arrestada el 14 de septiembre de 1967 y puesta en libertad en 1970 en virtud de la amnistía decretada por el gobierno. Es hoy en la actualidad presidenta de una de las organizaciones de la izquierda boliviana.

Loyola y el Che se ven por primera vez el 26 de enero. Llegaba ella al campamento traída por el líder minero Moisés Guevara.

---

[487] Jorge Ricardo Masetti, ultranacionalista y anti-semita persiguió a varios de los miembros de la guerrilla, ejecutando a uno de ellos, Bernard Growald (Nardo). Fuente: John Lee Anderson, «Che Guevara».

[488] En abril 18, 1964 parte de la guerrilla pereció al ser emboscada en la casa de un campesino. Días después varios sobrevivientes fueron capturados. Bustos pudo huir hacia Urugüay, y Colomé Ibarra (Furry) regresó a La Habana. Masetti nunca apareció. Fuente: John Lee Anderson. Obra citada.

«Loyola me hizo muy buena impresión. Es muy joven y suave, pero se le nota una cabal determinación. Está a punto de ser expulsada de la Juventud, pero trata de lograr su renuncia. Le dí las instrucciones a los cuadros y otros documentos; además le repuse la cantidad gastada que se monta a $70,000 pesos»[489].

El encuentro es breve. El domingo 29 ya va de regreso a La Paz. La había dejado Coco Peredo en Camiri para que de allí partiera por avión a la capital. Pacho (capitán Alberto Fernández Montes de Oca) anota en su diario el jueves 26 «hoy en la tarde llevé merienda a Ramón (Che) que estaba reunido con Tocayo y Loyolita».

Loyola Guzmán había sido arrestada cuando el ejército encontró en una de las cuevas que servían de almacenes a la guerrilla indiscretos documentos y fotos que probaban la presencia de Loyola Guzmán en Ñancahuazú. Guevara, el autor del «Manual del Guerrillero», no practicaba lo que en ese manual se decía y era pródigo en tomar y dejarse tomar fotografías que le facilitaron a los militares bolivianos y, en particular al Ministro Arguedas, la detención de todo el aparato guerrillero.

«La radio trae la noticia de la detención de Loyola; las fotos deben ser las culpables», escribe con indiferencia el Che en su diario. Eran las fotos que frecuente e irresponsablemente se tomaban los guerrilleros y mantenían junto con otros comprometedores documentos, en las cuevas que creían seguras.[490]

Guevara no protegió a Mario Monje ni, tampoco, a la joven Loyola. El primero de enero menciona a ambos en su diario, por sus propios nomres: «Loyola será la encargada del control de finanzas y se le envían 80,000 (pesos), de los cuales hay 20 para un camión».

La captura de Loyola Guzmán, identificada plenamente en varias fotografías con los principales integrantes de la guerrilla en pleno campamento de Ñancahuazú, constituyó un golpe importante para los

---

[489] «Diario del Che Guevara».

[490] Liberada en la amnistía de 1970 Loyola Guzmán participa en la actividad clandestina del ELN durante el gobierno del Gral. Hubo Banzer. Es detenida nuevamente en 1972. Luego ocupa la presidencia de la FEDEFAM, que agrupa a familiares de desaparecidos en América Latina.

pocos que todavía quedaban de la estructura que habría permitido a la guerrilla contar con algún respaldo en la ciudad, reconoció el general Prado Salmón en su obra ya citada.

Se decreta su prisión preventiva, sindicada, el 24 de septiembre, de ser enlace de los guerrilleros que operan en el sureste del país. Admitiendo que pertenecía a la Juventud del Partido Comunista de Bolivia, declara conocer a Rodolfo Saldaña y Humberto Vásquez Viaña, señalados como los principales enlaces con el grupo subversivo y haber recibido dinero de Saldaña.[491]

«Loyola Guzmán debe ser juzgada ante los tribunales militares» demandaba el primero de octubre el auditor de guerra, Gerardo Torres.

La joven encara con coraje su responsabilidad. «Estoy absolutamente consciente de la situación en que me encuentro. Mis ideas y convicciones no han cambiado. Lamentablemente, he cometido errores y ahora estoy dispuesta a atenerme a cualquier fallo de la justicia»[492] manifestó la tesorera del grupo guerrillero cuando su caso se transfiere a la justicia ordinaria.

MARCHA SIN RUMBO

En febrero van avanzando Guevara y sus hombres a lo largo del Río Ñancahuazú estableciendo decepcionantes contactos con los campesinos del área. El 10 de febrero anota en su diario que el campesino es *«incapaz de ayudarnos»*.

Días después, el 14 de febrero, se descifra un largo mensaje de La Habana...*»se nos informa, además que el francés[493] llega a La Paz el día 23".* Tratando de alcanzar el Río Grande desde un farallón cae Benjamín, que había sido asignado a la vanguardia,[494] y muere ahogado bajo la intensa corriente. Era el 26 de febrero. «Tenemos ahora nuestro bautismo de muerte a orillas del Río Grande».

Curiosamente, el primer cubano en morir, Jesús Suárez Gayol (abril 10, 1967) había sido el último en incorporarse a la guerrilla

---

[491] Periódico El Diario, La Paz, septiembre 24, 1967.
[492] Periódico Presencia, La Paz, jueves 21 de septiembre de 1967.
[493] Se refería a Regis Debray.
[494] Benjamín Coronado Córdoba, recibió entrenamiento en Cuba. Recién se había unido a la guerrilla el 21 de enero. Fuente: Diario del Che Guevara.

(diciembre 18, 1966); también, el primer boliviano en perder su vida, Benjamín Coronado (Febrero 26, 1967) fue el más reciente recluta (Enero 21, 1967).

Todavía se mantienen las buenas comunicaciones. Anota Guevara en su Diario el 28 de febrero: *«los mensajes se reciben bien en ambas direcciones»*. Avanza marzo y nadie se le incorpora a la guerrilla maltrecha. El ánimo de la gente está bajo y el físico se deteriora día a día, apunta Guevara en su diario. El día 6 anota: *«Hoy comemos palmito con carne. Nos quedan tres comidas muy escasas»*. El 7, *«la gente está cada vez más desanimada»*. Una semana después, el 13 de marzo, mientras Castro con la seguridad que le ofrece la gran Plaza de la Revolución vocifera que «quienes no sean combatientes revolucionarios no se pueden llamar comunistas», Ernesto Guevara que ya se está sintiendo abandonado escribe en su diario: «acampamos bajo un aguacero...la gente está bastante cansada y un poco desmoralizada». Era comprensible ese sentimiento.

Sigue la penosa marcha, sin propósito ni objetivo, perdiendo en el camino hombres y armamentos. *«Otra vez la tragedia antes de probar combate... Carlos se desprendió en un remolino junto con Braulio. Braulio alcanzó la orilla y pudo ver a Carlos que era arrastrado sin ofrecer resistencia. Era considerado el mejor hombre de los bolivianos en la retaguardia»*.

Braulio (Israel Reyes Zayas),[495] que era uno de los cinco miembros de la guerrilla en mantener un diario de campaña, muestra su insensibilidad al sólo mencionar estas palabras ese 18 de marzo: «Un poco más de carne asada y vamos para el campamento». Ni una palabra sobre el compañero perdido.

Luego conocen que ya han llegado a la base el Francés (Debray), el Chino, Tania y otros. Tarde en la noche llegan Guevara y sus hombres al campamento. Primero, en los momentos que arrecia el cerco que le tiende a la guerrilla el ejército de Barrientos, Guevara se ve envuelto en una transacción financiera: «Hablé preliminarmente con el Chino. Pide $5,000 dólares mensuales durante 10 meses, y de La

---

[495]   Braulio, Urbano (Leonardo Tamayo), Arturo (René Martínez Tamayo) y Benigno (Darío Alarcón) eran los de más bajo nivel cultural, «de cuarto grado». Fuente: «Benigno. Memorias de un soldado cubano».

Habana le dijeron que discutiera conmigo». Ni en esto fue capaz Castro de prestarle ayuda «al guerrillero heroico». Y como un mercader cualquiera continúa el regateo económico: «Le dije que en principio sí, sujeto a que en seis meses se alzara. Piensa hacerlo con 15 hombres y él como jefe en la zona de Ayacucho»[496].

REGIS DEBRAY

Regis Debray había llegado a Cuba, por primera vez, en 1961. Volvió en 1965 desempeñándose como escritor y profesor de filosofía en la Universidad de La Habana. Durante esta última estadía mantuvo un estrecho contacto con Fidel y Raúl Castro –no tan estrechamente con Guevara que había permanecido ausente de la isla gran parte de esa época– y redactó su obra «¿Revolución en la Revolución?», editada por Casa de las Américas, de La Habana, y que tuvo amplia divulgación.

La tesis planteada en su libro por Debray era la misma sustentada por Castro de que los partidos comunistas tradicionales no pueden dirigir con éxito una lucha de guerrilla porque sus líderes y miembros se encuentra atados a la ciudad lo que trae aparejada la falta de seguridad para los dirigentes de la guerrilla e, inevitablemente, la dirección política sería destruida. La dirección político-militar debe descansar en una organización guerrillera rural.

Debray se identificará con el Che.

La primera reunión en Bolivia de Guevara con Debray y Bustos se celebra el 21 de marzo. La segunda conferencia se realiza el 24 de aquel mes en una atmósfera de tensión y preocupación por el primer serio encuentro con el ejército boliviano que veinticuatro horas antes se había producido.

Al día siguiente el Che convoca a una incómoda reunión. Recrimina al boliviano Walter[497] «por ablandarse durante el viaje, por su floja actitud en el combate y por el miedo que mostró a los aviones», *y*

---

[496] Diario de Ernesto (Che) Guevara.

[497] Walter Arancibia Ayala, dirigente sindical minero, morirá el 31 de agosto en Vado de Yeso junto a Tania. Braulio (teniente Israel Reyes Zayas), Joaquín (comandante Juan Vitalio Acuña), Alejandro (comandante Gustavo Machín), Moisés Guevara; Ernesto (el médico boliviano Ernesto Unamuna) y Polo (Apolinar Aquino).

critica severamente a Marcos[498] (el comandante Antonio Sánchez Díaz, miembro del Comité Central del Partido Comunista Cubano y segundo jefe de operaciones en el Escambray) destituyéndolo como jefe de la vanguardia.

La prematura acción del día 23 produce una rápida movilización del ejército hacia la zona, lo que limitará la movilidad de la guerrilla. Debray se atemoriza. *«La salida de la gente es muy difícil ahora; me dio la impresión que no le hizo ninguna gracia a Dantón (Debray) cuando se lo dije»* escribe Guevara el 27. Permanecer junto a la guerrilla se hace peligroso. Debray quiere separarse de la guerrilla en peligro.

«El Francés planteó con demasiada vehemencia lo útil que podría ser fuera». (Anotación de marzo 28).

Poco después este francés, que se quería ir, se convertiría en el teórico de la Revolución. ¿Revolución dentro de la revolución?.

Pronto se alejará Guevara de Debray y Bustos, los ya incómodos visitantes. Les planteará el 5 de abril, con su frialdad característica, una alternativa: «seguir con nosotros en la guerrilla; salir solos, o tomar Gutiérrez y de allá probar fortuna. Ellos escogieron la tercera» escribe Guevara en su Diario el 3 de abril.

GUERRILLEROS SIN RESPALDO OBRERO NI CAMPESINO

Mineros y guerrilleros permanecían ajenos los unos a los otros, clara demostración de que muchos meses antes de ser diezmada, la guerrilla había fracasado como instrumento de reivindicación popular.

Guevara se mantuvo siempre totalmente ajeno, marginado de la realidad boliviana. A pesar de tener en sus filas a Moisés Guevara, dirigente minero, no hizo el Che esfuerzo alguno para contactar a miembros o dirigentes de ese vital sector del movimiento obrero boliviano. Ni antes ni después de la concentración obrera en Siglo XX, a fines de junio de 1967, que culminó en la muerte de medio centenar de trabajadores, en lo que se denominó «la masacre de San Juan», el Che Guevara intentó relacionarse con aquellos obreros.

---

[498] «Marcos» fue frecuentemente censurado por Guevara por su indisciplina.

¿Qué juicio le merece a Guevara la «Masacre de los mineros de «Siglo XX»?. Total indiferencia. Veamos sus notas manuscritas en su Diario:

«Junio 25. La radio argentina da la noticia de 87 víctimas. Los bolivianos callan el número (Siglo XX). Mi asma sigue en aumento y ahora no me deja dormir bien».

Total insensibilidad hacia casi el centenar de obreros que han perdido su vida en lo que la historia recogerá como la «masacre de San Juan».

El congreso obrero convocado para celebrarse en las minas del Siglo XX era lo que se conocía como «ampliado minero»; es decir, un congreso que se extendía a los trabajadores de la industria, a los maestros y a los estudiantes universitarios[499].

El propio Regis Debray reconocía que más de 26 mil obreros de las grandes minas de estaño nacionalizadas estaban distribuidos por casi todo el altiplano y que la principal fortaleza minera estaba concentrada en la estrecha faja de terreno de 15 kilómetros de largo por 10 de ancho donde se encontraban las minas «Siglo XX», «Huanane» y «Cadavis».

Ningún contacto trata de establecer Guevara con aquellos mineros a pesar de que su homólogo Moisés había sido un dirigente de ese sector obrero.

La guerrilla, nadie conoce aún que está maltrecha, sigue, en la creencia de muchos, activa en las selvas bolivianas.

Guillermo Lora, Secretario General del POR, acaba de regresar de Pekín, después de haber cumplido meses de prisión. Su partido, ilegalizado y disperso. Se ha producido «la masacre de San Juan» con la muerte de cerca de un centenar de mineros. En medio de aquella crítica situación se hacen más tirantes las relaciones de los partidos de extrema izquierda y la guerrilla sobre la que aquellos hablan pero, de hecho, no respaldan. La guerrilla, a la que los dirigentes políticos de izquierda le atribuyen, con temor, una mayor fortaleza, produce preocupación.

Lora, el viejo dirigente del POR, comenta a su regreso:

---

[499] Regis Debray. «La Guerrilla del Che».

«Políticamente temo que la guerrilla quiera reemplazar al
Partido con una solución militar –la línea política con el fusil–
esto no funcionará nunca. La guerrilla necesita un partido.
Siempre ha sido así. Siempre será así. Cuba nos ha demostra-
do esto»[500].

Lora resiente a Regis Debray considerándolo responsable de que
Castro hubiera expresado una acerba crítica contra la Cuarta Internacional del POR:

«Yo pienso que Regis Debray ha sido intelectualmente desho-
nesto. Nos ha traicionado exponiéndonos como los vulgares
seguidores de este infeliz Posada, por quien no tenemos abso-
lutamente ninguna simpatía y con cuya línea no estamos de
acuerdo»[501].

No era sólo Guillermo Lora quien llegaba de Pekín. De allá llega
también, en la misma época, Oscar Zamora, el Secretario General del
Partido Comunista Marxista Leninista pro chino, liberado del campo
de confinamiento cercano a Pekín donde se encontraba aislado por sus
actividades políticas. Llegaba enfermo pero con grandes ilusiones
quiméricas. Una de ellas, su intención de abrir su propio frente guerrillero «dentro de los próximos meses». No para competir con el ELN
sino, más bien, con el fin de apoyarlo y de colaborar con él. No pasó
de ser una ilusoria intención[502].

Paz Estenssoro, exiliado en Lima, declara a la prensa que las
guerrillas que luchan en Bolivia no recibirán el respaldo del pueblo
boliviano, tan nacionalista, por ser comunistas. Era abril de 1967.

Juan Lechín guardó un apreciable silencio cuando se hizo pública
la aparición de las guerrillas en Bolivia. Será poco después que el
extremista Lechín expresa su respaldo a los grupos guerrilleros:

«Los guerrilleros luchan por la liberación de la Patria del
funesto yugo extranjero que nos ha sido impuesto por los
traidores que se hallan en el Palacio de Gobierno»[503].

---

[500]   Declaraciones de Guillermo Lora a Rubén Vásquez. «Bolivia a la Hora del Che».
[501]   Conversación con Rubén Vásquez Díaz. Obra citada.
[502]   En 1979 Oscar Zamora, con el respaldo del MNR, será electo senador.
[503]   Mensaje de Juan Lechín a los trabajadores, primero de mayo de 1967.

Es conveniente aclarar que «el revolucionario Lechín» se encontraba, en esos momentos, confortablemente establecido en el exterior, primero en Europa y luego en Chile.

SE CONSTITUYE EL EJÉRCITO DE LIBERACIÓN NACIONAL (ELN)

Pero aquella guerrilla que no conoce el terreno donde opera, a la que voluntariamente no se le ha incorporado un solo hombre, a la que el Chino Chang, en quien tantas esperanzas puso el Che, exige, como un mercenario, cinco mil dólares mensuales durante diez meses[504], toma aquel 25 de marzo el nombre de Ejército de Liberación Nacional de Bolivia.

El documento en el que se da por constituido el Ejército de Liberación Nacional (ELN) es necesario divulgarlo. Hay que darlo a conocer a la prensa nacional para que ésta lo envíe también al exterior. ¿Se le asigna esta responsabilidad a un miembro de la red clandestina urbana?. No. Será un alto oficial de las Fuerzas Armadas quien, gustosamente, servirá de mensajero a los elementos subversivos que combate la institución a la que él pertenece.

Todo había comenzado cuando un oficial de las Fuerzas Armadas, el comandante Rubén Sánchez, al intentar recoger el 10 de abril los cadáveres de los militares caídos en la emboscada de marzo 23, es hecho prisionero por la guerrilla. Inti Peredo lo reconoce, explica a todos y a Guevara, que el comandante Rubén Sánchez «se condujo con altura y dignidad como un varón, y no habló más de la cuenta». Anota Inti en su diario que el comandante Sánchez «contrajo con la guerrilla un compromiso muy importante y supo cumplirlo aún a riesgo de su vida».

¿Cuál era esa obligación contraída?. La menciona el Che Guevara en su Diario el 11 de abril: *«Se le dieron dos Partes Número Uno al Mayor con el compromiso de hacerlos llegar a los periodistas».* Sale el día siguiente hacia La Paz el comandante Rubén Sánchez con aquel Comunicado No. 1 que contenía el «Manifiesto del Ejército de Liberación Nacional al Pueblo Boliviano».

---

[504] Diario del Che Guevara, marzo 20.

A partir de aquel momento el comandante Sánchez mantendrá estrechas relaciones con los gobiernos de extrema izquierda de la nación.

En dos gobiernos posteriores a la derrota de la guerrilla de Guevara ocupa el comandante Sánchez posiciones elevadas. Coincidentalmente, en dos gobiernos que cuentan con el entusiasta respaldo de la extrema izquierda. Está junto al general Juan José Torres cuando éste derroca por un golpe militar, en octubre de 1970, al general Alfredo Ovando. La primera manifestación del general Torres, que tiene a su lado al comandante Sánchez, es definitoria: Una declaración pública de que su gobierno reconocerá al gobierno de Castro.

Tomará después, este gobierno que tiene el total respaldo de Sánchez, otras medidas: confiscaciones de empresas nacionales y extranjeras, entre ellas la industria azucarera. En el campo político convoca una Asamblea del Pueblo, que será encabezada por un dirigente obrero cuya posición comunista es conocida en todo el continente: Juan Lechín Oviedo.

Por fortuna para Bolivia, el gobierno del general Torres fue de corta duración. Tras un sangriento choque entre elementos de la izquierda y fuerzas del ejército es derrocado. Es el 21 de agosto de 1971. Antes ya habían renunciado los miembros de su gabinete y había perdido todo respaldo militar al separarse de su gobierno la totalidad de los regimientos. Sólo se mantiene junto a Juan José Torres, el comandante Rubén Sánchez. Ambos se asilan en la embajada del Perú y partirán para un destierro que, en el caso del comandante Sánchez, no tendrá una extensa duración. Algunos lo habían acusado de pertenecer a las filas del Ejército de Liberación Nacional (ELN) del cual se convirtió en útil mensajero cuando fue capturado por la guerrilla de Ernesto Guevara.

Luego de permanecer clandestinamente en su patria durante el gobierno del general Hugo Banzer, se reincorpora Sánchez al ejército bajo las órdenes de otro general golpista. En junio de 1980 el general Luis García Meza derroca en una asonada militar a la presidenta Lydia Gueiler que había sido democráticamente electa a la primera magistratura. Encabezó un gobierno usurpador y corrupto que cayó, un año después, en agosto de 1981 envuelto en escándalo de tráfico de drogas.

Jubilado del ejército, el antiguo comandante Rubén Sánchez, tan elogiado por el Che y su guerrilla, se incorporó a la vida política de Bolivia.

LOS DIARIOS DE CAMPAÑA

Aunque con frecuencia sólo es mencionado el del Che Guevara, cinco Diarios de Campaña fueron llevados en las operaciones de la guerrilla en Bolivia. Tres de ellos comenzaron a escribirse antes de la fecha en que Guevara inició el suyo. Los cinco diarios con sus respectivas fechas son los siguientes:

Pombo (capitán Harry Villegas Tamayo), del 14 de Julio de 1966 al 28 de mayo de 1967.

Rolando (capitán Eliseo Reyes Rodríguez), del 11 de agosto de 1966 al 20 de abril de 1967.

Braulio (teniente Israel Reyes Zayas), del 25 de octubre de 1966 al 9 de agosto de 1967.

Che (comandante Ernesto Guevara), del 7 de noviembre de 1966 al 6 de octubre de 1967.

Pacho (capitán Alberto Fernández Montes de Oca), del 31 de diciembre de 1966 al 7 de octubre de 1967.

EL DIARIO DE POMBO

El primer diario lo comenzó Pombo el 14 de julio de 1966 cuando sale de Praga, en largo recorrido, con destino a La Paz, a donde habrá de llegar 13 días después, el 27 de julio. Lleva su diario hasta el 28 de mayo de 1967. Luego, en cuadernos separados continúa sus anotaciones que le fueron incautadas por las autoridades chilenas al llegar a aquel país.[505]

Estas últimas anotaciones que comienzan el 29 de mayo de 1967, carecen de la solidez de las que cubren el período de julio a mayo 28, ya que en esa segunda etapa Pombo describe situaciones en las que él no estaba presente. Una de ellas, la del Vado de Yeso en que queda liquidada la retaguardia de la guerrilla y muere, entre otros, Tania.

---

[505] Pombo fue uno de los tres combatientes cubanos que sobrevivió y pudo abandonar Bolivia a través de la frontera con Chile. Más tarde, Salvador Allende, cuando era Presidente del Senado en aquella nación, envió a Cuba fotocopias de esos manuscritos.

De la primera etapa, del 14 de julio de 1966 al 28 de mayo de 1967 existen dos ediciones. Una, la original, que fue dada a conocer en los momentos en que era liquidada la guerrilla; y otra, que es una versión revisada por el propio Harry Villegas para que «todas aquellas palabras o conceptos que no fueron comprendidos, o que fueron intencionalmente tergiversados al hacerse la transcripción del diario en ediciones anteriores, fuera de Cuba, obtengan ahora su verdadera dimensión». Por supuesto, hemos ignorado esa segunda versión al analizar esta etapa. Cuando hemos hecho una cita del Diario de Harry Villegas la hemos tomado de la versión original. Nunca de la revisada en la que el hoy general Villegas pretende «corregir distorsiones de esa fase del diario que no responden a la realidad histórica».

LOS OTROS DIARIOS

El segundo diario que se inicia es el del capitán Eliseo Reyes Rodríguez (Rolando) que hace su primera anotación el 11 de agosto de 1966 con una simple observación: «Hoy comenzó nuestro entrenamiento», pero continuará hasta el 20 de abril, cinco días antes de que este hombre «el mejor de la guerrilla y uno de sus pilares»,[506] muriera en El Peñón.

El Diario de Braulio, el más rústicamente escrito, es el único llevado por alguno de los que formaron el grupo de Joaquín (Juan Vitalio Acuña Núñez) que constituía la retaguardia de la guerrilla con la que Ernesto Guevara perdió contacto durante varias semanas, y cuyo grupo fue aniquilado en el Vado de Yeso el 31 de agosto.

El cuarto diario, en el orden en que éstos comenzaron a redactarse, es el de Ernesto Che Guevara que lo inicia el 7 de noviembre de 1966 al llegar a la finca y centro de operaciones de Ñancahuazú y lo concluye el 7 de octubre de 1967, dos días antes de su muerte en La Higuera.

El quinto diario es el menos conocido. Lo escribió Alberto Fernández Montes de Oca (Pacho), y lo inicia el 31 de diciembre de 1966, casi dos meses después de haber llegado a Ñancahuazú. Recoge con gran realismo el rechazo de la población indígena a la guerrilla y el

---

[506] Diario del Che Guevara.

aislamiento a que se vieron sometidos durante los duros meses de campaña.

Termina el capitán Fernández Montes de Oca su diario el 7 de octubre, horas antes de morir. Es ésta su última anotación: «Hace un año que salí de casa».

RENÁN MONTERO. INSUMERGIBLE
OFICIAL DE INTELIGENCIA

Renán Montero[507], alto oficial de inteligencia de Tropas Especiales, cuyo verdadero apellido es Moleón, participa activamente en la organización de la red clandestina urbana del ELN que, entre otras funciones, tendría la responsabilidad de facilitar el avituallamiento a la guerrilla de Ernesto Guevara en Ñancahuazú.

Muestra Renán una larga historia de participación en actividades revolucionarias organizadas desde La Habana. Toma parte, junto a Abelardo Colomé Ibarra (Furry), en 1964, en la preparación del foco guerrillero de Ricardo Masetti en Salta. Antes había intervenido junto a Carlos Fonseca Amador en una de las primeras intentonas de derrocar al gobierno de Anastasio Somoza en Nicaragua. Heridos ambos, Fonseca huye a Cuba y Renán a Guatemala[508].

Cuando en marzo de 1964 Ernesto Guevara, en sus oficinas del Ministerio de Industria en La Habana, da instrucciones a Tamara Bunke (Tania) antes de que ésta parta para Bolivia, se encuentra presente en esa reunión quien será el contacto con el gobierno cubano de la guerrilla que Masetti ya ha organizado para operar en Salta, Argentina: José Montero (Moleón) que muchos conocerán como Renán y otros, los menos, como Iván.

Dos años después, fracasada la operación de Masetti en Salta, Tania, Renán Montero y Ricardo (Martínez Tamayo) se reunirán en La Paz (mayo, 1966) para coordinar la llegada a Bolivia de los que

---

[507]   Renán Moleón no participa en la lucha contra el gobierno de Fulgencio Batista por encontrarse en México. Regresa a Cuba al triunfo de la Revolución.

[508]   Carlos Fonseca Amador tendrá a su cargo, posteriormente, en febrero de 1961 la organización del Movimiento Nueva Nicaragua (MNN) y el 23 de junio de aquel año funda, junto con Tomás Borge y Silvio Mayorga, el Frente de Liberación Nacional. Es Fonseca quien propone y logra la aprobación del adjetivo «sandinista» al moivimiento. Carlos Fonseca muere combatiendo el 8 de noviembre de 1976.

formarán la guerrilla de Ernesto Guevara. Renán sería también el contacto de Tania con la guerrilla.

En La Paz, Ricardo (José María Martínez Tamayo) se mantiene en frecuente contacto con Renán aunque algunos de los que integran la guerrilla de Guevara observan profundas diferencias en el carácter de ambos. «Renán Montero es un sádico. Un tipo de sangre fría. Ricardo, por el contrario, fue un gran oficial; un oficial de inteligencia pero muy bueno»[509]. También en su formación. «Renán es un hombre de la contrainteligencia con un alto nivel cultural, muy superior al de Ricardo y ha estado en contacto con los grupos revolucionarios en el continente»[510].

Antes de llegar Guevara a Bolivia Renán participa en los estudios que se realizan para la mejor localización de la hacienda que servirá de cuartel de operaciones a la guerrilla, al tiempo que, también, era responsable de viabilizar la salida de Praga a Bolivia de los que formarían la guerrilla.

Como oficial de inteligencia del Ministerio del Interior tenía la responsabilidad de mantener la comunicación entre La Habana, La Paz y la guerrilla. Este hombre confiable, diligente, de cuya eficiencia depende el futuro de la guerrilla, sale de Bolivia, sin informar a sus contactos locales, al producirse el primer enfrentamiento militar poco antes de que llegasen a La Paz Ciro Bustos, Regis Debray y Juan Pablo Chang.

RENÁN A CARGO DE LA RED CLANDESTINA

Que es Renán Montero el que tiene la responsabilidad de mantener funcionando la red clandestina que habrá de servir de fuente de abastecimiento a la guerrilla deja clara constancia Harry Villegas (Pombo) en la anotación de su diario de octubre 4 al transcribir un mensaje llegado de La Habana:

«La red de abastecimiento propuesta debe continuar trabajándose sobre la forma en que trabajará Renán, no te preocupes por eso. Cumplan instrucciones al pie de la letra».

---

[509] Dariel Alarcón (Benigno) en entrevista con el autor.
[510] Dariel Alarcón (Benigno)., entrevista con Ros.

En el párrafo anterior le explicaba La Habana a Ricardo y Pombo como Renán los contactaría en La Paz:

«A partir de octubre 10, debes hacer tú solo (Ricardo) el siguiente recorrido: diariamente, a las 21 horas, a pie, empezando en la Plaza del Estudiante (principios del Prado) subir por México hasta Almirante Grau. Renán te interceptará en este recorrido, lleva órdenes de hacer un solo contacto contigo».

Ernesto Guevara ya parte para Bolivia el sábado 22 de octubre «para encontrarse con Renán en el lugar citado en el mensaje». Una semana después ya está el eficiente oficial de inteligencia nuevamente en La Paz pendiente de la llegada de Guevara (octubre 28). Se reunen primero Che Guevara y Renán. Después éste y Ricardo. Los contactos están compartamentalizados aquel noviembre 4. El nombre de Renán desaparece, en esa fecha, del Diario de Harry Villegas (Pombo). Tan pronto se inicien las actividades militares, desaparecerá Renán también de Bolivia.

Será Alberto Fernández Montes de Oca (Pacho), que recién ha arribado a La Paz junto con Ernesto Guevara, quien concerta una entrevista del Che con Renán; ya éste, desde el 10 de octubre, había estado en contacto con Harry Villegas y Carlos Coello (Tuma).

La primera reunión de Guevara con el sinuoso oficial se produce en el Hotel Copacabana en el centro de La Paz. Estuvieron aquel 3 de noviembre en la reunión Ricardo, Pombo y Tuma. Con la imprudencia que lo caracterizaría se tomó el guerrillero argentino una foto antes de partir hacia Ñancahuazú.

Transcurre un mes. El 11 de diciembre Che Guevara da instrucciones a Ricardo para que traiga a Renán hasta Ñancahuazú junto con Tania[511].

El 19 llega Renán (Iván) «para tratar toda una serie de asuntos», tantos que discutirlos les toma a los dos toda la noche. Guevara observa que el falso pasaporte de Iván es chapucero (chueco) y debe ser mejorado enseguida por La Habana (Manila). No lo harán.

Comienzan, muy pronto, los conflictos con Renán. El seis de enero Ricardo cuenta al Che *«un incidente que había tenido con Iván, en*

---

[511] Diario del Che Guevara, diciembre 11, 1966.

presencia de Tania donde se carajearon mutuamente y Ricardo le ordenó a Iván abandonar el jeep».

Días después (el 21) le llega a Guevara una nota de Tania sobre «la enfermedad de Iván» y otra del propio Iván. El 25 le envía Guevara a éste una carta con instrucciones. No se conoce que haya recibido respuesta.

Iván no gana amigos. Jozami «se refiere a Iván con bastante desprecio», anota el Che en su Diario el 21 de marzo. Dos días después descifran un mensaje de La Habana explicando por qué «no escriben a Iván».

Desde fines de febrero Ernesto Guevara sólo podía recibir mensajes de La Habana pero ya no tenía los medios para transmitirlos. En pocos días, con la salida de Renán, quedaría Guevara sin contacto alguno[512].

AISLADO GUEVARA: RENÁN SALE DE BOLIVIA

En marzo Ernesto Guevara conocía que quedaba totalmente aislado y desconectado de la red urbana de abastecimiento: Renán había recibido instrucciones de salir de Bolivia «porque su visa había caducado». Al iniciarse la acción militar de la guerrilla de Guevara en Bolivia, Renán abandona La Paz dejando sin contacto urbano a la guerrilla. La Habana nunca ha dado una explicación comprensible sobre esa decisión limitándose, tan sólo, a manifestar que se le había vencido la visa.

Recién se había producido la prematura acción del 23 de marzo donde, imprudentemente, el capitán Eliseo Reyes Rodríguez (Rolando) ataca a una patrulla del ejército boliviano descubriendo, así, la presencia de la guerrilla. Es entonces que por razones que otros explorarán más profundamente en el futuro, Renán, el único contacto de la guerrilla con La Paz y con La Habana, es retirado abruptamente.

---

[512] «Iván que era el responsable de establecer los contactos de la guerrilla con la red urbana, realmente lo que hacía era obstaculizarlos», Jorge Masetti en entrevista con el autor.

Castro abandonaba, aquel día de marzo de 1967, a Ernesto (Che) Guevara[513].

Al salir de Bolivia[514] Renán viajó a París regresando a La Habana a fines de abril.

Durante su larga estadía en la nación del altiplano el oficial cubano había establecido amplias relaciones en aquella sociedad. Tan amplias y profundas que tenía planeado casarse con la hija de un alto funcionario del gobierno de Barrientos. Con la misma facilidad conque se había obtenido a nombre de Adolfo Mena credenciales para Ernesto Guevara se pudo haber conseguido la extensión de la visa de Renán Montero que aparecía a los efectos públicos como un próspero empresario.

---

[513] Renán Montero no ha permitido ser entrevistado, jamás, sobre su actuación en Bolivia. Permitió una entrevista a Jorge Castañeda con la condición de que no fuese grabada ni con presencia de testigo alguno.

[514] Regis Debray afirma, sin aportar prueba alguna concluyente, que Renán Montero ya había partido de Bolivia antes de los primeros días de marzo.

CAPÍTULO XV
PRIMERAS ACCIONES

FRICCIONES CON MARCOS (PINARES)

El 4 de marzo destituye el Che a Marcos (Pinares) como jefe de la vanguardia. ¿Por qué? ¿Qué ha sucedido?.

A Marcos (Antonio Sánchez Díaz) los más lo conocen como Pinares. Nacido en Pinar del Río, de familia campesina, trabajó por años como obrero de la construcción. Se incorporó al ejército rebelde.

Se encuentra Pinares en Oriente en la columna de Camilo Cienfuegos cuando el 29 de julio (1958) pasa a integrar las fuerzas que están junto a Fidel. Enfrentado a una columna del ejército constitucional entabla un combate en el que muere René Ramos Latour[515] (Daniel). Luego de aquel encuentro la Columna Dos de Camilo Cienfuegos avanzó hacia Las Villas, y Pinares es designado segundo jefe de operaciones en el Escambray, entrando en La Habana el 2 de enero de 1959. Al triunfo de la Revolución es nombrado Jefe de Cuerpo del Ejército en la provincia de Camagüey y miembro del Comité Central de Partido Comunista.

Llega a Bolivia, junto con Eliseo Reyes Rodríguez (San Luis, Rolando) el 20 de noviembre.

Ya pronto comienzan las fricciones de Pinares con Ernesto Guevara cuando éste, luego de la reunión con Mario Monje, ante un grupo de guerrilleros analiza algunas debilidades de trabajo que hasta ese momento se ha desarrollado, criticando duramente a Marcos «por su forma de tratar a los bolivianos y explica por qué, aún cuando Marcos era el jefe del grupo al comienzo en San Andrés (centro de entrenamiento de los cubanos internacionalistas que irían a combatir a Boli-

---

[515] Trabajó con Frank País en Santiago de Cuba en el movimiento clandestino.

via) no es designado allí el segundo, posición que es ocupada ahora por Joaquín»[516].

El 20 de febrero, a los tres meses de estar en Bolivia hace Guevara la primera evaluación de Pinares y deja constancia de que no ha estado a la altura de lo que se esperaba de él. Afirma que Marcos (Pinares) «es indisciplinado, antiestudio, arbitrario y con poca autoridad». En los días anteriores y posteriores a esa fecha Marcos a veces con Braulio, otras con Tuma o Urbano, sale de exploración para buscar un lugar por donde puedan descender del sector montañoso en que se encuentran.

El 26 de aquel mes se produce un incidente entre Marcos y Pacho (Alberto Fernández Montes de Oca). Marcos había tratado de comunicarse con el Che pero la comunicación era muy deficiente y se vio obligado a enviar a Pacho en busca de Guevara. Pacho, al llegar, se quejó de que Marcos lo había amenazado con un machete dándole con la empuñadura en la cara.

El Che irritado anota en su diario: «ante la gravedad del hecho, llamé a Inti y a Rolando, quienes confirmaron el mal clima que existía en la vanguardia por el carácter de Marcos, pero también informaron de algunos desplantes de Pacho». Al día siguiente, el 26 de febrero, Guevara tuvo un careo con Marcos y Pacho y quedó convencido «de que existió por parte de Marcos la injuria y el maltrato y, quizás, la amenaza con el machete, pero no el golpe». Un mal augurio para el que había sido su segundo jefe en el Escambray.

¿Qué había sucedido?.

Pastor y Rocabado han desertado de la guerrilla y ofrecen al ejército información sobre la ubicación del campamento. Es en ese momento que otro de los hombres del minero Moisés Guevara, Salustio, es enviado por Antonio a realizar una exploración, ocasión que aprovecha Salustio para presentarse al ejército y denunciar, también, a la guerrilla. Las dos delaciones llevan a Marcos a tomar dos decisiones. La primera, alejar de la zona a los visitantes extranjeros: Regis Debray y Alberto Bustos, y mantener distante de la Casa de Calamina al personal. Ambas decisiones fueron acremente censuradas por Ernesto

---

[516] Harry Villegas (Pombo). Diario. Enero 6, 1967.

Guevara cuando éste regresó al campamento días después gritándole que «era una guerrilla a la desbandada, que iba huyendo y se quedaba como derrotada sin haber librado el más mínimo combate»[517].

Convoca Guevara a toda la tropa y públicamente los amonesta incriminándolos por sus deficiencias, por los serios defectos del carácter de ambos. Refiriéndose a Marcos y a Pacho dice Guevara:

«Hombres que una vez se dieron íntegros por una causa se han acostumbrado a la vida de oficina, se han vuelto burócratas, acostumbrándose a dar órdenes, a tener todo solucionado en la oficina, a tener todo lo que llega hasta ellos completamente resuelto. Este es el caso de los compañeros Marcos y Pacho que no pueden adaptarse a esta vida; no me gusta pensar que ellos tienen constantes problemas con los otros compañeros porque no tienen el valor de decir que se quieren ir»[518].

Destituye a Marcos. La democión toma lugar luego de una larga discusión entre Ernesto Guevara y Marcos. Miguel (Manuel Hernández) sustituirá a Marcos (Pinares) como jefe de la vanguardia.

Para verguenza de Marcos es éste reprendido en la misma reunión en que lo fueron los que formaban «la escoria de la guerrilla».

La humillación a que es sometido el orgulloso, pero indisciplinado Pinares es aún mayor: Guevara lo envía a la retaguardia. Apunta el Che el 26 de marzo en su diario:

«Hablé con Marcos y lo envié a la retaguardia. No creo que mejore mucho su conducta»[519].

A la retaguardia, con los enfermos y la escoria, la resaca: Pepe, Paco, Eusebio, Chingolo. Los que pronto van a desertar. Y a delatar.

Sólo vuelve a ser mencionado por el Che el proscrito Pinares el 15 de abril cuando se le asigna la ametralladora 30 «teniendo de ayudantes a los de la resaca». Un nuevo insulto.

---

[517] Dariel Alarcón. «Benigno. Memorias de un soldado cubano».

[518] Harry Villegas. Pombo, Diario de Campaña, de febrero 28, 1967.

[519] Quedaba en el expediente de Marcos que lleva Guevara esta segunda amonestación. El 26 de marzo ante toda la tropa es destituido Pinares por «sus continuas irresponsabilidades. Pasa a ser soldado en la retaguardia». Evaluación de la guerrilla por Ernesto Guevara. Notas manuscritas.

La segunda evaluación de Marcos (Pinares) no es más generosa que la primera. Escribe Guevara el 20 de mayo en sus notas manuscritas en las que, periódicamente, evalúa a la guerrilla:

«Seis meses. Indefinido. Está separado de nosotros. Siempre no mostró la mejor comprensión... Pidió la 30 como voluntario»[520].

Aumentaban las tensiones internas en la guerrilla.

El 24 de marzo es fecha importante en el diario quehacer de aquella guerrilla.

En esa fecha queda destituido Marcos como jefe de la vanguardia, licencia Guevara a Paco, Pepe, Chingoro y Eusebio que forman la lamentable resaca de la guerrilla, y amonesta a Walter[521] *«por ablandarse durante el viaje, por su actitud en el combate y por el miedo que mostró a los aviones»*. Toma Guevara después, en horas de la noche, otra decisión: le da a ese grupo el nombre de Ejército de Liberación Nacional de Bolivia.

¿Quiénes componen este ejército nacional de Bolivia?.

Expulsados en horas tempranas los cuatro bolivianos de la resaca la guerrilla del ejército *nacional* la componen veinte extranjeros y veinte bolivianos. Las jefaturas, todas, a cargo de hombres de confianza de Guevara; ninguno, boliviano. Diecisiete cubanos, incluyendo al Che, y tres peruanos.

La vanguardia la forman tres cubanos Manuel Hernández Osorio (Miguel), Dariel Alarcón (Benigno), Alberto Fernández Montes de Oca (Pacho) y ocho bolivianos; el centro lo constituyen nueve cubanos (Gustavo Machín, Eliseo Reyes, Harry Villegas, Carlos Coello (Tuma), Leonardo Tamayo (Urbano), Octavio de la Concepción Pedraja (Moro), José María Martínez Tamayo (Ricardo), su hermano René (Arturo) y Orlando Pantoja (Antonio), además del Che Guevara; seis bolivianos, dos peruanos y Haydee Tamara Bunke (Tania) la argentina; la retaguardia, dirigida por Juan Vitalio Acuña (Joaquín) la forman otros tres cubanos, Israel Reyes (Braulio), Jesús Suárez Gayol (Rubio)

---

[520] La ametralladora, la única conque cuenta la guerrilla, pasa luego al boliviano Pedro (Antonio Jiménez Tardío) hasta que éste muere en la acción del Iñao el 9 de agosto.

[521] Walter Arancibia Ayala, boliviano.

y Antonio Sánchez Díaz (Marcos-Pinares) y cinco bolivianos, eliminados ya los cuatro de la resaca antes mencionados.

El 31 de aquel mes el Che Guevara se quejaba amargamente de la calidad de algunos de los hombres que el minero Moisés Guevara había aportado a la guerrilla y que «han resultado con un nivel general muy pobre (dos desertores, un prisionero y «hablador», tres rajados y dos flojos)».

Braulio (Israel Reyes Zayas) en su rústico diario, el único que se lleva en la retaguardia, hace, el dos de junio la siguiente anotación: «Marcos y Víctor desaparecieron durante una misión de exploración». ¿Qué había pasado?.

El 31 de mayo Marcos y Víctor (el boliviano Enrique Hinojosa) van a la casa de un campesino en la zona de Bella Vista en busca de víveres. Dos días después regresaron a la misma casa y mueren al caer ambos en una emboscada. Regresar a la misma casa. El mismo error que en agosto le costará la vida a toda la retaguardia.

Eran bien pequeños, pero perentorios, los objetivos que perseguía la guerrilla en su errante recorrido por aquella zona que ninguno de sus integrantes conocía. Marchaba por cualquier camino, por cualquier atajo, en busca de alimentos, de agua. De medicina para el asma asfixiante que ahogaba a Ernesto Che Guevara.

Lo dice con sencilla claridad Pombo en su Diario:

«Por la noche llegamos a la carretera y Che mandó a Antonio a una casa donde vivía una ancianita para pedirle permiso para cocinar en su casa; pero ella se negó a abrir la puerta. Después la dueña de una pulpería se negó a atendernos, lo que nos obligó a comprar por la fuerza».

Lo que una pobre mujer no ofrece voluntariamente la guerrilla de Guevara, que fue a Bolivia a redimir a un pueblo, lo toma por la fuerza.

Nadie se le acercaba. Llegaron a un pequeño poblado.

«Todos los campesinos atemorizados abandonaron el lugar, esto no era extraño. Ocurría siempre que llegábamos a un caserío». Fuerzan la entrada en todas las casas. *«Caminamos*

hasta la casa de un campesino llamado Ramón, cuya suegra no
quería que nos quedásemos»[522].

LA TOMA DE UN HOSPITAL

Como no recibían voluntaria ayuda, la obtenían por la fuerza. En una guerra hay serias razones estratégicas para atacar a un blanco determinado, a una guarnición militar, a un puente, a un cruce importante de carretera. Los ataques a esos puntos tienen como finalidad debilitar al enemigo o destruir un foco de resistencia. No para el autor del «Manual de Guerrillero».

El asma del Che seguía en aumento. Para conseguir algún medicamento que lo aliviara «se concibió el plan de llegar al poblado de Samaipata. Por medio de algún vehículo que detuviéramos en la carretera y asaltar la farmacia y el hospital». Fuente: Harry Villegas. «Pombo».

Ni siquiera en este «combate» participa el Che. Tomarán parte del mismo sólo seis guerrilleros: Ricardo, Coco, Pacho, Aniceto, Julio y Chino. Era el 6 de julio.

No se planea un ataque a un puesto militar, a un retén, a una patrulla. No. Se decide el asalto a una farmacia y a un hospital. Por supuesto, el *valeroso* ataque tiene éxito. Veamos la descripción que hace uno de sus participantes:

«Ya en la carretera fueron detenidos varios vehículos... en una camioneta se trasladaron al pueblo, se dirigieron al paradero de ómnibus donde tomaron varios refrescos e invitaron a los allí presentes. Al punto llegaron dos carabineros; fueron desarmados e invitados también... aún se encontraban tomando refrescos cuando llegó el teniente Juan Vacaflor; también lo detuvieron y le brindaron algo de tomar... al Teniente lo condujeron al cuartel, lo obligaron a dar la contraseña para que abrieran la puerta; al entreabrirse, la empujaron y penetraron Ricardo y Pacho disparando; detrás, Coco con el Teniente. Habían sorprendido al ejército; a los soldados no les dio tiempo de tirarse de la cama y repeler la agresión».

---

[522] *Pombo. Un Hombre de la Guerrilla del Che.*

La guerrilla está eufórica. *«El balance de la acción desde el punto de vista militar y político había sido un éxito... hecho que tendría una repercusión nacional e internacional»*[523].

Fue ésta la gloriosa «batalla» de Samaipata, librada para conseguirle un medicamento antiasmático a Ernesto Che Guevara[524].

Hasta en esto fracasan. Veamos lo que anota el Che en su diario el 6 de julio:

> *«En el orden de los abastecimientos, la acción fue un fracaso; el Chino se dejó mangonear por Pacho y Julio y no se compró nada de provecho. En las medicinas, ninguna de las necesarias para mí, aunque sí las más imprescindibles para la guerrilla».*

Para Guevara, son sus palabras textuales, un fracaso. No consiguieron «ninguna de las medicinas necesarias para mí».

En julio el Jefe de la Gendarmería Argentina, general Armando Aguirre partía como oficial del Estado Mayor a la frontera con Bolivia para evitar que los grupos guerrilleros que actuaban en el país andino se internasen en territorio argentino.

Desde Buenos Aires salía aquel 13 de julio hacia Camiri el abogado Ricardo Rojo que asumiría la defensa del también argentino Ciro Roberto Bustos.

El 27 de julio la compañía Trinidad de la División Octava que por cuatro días venía persiguiendo el grupo de 25 a 30 guerrilleros, choca con los rebeldes en la ribera norte del río Morocos. Tres días después vuelven a hacer contacto y se produce un encuentro en que mueren cuatro soldados bolivianos, cuatro son heridos, muriendo en el encuentro el comandante José María Martínez Tamayo, «Ricardo».

El informe de las agencias de inteligencia norteamericanas en el área no identificaba, aún, a Martínez Tamayo[525].

---

[523] Harry Villegas. «Pombo. Un hombre de la guerrilla del Che».

[524] Era bien minúscula la estratégica razón para el asalto a la población de Samaipata, según lo confirma el hoy general de Brigada Harry Villegas (Pombo) uno de los grandes panegiristas de Ernesto Guevara:

> *«El asalto al pueblo de Samaipata fue propuesto.... por la guerrilla como único medio de adquirir las medicinas para Che».*

[525] Informe A-35, ya citado.

En agosto ya Ernesto Che Guevara se siente desmoralizado. Sabe –lo conoce desde meses antes– que está, peor que aislado, abandonado. Cuando finaliza el mes de agosto concluye con tres notas pesimistas, es decir, realistas, y otra bien engañosa. Veamos las cuatro:
Las realistas:

A) *«Seguimos sin contacto de ninguna especie y sin razonable esperanza de establecerlo en fecha próxima».*

B) *«Seguimos sin incorporación campesina, cosa lógica además si se tiene en cuenta el poco tiempo que hemos tenido con éstos en los últimos tiempos».*

C) *«Hay un decaimiento, espero momentáneo, de la moral combativa».*

La nota autoengañosa:

D) *«El ejército no aumenta su efectividad ni acometividad».*

Al terminar aquel mes Guevara se ve obligado a admitir que «estamos en un momento de baja de nuestra moral y de nuestra leyenda revolucionaria». Lo seguirá comprobando al ir transcurriendo los últimos 38 días de él y su guerrilla.

La crítica situación de la guerrilla es conocida por las más altas figuras de las Fuerzas Armadas norteamericanas. El 25 de agosto llega a Bolivia el Gral. Robert Porter, Comandante en Jefe del Comando Sur, acompañado del Mayor general Chester L. Johnson y del Brigadier general A. H. Smith, ambos también del Comando Sur. El propósito de la prolongada visita (cuatro días) es obvio y oficialmente se informa que la motiva discutir temas de interés común[526].

La guerrilla de Guevara sigue marchando sin rumbo. El 23 de septiembre se informa que «no se han visto ni se ha establecido contacto con los guerrilleros desde agosto 31, el más extenso intervalo de inactividad desde marzo 31". (Fuente: Informe A-97, Departamento de Estado, clasificado como confidencial en aquella fecha).

Miguel (Manuel Hernández Osorio) a quien el Che había designado jefe de la vanguardia en sustitución de Marcos muere en el poblado Higuera, al sur de Bayo Grande en un enfrentamiento con la compañía

---

[526] Informe A-75 de septiembre 2, 1967.

comandada por el teniente Eduardo Galindo, de la Octava División, operación en las que caen también Coco Peredo y el estudiante boliviano Mario Gutiérrez Sardaya (Julio), miembro del Partido Comunista Boliviano que había sido entrenado en Cuba.

QUIÉNES COMPONEN LA GUERRILLA

¿Quiénes componen la guerrilla que está siendo diezmada?. Veamos algunos nombres:

Alberto Fernández Montes de Oca, compañero de lucha de Frank País y Pepito Tey, participa en actividades urbanas en los primeros años de la lucha contra el gobierno de Batista. A principios de 1956 sale para los Estados Unidos. No siempre tiene trabajo. En el invierno de 1957 llega a México, mantiene contacto con Pedro Miret pero no viene con el Granma. En agosto de 1958 Alberto regresa a los Estados Unidos. Vuelve, sin dificultad alguna, a Cuba en la primera semana de noviembre. El 7 de aquel mes se incorpora a la lucha guerrillera. En menos de 30 días ya alcanza el grado de capitán. Su estadía en las montañas apenas supera las seis semanas.

El capitán Orlando Pantoja Mirón («Antonio», «Olo») nacido en el poblado de Maffo, término municipal de Jiguaní, se une al «Movimiento 26 de Julio» desde su creación, incorporándose a los alzados en la Sierra Maestra el 21 de octubre de 1957. Ernesto Guevara es su primer jefe; su primer combate, Pino del Agua. Junto con el Che avanza con su columna hasta Las Villas, donde participa en la toma de Fomento. En octubre de 1958 se le otorga el grado de capitán. Al triunfo de la Revolución se le designa Jefe del Regimiento Tres de Las Villas. En junio de 1959 forma parte del Ministerio del Interior.

René Martínez Tamayo, «Arturo», tiene once años cuando se produce el golpe militar el 10 de marzo de 1952. Aunque nacido en Mayarí, Oriente, vivía en La Habana.

En noviembre de 1958 se traslada a Santiago de Cuba y hace contacto con su hermano José María que forma parte de la tropa comandada por Abelardo Colomé Ibarra (Furry). En los primeros meses del triunfo de la Revolución, luego de permanecer un tiempo en el campamento de Managua, cerca de La Habana, pasa a trabajar en el Ministerio del Interior. Es escogido para acompañar a Ernesto Guevara en la operación de Bolivia.

«Tras la dolorosa emboscada del 23 de septiembre de 1967, donde cayeron Coco, Miguel y Julio, Aniceto se convierte en uno de los hombres vitales de la vanguardia». Así comienza el bosquejo biográfico en el Granma[527] de Aniceto Reynaga, que había militado en la Juventud Comunista de Bolivia.

Está con el Che el 8 de octubre cuando la guerrilla se encuentra cercada en la Quebrada del Yuro. Corre por el desfiladero junto al Ñato, para sustituir en el extremo opuesto a Pombo y Urbano, pero una bala lo mata. Es el primero en morir aquel día final de la guerrilla[528]. Se iniciaba el combate que marcó el fin de la aventura de Guevara en Bolivia.

Participa Octavio de la Concepción y de la Pedraja, «El Moro», en actos y manifestaciones estudiantiles en la escalinata de la Universidad de La Habana durante el año 1957. Luego se traslada a Oriente participando en el Segundo Frente Oriental «Frank País» como miembro del Departamento de Sanidad Militar Rebelde, tomando parte en las acciones de Río Frío, Santa Ana de Ausa y la toma de Sagua de Tánamo. Aún no era médico; en 1961 pasó a hacer su internado en el Hospital Militar Carlos J. Finlay.

Es Octavio uno de los que acompañan a Guevara al Congo en 1965 y, derrotados allá, se une nuevamente al Che incorporándose a la guerrilla en Bolivia.

Cuatro días después del combate de Higueras, en la confluencia de los ríos Mizque y Río Grande cae Octavio de la Pedraja junto con Eustaquio, el Chapaco y Pablito el 12 de octubre.

Simón Cuba «Willy» es uno de los pocos reclutados por el minero Moisés Guevara que se mantiene leal a la guerrilla. Cae prisionero el 8 de octubre junto a Ernesto Guevara.

«Eustaquio», Lucio Galván Hidalgo, era peruano. Había formado parte del Ejército de Liberación Nacional del Perú participando en la acción de Puerto Maldonado donde, años atrás, había caído Javier Heraud. Acompaña a Juan Pablo Chang para integrarse a la guerrilla

---

[527] Granma, La Habana, sábado 4 de octubre, 1969.
[528] El 20 de junio Guevara había sancionado a Aniceto a trabajos de cocina por haber abandonado la guardia y «haber sido hallado dormido en la posta». (Fuente: Diario del Che Guevara).

de Guevara donde asumió la responsabilidad de operar y tratar de mantener el funcionamiento de los equipos de radio para los que nunca recibieron repuestos.

Muerto, cubrirá el Granma de elogios al pobre Eustaquio. Con la insensibilidad que lo distingue veamos el mezquino comentario de Ernesto Guevara sobre el joven peruano que vino, desde su país, a combatir con la guerrilla:

«Mayo 14, 1967. Tres meses; regular. Su función de técnico puede cumplirla, aunque con limitaciones; pero no camina, no carga y no le gusta el combate. Nunca protesta».

«Chapaco», Jaime Arana Campero, boliviano, provenía de las filas de la Juventud del Movimiento Nacionalista Revolucionario (MNR). En 1963 partió hacia Cuba para estudiar Geología en la Facultad de Tecnología de la Universidad de La Habana. Al poco tiempo de su permanencia en La Habana ingresaba «Chapaco» en la Juventud Comunista de Bolivia e iniciaba su entrenamiento guerrillero para incorporarse a la lucha armada que se iba a desarrollar en su país de origen.

¿Qué piensa el Che Guevara de Luis (Jaime Arana) el joven boliviano conocido como Chapaco nacido en Tarija, que había militado en la Juventud del Movimiento Nacionalista Revolucionario (MNR) y que, estudiando en Cuba recibió su entrenamiento militar para sumarse a la guerrilla de Guevara:

«Mayo 26, 1967. Tres meses. Regular. Es indisciplinado y atravesado. Tiene buen espíritu pero no está probado».

Su siguiente evaluación, es aún más negativa:

«Agosto 26, 1967. Seis meses.-Deficiente. A su indisciplina une una poca disposición al sacrificio y bastante miedo a las balas, que lo colocan cerca de cero».

Pocos días después el joven boliviano es castigado: *«Chapaco desobedeció una orden y fue sancionado a tres días de trabajo extra»*[529]. *Es ese el mismo día en que Guevara escucha en el maltrecho radio que aún conserva que las emisoras cubanas daban a cono-*

---

[529] Diario del Che Guevara. Septiembre 12, 1967.

cer entusiastas e inventados informes de batallas que no se habían librado.

«Radio Habana informó que OLAS había recibido un mensaje de respaldo emitido por el ELN; milagros de la telepatía!».

Por la noche Chapaco se acerca a Guevara y pide que lo pasen a la vanguardia «pues, según él no congeniaba con Antonio; me negué a ello».

Las diferencias entre el cubano Antonio (Orlando Pantoja Tamayo) y el boliviano Chapaco se van haciendo más serias sin que Guevara realice el más mínimo intento de resolverlas. Su parcialización es obvia. Un nuevo incidente se produce el 16 de septiembre:

«Al final, cuando los dejamos solos, Antonio y Chapaco tuvieron otro incidente y Antonio le puso seis días de castigo a Chapaco por insultarlo; yo acepté esa decisión, aunque no estoy seguro de que sea justa».

Continúa el conflicto sin que Guevara ponga orden en su desmoralizada guerrilla. El 18 de septiembre anota:

«Chapaco escenificó la infaltable escena acusando a Arturo (René Martínez Tamayo) de haberle robado 15 balas de su cargador; es siniestro y lo único bueno consiste en que, aunque sus broncas son con los cubanos, ningún boliviano le hace caso».

Francisco Huanca Flores «Pablito» es el más joven de la guerrilla. Ingresa en ella con el grupo de Moisés Guevara, habiendo militado brevemente en el PCML, el partido comunista pro-chino de Zamora.

EVALUACIÓN DE LA GUERRILLA POR EL PROPIO Che GUEVARA

Un documento de gran valor histórico se mantuvo inédito durante más de veintinueve años hasta que en octubre de 1996[530] algunas de sus anotaciones se dieron a conocer.

Se trata de documentos manuscritos en los que Ernesto Guevara recogía el perfil de cada uno de los miembros de la guerrilla. Abundan en las notas los comentarios negativos para muchos de sus compañe-

---

[530] Periódico «La Razón», suplemento Tras las Huellas del Che en Bolivia, La Paz, 9 de octubre de 1996.

ros. Juzga severamente el carácter y la actitud de muchos de aquellos hombres que, junto a él, arriesgaban sus vidas. De unos dice que son deficientes; aquél, no ha cumplido su función; éste no ha estado a la altura de lo que se esperaba de él; el otro, muestra sus deficiencias en pequeños hechos; otro es un irresponsable.

Si aceptásemos su aristocrático origen podríamos comprender mejor el desprecio que Ernesto Guevara de la Serna sentía por los hombres humildes que lo rodeaban en sus actividades guerrilleras. Son éstos algunos de los calificativos que le merecen al guerrillero Guevara varios de sus compañeros:

«Muy malo. Parece ser un retrasado mental. Pero, además, pertenece al lumpen proletario», dice de David Adriázola Belzada (Darío), uno de los siete sobrevivientes de su última batalla en la Quebrada del Yuro.[531]

Del comandante Antonio Sánchez Díaz (Marcos) dice que

«es indisciplinado, antiestudio, arbitrario y con poca autoridad». Del capitán René Martínez Tamayo (Arturo) anota en su diario que es «como técnico, deficiente y descuidado» y, luego, repite que «como técnico no sirve y es un irresponsable».

El aristócrata Guevara sigue enjuiciando severamente a los plebeyos que lo rodean. El capitán Orlando Pantoja (Antonio) *«tiene muy poca iniciativa en la organización... es deficiente. A su poca imaginación y falta de mando suma una creciente nerviosidad. Vió fantasmas en una posta».*

Nadie es ajeno a la ácida crítica del descendiente del último virrey español: El boliviano Jorge Vásquez Viaña (Bigotes, Loro) *«se mostró muy irresponsable..., después de varias irresponsabilidades e indisciplinas culminó retirándose de la posición en Paterías».* Orlando Jiménez Bazán (Camba) *«suma, a sus múltiples defectos, una cobardía manifiesta».* Walter Arencibia Ayala, militante de la Juventud Comunista de Bolivia, es *«malo, durante la marcha mostró muchos signos de debilidad y luego mostró muy poco valor».*

---

[531] De aquel David, a quien menospreció calificándolo de «lumpen proletario», dijo Guevara, aún, cosas peores: «Su destino es ser fusilado o dedicado a tácticas de retaguardia». (Evaluación de marzo 14, 1967).

Peor resulta, para el descendiente de la más rancia aristocracia argentina, el calificativo que le merece Raúl Quispaya Choque miembro de la Juventud Comunista Boliviana que forma parte de la vanguardia de la guerrilla: «*Malo, es débil y miedoso*».

El menosprecio, del hombre de noble sangre irlandesa y española, no se limita a los cubanos y bolivianos. Ya, antes, lo ha manifestado sobre sus compañeros en la triste y silenciada campaña del Congo. Guevara fue derrotado allí –lo expusimos en los capítulos dedicados al Congo– porque «*el elemento humano falló. No hubo voluntad de pelear. Los líderes eran venales*»[532]. *Él, Guevara, era bueno pero* «los africanos eran soldados muy, muy malos»[533]. *Mostrando su prejuicio racial, siempre ignorado por sus amables biógrafos, afirmó Guevara para justificar su derrota en el Congo que:* «los negros africanos no están preparados...» (Fuente: Ernesto Guevara. «Pasajes de la Guerra Revolucionaria»).

Veamos algunos de sus juicios.

LOS CUBANOS

Comencemos por el hombre en quien más ha confiado en esta aventura de Bolivia: el comandante José María Martínez Tamayo. Es éste el oficial que estuvo junto a él en la Sierra Maestra, lo asistió en la aventura de Salta (Argentina, 1963); lo acompañó en el Congo y, siguiendo sus indicaciones, pasó a Bolivia a preparar su ingreso en aquel país. Hombre que debía ser de absoluta confianza de Guevara.

¿Qué piensa Guevara de este combatiente que siempre ha puesto en peligro su propia vida para servir al guerrillero argentino?. Así lo enjuicia el 7 de febrero de 1967: «...*no tiene el carácter ideal. Un poco resabioso y resentido...*». Tres meses después vuelve a hacer otra evaluación sobre Martínez Tamayo (Ricardo, Papi): «*no ha mejorado sus deficiencias...*». Morirá Martínez Tamayo días después de esta

---

[532] De aquel David, a quien menospreció calificándolo de «lumpen proletario», dijo Guevara, aún, cosas peores: «Su destino es ser fusilado o dedicado a tareas de retaguardia». (Evaluación de marzo 14, 1967).
[533] Comentarios de Ernesto Guevara a Félix I. Rodríguez en La Higuera. Ver Félix I. Rodríguez. «Guerreros de las Sombras».

segunda evaluación. Estas son las palabras conlas que recoge la muerte de aquel combatiente:

«Muerto resulta de una herida en el pulmón el 30 de julio de 1967. Se pierde con él un cuadro que dio bastante quehacer en cuanto a su conducta cotidiana, pero de extraordinario entusiasmo para el combate en que era un pilar fundamental».

Sobre Alberto Fernández Montes de Oca (Pacho) tiene Guevara una opinión aún más pobre. Tanto, que el 26 de febrero fue *«sometido a amonestación pública por incidente con Marcos y advertido de que la reincidencia ocasionará la expulsión deshonrosa».* En mayo vuelve Guevara a califircarlo de «deficiente». *«Su carácter indisciplinado y poco entusiasmo general no compensan su valor probado en el combate».*

El juicio sobre otros es todavía más severo. Del comandante Antonio Sánchez Díaz (Marcos) afirma que a los tres meses *«no ha estado a la altura de lo que se esperaba de él, es indisciplinado, antiestudio, arbitrario y con poca autoridad».*

Al igual que Pacho, es también amonestado públicamente y prevenido sobre *«las deficiencias de su carácter».* Marcos es un caso perdido; por eso, el 25 de marzo es *«destituido ante toda la tropa por sus continuas irresponsabilidades. Pasa a ser soldado en la retaguardia».*

Al capitán René Martínez Tamayo (Arturo) como técnico le falta experiencia y responsabilidad.[534] En junio 11 anota que «como técnico es deficiente y descuidado» *observación que repite el 11 de septiembre* «como técnico no sirve y es un irresponsable». *Ya antes había mencionado que* «recibe la influencia negativa de Ricardo». *No obstante estos apuntes negativos, afirma que Arturo* «ha resultado un buen combatiente» *y ha mostrado* «su combatividad y firmeza».

El capitán Orlando Pantoja, como encargado de la información es *«regular, tiene muy poca iniciativa en la organización para información».*[535] Tres meses después hace Guevara la siguiente anotación sobre Pantoja Tamayo: *«deficiente. A su poca imaginación y falta de don de mando sumó una creciente nerviosidad que hizo fracasar una emboscada y vio fantasmas en una posta».* El capitán Orlando Pantoja

---

[534] Anotación de marzo 11, 1967.
[535] Observación de junio 19, 1967.

que «*vio fantasmas en una posta*», habrá de morir el 8 de octubre, en la Quebrada del Yuro, defendiendo la vida de quien tan injustamente lo calificaba.

LOS BOLIVIANOS

Su evaluación sobre algunos de los integrantes bolivianos de la guerrilla es, también, poco generosa. Jorge Vásquez Viaña (Bigotes, Loro) del que, después de muerto, la prensa comunista de La Habana pretenderá hacer una figura heroica merece estos comentarios de Ernesto Guevara: «*encargado del campamento viejo, se mostró muy irresponsable en ese trabajo...*» tres meses después, ya lo dijimos, no ha cambiado de opinión: «*después de varias irresponsabilidades e indisciplinas culminó retirándose de la posición en Paperillas*».

Rodolfo Saldaña, «*no es el hombre para el puesto...deficiente; no se incorporó cuando debía, aduciendo diversos pretextos*». Apolinar Aquino Quispe es otro que recibe una muy mala evaluación. Anota Guevara el 8 de marzo al cumplirse tres meses de su incorporación a la guerrilla: «*mal; además de comerse las reservas intocables, se muestra muy desmoralizado y preocupado por la comida*».

La muerte de Lorgio Vaca Maryete (Carlos), que había sido considerado por Joaquín como el mejor hombre de la retaguardia entre los bolivianos, merece del guerrillero argentino este simple comentario:
«*Muere en circunstancias típicas: no sabía nadar y la balsa en que intentaron el cruce del Río Grande fue volcada, soltándose y siendo tragado por el río*».
Ni en su muerte, un comentario generoso.

Orlando Jiménez Bazán (Camba), dirigente campesino y militante del PCB fue incorporado a la vanguardia de la guerrilla en diciembre de 1966. En marzo, a los tres meses, recibe esta evaluación: «*regular; débil físicamente y sin que se le note hasta ahora buen espíritu*». Tres meses después, recibirá la más injusta de las calificaciones: «*mal. Suma a su permanente espíritu de crítica a los cubanos una cobardía manifiesta*». En agosto «*planteó abandonar la lucha; fin típico de una desmoralización creciente*».

En septiembre, dice Guevara de Camba, «*vegeta esperando su libertad*». En la sorpresa de La Higuera desaparece. Ha desertado; pronto es apresado por el ejército. Conminado por el Tribunal Militar de Camiri a comparecer como testigo de cargo contra Debray y Bustos, Orlando Jiménez (Camba), pese a haber sido objeto de maltratos y torturas, no declaró en contra de los dos procesados; por el contrario, sostuvo que ni el francés ni el periodista argentino habían cumplido misiones militares en la guerrilla ni habían participado en emboscadas.

Cuando es interrogado Camba admite que estuvo en el combate de Higueras el 27 de septiembre y que al encontrarse días después con una patrulla militar «me resistí y disparé mi arma hasta agotar los cartuchos que tenía». Admitió pertenecer al partido Comunista y dirigiéndose a los periodistas este hombre, según el Che, *«de una cobardía manifiesta»*, afirma a toda voz: *«no estoy arrepentido de ser guerrillero...creo ser un guerrillero intrépido y decidido»*[536]. *Guevara demostró ser pésimo evaluador de muchos de sus hombres.*

Condenado por el tribunal Camba, y calificado injustamente por Guevara *«de una cobardía manifiesta»*, saldrá de la cárcel por la amnistía que, años después, decretara el gobierno boliviano. Se acogerá al asilo político en Suecia, donde fallece en 1994.[537]

Otro joven, Walter Arancibia Ayala había militado en la Juventud Comunista de Bolivia (JCB) y era miembro de su comité nacional Integrado a la guerrilla el 21 de enero fue destinado a la retaguardia. El 21 de abril hace Guevara la evaluación de Walter: *«Malo, durante la marcha mostró muchos signos de debilidad y luego demostró muy poco valor en su prueba de fuego...difícilmente será un combatiente».* Este joven que *«demostró muy poco valor»* cayó en la emboscada de Vado de Yeso el 31 de agosto de 1967, junto a Joaquín, Braulio, Tania, Alejandro (Gustavo Machín) y otros.

Varios de los miembros bolivianos de la guerrilla habían militado en la Juventud Comunista Boliviana. Uno de ellos es Raúl Quispaya Choque, miembro del Comité Nacional de aquella organización. Incorporado a la guerrilla en el grupo de Moisés Guevara forma parte de la vanguardia. ¿Qué dice Ernesto Guevara de este guerrillero?. *«Malo. Es débil y miedoso. No sé si superará esas cualidades».* Este joven, *«débil y miedoso»* cae en el combate del Río Rosita, el 30 de julio de 1967 cuando intentaba auxiliar al comandante José María

---

[536] Periódico Presencia, La Paz, octubre 3, 1967.
[537] Carlos Zora Galvano «Campaña del Che en Bolivia», La Paz, Bolivia, 1997.

Martínez Tamayo (Ricardo). No había sido muy acertado, tampoco en este caso, el juicio crítico de Ernesto Guevara.

Por supuesto, no todos los guerrilleros reciben una negativa evaluación de Guevara. Pombo, «perfecto en todo sentido; un pilar de la columna»; Carlos Coello, (Tuma) es «perfecto en su función secundaria como mi ayudante»; Rolando (capitán Eliseo Reyes Rodríguez: «muy bueno...»; Inti Peredo, Miembro del Comité Central del PCB, que había colaborado con la guerrilla peruana del ELN, y sobrevivió a la emboscada de la Quebrada del Yuro, es considerado, en las tres evaluaciones a que es sometido por Guevara, como «Muy bueno».[538]

Otro que en el libro de notas de Guevara recibe muy favorable evaluación es el entonces teniente Leonardo Tamayo Núñez (Urbano) que será uno de los tres sobrevivientes cubanos de las operaciones de Bolivia. En febrero lo califica de bueno y considera magnífica su disposición para todo. Juicio que vuelve a emitir el 27 de mayo y el 27 de agosto. Pero «choca a veces con los compañeros por su carácter...es indisciplinado...cae pesado». Juicio muy favorable recibe también Coco Peredo, uno de los cuatro militantes del PCB, que Mario Monje había inicialmente asignado para trabajar en contacto con los cubanos.

Altas calificaciones mereció para Guevara el hombre que sería apresado junto a él en La Higuera y que morirá, como el guerrillero argentino, en la pequeña escuela de aquella aldea. Simón Cuba Sanabria (Willy), trabajador minero incorporado a la guerrilla junto con Moisés Guevara, en enero de 1967, mereció tres meses después esta calificación: *«Bueno. Callado, disciplinado y trabajador».* Pero al transcurrir otros noventa días mereció este juicio: *«Bueno. No es combatiente aguerrido y quizás no lo sea nunca; pero sus características arriba mencionadas y su firmeza lo hacen un hombre seguro».*

No se equivocó Ernesto Guevara en esta valoración sobre Willy. Fue éste el que , herido Guevara en una pierna, lo recuesta sobre su propio cuerpo para tratarlo de alejar de donde han sido cercados en la Quebrada del Yuro. Ambos caen prisioneros el mismo día. Ambos,

---

[538] Evaluaciones de febrero 27, mayo 27 y agosto 27. Curiosamente a pesar de las presiones a que se encuentra sometido el guerrillero argentino éste hace sus evaluaciones con admirable periodicidad.

abandonados por otros miembros de la guerrilla, morirán, solitarios, en la pequeña escuela de La Higuera.

GUEVARA SE SIENTE PERDIDO

Guevara sabe que le será difícil romper el cerco que le han tendido. Se siente perdido; peor, abandonado. Termina su última anotación del mes de septiembre con esta clara percepción de su situación: *«La tarea más importante es escapar y buscar zonas más propicias»*. Se va a cumplir, el 7 de octubre, horas antes de caer prisionero, «los once meses de nuestra inauguración guerrillera»[539]. Y ese día, en que se cumplen once meses de su presencia en Bolivia, sufre el último rechazo del campesinado que quería liberar:

«Una vieja, pastoreando sus chivas, entró en el cañón en que habíamos acampado y hubo que apresarla. La mujer no ha dado ninguna noticia fidedigna sobre los soldados, contestando a todo que no sabe, que hace tiempo que no van por allí».

La campesina, irredenta, le niega su ayuda al redentor.

Las Fuerzas Armadas sabían que la guerrilla estaba en desbandada. A la Octava División, el coronel Joaquín Zenteno Anaya es su Comandante, le llega información de que «el grupo, formado por unos veinte rebeldes, está en situación precaria»[540]. Ese día, en el sector denominado Abra del Piñal, al suroeste de Valle Grande se produjo un breve encuentro; el Comando de Operaciones ordena estrechar aún más el cerco.

Para impedir que los guerrilleros acosados por las tropas de la Octava División pretendan salir por Yuquisaca, el Comando de Avanzada de la Cuarta División del Ejército fue trasladado a esa región. Al frente del Comando de esta División se encuentra el coronel Luis Reque Terán. La coordinación de las operaciones de estas dos Divisiones de las Fuerzas Armadas resultará fatal para la guerrilla.

Al planear sus operaciones guerrilleras, el Che usó una técnica que se ha vuelto común en muchos movimientos insurgentes: establecer su campamento base en un área controlada por una unidad militar, pero pelear en un área cercana controlada por otra unidad militar. El

---

[539] Nota del 7 de octubre en el «Diario del Che Guevara».
[540] Periódico Presencia, octubre 2, 1967.

campamento base del Che estaba al sur del Río Grande en la esfera de operaciones de la Cuarta División, mientras que la mayoría de sus incursiones se realizaba al norte del Río Grande, en la región patrullada por la Octava División[541]. Fue Félix I. Rodríguez factor importante en coordinar la labor de inteligencia de ambas divisiones.

Mientras, la atención de la prensa se centra en el proceso judicial que en Camiri se le sigue a Debray, Bustos y guerrilleros apresados, al tiempo que, en La Paz, parlamentarios de la oposición continúan en el congreso la interpelación a miembros del gabinete de Barrientos, en un ejemplar ejercicio democrático.

A MONJE NO SE LE PROTEGE

Según Pombo, Ernesto Guevara exigía que los diarios de campaña se guardaran celosamente para que no «vulnerasen las rigurosas medidas de seguridad que la incipiente fuerza guerrillera debía observar».[542]

Para evitar —si el diario caía en manos de la fuerza pública— la identificación de los guerrilleros y de los que con ellos trataban, todos eran mencionados por sus nombres de guerra, o nombres claves conque eran identificados determinados lugares y determinadas personas.

En los cientos de páginas que escribieron estos combatientes, el Che era mencionado como Ramón, Mongo o Fernando. Jamás por su propio nombre. Harry Villegas era, siempre, Pombo; Gustavo Machín «Alejandro», Martínez Tamayo, «Ricardo o Papi». La Habana era «Manila»; Fidel Castro, «Leche». Todos cuidaban a todos.

Si el ejército capturaba uno de estos diarios —como sucedió al que comenzó a escribir Braulio— no podría el gobierno ni la fuerza pública identificar a ninguna de las personas que en él aparecían. Sólo a un hombre no se le dio esa protección. Sólo una persona aparecía, una y otra vez, con su nombre y a veces con nombre y apellido en las páginas de esos diarios. Diarios que se llevaban *«con el rigor y la disciplina que era imprescindible aplicar en aquellos momentos»*, según

---

[541] Félix I. Rodríguez. «Guerrero de las Sombras».
[542] Harry Villegas (Pombo). Introducción a «Pombo, un hombre de la Guerrilla del Che». Ediciones Corihoe.

manifiesta Pombo que eran las instrucciones impartidas por el Che Guevara.

Por supuesto, ese nombre que no se protegía era el de Mario Monje que tenía asignado el de «Estanislao». En los primeros días, cuando se inician en Bolivia las conversaciones de Ricardo y Pombo con Monje, antes de la llegada de Ernesto Guevara, como Estanislao se le menciona. Luego de la confrontación que los dos enviados de Guevara tienen el 28 de septiembre con el Secretario del Partido, desaparece la protección que a todos se les ofrece. Ya a Mario Monje se le menciona por su nombre o por su apellido; a veces por nombre y apellido y, con frecuencia, con su posición de Secretario del P.C.B.

Así el 10 de octubre, cuando ya se ha comunicado a La Habana (Manila) la confrontación que han tenido con el dirigente comunista boliviano, escribe Pombo en su Diario: «Mario quiere hablar con nosotros sobre la reunión del Comité Central...». Más adelante, el propio día vuelve a mencionar «el camarada Mario respondió...». A partir de ese momento, octubre 24, noviembre 7, noviembre 15, etc. se repite continuamente su nombre y su posición dentro del partido.

INTENCIONADA INDISCRECIÓN DE GUEVARA

El Che Guevara, que, a espaldas de Monje ha cambiado los planes que a éste le habían propuesto en reuniones anteriores en La Habana, comete la misma intencionada indiscreción en las anotaciones que realiza en su diario. Recién ha llegado a Ñancahuazú, al entrevistarse con Jorge Vásquez (Bigotes), miembro del Partido Comunista Boliviano escribe. «Le pedí que no le informara al partido hasta que Monje, que está viajando por Bulgaria, haya regresado». El 20 de enero dos veces lo mencionará por su nombre, indiscreción que repite el 26 y, repetidamente, el 31 de diciembre en la conocida entrevista.

Ya el enfrentamiento se ha producido. Ya no hay límite para las intencionadas indiscreciones; por eso, el 21 de enero Ernesto Guevara tranquilamente, anota en su diario nombre y apellido de Mario Monje. No mantiene por la seguridad de este calumniado dirigente comunista la misma preocupación que mostró Monje por la de Guevara. El Secretario del PCB, ignorado, engañado, difamado por el guerrillero argentino, supo guardar, con hombría, discreto silencio sobre la presencia de Ernesto Guevara en Bolivia. Marcado contraste con la locuacidad de Regis Debray al ser arrestado.

PRIMER TRIUNFO DE LA GUERRILLA

«El jueves 23 Rolando (capitán Eliseo Reyes Rodríguez) está al frente de la patrulla y ya ha preparado una emboscada en la que, a las siete de la mañana, han caído las fuerzas del ejército». Será una victoria para la guerrilla de Guevara. El balance de las pérdidas del enemigo muestra 7 muertos, 6 heridos y 11 prisioneros de un total de 32 hombres, habiendo escapado 8», escribe Braulio en su diario de campaña.

El material capturado incluye 3 morteros de 60 milímetros y 8 cajas de granadas correspondientes; una ametralladora calibre 30 con 500 cargas; dos sub-ametralladoras EZ, dos pistolas ametralladoras UZI; dieciséis mausers, dos equipos de radio. Entre los prisioneros se encuentran dos capitanes. Un reporte similar aparece en los diarios de Pombo (menciona 18 capturados); de Braulio, que habla de 10 prisioneros; Pacho (habla de 5 a 10 prisioneros) y en el de Ernesto Guevara que menciona 14 prisioneros y 4 heridos. Aunque varía el número de prisioneros, todos coinciden en el detalle del material capturado.

LA ESCORIA. LA RESACA. LOS DESERTORES

En marzo 19 el médico peruano, Negro,[543] le llega al Che con la noticia de que dos de los hombres del minero Moisés Guevara han desertado.[544]

Pastor Barrera Quintana (Daniel) desertó el 14 de marzo en Muyupampa, fecha en que también deserta Vicente Rocabado Terrazas (Orlando). Según Braulio, Pastor Barrera, que se había incorporado a la guerrilla en febrero de 1967, era miembro del grupo de Moisés Guevara, y se convirtió en informante del ejército al desertar el 11 de marzo. Barrera delató la presencia del Che Guevara. Procesado en el

---

[543] Restituto José Cabrera Flores («Negro» y «Médico»), estudiante peruano, que sirvió como médico a la guerrilla. Era uno de los del grupo de Juan Pablo Chang (el Chino). Muere el 2 de septiembre en Palmerito.
[544] Pastor Barrera y Vicente Rocabado.

juicio de Camiri, después de liquidado el brote subversivo fue absuelto el 17 de noviembre de 1967.

Vicente Rocabado, integrante del grupo de Moisés Guevara, se incorporó en febrero de 1967; al desertar, como Barrera, se convirtió en informante.

A fines de marzo aún no se conoce la presencia de Guevara en Bolivia. El 14 de aquel mes Pastor Barrera y Vicente Rocabado, como hemos dicho, se entregaron o fueron arrestados por las autoridades en Camiri, luego de haber abandonado el campamento tres días antes.[545] Se produce pronto una nueva deserción.

Salustio Choque Choque, estando de centinela en la Casa de Calamina en la hacienda de Ñancahuazú el día marzo 17, se entregó a los militares que, dirigidos por el coronel Alberto Limbera, rodeaban el campamento. Con la detención de Barrera, Rocabado y Choque obtuvo el ejército muy valiosa información.

Otros cuatro reclutas aportados por el dirigente minero Guevara, disidente del P.C.B. boliviano que dirige Monje, son pronto considerados como la escoria de la guerrilla. En su diario Braulio hace constar el 25 de marzo que «cuatro compañeros querían volverse atrás y que eran unos inútiles». Ese día Guevara fustigó durante a Pepe, Paco, Chingolo, y Eusebio diciéndoles que si no trabajaban no comerían. Era el mismo día en que aquella raquítica guerrilla recibía el nombre de «Ejército Boliviano de Liberación Nacional».

En el diario que lleva Octavio de la Concepción de la Pedraja (Moro) se menciona el 25 de marzo la decisión que ha tomado el Che de «rajar» a Chingolo y Eusebio y a dos más: Paco (José Castrillo Chávez) y Pepe.

El primero, Pepe (Julio Velasco Montaño), deserta el 23 de mayo; Eusebio (Eusebio Tapia Aruñe) y Chingolo (Hugo Choque Silva)[546] huyen, en medio del combate, el 20 de julio. De los cuatro mencionados por Braulio quedaba Paco (José Castillo). Será éste el único que

---

[545] El 11 de marzo Rocabado y Barrera iban a salir de cacería para conseguir carne. Desertaron. El 14 de marzo agentes del Departamento de Investigación criminal les tomaron las primeras declaraciones que fueron pasadas inmediatamente a los cuarteles de la Cuarta División del Ejército en Camiri.

[546] Chingolo (Hugo Choque Silva), capturado el 23 de julio, sirve de guía al ejército para llegar al puesto de mando de la guerrilla en Ñancahuazú.

sobreviva en la emboscada de Vado de Yeso que aniquila a toda la retaguardia y quien, sirviendo al ejército, identifica a los caídos.

El 24 de marzo, al día siguiente de la acción de la ribera del Ñancahuazú, apunta el Che que «fueron con la resaca a una góndola...»[547] pero debieron devolverlos porque no querían caminar. Hay que licenciarlos». El 31 de marzo, en su resumen, manifiesta que «los del minero Guevara han resultado con un nivel general muy bajo. (Dos desertores, un prisionero que habló, tres rajados y dos flojos)».

El 14 de abril del Che anota que se han perdido, en forma inexplicable 23 latas de leche. Tiene que hacerles una seria advertencia. El 22 de abril critica la falta de previsión y disciplina.

El 19 conocieron que dos peones de una finca cercana habían denunciado su presencia por una recompensa de 500 a 1000 pesos bolivianos.

El desprecio del indígena hacia la guerrilla de Ernesto Guevara puede verse reflejada por estas míseras recompensas económicas que les aceptan a las autoridades bolivianas, y las millonarias ofertas monetarias que los guerrilleros tienen que ofrecer por recibir algún tipo de ayuda.

Por los informes de Chingolo y Eusebio los militares de la Cuarta División pudieron descubrir los depósitos de armas, municiones y medicamentos del ELN y los documentos que allí se encontraban. Antoni Domínguez Flores, boliviano, desertó de la guerrilla el 26 de septiembre en Bucará. Brindó información sobre la organización guerrillera.

Eusebio Tapia Aruni, boliviano, se unió a la guerrilla en enero, separado de la misma el 25 de marzo, desertó en julio. Julio Velazco Montana, como los otros, formaba parte del grupo del minero Moisés Guevara. Fue licenciado por la guerrilla el 25 de marzo y permaneció en el grupo hasta el 23 de mayo en que desertó.

Antonio Domínguez Flores (León), campesino, también disidente del P.C.B., desertó el 27 de septiembre, luego de haberse ganado la confianza de Ernesto Guevara. De acuerdo al segundo diario de Harry Villegas (Pombo), León se «entregó al ejército y aportó valiosas

---

[547] Llaman góndola a los pequeños grupos que van a poblaciones cercanas para adquirir comestibles.

informaciones al servicio de inteligencia, además de un informe detallado de todo lo sucedido en su etapa guerrillera».[548]

Hablaron de la presencia del Che y de su nombre de guerra (Ramón). Rocabado afirmó que el 12 de enero, en La Paz supo por Moisés Guevara que el Che se encontraba en Ñancahuazú.[549] El 20 de marzo Guevara regresó al campamento. El 14 de abril, Debray y Bustos, junto con el periodista Roth fueron arrestados.

COMIENZAN LOS INTERROGATORIOS

El mismo 14 de marzo de 1967 se produce el primer interrogatorio a Vicente Rocabado Terraza. Lo realiza la Dirección de Investigación Criminal (DIC) en Camiri. Es largo el interrogatorio. Conoce, porque oyó mencionar su nombre varias veces, de la presencia del guerrillero argentino, pero no aporta pruebas concluyentes: Sabe que la principal cabeza es «Che Guevara, primer hombre pero no tuve la suerte de verlo porque se había ido de exploración al mando de 25 hombres más y hasta el día de mi venida no había vuelto».

Interroga también al otro desertor, Pastor Barrera. Su respuesta es muy similar. «Entre los jefes sé, por referencia, que se encuentra Che Guevara. Al mismo que no tuve la suerte de conocerlo porque no se encontraba en el lugar, ya que se había ido antes de exploración».

Pero sí están en Ñancahuazú, Rocabado y Barrera, cuando arriban, el 6 de marzo, Debray y Bustos. De inmediato, aunque muy poco crédito puede concedérsele a esas declaraciones en las circunstancias en que las hacen, se sienten preteridos, discriminados.

Quedó evidentemente demostrado que ninguno de los desertores capturados e interrogados en marzo y la primera quincena de abril había visto personalmente a Ernesto (Che) Guevara. Sólo habían escuchado su nombre.

Serán el teórico de la Revolución, el periodista francés Regis Debray, y Roberto Bustos quienes, al ser capturados habrán de identificar, sin duda alguna, a Guevara como jefe de la guerrilla.

---

[548] Según Debray hubo 15 ó 17 desertores y otros cuatro guerrilleros fueron expulsados. Fuente: Agencia France Press, octubre 27, 1967.
[549] Luis J. González. «The Gray Rebel». Grove Press Inc. New York.

Ciro Roberto Bustos, el dibujante argentino, facilitará en gran medida, con su preciso trazado de los rasgos de sus integrantes, la identificación de los guerrilleros.

El 23 de abril Bustos habló extensamente con sus interrogadores (coronel Eladio Sánchez de la Cuarta División; los coroneles Alberto Libelay y Federico Adama, y el «Dr. Eduardo González») sobre la presencia de Ernesto Guevara en el campamento, de Tania y sobre las conversaciones de Debray con el Che. Se ofreció, como lo hizo, a dibujar con precisión los rostros de todos los guerrilleros.[550]

No sólo habla en exceso el argentino Bustos. También lo hace su esposa. Escribe Pombo: «La radio informó que la esposa de Bustos confirmó que éste se había entrevistado con Che en una reunión sobre discusiones políticas celebrada en La Paz; según le había dicho su esposo», y continúa el hoy general Harry Villegas con esta anotación: «En resumen, consideramos que Bustos había hablado demasiado y estaba rajado... pues se sentía engañado».

Cuando se inicia el proceso judicial en Camiri se oirán nuevos testimonios «...al día siguiente les entregaron armas: a) Dantón (Regis Debray) una carabina M-1; a Carlos Bustos, otra M-1. Los bolivianos protestamos por esa discriminación. Ya que casi todo el grupo de Moisés Guevara teníamos Maussers, y a los otros se les entregaban mejores armas» declaró José (Paco) Castillo Chávez, militante de la Juventud Regional del Partido Comunista en Oruro, el único sobreviviente de la emboscada de Vado del Yeso del 31 de agosto.

«Un día cargábamos armas, otro municiones, y otro servíamos de mensajeros, o sea llevando maletas y notitas con órdenes escritas, también café, comida y cosas personales». Nos acusaban a los cuatro (Paco, Chingolo, Eusebio y Pepe), de robarles».

SE INICIA EL JUICIO DE DEBRAY
Con libertad irrestricta para la prensa nacional y extranjera se inicia en Camiri el 26 de septiembre de 1967 el proceso judicial contra Debray, Bustos y los demás acusados.

---

[550] Se han reproducido en varias obras los rostros de los guerrilleros dibujados por Bustos.

El Consejo de Guerra lo preside el coronel Efraín Guachalla; como juez relator el coronel Remberto Torres Lazarte, y como vocales los coroneles Luis Nicolás Velasco y Mario Mercado Aguirre.

Defenderá a Regis Debray un abogado altamente calificado. Raúl Novillo disfrutaba de gran reputación profesional por haber obtenido en un Consejo de Guerra una sentencia benigna a un acusado de traición a la patria durante la guerra del Chaco[551] que en un tribunal inferior había sido condenado a la pena de muerte. A Roberto Bustos lo defendió el Dr. Jaime Mendizábal. Acepta el Consejo de Guerra la presencia de un funcionario de la Embajada de Francia como observador.

Como Fiscal Militar actuaba el coronel Remberto Iriarte que en la primera sesión pidió la pena máxima para Debray y Bustos.

En la prensa boliviana aparece la petición formulada por exiliados cubanos en Miami a la Comisión de Derechos Humanos, presente en el juicio, de que esa comisión visite también las cárceles de Cuba, donde a los presos políticos no se les ofrecen las garantías procesales de que disfrutanlos que están siendo enjuiciados en Camiri. No responde la Comisión la petición del exilio cubano.

Ese 26 de septiembre cuando se incia el juicio en Camiri muere en el encuentro de La Higuera el capitán Manuel Hernández Osorio (Miguel) que había sido en la Sierra Maestra jefe de la vanguardia de la Columna Ocho que comandaba Che Guevara. Junto a él cae Coco Peredo y el estudiante Gutiérrez Ardarja.

Las deliberaciones del juicio fueron pospuestas durante varias semanas por la apelación de los abogados de Debray y Bustos. Cercado, sin recibir la ayuda que tanto necesita, Guevara «pasa días de gran ansiedad» (septiembre 28), «de profunda tensión» (septiembre 29 y septiembre 30). De «días largos, innecesariamente intensos», los describirá en su diario.

---

[551] Guerra entre Bolivia y Paragüay, 1932-1935.

BUSTOS TRAZA LOS RASGOS DE LOS GUERRILLEROS
Alberto Bustos, el dibujante argentino, quiere serles útil a sus carceleros.
Traza con gran claridad, los rasgos de todos los miembros de la guerrilla.
De poco le valió; la fiscalía le pide 30 años. Pero pronto, durante el
efímero gobierno del General Juan José Torres, será indultado.

CAPÍTULO XVI
PRELUDIO DE UN DESASTRE INEVITABLE

NADIE SE LE INCORPORA

El rechazo del campesino boliviano al Che Guevara es total. Transcurren semanas y meses y ni un solo hombre de campo se une a su guerrilla.

El 30 de abril deja constancia del repudio de la población campesina a la guerrilla: «Ni una sola persona se ha unido a nosotros».

Un mes después la situación no ha mejorado. El 31 de mayo anota que una de las características más importantes del mes había sido la *«completa falta de incorporación de campesinos»*. Sus sentimientos hacia el campesinado boliviano los refleja en su Diario el 19 de junio cuando al acercarse a varias casas sus moradores huyen: *«Es necesario cazar a los habitantes para poder hablar con ellos porque son como pequeños animales»*. «Cazar animales» quien en la tribuna hablaba de «liberar pueblos»!.

Oye en la radio el 30 de junio declaraciones de Debray «quien parece que está revelando más de lo necesario».

Nadie se le incorpora a Ernesto Guevara. En junio 30 anota *«continuamos sintiendo la falta de incorporación del campesino»*. El 31 de julio vuelve a mencionar el rechazo de la población a la guerrilla: *«Continúa sintiéndose la falta de incorporación de los campesinos»;* sigue aislada, sin contacto alguno de las masas que pretendía liberar, la pobre guerrilla de Guevara. El 31 de agosto el guerrillero que soñaba con ser un nuevo Bolívar tiene que anotar en su Diario: *«Continuamos sin ninguna incorporación de parte de los campesinos»*.

El 30 de septiembre, apenas una semana antes de su muerte, ya se siente derrotado: *«La más importante tarea ahora era escapar y buscar zonas más propicias para restablecer contacto»*. Escapar, no pudo.

General era el rechazo de los campesinos a la guerrilla. Aparece esto, muchas veces, en los diarios de campaña que llevan distintos combatientes. El propio Pombo (capitán Harry Villegas) al describir la marcha hasta el poblado La Punta, escribe que «todos los campesinos, atemorizados, abandonaron el lugar; esto no es extraño. Ocurría siempre que llegábamos a un caserío». Ese mismo día continúa narrando Pombo, «caminamos hacia la casa de un campesino cuya suegra no quería que nos quedásemos». Y, al día siguiente, *«el Che mandó a Antonio a una casa donde vivía una ancianita para pedirle permiso para cocinar en su casa; pero ella se negó a abrir la puerta. Después, la dueña de una pulpería se negó a vendernos, lo que nos obligó a comprar por la fuerza».* Ante el rechazo de los campesinos a cooperar, la guerrilla emancipadora actúa «por la fuerza».

PRELUDIO DE UN DESASTRE INEVITABLE
Para una guerrilla era imperativo ganarse el apoyo de las masas campesinas. El propio Che Guevara lo había expresado en su artículo «Guerra de Guerrillas: un método» publicado en Cuba Socialista, septiembre 1963.

Pretender llevar a cabo una lucha de guerrillas sin el respaldo de la población era el preludio de un desastre inevitable, había escrito Ernesto Guevara tres años antes de que llegara a Bolivia. «La guerrilla tiene que estar respaldada por las masas de los campesinos y trabajadores de la región y en todo el territorio en que se desenvuelve...» y concluye con esta afirmación que, treinta y seis meses después verá convertida en realidad en las selvas de Bolivia: «Sin estas condiciones, la guerra de guerrillas no puede permitirse».

Guevara –lo supo desde los primeros meses– había fracasado. Las premisas que él –eterno teórico– había sentado como dogmas lo golpeaban duramente.

«La guerra de guerrilla es una guerra de pueblo; es una lucha de masas», y el pueblo no se había incorporado; las masas le volvían las espaldas.

En su «Método» había escrito «¿Qué es lo que a la guerrilla hace invencible?. El apoyo del pueblo». Apoyo popular que él no recibió. Supo, desde meses atrás, que estaba vencido.

COMIENZAN LAS BAJAS CUBANAS

Tratarán de salir por la cercana población de Gutiérrez, a unas 30 millas de Ñancahuazú. Durante los próximos días el grupo seguirá marchando, aún unido, por la tupida selva. Avanza por una quebrada hacia el pequeño poblado. A pocos kilómetros parte de la guerrilla cae en una emboscada. Muere en esta escaramuza, el lunes 10 de abril, Jesús Suárez Gayol, «el Rubio», antiguo capitán del INRA, y Viceministro de Industria Azucarera.[552] La primera baja se producía en las márgenes del Iripití. Muere también un soldado, tres son heridos y seis hechos prisioneros.

En otro encuentro, en las riberas del mismo río, en horas de la tarde se produce un nuevo enfrentamiento; esta vez resultan siete soldados muertos y 22 tomados prisioneros. Uno de ellos el comandante Rubén Sánchez quien en palabras de Harry Villegas (Pombo), que preparó esta segunda emboscada, «se comportó con gran dignidad negándose a rendir el resto de la tropa». Veremos en próximos párrafos quien era el comandante Rubén Sánchez.

Fue la mayor victoria de las fuerzas de Guevara. Siguen avanzando para ver «si fuera posible, encaminar a Debray (Dantón) y Bustos (Carlos) hacia Sucre-Cochabamba» escribe en su Diario Guevara el 13 de abril. Redacta Ernesto Guevara un informe para La Habana que le entrega a Debray. Se separan el francés y Bustos de los que forman la guerrilla para marchar por senderos distintos. Días después, al llegar a Lagunillas se les incorpora el periodista anglo-chileno George Andrew Roth, que recién ha publicado en La Paz un artículo sobre la guerrilla.

La guerrilla, dividida en tres grupos, se aleja de Ñancahuazú. Apenas 48 horas después, unidades de la Cuarta División Boliviana del Ejército ocupa su abandonado centro de operaciones. Se producen en las ciudades numerosos arrestos y, en las fuerzas armadas, cambios en los mandos militares. El coronel Joaquín Zenteno Anaya, que tan

---

[552] Jesús Suárez Gayol se había enrolado en el Movimiento 26 de Julio desde muy temprano. Exiliado en México durante el gobierno de Fulgencio Batista vivió en el mismo apartamento con Alberto Fernández Montes de Oca (Pacho) y Tony Briones, caído en Venezuela en otra frustrada operación subversiva de Castro. Compartiría con Suárez Gayol aquel apartamento en la capital mexicana el hoy General de Brigada Fernando Vecino Alegret.

relevante participación tendrá dentro de pocos meses en la captura del comandante Guevara,[553] es designado Comandante de la Octava División con cuartel general en Santa Cruz.

Habían llegado, los dos periodistas y el fotógrafo Roth, bien temprano en la mañana al pequeño pueblo de Muyupampa.

El 14 de abril Debray y Bustos, junto con el periodista anglochileno[554] fueron detenidos. Guevara lo ignora. El 17 y el 19 sigue haciendo planes para tratar de ayudar «al francés y a Carlos» a salir del país. El 20 le llega la noticia del arresto.

Han pasado ya los detenidos a manos militares, comenzando de inmediato los interrogatorios que, durante las primeras semanas, se mantuvieron secretos, como también la identidad de los prisioneros. Querían los investigadores confirmar la identidad y presencia de Guevara, la composición de la guerrilla, sus relaciones con los grupos de izquierda, con Cuba. Los interrogatorios continuaron durante más de diez días.[555]

Mientras continúa el encarcelamiento y el proceso judicial de Debray, Bustos y Roth, la guerrilla sigue deambulando, apenas peleando, por las inhóspitas sierras bolivianas.

Días antes, en Iripití, se había producido el violento encuentro en que es hecho prisionero el comandante del ejército Rubén Sánchez[556] quien luego, es liberado, tras contraer un increíble compromiso. En páginas anterior hablamos del singular servicio a la guerrilla prestado por este militar. Ampliaremos, más adelante, este bochornoso incidente.

[553] Ver «Guerrero de las Sombras» de Félix I. Rodríguez.

[554] El anglochileno George Andrew Roth es considerado por Pombo como un agente de la CIA que permaneció junto a Regis Debray y Ciro Roberto Bustos para obtener información. Según Pombo, en febrero de 1968 Roth se les presentó a Pombo, Urbano y Benigno a su llegada a Chile.

[555] Al arrestar a Bustos encuentran en supoder $2,000 pesos bolivianos y $2,000 dólares que, admite Bustos, Guevara le había dado. Bustos afirma que la misma cantidad, en pesos bolivianos, Guevara le dio a Debray, pero Debray en la corte de Camiri, lo habrá de negar.

[556] Será el boliviano Inti Peredo quien reconoce, hace prisionero y salva la vida del comandante Rubén Sánchez.

UN GUERRILLERO ENIGMÁTICO:
JORGE VÁSQUEZ VIAÑA (LORO-BIGOTES)

La intención de la guerrilla el 22 de abril de 1967 era cargar la camioneta de Yacimientos Petrolíferos Fiscales Bolivianos (YPFB) que acababan de apropiarse los capitanes Miguel Hernández Osorio (Miguel), y Eliseo Reyes Rodríguez (Rolando) y Orlando Pantoja (Antonio) y avanzar con la vanguardia hasta el cruce del próximo camino situado a cuatro kilómetros.El pan y los plátanos que en la camioneta se encontraban fueron una irresistible tentación para los hambrientos guerrilleros.

Se disponían a partir con el camión robado cuando se inició un corto combate. La guerrilla toda montó en el camión para alejarse. Sólo faltaba un hombre: Jorge Vásquez Viaña (el Loro) a quien también llamaban Bigotes.

Vásquez Viaña había sido sumamente útil en la organización y asentamiento de la guerrilla. Estuvo en prácticamente todas las diligencias que se realizaron, seis meses antes de la llegada de Guevara a Bolivia, junto a Ricardo, Pombo y Tuma (Carlos Coello).

Tan de confianza era Vásquez Viaña (Bigotes) para los organizadores de la guerrilla que se iba a asentar en Ñancahuazú que era él quien conducía el jeep que el 7 de noviembre de 1966 llevaba a Ernesto Guevara a la finca que sería su centro de operaciones. Bigotes, luego de una breve ausencia, regresa el 24 de enero para incorporarse definitivamente al grupo insurrecto.

Jorge Vásquez había estudiado en la Escuela La Salle de La Paz. En 1957 viajó a Munich para estudiar Geología y organizó, junto a su hermano Humberto, la Sociedad de Estudiantes Bolivianos en Alemania que luego se extendió a todos los países de Europa. De esa asociación fue él electo su primer presidente. A su regreso a Bolivia, en 1962, ingresó en el Partido Comunista Boliviano, convirtiéndose en editor de su periódico oficial «Unidad» y miembro de su Comisión Militar. Junto con sus camaradas Coco e Inti Peredo fue a Cuba en 1965 para una indoctrinación y entrenamiento militar. En julio de 1966 regresó a Bolivia y, en agosto y septiembre, comenzó a prepararse para el movimiento de la guerrilla boliviana. Ayudó a reclutar miembros para la guerrilla y pasó al campamento de Ñancahuazú.

Su nombre aparece con frecuencia en los diarios que llevan algunos combatientes.

Aquel 22 de abril desaparece Loro. ¿Desertó? ¿Se extravió? ¿Fué hecho prisionero?. Estas son las interrogaciones que se hicieron a diario los miembros de la guerrilla. En su resumen del mes de abril anota Guevara: «Hemos perdido a Loro que desapareció después de la acción a Tapería».

El 4 de mayo ya tienen noticias. Oyen por radio la detención de Loro, herido en una pierna. «Sus declaraciones hasta ahora, son buenas» escribe Guevara en su diario.

El 29 de mayo escucha Guevara en la radio que Loro ha escapado. En el resumen de aquel mes menciona que la captura y la fuga de Loro, «que debe regresar a nosotros o ir a La Paz en busca de contactos», es la noticia más importante.

La Habana ofreció, posteriormente, la siguiente versión sobre la captura y muerte el 27 de mayo de Jorge Vásquez: «El Loro se internó en la selva y burló la persecución de los militares, quienes lo rastrearon con perros y lo hirieron en una pierna cuando se encontraba oculto sobre un árbol. Del hospital de Monteagudo, donde es operado, lo llevan a otro en Camiri, y cuando se recupera un poco es trasladado para el cuartel de Charetti...los servicios de inteligencia le pusieron un colaborador como enfermero... fue interrogado y colocado en un helicóptero y lanzado al vacío».[557]

Quieren culpar, sin prueba alguna, a las agencias de inteligencias de la desaparición de este guerrillero, sobre cuya lealtad los propios miembros del grupo de Guevara tenían serias dudas por su antigua y estrecha vinculación con Mario Monje y los demás miembros del Comité Central del P.C.B.

Es el Loro quien el 15 de agosto de 1966, tres meses antes de que arribe Ernesto Guevara, llega junto a Pombo a La Paz con datos de la granja que han visitado. El 20 viaja con armas a Santa Cruz. Son las únicas dos veces que en un período de seis meses Pombo lo menciona en su diario. Benigno (Dariel Alarcón Ramírez) en su obra «Memorias

---

[557] Periódico Granma La Habana, Mayo 1997.

de un Soldado Cubano» hace mención de Loro en dos o tres ocasiones realizando quehaceres menores.

Como con otros integrantes de la guerrilla, en vida los ignoraban o menospreciaban; muertos, los glorifican.

En relación a su desaparición el 23 de abril considera Benigno que ésta no fue por deserción ni por cobardía sino, que fuera posible, que hubiese aprovechado la oportunidad para tratar de restablecer contacto con las personas que había conocido en la región y que al tratar de salir de la zona haya sido hecho prisionero. Que no podía dependerse de el Loro lo demuestra el episodio que se produce al mes de la llegada de Guevara a Ñancahuazú: «Hubo una pequeña alarma motivada por unos tiros de Loro sin avisar».

LA VERSIÓN OFICIAL BOLIVIANA

El hoy General del Ejército de Bolivia, Gary Prado Salmón, quien fue el oficial que capturó al Che Guevara, expone en su libro «Como capturé al Che», la posible deserción de Loro.

Dice el Gral. Prado que el 22 de abril se había producido un enfrentamiento en la hacienda Colipote donde los guerrilleros, después de capturar una camioneta YPFB, se aprestaban a reiniciar su marcha hacia el próximo cruce de caminos. Un hombre de la guerrilla no se había reintegrado al grueso después de la huída de la hacienda Colipote. El Loro que, con su característica indisciplina no siguió las regulaciones y aprovechando su condición de boliviano, quiso alejarse de la zona de operaciones, ya que emprendió rumbo al sur hasta las proximidades de Tapería, permaneciendo oculto en las inmediaciones.

La noche del 27 de abril dos soldados[558] estaban avanzando por el camino cuando fueron sorprendidos por Loro que, con una ráfaga de su ametralladora los mató continuando su huída hacia Monteagudo. Perseguido por campesinos y soldados es herido y capturado en las cercanías. Operado en el hospital petrolero, permanece allí hasta el 30 de mayo cuando el comandante de la Cuarta División, coronel Rocha, comunica que el guerrillero, aprovechando un descuido del personal, se había fugado del hospital.

---

[558] Murieron el Sargento Guillermo Torres Martínez y el soldado Miguel Espada, del Regimiento Dos de Infantería.

El oficial Prado Salmón expresa que «posteriormente circularon versiones en el sentido de que habría sido ejecutado por el ejército o lanzado vivo desde un helicóptero, pero hasta ahora no se ha podido verificar ninguna de estas acciones». Lo que queda como evidente, sigue exponiendo el oficial Prado, es que el Loro intentaba separarse de la guerrilla y escapar de la zona de operaciones, al dirigirse hacia Monteagudo con ropa civil quitada a un campesino.

MILITANTES CONVERTIDOS EN DELATORES

La prensa castrista ha mostrado gran interés en elevar, después de muerto, la figura de este guerrillero, al tiempo que silencia la de su hermano Humberto que había participado en el aparato urbano de la guerrilla en La Paz y, posteriormente, en el reagrupamiento del ELN de Inti Peredo.

Humberto Vásquez Viaña, el dilectante hermano de Loro, ingresó en el ELN pero pronto desertó yendo a vivir, en un exilio voluntario, a París. Allí escribió artículos y documentos con informes y datos precisos sobre militantes y colaboradores del ELN.[559]

Con la información así irresponsablemente ofrecida por el hermano de Loro pudo el Ministerio del Interior detectar el paradero de Inti Peredo que, junto a los cubanos Pombo, Benigno y Urbano, había logrado escapar con vida, vía Chile, del desastre de Ñancahuazú. Habiendo regresado clandestinamente a Bolivia, Inti estaba reorganizando las filas del ELN. El 9 de septiembre de 1969 fuerzas del ejército cercan la casa en que se encuentra Inti Peredo quien muere en el enfrentamiento.

Según expresa Benigno, Humberto Vásquez Viaña, hermano de Jorge (Loro), abandonó el ELN, que había fundado Ernesto Guevara por divergencias tanto con su propia organización como con el aparato cubano. Publicó un folleto que, y seguimos repitiendo a Benigno, fue el primer intento crítico relativo a la experiencia boliviana del Che Guevara y la imposición de lineamientos políticos sin tomar en cuenta la situación y las condiciones específicas de cada país.

---

[559] Gerardo Irusta Medrano. La Lucha Armada en Bolivia.

Otros hablan más de lo necesario. Es el caso de Antonio Domínguez Flores (León) uno de los primeros militantes del P.C. Boliviano en incorporarse a la guerrilla (septiembre 27, 1966) quien confiese haber sido enrolado por Freddy Bejarano ofreciéndole 460 pesos bolivianos para cuidar la hacienda Ñancahuazú. Informa que los cubanos eran 17 en total, que Marcos (muerto en el encuentro de Peña Colorada el 2 de junio) había sido degradado, y dio detalles sobre la localización de algunos depósitos de armas.

León, de prisionero con memoria de elefante lo califica el capitán Mario Vargas,[560] confesó al ejército como el Che no creyó durante los primeros días los informes que daba la radio sobre la liquidación de la retaguardia en el encuentro de Vado del Yeso. El propio Pombo (el hoy Gral. Harry Villegas) admite que León se entregó en las fuerzas armadas bolivianas y les ofreció valiosa información. Otro de los tantos militantes devenidos en delatores.

AISLADOS Y HAMBRIENTOS

El 30 de julio, en El Filo, al norte de Río Grande se produce un encuentro. Muere el comandante José María Martínez Tamayo, «Ricardo»[561] veterano de la Sierra Maestra, que había estado a cargo de la preparación del foco guerrillero en Bolivia; junto a él cae Raúl Quispaya Quispe, estudiante boliviano. El cerco se va estrechando. Una semana después, el 9 de agosto, muere otro estudiante, Antonio Jiménez Tardía, «Pedro». El día anterior Guevara ha enviado a 8 hombres a reconocer el terreno por donde van a avanzar.

Uno de los ocho exploradores regresa para infomar que estaban aislados. Los hombres están arrinconados, hambrientos, sedientos; en ese momento, en su radio, Guevara oye la voz del gran caudillo y anota en su Diario[562] «era un largo discurso de Fidel en el que arremete contra los partidos tradicionales, y sobre todo, el venezolano; parece que la bronca entre bastidores fue grande», escribe Guevara con gran

---

[560] El capitán Mario Vargas era el oficial que comandaba la tropa que liquidó en Vado del Yeso a la retaguardia de la guerrilla.

[561] «Ricardo era el más indisciplinado de los cubanos y el menos dispuesto a enfrentar los sacrificios de cada día...» escribió el Che en su Diario.

[562] Agosto 10, 1967.

ironía. En Bolivia, la guerrilla, golpeada, sigue combatiendo; en La Habana, continúan los discursos.

MUERTE DE TANIA Y TODA LA RETAGUARDIA

Las acciones de Guevara son, todas, una sucesión de errores. El peor es el cometido por Joaquín (el comandante Juan Vitalio Acuña Núñez) que trata de cruzar el Vado del Yeso manteniendo agrupada en un área de menos de 50 metros a toda la retaguardia que él comanda. Estos hombres, tan cerca unos de otros, ofrecían un magnífico blanco a las tropas comandadas por el entonces capitán Mario Vargas.

Si en marzo 23 la guerrilla se anota un resonante triunfo en las márgenes del Ñancahuazú, el 31 de agosto verá liquidada toda su retaguardia en el Vado de Yeso cerca de Camiri. En esta emboscada, que con la invaluable ayuda del campesino Honorato Rojas le ha tendido el ejército, mueren muchos de los más valiosos militantes de la fuerza guerrillera.

El capitán Mario Vargas preparó su emboscada en el Vado del Yeso en el Río Masicuri junto a su desembocadura en el Río Grande colocando sus hombres en formación de «U». Al cruzar los guerrilleros el Masicurí, llevando sus armas y su ropa sobre sus cabezas, el capitán Vargas dio la orden de fuego. Tania, que llevaba una blusa a rayas verdes y azules que la distinguían claramente de los demás, fue de las primeras en caer. Con excepción de Paco, todos murieron: Joaquín, Ernesto, Walter, Braulio, Moisés Guevara, Polo, Tania, el Negro y Alejandro.

De la retaguardia sólo quedó con vida Paco (José Castillo Chávez), uno de los que formaban la «resaca» de Moisés Guevara; tapicero, miembro del Partido Comunista Boliviano. Al caer prisionero lo fuerzan a identificar a todos los que habían perecido en las riberas del río. Paco hizo algo más. Identificó al Che como el hombre que estaba al frente de la guerrilla. No en balde Guevara había considerado a Paco como parte «de la escoria» de su guerrilla.

Tania había muerto en medio del río y su cuerpo arrastrado por la fuerte corriente.Su cadáver apareció en las orillas del Río Grande el jueves 7 de septiembre.[563]

La victoria obtenida en la región de Camiri, en la zona selvática y montañosa oriental de Bolivia, es destacada por el gobierno.[564] Dos días después se da a conocer por el presidente Barrientos, «que había realizado un viaje de inspección en la comarca de los combates», que «el ejército se anotó su principal victoria en la campaña demás de 5 meses de contraguerrilla cuando el jueves pasado dio muerte en Vado de Yeso a nueve de los diez miembros de una banda insurrecta, incluso a una mujer». Aún no habían identificado a Tania.

Será el 12 de septiembre que el Gral. Barrientos confirma la presencia de Guevara en Bolivia.[565] Ese día el Che escucha por onda corta Radio Habana y anota en su diario con dolorosa sorna: «Radio Habana informa que la OLAS había recibido un mensaje de apoyo del ELNA; ¡milagros de la telepatía!».

Para el 26 de septiembre se inicia el juicio contra Regis Debray. Veinticuatro horas después, en un encuentro en Higueras, muere Roberto (Coco) Peredo, el boliviano de más rango en la guerrilla. Junto a él cae el capitán Manuel Hernández Osorio, «Miguel», que había sido jefe de la vanguardia de la Columna Ocho, comandada por Guevara en la lucha contra Batista, y Mario Gutiérrez Ardaya, «Julio», estudiante de medicina que había estudiado como becado, en Cuba.

FALTA DE CONTACTO CON LA HABANA

Comienza a hacerse esporádica la comunicación con La Habana («Manila» como denominan en clave a La Habana). Cuando en mayo el Che hace el resumen de las actividades del mes comienza resaltando «la falta de contacto con Manila, La Paz y Joaquín...».

---

[563] Una noche de 1969, Honorato Rojas, el campesino que había conducido a Joaquín, a Tania y al resto del grupo a la emboscada mortal en Vado del Yeso, será mortalmente baleado cuando descansaba en la finca que, como premio, le había concedido el gobierno. Honorato Rojas Vaca, que fue recompensado por el ejército incorporándolo al escalafón de servicios con el grado de sargento, como precio de su traición, fue asesinado con dos disparos en la noche del 14 de julio de 1969.

[564] Cable de la UPI, septiembre 2, 1967, procedente de La Paz.

[565] Cable de la UPI, de septiembre 12, 1967, La Paz.

Es evidente que, luego de algunos contactos en los primeros días de mayo, ya no hay comunicación continua con La Habana en los amargos días de aquel mes.

En junio percibe con mayor agudeza la incomunicación en que se encuentra. Anota con amargura. «Sigue la falta *total* de contacto... la falta de contacto se extiende al partido... Nuestra tarea más urgente es restablecer el contacto con La Paz». Le llega, al fin!, un mensaje de La Habana. ¿Ayuda? ¿Refuerzos?. No...»Explican el poco desarrollo alcanzado por la organización guerrillera en el Perú donde han gastado un dineral» escribe con acritud Guevara. Comprensiblemente le duele que empleen en el país vecino recursos que a él le niegan.

Vuelve Guevara a dejar constancia del total aislamiento en que lo han colocado: «La falta de contacto con el exterior,[566] con Joaquín[567] y el que los prisioneros que nos han tomado han hablado, ha desmoralizado a la tropa». Durante el mes de agosto repite nuevamente: «Continuamos sin contacto de ningún tipo».

Las derrotas y descalabros que Guevara y su guerrilla sufren a diario en las selvas bolivianas se convierten en esplendorosas victorias en las tribunas de la capital cubana. En La Habana, Ricardo Da Silva, el delegado de Bolivia a la Conferencia de la OLAS celebra «las exitosas acciones libradas por los Ejércitos de Liberación Nacional (ELN) contra las tropas gubernamentales en Bolivia»,[568] y la «intensificación del combate definitivo contra el imperialismo norteamericano».

Mientras se estaba desarrollando la emboscada de Iripití, que le costó la vida al capitán Suárez Gayol,y, días después, la breve captura del comandante Rubén Sánchez, el ejército se apoderaba en una cueva de Ñancahuazú del Diario de Braulio. Información valiosa obtendrán de este diario.

---

[566] El 31 de julio el Che deja constancia de que había perdido la grabadora en que se copian los mensajes de Manila...»y un libro de Trostky».

[567] «Joaquín» (comandante Juan Vitalio Acuña), jefe de la retaguardia.

[568] Periódico Granma, La Habana, agosto 9, 1967.

¿QUIÉN ES EL COMANDANTE RUBÉN SÁNCHEZ?

Se ha comportado con gran decoro el comandante Rubén Sánchez cuando, en una emboscada tendida por los guerrilleros, cae prisionero el 10 de abril al ir a recuperar los cadáveres de los oficiales que han caído en el encuentro del 23 de marzo. Inti, el disidente del PCB, es el primero en elogiar el comportamiento del comandante Sánchez luego de su rendición. *«Se condujo con altura y dignidad, como un varón, y no habló más de la cuenta».*

Y dice Inti algo más. *«Además, contrajo con la guerrilla un compromiso muy importante y supo cumplirlo aún a riesgo de su vida.»*[569]

No elabora Inti Peredo la naturaleza de la obligación contraída. La encontraremos en la anotación que el Che Guevara hace en su Diario el 11 de abril. «Se le dieron dos Partes #1 al Mayor con el compromiso de hacerlos llegar a los periodistas». Es decir, un Comandante de las Fuerzas Armadas sirviendo de mensajero al incipiente Ejército de Liberación Nacional (ELN).

¿Cuál era el Comunicado #1 que se dejaba en las confiables manos del comandante Rubén Sánchez?. Nada menos que el *«Manifiesto del Ejército de Liberación Nacional al Pueblo Boliviano».* El más importante documento elaborado por la guerrilla, documento que para aquellos aguerridos combatientes tenía un valor histórico, se le entregaba a un oficial de las fuerzas enemigas. Tal vez, el oficial era menos enemigo que las fuerzas que él comandaba. Es posible que durante las horas en que permaneció capturado haya habido un fructífero intercambio de ideas que revelase coincidencias ideológicas hasta aquel momento ignoradas.[570]

En el proceso que en Camiri se le está instruyendo a Regis Debray, éste volverá a ensalzar la figura del comandante Sánchez. En su alegato final manifiesta Debray.

---

[569] Gerardo Irusta Medrano. «La Lucha Armada en Bolivia», Editorial Coloma, La Paz, Bolivia.
[570] Daniel James. Pág. 310.

«Hemos llamado a un adversario de la guerrilla, honesto y valiente, lo bastante honesto y lo bastante valiente para reconocer la honestidad y la valentía de los guerrilleros: el Mayor Sánchez.»[571]

VINCULACIÓN DEL COMANDANTE SÁNCHEZ CON GOBIERNOS DE EXTREMA IZQUIERDA

En dos gobiernos posteriores a la derrota de la guerrilla de Guevara ocupa el comandante Sánchez posiciones elevadas. Coincidentalmente, en dos gobiernos que cuentan con el entusiasta respaldo de la extrema izquierda. Está junto al general Juan José Torres cuando éste derroca por un golpe militar, en octubre de 1970, al general Alfredo Ovando. La primera manifestación del Gral. Torres, que tiene a su lado al comandante Sánchez, es definitoria: una declaración pública de que su gobierno reconocerá al gobierno de Castro.

Tomará después, este militar que tiene el total respaldo de Sánchez, otras medidas: confiscaciones de empresas nacionales y extranjeras, entre ellas la industria azucarera. En el campo político convoca a una Asamblea del Pueblo, que será encabezada por un dirigente obrero cuya posición comunista es conocida en todo el continente: Juan Lechín Oviedo.

Por fortuna para Bolivia el gobierno del general Torres fue de corta duración. Tras un sangriento choque entre elementos de ultraizquierda y fuerzas del ejército es derrocado. Es el 21 de agosto de 1971. Antes ya habían renunciado los miembros de su gabinete y había perdido todo respaldo militar al separarse de su gobierno la totalidad de los regimientos. Sólo se mantiene junto a Juan José Torres, el comandante Rubén Sánchez. Ambos se asilan en la Embajada del Perú y partirán para un destierro que, en el caso del comandante Sánchez, no tendrá una extensa duración. Algunos lo habían acusado de pertenecer a las filas del Ejército de Liberación Nacional (ELN) del cual había sido, recordémoslo, mensajero cuando fue capturado por la guerrilla de Ernesto Guevara.

---

[571] El comandante Rubén Sánchez, en el juicio que se le seguía a Debray y Bustos en Camiri, se convirtió en el principal testigo de la defensa. Concurrió al tribunal el 26 de septiembre a un pedido de la defensa de los encausados. Fuente: Periódico Presencia, viernes 27 de septiembre, 1967.

Luego de permanecer clandestinamente en su patria durante el gobierno del general Hugo Banzer, se reincorpora al ejército bajo las órdenes de otro general golpista. En junio de 1980 el general Luis García Meza derroca en una asonada militar a la presidenta Lydia Gueiler, que había sido democráticamente electa a la primera magistratura. Será el de García Meza un gobierno usurpador y corrupto que cayó, un año después, en agosto de 1981, envuelto en escándalo de tráfico de drogas.

Jubilado del ejército, el antiguo comandante Rubén Sánchez, tan elogiado por el Che y su guerrilla, se incorporó a la vida política de Bolivia.

Volvamos ahora a los sucesos del mes de abril.

Se producen en la primera quincena de abril varios sangrientos encuentros. Se conoce, por la radio, de la llegada a Camiri de asesores norteamericanos. «Quizás estamos asistiendo al primer episodio de un nuevo Vietnam», escribe Guevara el 13 de abril. Seis días después es que conoce el Che, por el periodista inglés Roth, que llega «traído por unos niños a Lagunilla», que el Diario de Braulio, con valiosa información, había caído en manos de las autoridades.

«Rolando», Eliseo Reyes Rodríguez, muere el 24 de abril en un encuentro en el Mesón. La muerte de Rolando (también conocido como San Luis por la población en que había nacido) afectó grandemente al Che «su muerte fue una gran pérdida, yo quería dejarlo a cargo del segundo frente...hemos perdido el mejor hombre de la guerrilla y, naturalmente uno de sus pilares, mi compañero desde los tiempos en que él era un mensajero».[572]

El miércoles 26 de abril los cables de las agencias noticiosas cubrían la noticia de la captura en Bolivia del «escritor francés» pero, la detención, no tuvo mayor repercusión en aquellos días. Más atención se le ofreció, al menos en el área del Caribe, a la nueva incursión castrista en este continente. El 12 de mayo fuerzas del ejército de Venezuela enfrentaron a un comando cubano que había desembarcado a una ochenta millas de Caracas. Mueren en el enfrentamiento el teniente Antonio Briones Montoto, de las Fuerzas Armadas Cubanas,

---

[572] Cary Roque, presa política cubana tiene un recuerdo totalmente opuesto del capitán Eliseo Reyes.

y son apresados el teniente Manuel Gil Castellano y el miliciano Pedro Cabrera Torres. Dos días después tres guerrilleros y un soldado mueren en una refriega en la región de «El Bachiller». Volvamos a Bolivia.

En su viaje hacia el campamento Tania ha cometido errores. Errores sospechosamente graves para una mujer experta en operaciones clandestinas. «Después de dejar las maletas en un jeep que dijo que era de ella, nos llevó a un restaurante, allí comimos. Luego nos llevó a una casa que parecía un hotel y nos dijo que podíamos descansar en su cuerto. Desapareció casi hasta la hora de comer» dice con cierta sospecha Bustos.[573]

El jeep, que Tania había dejado en un sitio que dijo creía seguro, llamó la atención de las autoridades de Camiri. Al registrarlo encontraron cuatro pequeñas libretas con nombres y direcciones de dirigentes y miembros de la organización urbana del Che. Guevara quedó sin contactos. La situación se va tornando cada día más grave. Sin embargo, la reacción de Ernesto Guevara frente a esa imprudencia fue mesurada. *«Todo parece indicar que Tania está individualizada, por lo que se pierden dos años de trabajo bueno y paciente».* Lo grave para el enamorado Guevara no era que se hubiera puesto en peligro la seguridad de todo el aparato interno del movimiento; lo grave era que la pobre Tania había sido identificada.

ALEJANDRO, BRAULIO Y TANIA

Se ha escrito, con cierta frecuencia, sobre la posible relación amorosa que pudiera haber existido entre Tania y Che Guevara. Considera Benigno[574] que el Che estaba enamorado de Tania, pero ella no de él. Tania estaba románticamente interesada, según señala Benigno, en el comandante José María Martínez Tamayo (Ricardo/Papi) que tuvo a su cargo la preparación del foco guerrillero en Bolivia. Mien-

---

[573] Ciro Roberto Bustos Marcos (que usó en Bolivia el nombre de Carlos Alberto Fructuoso) fue el periodista argentino que acompañó a Debray y a Tania en el viaje a Camiri y Ñancahuazú para entrevistarse con Ernesto Guevara. Al salir del campamento, Debray y Bustos fueron detenidos el 20 de abril y sometidos a juicio.
[574] Dariel Alarcón Ramírez. «Benigno». Obra citada.

tras la guerrilla se mantuvo unida alrededor del Río Ñancahuazú las relaciones amorosas, si es que existieron, se mantuvieron discretas.

Cuando el grupo que constituía la retaguardia, comandado por Joaquín, y del que formaba parte Tania, se aleja del resto de la guerrilla,[575] se agudiza la rivalidad del comandante Gustavo Machín (Alejandro) con el teniente Israel Reyes Zayas (Braulio) por los amores de Tania. Se ha sabido, y seguimos repitiendo aquí a Benigno, que Tania estuvo viviendo en el monte con los dos y que un día Alejandro le pegó y de allí en adelante, por celos, comenzó a humillarla frecuentemente.

Para Daniel James, los verdugos de Tania fueron Joaquín, Braulio y Alejandro. «Ella, aunque temblorosa ante sus acusaciones, sacaba su cuaderno y apuntaba todo lo que le decían y los amenazaba con decírselo al Che»... Acusaba a sus compañeros de salvajes e ignorantes. Presumía ante ellos de su mejor conocimiento del mundo, de los buenos hoteles y comidas que había disfrutado, y de una vida refinada que ellos ni siquiera soñaban».[576]

Situación similar daba a conocer Paco (José Castillo), el único sobreviviente de la aniquilada retaguardia del Che dirigida por Joaquín en la que se encontraban Alejandro, Braulio y Tania: «Se había perdido todo contacto con la columna del Che; Tania y Joaquín, también Braulio, empezaron a discutir y a insultarse. Joaquín y Braulio le decían a Tania que por ella el Che los había dejado esa vez, que era una mujerzuela que paseaba por todas partes gastando dinero de la Revolución... Tania los amenazaba con contarle e informarle todo a Ramón (el Che), y que todas las ofensas que estaba recibiendo las estaba anotando en su cuaderno».[577]

Mientras la retaguardia se resquebrajaba en medio de estas escenas de celos y discordia, la vanguardia y el centro permanecían aislados. Ayuda no le llegaba a Guevara de La Habana. Algunas noches escuchaba en un pequeño radio de onda corta las transmisiones de Radio

---

[575] El 17 de abril se separa la retaguardia del resto de la guerrilla. Guevara volverá a saber de Joaquín y aquel grupocuando son aniquilados en Vado del Yeso el 31 de agosto.

[576] Daniel James. Obra citada.

[577] Gral. Amado Saucedo Parada. «No disparen, soy el Che» Editorial Oriente, Santa Cruz de laSierra, 1987.

Habana describiendo las impresionantes victorias de las guerrillas bolivianas. En el mes de abril la revista Verde Olivo, órgano oficial de las Fuerzas Armadas Revolucionarias, desplegaba un artículo con grandes titulares: **Nuevo Frente Guerrillero.** Mencionaba en una información de más de 20 párrafos que el régimen militar boliviano tenía que admitir la existencia de un movimiento guerrillero y que había enviado contra ellos a 2,000 soldados con apoyo de la aviación.

Una cosa resulta obvia. A sus tropas, Barrientos le brindaba respaldo militar. Castro, a los suyos sólo le ofrecía palabras por Radio Habana.

CAPÍTULO XVII
ABANDONADO POR SU PROPIA GUERRILLA

SABIÉNDOLO PERDIDO, COMIENZA CASTRO A CREAR EL MITO

A partir de ese momento, mientras más crítica se hacía la situación de Guevara en Bolivia, más estentóreas eran las declaraciones de respaldo que se expresaban en La Habana. Expresiones verbales, ninguna ayuda material.

El propio Guevara en su Diario reconoce que en los momentos más difíciles no recibió ayuda de La Habana. Ni siquiera en los meses finales pudo mantener comunicación con quienes hoy lo glorifican: *«La falta de contacto con el exterior... ha desmoralizado a la tropa... continuamos sin contacto de ningún tipo y sin esperanza razonable de establecerlos en el futuro inmediato».*[578]

A medida que transcurren las semanas, los meses, van haciéndose más esporádicas las comunicaciones hasta que cesan por completo. Se ha culpado, justificadamente, a Mario Monje, Secretario General del Partido Comunista de Bolivia, de no ofrecerle al guerrillero argentino el respaldo que tanto necesitaba. Pero otros, más obligados aún que el propio Monje, tampoco se lo brindaron. Veamos los hechos.

En el mes de abril se hacía resaltar en Verde Olivo *«el mensaje del Che Guevara a la Tricontinental».* Privado de lo más elemental, sin apenas un puñado de alimentos para subsistir sería interesante conocer en qué momento y con qué medios, en aquella angustiosa situación pudo escribir y hacer llegar a La Habana el mensaje al primer aniversario de la Tricontinental.

En junio vuelve el órgano oficial de las Fuerzas Armadas Revolucionarias a destacar al Che Guevara cuyo nombre, hasta hace sólo tres

---

[578] Agosto 31, 1967.

meses, había sido totalmente silenciado por la prensa oficial. Castro sabe que, en el altiplano andino, Guevara no podrá escapar al cerco que le han tendido. El dictador cubano, que tiene subvertida a la América, que ya está convocando a la Primera Conferencia de la Organización Latinoamericana de Solidaridad (OLAS) que reunirá en La Habana a los dirigentes de la extrema izquierda, no es capaz –porque no le interesa– de enviar la ayuda que necesita el guerrillero argentino.

Castro se excede ahora en los elogios a quien meses atrás había silenciado. Pero no envía él, ni solicita de ninguno de los dirigentes de los tantos grupos subversivos que se reunirán en agosto en La Habana, vituallas, armas, equipo de comunicación, hombres combatientes para asistir al Che que se siente aislado. No se conoce de ninguna gestión que Castro haya realizado para buscar la colaboración, en la propia Bolivia, de «la gente más honesta y combatiente que estará con nosotros» de la que hablaba, con tanta esperanza, Guevara el 31 de enero. Castro está llenando, con palabras, su expediente.

En julio vuelve a aparecer en la revista de los militares cubanos otra página llena de fotos y mensajes del Che y, en el mismo número otro trabajo sobre la lucha guerrillera y la huelga de mineros en Bolivia. Y hablan de Ñancahuazú y de Camiri y de El Espino, Muchiri y Saipuru. Por supuesto que no sitúan a Guevara en esa región. Todavía no. Al menos, no en el número de julio de 1967.

Pero ya para la edición que se publica el primero de octubre[579] muestran al Encargado de Negocios de Bulgaria recibiendo del comandante Víctor Bordón «Un cuadro del heroico guerrillero Ernesto Che Guevara» y, con muy poca sutileza, en el mismo número otro artículo, a gran relieve, sobre «Bolivia, las guerrillas y Debray». Parecen mensajes subliminales. Mensajes que sin ser evidentes deben llegar a quienes van dirigidos. Mensajes que no escaparán a los centros de inteligencia.

Mientras los militares cubanos publicaban artículos sobre Guevara pero no le prestaban ayuda alguna, el condotiero argentino sufría los rigores de ese abandono. Cuando, usando las comodidades del antiguo

---

[579] Verde Olivo. Octubre 1967, Año VIII, No. 39.

y lujoso Habana Hilton, hoy convertido en El Habana Libre, Osvaldo Dorticós inauguraba la Conferencia de la OLAS afirmando que *«el camino de la lucha armada es el único»,* el pobre Guevara amargamente se quejaba: *«Mi asma me atacó muy duro y ya he usado hasta mi última inyección antiasmática».*[580]

El 8 de agosto habló para «Radio Habana Cuba» el delegado de Bolivia a esa Primera Conferencia de Solidaridad de los Pueblos de América Latina. Nadie le preguntó en La Habana qué muestras de «solidaridad» le habían ofrecido él y sus camaradas a las guerrillas de Bolivia «que estimulan la lucha de todos los pueblos oprimidos de América Latina». No podían preguntarle porque los anfitriones tampoco la habían ofrecido.

Para fines de ese mes la situación de la guerrilla era angustiosa. Porque no conocen el terreno, gigantesco error de quien ha escrito un libro sobre este tópico, pasan los días *«en desesperada búsqueda de una salida, de un escape, que no ha podido aún encontrarse»* (agosto 27); ya algunos (Chapaco, Eustaquio y Chino) «no pueden apenas sostenerse por falta de agua»(agosto 29); «la situación se está volviendo angustiosa, los macheteros sufrían desmayos. En el desvarío se tomaban sus propios orines» (agosto 30).

La prensa boliviana iba cubriendo, día a día, el cerco que las fuerzas armadas habían tendido a la guerrilla. El 2 de septiembre la prensa nacional destacaba la derrota infligida en Vado del Yeso «al grupo más importante de los guerrilleros» relacionando, por sus nombres de guerra, a todos los miembros de la retaguardia, comandada por Joaquín, y se da a conocer, también, que el proceso a Debray se podría iniciar de un momento a otro.[581]

Una semana después se informó el resultado de la autopsia del cadáver de Tania recuperado de las aguas del Río Grande. Se inicia para entonces el proceso judicial a Debray y, por primera vez en la historia judicial de Bolivia, un abogado extranjero, su padre Georges Debray, es autorizado para intervenir en un proceso judicial.[582]

---

[580] Diario del Che Guevara, agosto 2, 1967.
[581] Periódico El Diario, La Paz, Bolivia, septiembre 2, 1967.
[582] Periódico El Diario, La Paz, Bolivia, viernes 8 de septiembre, 1967.

La situación empeora para Guevara. «Un día fatigoso» (septiembre 14); «derrota» (septiembre 26); «día de angustias» (septiembre 28); «otro día tenso» (septiembre 29); «otro día de tensión» (septiembre 30).

Castro lo ha abandonado. Transcurrió el mes de septiembre con las mismas elogiosas menciones en La Habana a Ernesto Guevara a quien en Alto Seco nadie se le acercaba. Al aproximarse a una casa, camino de Pujio *«sólo un campesino se quedó; los otros huyeron cuando nos vieron»* escribe Guevara el 24 de septiembre.

Ya para ese día el general Alfredo Ovando, Comandante en Jefe de las Fuerzas Armadas, asegura la inminente captura de Ernesto Guevara.[583]

LOS ÚLTIMOS 38 DÍAS DE ERNESTO GUEVARA

Veamos como la prensa, sin censura alguna, con total libertad, va recogiendo en las páginas de los periódicos locales los pasos preagónicos de aquella aventura.

El sábado 2 de septiembre el periódico «El Diario» destaca en un cintillo de primera plana que «el grupo más importante de los guerrilleros fue exterminado ayer» citando el despacho que desde Santa Cruz de la Sierra le ha enviado su corresponsal. Detalla el periódico la pérdida sufrida por la guerrilla en Vado del Yeso donde «fue exterminado el grupo guerrillero del sur al mando del cubano Joaquín».

En esa semana la prensa toda recoge la declaración del presidente Barrientos que asegura que «las fuerzas armadas tienen el pleno respaldo del campesinado». El apoyo que a Guevara le faltaba.

El 10 de ese mes muere en un encuentro con las fuerzas armadas uno de los sobrevivientes de la emboscada de Vado del Yeso. El periódico «Presencia» de La Paz, muestra en primera plana el cadáver de «el Negro»[584] con esta nota: «Lo reconoció Ciro Roberto Bustos. Fue enterrado en Chorete». Mientras Bustos ofrece tan eficientes servicios a las Fuerzas Armadas bolivianas, continúa celebrándose en

---

[583] Periódico Presencia, La Paz, Bolivia, septiembre 24, 1967.

[584] Restituto José Cabrera Flores, peruano, se incorporó a la guerrilla en marzo. Había militado en el ELN del Perú. Formaba parte de la retaguardia de la guerrilla. «No parece tener mucho apego al combate» escribió Che Guevara en su evaluación de mayo 14.

Camiri su juicio y el de Regis Debray. Al día siguiente son los rotativos el Diario y «Presencia», de La Paz, los que destacan que ha sido encontrado el cadáver de Tania.

Bustos sigue prestándole valiosos servicios al gobierno boliviano. El miércoles 13 de septiembre, en un extenso reportaje, aparece la precisa información que sobre Guevara ha ofrecido el hábil dibujante argentino que ha hecho, a creyón, el retrato de «Ramón». Espera el obsequioso Bustos que el tribunal reunido en Camiri tenga en cuenta su valiosa colaboración.

Con los datos aportados por Ciro Roberto y, en gran medida, por Debray, y las películas que fueron encontradas, algunas de ellas aún sin revelar, «en uno de los varios depósitos de los guerrilleros en Ñancahuazú», ya el gobierno conoce –lo destaca el periódico Última Hora– que «las guerrillas en Bolivia están dirigidas por los más destacados cerebros de la Sierra Maestra». El periódico «Jornada Diaria» de La Paz, señala en su primera plana, que «son los propios comandantes de la Sierra Maestra los de Ñancahuazú»[585].

A Debray la prensa internacional y los abogados de las organizaciones de derechos humanos le ofrecen un trato preferencial. El lunes 18 de septiembre dos representantes de la Liga de Derechos Humanos, los abogados belgas Lallemand y Alain Badio, visitaron a los seis acusados guerrilleros, que son procesados en Camiri. Veamos como el enviado especial del periódico Presencia reportó aquella visita:

«Ambos abogados, que retornaron hoy a La Paz, en principio solicitaron permiso para ver al francés Regis Debray. El Comandante de la Cuarta División, coronel Luis Reque Terán, les objetó tal petición preguntándoles: «¿Por qué piden sólo autorización para ver a Debray?. ¿Acaso los bolivianos y Bustos no son también dignos de atención de la Liga de Derechos Humanos?».

Lallemand y Badio pidieron disculpas «por la omisión» y solicitaron la autorización para visitar a los seis guerrilleros. La autorización fue obtenida y se entrevistaron el lunes por la noche[586].

---

[585] Viernes 22 de septiembre 1967.
[586] Periódico Presencia, La Paz, jueves, 21 de septiembre de 1967. Presencia, órgano conservador de orientación católica.

En La Paz se celebra otro juicio que pasaba, en esa fecha, a la justicia ordinaria. Era el caso de Loyola Guzmán quien a pesar del gran número de documentos y pruebas irrefutables que la comprometían como una de las principales componentes del enlace urbano de la guerrilla, se mantiene firme y declara:

«Estoy absolutamente consciente de la situación en que me encuentro. Mis ideas y convicciones no han cambiado. Lamentablemente, he cometido errores y ahora estoy dispuesta a atenerme a cualquier fallo de la justicia».[587]

Es el 22 de septiembre cuando el gobierno boliviano presenta la documentación irrefutable sobre la participación cubana en el brote insurreccional en el sudeste del país. En el Salón de los Espejos del Palacio Presidencial, el Comandante en Jefe de las Fuerzas Armadas presentó fotos y dibujos de los rostros de todos los guerrilleros, trazados por el periodista y dibujante Roberto Bustos, que tan eficazmente colaboró con las fuerzas armadas después de su detención. Destaca la prensa local: «son los propios comandantes de la Sierra Maestra los de Ñancahuazú».[588]

Ya para el 23 de septiembre la prensa boliviana ofrecía amplísima información en páginas completas de los distintos diarios. Se divulgaban las actividades previas de los que integraban la guerrilla. La localización de ésta, su marcha sin rumbo, las acciones realizadas, su situación actual. Aparecía, igualmente, la relación de los guerrilleros muertos en diferentes acciones; todos, perfectamente identificables. Publica las fotos irresponsablemente tomadas en Ñancahuazú y los retratos a creyón realizados por Bustos.

El capitán Mario Vargas, que tuvo a su cargo la preparación de la emboscada que en Vado del Yeso liquidó a la retaguardia de la guerrilla describe, por enésima vez, pero ahora públicamente, aquella acción facilitada por la traición del campesino Honorato Rojas y que tantas veces ha sido relatada:

«Dos guerrilleros entran en la casa del campesino Honorato Rojas. El hijo de éste le avisa a un soldado mientras éste pescaba

---

587 Periódico Presencia, La Paz, Jueves 21 de septiembre 1967.
588 Periódico Jornada Diaria y, Última Hora, La Paz, Bolivia, viernes 22 de septiembre de 1967.

para mejorar su ración. El soldado avisa a la compañía de la agrupación táctica que manda Vargas. Ésta se moviliza de inmediato. Contacta a la esposa de Honorato y conocen que el grupo rebelde volverá al día siguiente para que el campesino los conduzca a un punto donde puedan vadear el río».

El capitán Vargas dispone a su gente en la maleza de ambas riberas del Río Grande. Esperan. Por fin se divisa el grupo de guerrilleros. Delante, «Joaquín»; detrás, «Tania», rezagada».

«El campesino, con camisa blanca para ser identificado por la tropa, señala a los rebeldes el paso de la corriente. Se mojan los pies. Joaquín se inclina a beber agua. Llega el primero a la ribera sur. Se acerca al bosque. Los demás están pasando el río. Llegó el momento preciso en que el capitán Vargas dispara los primeros tiros de la carabina automática. Un tiroteo intenso de los dos lados y empiezan a caer guerrilleros. Su jefe «Joaquín» está delante de un soldadito. Éste se incorpora para disparar mejor. Joaquín se mueve rápido y descarga su metralleta sobre el soldado. Pero éste había apretado el gatillo al mismo tiempo. Mueren los dos, simultáneamente. En el río los guerrilleros se deshacen de sus mochilas para facilitar sus movimientos. Pronto no se ven más que unos bultos que son llevados por la corriente. Hay que disparar contra ellos. Tanto si son mochilas, como si son guerrilleros. Ha terminado la emboscada. Esta vez la tendió el ejército»[589].

CONSEJO DE GUERRA A REGIS DEBRAY

El 26 de septiembre se iniciaba la fase plenaria que el Consejo de Guerra, presidido por el coronel Efraín Huachalla, seguía a los guerrilleros detenidos en Camiri. Se informó con antelación que «sería irrestricta la libertad periodística y que los corresponsales, tanto extranjeros como bolivianos, podrían enviar sus despachos sin censura.

Ese día, con el pedido de pena máxima –30 años de cárcel– para Regis Debray y Ciro Roberto Bustos, se dio inicio a la fase pública del

---

[589] Periódico El Diario, domingo 24 de septiembre, 1967. El Diario era una publicación centrista.

proceso en que son juzgados el periodista francés, el dibujante argentino y cinco bolivianos.

La pequeña aldea de Camiri, en pleno corazón del sudeste selvático de Bolivia, se convirtió en el escenario de uno de los más impresionantes procesos políticos de América.

Las disposiciones legales descansarían en la Constitución Política del Estado, el Código Penal Militar, la Ley de Organización y Competencia Militar, la jurisprudencia castrense y otras disposiciones que rigen en la materia[590]. El juicio colocaba a Regis Debray, el ideólogo francés, en figura de primera plana para la prensa mundial[591].

En el proceso judicial se muestra muy activo el Ministro de Gobierno Antonio Arguedas aportando documentos que prueban la participación de muchos ciudadanos en la guerrilla. Entre ellos, de Paquita Leytón a quien acusa de ser la principal enlace de los guerrilleros en esa ciudad.

El lunes 25 de septiembre había comenzado «el plenario contra dos extranjeros y cuatro nacionales acusados de complicidad con guerrilleros castro comunistas que operan en el sudeste del país» informaba el matutino El Diario que daba a conocer, una vez más, el nombre de los acusados y de sus respectivos defensores.

Regis Debray sería defendido por el abogado de oficio Raúl Novillo; Ciro Roberto Bustos, por el letrado Jaime Mendizábal Moya; a Ciro Alagarañaz lo defenderá Nicolás Peña Patiño, y el abogado Arturo La Fuente era designado defensor de los desertores Vicente Choque Choque, Pastor Barrera y Vicente Rocabado. El penalista Raúl Novillo reiteró su petición de que Lallemand fuese reconocido como defensor de Debray.

Todos los periódicos muestran en su primera plana las fotos de los acusados y detalles del juicio que va a iniciarse.

---

[590] Declaraciones del Presidente del Consejo de Guerra coronel Efraín Huachalla.
[591] El 20 de abril habían sido detenidos Debray, Bustos y el periodista chileno-inglés George Andrew Roth. El 22 de mayo dio comienzo el Consejo de Guerra. Es visitado por amigos, conocidos, abogados y sacerdotes. El 29 de julio terminó la instrucción militar y es designado el Consejo de Guerra que quedó instalado el 15 de agosto en Camiri. Se le permite a Regis Debray convocar conferencias de prensa y entrevistas para la radio y la televisión. El 26 de agosto Roth que había sido puesto en libertad provisional en julio, es autorizado para salir de Bolivia. El 26 de septiembre se dará comienzo el proceso en Camiri.

La fase pública del proceso, que tantas veces fue aplazada, se inicia con el pedido de pena máximo –30 años de cárcel– para Regis Debray y Ciro Roberto Bustos. Los diez minutos anteriores al inicio del proceso los emplea Debray en «diálogo con representantes franceses de la Liga de Derechos Humanos, que se le aproximaron».

Se encuentra ya en Camiri el abogado Ricardo Rojo, amigo de Ernesto Guevara.

El defensor Novillo cuenta con el asesoramiento de los juristas franceses Lallemand y George Debray, padre de Regis. Lo destaca el periódico Última Hora[592], de La Paz. Ese día se da a conocer la muerte de tres guerrilleros en un choque producido el día anterior en Higueras.

El Ministro de Gobierno, Antonio Arguedas, en el juicio que por la Justicia Ordinaria se le sigue a Loyola Guzmán, y a trece sindicados de ser miembros de la red de enlace de los guerrilleros, vuelve a afirmar que de acuerdo a las declaraciones de Loyola Guzmán la señora Paca de Leytón era el principal contacto de los guerrilleros.

Ya para el miércoles 27 se da a conocer que Roberto (Coco) Peredo es uno de los tres guerrilleros que murieron en el encuentro de Higueras. Horas después todos los periódicos, Presencia, Hoy, Última Hora, Jornada[593], La Nación, ofrecen profusión de fotos de Peredo y datos sobre él.

También cubren estos eventos dos periodistas de Cochabamba: Luis J. González, Jefe de Corresponsales de «El Diario» y Gustavo Sánchez Salazar que trabajó para ese periódico en los meses que duró la acción guerrillera de Guevara. Posteriormente escribieron «El Gran Rebelde», una extensa y documentada, aunque prejuiciada, obra sobre Ernesto Guevara.

En el enfrentamiento con la compañía comandada por el teniente Eduardo Galindo había caído Coco Peredo, el dirigente del PCB, entrenado en Cuba, que había asistido en La Habana a conferencias internacionales. El segundo cadáver identificado es el de Mario Gutiérrez Ardaya (Julio), estudiante boliviano, también militante del Partido Comunista de aquel país, entrenado en Cuba, donde había permaneci-

---

[592] El periódico Última Hora era un órgano de opinión conservadora.
[593] Jornada era un periódico de la izquierda.

do como becado. Se produce, en aquel momento, confusión sobre la tercera baja. Se le identifica como «el cubano Antonio» (capitán Orlando Pantoja); pero se trata de otro de los antiguos oficiales de la Sierra Maestra: el capitán Manuel Hernández Osorio (Miguel) a quien el Che había designado jefe de la vanguardia en sustitución del indisciplinado Marcos (comandante Antonio Sánchez Díaz). «Nuestras pérdidas han sido muy grandes», escribe Guevara en su diario el miércoles 27.

El periódico *Los Tiempos*, de Cochabamba, recoge, como lo hacen otros diarios, la manifestación tumultuosa de la que formaban parte familiares de oficiales y soldados caídos en los encuentros con los guerrilleros, que trataban de entrar por la fuerza al local donde se celebraba el juicio. Mientras continúa el juicio el periódico Jornada, de la capital boliviana, ha venido presentando capítulos del libro de Regis Debray «El Castrismo: La Gran Marcha de América Latina».

Ese miércoles el abogado Mendizábal Moya interpuso una apelación contra la resolución del tribunal militar que rechazaba su pedido de declinatoria de jurisdicción. Dicha apelación obliga a la posposición durante varios días del juicio que se tramita en Camiri.

Termina el mes de septiembre con la detención, o entrega, de varios guerrilleros; entre ellos, de Orlando Jiménez Bazán (Camba) que había recibido entrenamiento en Cuba, y de Antonio Domínguez Flores (León) quien, de acuerdo a Harry Villegas (Pombo), «entregó al ejército y aportó valiosas informaciones al servicio de inteligencia, además de un informe detallado de todo lo sucedido en la etapa guerrillera».

René Barrientos, el Primer Mandatario, expresó ese día lo que sería una frase premonitoria: «*El Che encontrará su tumba en Bolivia*»[594].

Guevara resume así aquel mes:

«Debiera ser un mes de recuperación y estuvo a punto de serlo pero la emboscada en que cayeron Miguel, Coco y Julio malogró todo, y luego hemos quedado en una posición peligrosa perdiendo, además a León; lo de Camba es ganancia neta».

---

[594]   Periódico Presencia, La Paz, Bolivia, domingo 1o. de octubre de 1967.

Pésimo error de apreciación de Ernesto Guevara. Ya lo veremos.

Termina el resumen de septiembre manifestando que *«la tarea más importante es zafar y buscar zonas más propicias».* Guevara sabe que debe alejarse de aquella zona, pero no sabe como salir de ella. Termina la anotación de ese mes con esta abismal injusticia:

«Sólo me quedan dudas de Willy, que tal vez aproveche algún zafarrancho para tratar de escapar».

Willy (Simón Cuba), el único que está a su lado cuando, herido Guevara y recostado sobre él, lo ayuda a tratar de salir del cerco en la Quebrada del Yuro donde fue prácticamente diezmada la guerrilla.

De los muchos injustos juicios emitidos por Che sobre los hombres que lo acompañaban ninguno fue más inmerecido y cruel que éste que emite sobre el fiel militante que morirá con él, en la escuela de La Higuera, una semana después.

En el juicio que se le sigue a Loyola Guzmán distintos abogados consideran que debe ser juzgada ante los tribunales militares.

Orlando Jiménez Bazán (Camba), como Loyola Guzmán, se mantiene firme afirmando haber estado luchando por convicción propia y haber sido entrenado para la lucha guerrillera en Cuba durante ocho meses.

La prensa internacional también sigue con interés los acontecimientos que se están produciendo en aquella región. El New York Times confirma lo que ya es de todos conocido; que han prevalecido evidencias que muestran, sin lugar a dudas, que Ernesto Guevara es quien comanda el grupo guerrillero (cables de septiembre 21). El día 30 la misma agencia cablegráfica, bajo la firma de Paul Nontgomey, da a conocer las declaraciones del coronel Luis Reque Terán, Comandante de la Cuarta División de que dos de sus compañías tienen acorralado a Ernesto Guevara.

El 25 de septiembre la oposición al gobierno del Gral. Barrientos inició en el Congreso un acto de interpelación a los miembros del gabinete por haber ofrecido el poder ejecutivo *«insuficiente información»* y haber demostrado *«desconocimiento del problema guerrillero».* El propósito de esa interpelación se hizo pronto evidente, era justificar la existencia de las guerrillas «porque constituyen una de las formas más antiguas de la lucha política... las guerrillas surgen donde existen condiciones objetivas para su crecimiento, donde en el plano político se cortan las salidas y las soluciones democráticas».[595]

Acusan al gobierno de «magnificar el problema con el objeto de impresionar a los Estados Unidos». En el momento en que un diputado[596] justificaba la existencia de las guerrillas, la Conferencia de Cancilleres de los Estados Americanos aprobaba una Resolución condenando la intervención cubana en Venezuela y en la propia Bolivia.[597]

EL Che: CERCADO Y ABANDONADO

Ya terminando el mes de septiembre Ernesto Guevara y su guerrilla están cercados. El día 30 se dan a conocer las declaraciones del coronel Luis Reque Terán, Comandante de la Cuarta División afirmando que dos de sus compañías tienen acorralado al Che Guevara[598].

Guevara se siente perdido. Lo anota en su diario ese mismo día: «La tarea más importante es escapar y buscar zonas más propicias».

Ernesto Guevara aislado, enfrentándose a un medio y a una población inhóspita, está urgido de armas, de vituallas, de alimentos. En esa angustiosa situación algo recibe de la generosidad de la Revolución Cubana. El 28 de septiembre los Comités de Defensa de la Revolución (CDR), en el séptimo aniversario de su fundación, enviaron un saludo a Ernesto Che Guevara. De poco provecho le resultó al líder guerrillero ese «saludo solidario».

Comienza octubre con un «sálvese el que pueda». Lo anota el propio Guevara el último día de septiembre: *«la tarea más importante es escapar y buscar zonas más propicias».*

Conoce el martes 3 que le han tomado dos prisioneros, León y Camba y que ambos están hablando en exceso. «Ambos dan abundantes noticias»... «sin contar lo que habrán hablado y no se publica. Así acaba la historia de dos heroicos guerrilleros».

---

[595] Declaraciones de Jaime Arellano, Diputado del MNR, septiembre 26, 1967. Periódico El Diario, de La Paz, de esa fecha.
[596] Jaime Arellano, diputado del MNR.
[597] Duodécima Reunión de Consulta de Cancilleres Americanos.
[598] Periódico Presencia, La Paz, Bolivia, septiembre 30, 1967.

El viernes 6 Pombo, Darío, Urbano y Benigno están frente a la escuela de La Higuera lugar en que, dos días después, morirá Guevara. Venían de donde había estado el puesto de mando. En su ausencia había estado allí el ejército que, recuerda Pombo, «se había retirado sin apuros y que de la mochila de Inti habían sacado un radio y de la mía una cartera que contenía $20,000 dólares y los documentos y los diarios que yo cargaba».

El 7 de octubre –dentro de pocas horas habrá de morir– el guerrillero argentino recibe el último rechazo del campesinado que quería liberar.

«Una vieja, pastoreando sus chivas, entró en el cañón en que habíamos acampado y hubo que apresarla. La mujer no ha dado ninguna noticia fidedigna sobre los soldados, contestando a todo que no sabe, que hace tiempo que no va por allí».

La campesina, irredenta, le niega su ayuda al redentor.

Ese día escribe su última anotación. Veinticuatro horas después caía herido y prisionero.

LA GUERRILLA LO ABANDONA

Eran aproximadamente las ocho y treinta de la mañana. Los diecisiete hombres de la guerrilla estaban sentados al centro en ambos lados de la quebrada esperando.

Guevara decidió que, en lugar de avanzar, todos permaneciesen en sus puestos, ocultos, esperando que empezase a caer la noche para, en la oscuridad, escapar del cerco. En un extremo se encontraban Benigno, Darío e Inti Peredo. En el otro extremo de la quebrada estaban Pombo y Urbano. En el centro, el Che con el resto de los combatientes.

A la una y treinta de la tarde el Che envió a Ñato[599] y Aniseto a reemplazar a Pombo y Urbano. Para hacerlo debían atravesar un claro dominado por las tropas bolivianas. El primero en intentarlo fue

---

[599] Julio Luis Méndez Korne (Ñato). Boliviano, miembro del PCB. Perteneció al ELN del Perú. Recibió en Cuba, a principios de 1966, entrenamiento guerrillero. Se incorporó a la guerrilla de Ernesto Guevara el 11 de noviembre de 1966. Fuente: «Pombo. Un hombre de la guerrilla del Che».

Aniseto que murió acribillado a balazos. La batalla, recuerda Inti, había comenzado.

Era un día claro en un medio de poca vegetación. Desde donde se encontraba, Inti podía observar a los soldados. «La posición nuestra quedaba frente a una fracción del ejército y a la misma altura, de manera que podíamos observar sus maniobras sin que ellos nos detectaran» menciona Inti Peredo en su obra «Mi Campaña con el Che».

«Para evitar ser detectados sólo tirábamos cuando los soldados hacían fuego, para no delatarnos. Por su parte, el ejército creía que los disparos nuestros sólo partían desde abajo, o sea, desde la posición en que se encontraba el Che».

Sólo quedan 16. Están cercados. Hay un firme a unos 200 metros. Si lo alcanzan –los que lo logren– habrán roto el cerco.

En el otro extremo del angosto cañón se encontraban Pombo y Urbano, que pronto «con una velocidad impresionante traspasaron el claro»[600] y llegaron a donde se encontraba Ñato esperando.

Ya están en la parte superior de la quebrada, Pombo y Urbano, Benigno y Darío, junto con Inti y el Ñato.

Algo resulta evidente. Ninguno, ni Pombo, Urbano, Darío, Benigno, Inti o Ñato, realizaron movimiento alguno para proteger a Guevara. Por el contrario, y estas son las palabras textuales de uno de los supervivientes, sincronizaban sus impactos para que el ejército creyera *«que los disparos nuestros sólo partían de abajo, o sea, desde la posición en que se encontraba el Che».*[601]

Los seis se encuentran en ambos senderos de la quebrada y comienzan a avanzar ¿o a huir?. En el centro, queda Guevara con Willy, Antonio y Arturo, aquel incompetente tan injustamente tratado en enero por Guevara,[602] pero que, lleno de coraje, habrá de morir defendiendo a su jefe.

Mientras Pombo y Urbano, Benigno y Ñato, Inti y Darío escapan por la quebrada, queda en el centro, abandonado, el Che Guevara.

---

[600] Inti Peredo. «Mi Campaña con el Che».
[601] Id.
[602] «Sumando esto a que los dos radios están rotos, da un panorama triste de las aptitudes de Arturo». Diario del Che Guevara, enero 11, 1967.

Ernesto Guevara, herido en una pierna, trata de evadir el cerco, recostado a Willy (boliviano Simón Cubas).

DETENCIÓN Y MUERTE DE GUEVARA

El capitán Gary Prado Salmón[603] dirige las fuerzas que tienen cercado el pequeño grupo que aún rodea al Che. Es ésta la versión de la captura de Ernesto Guevara que ofrece este militar boliviano:

«Es en ese momento que recibo el aviso de uno de mis solda-dos, destacado unos metros más arriba del Puesto de Coman-do, para seguridad, que me llama: «Mi Capitán, mi capitán, aquí hay dos, los hemos agarrado».

«Acompañado de mi estafeta me dirijo allí; me encuentro con dos de los integrantes de la guerrilla, desgreñados, llenos de polvo, demacrados, denotando un gran cansancio, sosteniendo aún sus armas y cubiertos por mis dos soldados que les apun-taban.

El primero era sin lugar a dudas extranjero, tenía una mirada impresionante, unos ojos claros, una melena casi pelirroja y barba bastante crecida. Llevaba una boina negra con un em-blema del C.I.T.E., uniforme de soldado completamente sucio, una chamarra azul con capucha y el pecho casi desnudo, pues la blusa no tenía botones.

Sostenía en su mano derecha una carabina.

El otro era bajo, moreno, de larga melena y una pequeña perilla de barba. Sostenía también su arma.

Nada más verlos, ordené que soltaran las armas. Las dejaron caer al suelo.

–¿Quién es usted?– pregunté al más alto, pese a que tenía casi el convencimiento de su identidad.

–Soy Che Guevara– me respondió en voz baja.

Aparenté no darle importancia y me dirigí al otro –¿Y usted?–.

–Soy Willy– repuso.

–¿Es usted boliviano?

---

[603] El entonces capitán Gary Prado Salmón ascendido en años posteriores al grado de General, quedó inválido en 1981 en un encuentro con grupos armados que operaban en aquella nación.

–Sí –afirmó.

–¿Cuál es su verdadero nombre?–

–Simón Cuba.

Me aproximé entonces a Guevara para observarlo más detenidamente. Tenía las protuberancias de la frente. Le pedí que me mostrara la mano izquierda y pude ver la cicatriz en el dorso. Satisfecho ya, ordené que le quitaran el equipo y los registraran. Mi estafeta, Alejandro Ortiz, se hizo cargo de todo lo que llevaba el Che. Una mochila, dos morrales y una pistola en la cintura. Otro soldado recogió la mochila de Willy...»

Dijo Guevara:

«Supongo que no me irán a matar ahora. Valgo más para ustedes vivo que muerto...»

Cuando llegaron al Puesto de Comando el oficial ordenó que transmitieran el siguiente mensaje a Valle Grande, al Comando de la Octava División:

«Tengo a Papá y Willy. Papá herido del combate.

capitán Prado».

Cayó la tarde. Al día siguiente temprano en la mañana, esperan la llegada del Comandante de División. *«El helicóptero aterrizó trayendo al coronel Zenteno Anaya y al agente de la CIA, conocido por nosotros como Félix Ramos».*[604]

Sería un cubano, que había participado en los equipos de infiltración en el proceso que culminó en Bahía de Cochinos, quien lo interrogaría.[605]

Distintas versiones indican que en las primeras horas del día 9 el general Ovando llegó al cuartel de Miraflores pasando al Departamento Tercero de Operaciones en el segundo piso a donde arribaron, en pocos minutos, el general León Kolle Cueto[606], Comandante de la

---

[604] Félix E. Rodríguez era conocido como Félix Ramos. Estuvo asignado al Comando de la Octava División a los efectos de inteligencia. Fué «Félix Ramos» el único extranjero que tuvo acceso al Che durante su detención. Fuente: general Gary Prado Salmón. «Como capturé al Che».

[605] Félix I. Rodríguez. «Guerrero de las Sombras», Laser Press Mexicana, S.A.

[606] El general León Kolle Cueto es hermano de Jorge Kolle, que es quien sustituye a Mario Monje en 1968 como Primer Secretario del Partido Comunista Boliviano.

Fuerza Aérea, Horacio Hugarteche, de la fuerza naval, el general Juan José Torres[607] y el general René Barrientos. Ellos, todos, tomaron la decisión que fue comunicada, de inmediato[608].

Ovando partió en avión hacia Valle Grande junto con el contralmirante Hugarteche y los coroneles Fernando Sattori y David la Fuente y cuatro otros oficiales.

Horas después llegaba a La Higuera una orden del Supremo Comando Boliviano. El sargento Mario Terán cumplía el mandato que llegaba de Valle Grande. **Sonaron varios disparos. Ernesto Guevara, el Che, estaba muerto**[609].

---

[607] El general Juan José Torres González llegó al poder en Bolivia el 7 de octubre de 1970 en un contragolpe militar. El día anterior el general Rogelio Miranda había dado un golpe de estado al presidente Alfredo Ovando Gandía, pero a las 24 horas Miranda había perdido el control de la subversión y el poder. La primera medida del general Torres fue establecer relaciones con Cuba (Bolivia tuvo tres presidentes en menos de 72 horas). Torres se convertía en el 183 presidente en los 145 años de independencia de Bolivia.

[608] El orden de la llegada de los oficiales en La Paz para decidir la suerte de Guevara es tomado del informe de Froylán González y Adis Cupull, investigadores cubanos que de 1983 a 1986 estuvieron en Bolivia consultando hemerotecas y recogiendo testimonios. Estos datos aparecen en la obra de distintos autores «La CIA contra el Che».

[609] Tres jefes militares que participaban en la campaña antiguerrillera publicaron en 1987 varios libros en los que, independientemente unos de otros, detallan pormenores de la lucha, particularmente el combate de la Quebrada del Yuro y la muerte de Guevara: «No disparen... soy el Che» del comandante Arnaldo Saucedo Parada: «La Guerrilla Inmolada» y «Como Capturé al Che» del entonces capitán Gary Prado Salmón y «La Campaña Ñancahuazú» del oficial Luis Reque Terán.

A su vez, tres supervivientes de la guerrilla del Che han escrito sobre estas últimas y reveladoras horas en la Quebrada del Yuro: «Mi Campaña con el Che», de Inti Peredo; «Pombo: un hombre de la guerrila del Che», del ahora general Harry Villegas, y «Benigno», de Dariel Alarcón que desertó en la década de los 90.

Nuestra obra analiza y contrasta las versiones expresadas por estos seis combatientes.

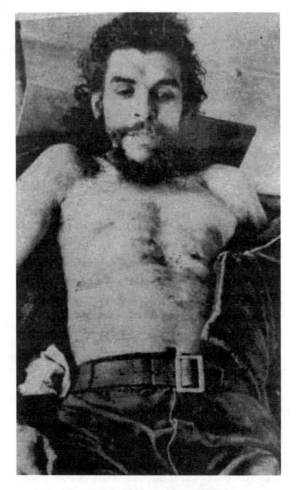

MUERE EN LA HIGUERA
Abandonado por su propia guerrilla en la Quebrada de
Yuro, Guevara es hecho prisionero junto a Willy y
ajusticiado en la pequeña escuela de La Higuera.

MUEREN LOS QUE PERMANECEN JUNTO AL Che

> «Lo que ocurrió en el momento en que
> cayó «Fernando» (el Che) nosotros lo
> hemos tenido que ir reconstruyendo
> sobre la base de deducciones y sobre la
> base de lo que se ha ido informando»...
> **Pombo**

Nueve guerrilleros habían permanecido cerca del Che en el centro de la Quebrada del Yuro esa mañana del 8 de octubre, cuando aquellos seis, que se encontraban en la parte superior del angosto cañón, se alejaron del campo de operaciones.

Los nueve que aún permanecen junto a Guevara se repliegan moviéndose en dos grupos. El de los enfermos estaba constituido por Moro, Eustaquio, Pablo y Chapaco quienes, después de dos días de caminata continúa, sin alimentos y sedientos, tratan en forma desesperada de conseguir agua en la desembocadura del RíoMizque con El Grande, donde se encontraba apostada una sección de los rangers del batallón de asalto.

Del grupo de cuatro, dos son bolivianos: Chapaco, (Jaime Arana Campero) y Pablo (Francisco Huanca Flores), otro es peruano: Eustaquio (Lucio Edelberto Galván Hidalgo), y otro cubano: Moro (Octavio de la Concepción de la Pedraja), aquel joven estudiante de medicina de la Universidad de La Habana, miembro de la Agrupación Católica Universitaria, que participó en la lucha contra el gobierno de Batista y se había incorporado al Movimiento 26 de Julio formando parte, desde septiembre de 1958, del Ejército Rebelde.

Era este joven el que en su diario de campaña, que se encuentra en el expediente del proceso de Camiri, escribía el 23 de marzo: *«un gran día para la guerrilla, estamos esperando que los rangers vengan aquí».* Desafortunadamente para Octavio los rangers vinieron.[610]

---

[610] Tres semanas antes de caer Moro, el Segundo Batallón de Rangers, entrenado en técnicas de contrainteligencia bajo el Programa de Asistencia Militar, había completado su entrenamiento graduándose en una ceremonia celebrada en La Esperanza en septiembre 16.

De hecho, la guerrilla se había dividido en tres grupos. Uno de vanguardia que cubre la parte superior de la quebrada, con Pombo, Inti, Darío y Ñato; el centro con el Che, que permaneció oculto en la parte más cubierta de la quebrada, y la retaguardia formada por Chapaco, Moro, Pablo y Eustaquio, que es enviada más abajo de la confluencia de las quebradas y que, así, queda por casualidad fuera del cerco que organiza el capitán Prado.[611]

Una sección del ejército presiona con gran energía y vence la resistencia que le presenta una posición de bloqueo organizada por Antonio y Arturo que tratan de impedir el avance de los militares. Se vence la resistencia que ofrecen ambos guerrilleros que mueren en el encuentro. En ese momento el Che, ayudado por Willy, trata de salir de la quebrada. El Che es herido y, recostado a Willy, intenta escapar del cerco en la mañana del domingo 8. Del grupo del centro, que rodeaba al Che, sólo quedaban el peruano Juan Pablo Chang (el Chino) y el cubano Alberto Fernández Montes de Oca (Pacho).

En la mañana del lunes 9 la Compañía A del Batallón de Rangers 2 revisa palmo a palmo la quebrada y encuentra las cuevas donde están refugiados el Chino y Pacho que se niegan a rendirse y disparan matando a un soldado antes de que, con granadas y ametralladoras, queden silenciados. Los dos cadáveres y el de Aniseto, que había muerto el día anterior, y el del soldado que murió en este encuentro, son trasladados a La Higuera, la población en que, en esos momentos, están siendo ajusticiados el Che y Willy que habían sido apresados el día anterior.

Los cadáveres del Che y el de Willy, junto con el de Pacho, son llevados al Hospital Nuestra Señora de Malta donde son colocados para ser observados por el alto comando boliviano, la prensa y la

---

Era «la mejor unidad entrenada del ejército boliviano». Fuente» Comunicación A-97 de septiembre, 1967, de la embajada norteamericana en La Paz al Departamento de Estado. Los «rangers» constituían una unidad especial de las Fuerzas Armadas entrenada en operaciones de contra-insurgencia, recientemente creada en Bolivia y Perú. En Perú la unidad de «rangers» se formó en 1966 durante el período de la Junta Militar de Gobierno que había asumido en poder en julio de 1962. En Bolivia esa unidad se constituyó en el gobierno del Gral. René Barrientos que había participado en el golpe militar que, en noviembre de 1964, había depuesto al presidente Víctor Paz Estenssoro.

[611] Gral. Gary Prado Salmón. «Como capturé al Che».

población de Vallegrande[612]. Horas después, tras largas discusiones entre el general Ovando, el coronel Zenteno, el teniente coronel Selich y otros oficiales sobre si los cadáveres deberían ser cremados o enterrados en un lugar secreto, se optó por lo segundo. Así se hizo, y comenzó la inacabable controversia sobre donde se encuentran los restos de Ernesto Che Guevara.

El 27 de octubre se dio a conocer un gran escándalo. El Ex-Director de Información, Gonzálo López sirvió de enlace a los guerrilleros y firmó documentos oficiales en blanco para ser utilizados sin control alguno. La acusación la formulaba, con profunda indignación y presentando las pruebas, el Ministro de Gobierno Antonio Arguedas Mendieta. Pedía el indignado Arguedas que a López Muñoz lo juzgara un Tribunal Militar.

Se sentía Arguedas ofendido porque «este ciudadano, no obstante ser un alto funcionario público, se brindó para colaborar con la banda castrista que operaba en el sureste del país»[613].

El 28 de noviembre de 1967 se dicta sentencia en el proceso militar seguido en Camiri contra varios implicados en la guerrilla.

¿ERROR, DESFALLECIMIENTO O TRAICIÓN?

El entonces coronel Joaquín Zenteno, que luego fuera ascendido a general por su victoria sobre la guerrilla, se expresó en términos sobrios sobre los hechos recién producidos en los que fue factor tan importante:

«Tragedia de escala continental, la muerte de Guevara tendrá consecuencias imprevisibles en Colombia, Venezuela o en Perú... Ha habido un error, un desfallecimiento o una traición en alguna parte. La historia dirá dónde, cuándo y por parte de quién.»

Dos grandes verdades presintió el militar boliviano. Consecuencias tuvo para los movimientos guerrilleros en los países por él mencionados. Y traición hubo, aunque de ella fue Guevara autor, cómplice y víctima.

---

[612] Gustavo Villoldo. «Che Guevara, el fin de un mito».
[613] Declaraciones de Antonio Arguedas a la prensa, recogidas por los periódicos Última Hora, Presencia y otros el 27 de octubre de 1967.

Autor y cómplice cuando junto a Castro le habla a Mario Monje, el Secretario del PCB, de una operación continental en la que Bolivia será sólo un paso transitorio, y cuando, a espaldas de Monje, contacta y compromete a los disidentes de su partido.

Víctima será cuando Castro lo abandona y Mario Monje, decepcionado y engañado, le da la espalda.

AYER LO ABANDONARON, AHORA LE RINDEN HOMENAJES

En vida, a Ernesto Guevara lo abandonaron. Mario Monje, porque se sabía traicionado por él y por Castro. Castro porque veía en Guevara un peligroso rival. Luego de su muerte, cuando ya no es una amenaza para ninguno de ellos, rivalizan todos en los póstumos elogios.

El Comité Central del Partido Comunista Boliviano, que encabeza Mario Monje, rinde homenaje a los

«heroicos guerrilleros que han comenzado a abrir el camino de la verdadera liberación de nuestra patria con su sangre generosa... nos sentimos orgullosos porque comunistas bolivianos, formados en nuestras filas, encontraron la muerte al lado del patriota latinoamericano Ernesto Che Guevara».[614]

Los jóvenes universitarios bolivianos, que habían permanecido en sus aulas cursando sus estudios sin incorporarse a la guerrilla durante los doce meses que el guerrillero argentino permaneció aislado en suelo boliviano, también se llenan, póstumamente, de fervor patriótico por el revolucionario Guevara.

Los estudiantes de la Universidad San Simón, de Cochabamba, emiten un comunicado proclamando «duelo universitario por la muerte del comandante Ernesto Guevara, símbolo de la juventud mundial... el comandante Ernesto Guevara es ciudadano y patriota boliviano».

Al menos un organismo estudiantil tiene el coraje de desenmascarar a «estos oportunistas revolucionarios» que ensalzan hoy a quien ignoraban ayer. El Frente Revolucionario Universitario Cristiano (FRUC) responde a los estudiantes de la Universidad San Simón

---

[614] Comité Central del P.C.C. «Por la Soberanía Nacional», La Paz, 1o. de enero de 1968.

negándose a participar en el homenaje póstumo esgrimientdo una razón netamente moral:

«Porque implicaría un respaldo tácito al movimiento guerrillero; y si le hubiésemos dado apoyo, nuestra obligación moral nos hubiese llevado a adoptar una actitud consecuente que no hemos visto en quienes, ahora, apoyan a este movimiento».

Grupos universitarios rechazan este respaldo «post morten» a la guerrilla de aquéllos que no se incorporaron a ella cuando peleaba o deambulaba por las selvas bolivianas y ahora cantan loas de admiración.

Estudiantes de la Universidad Tomás Frías, de Potosí, ponen al desnudo el fariseismo de los que lamentan la muerte del Che y sus guerrilleros pero ignoran «a nuestros hermanos de sangre nacional que defienden la nación boliviana ante una agresión extranjera».

Y puntualizan los estudiantes de la Facultad de Ingeniería de aquella universidad: «Los universitarios no debemos confundir la rebelión con la falta de respeto a nuestra Patria».[615]

Monje, traicionado por Castro y por Guevara, marginado por éstos de las actividades y de los planes reales de la guerrilla, sencillamente se negó a ser una simple marioneta. Se retiró porque de hecho lo habían retirado. Se aisló, porque de hecho lo habían aislado. Pero dejará constancia, en el momento en que narra su entrevista con Ernesto Guevara, de un hecho que nadie ha podido negar:

«La reserva que sobre el particular (la presencia de Guevara en Ñancahuazú) guardó el partido preservó, en cierto sentido, la vida del comandante Che Guevara y del propio partido».

LOS SOBREVIVIENTES NO HABLAN

Tres supervivientes de la guerrilla en Bolivia han escrito sobre ella. El libro del General de las Fuerzas Armadas Cubanas Harry Villegas (Pombo) consta de 301 páginas y está dividido en dos partes. La primera, como hemos indicado, es la reproducción, con algunas convenientes correcciones («revisiones» las llama Pombo), de su diario hasta mayo 28 de 1967. La segunda, cubre desde esa fecha hasta su

---

[615] Periódico Presencia, La Paz, octubre 27, 1967.

salida de Bolivia por la frontera de Chile, luego de la muerte del Che Guevara en La Higuera.

De esas 301 páginas compuestas por más de 1,500 párrafos, este alto militar cubano que estuvo junto a Guevara en la Sierra Maestra, en el Congo, en Bolivia, sólo dedica un párrafo –un sólo párrafo– para describir la acción de la Quebrada del Yuro en la que el Che es herido y hecho prisionero.

Cabe preguntarse por qué en un libro dedicado exclusivamente a la operación de Bolivia y que consta de más de 1,500 párrafos, este acucioso narrador sólo dedica uno de ellos a la más importante de todas las acciones realizadas en aquella campaña. Tal vez se deba a que en la Quebrada del Yuro el Che fue no sólo herido y prisionero sino, también, abandonado por Pombo y sus compañeros.

La misma omisión se observa en la obra de Benigno (trescientas páginas) que con exagerada parquedad describe la acción en menos de dos cortos párrafos.

De los tres sobrevivientes que han escrito sobre este episodio sólo Inti, el guerrillero boliviano, ofrece algún detalle del cerco aunque sus palabras van más encaminadas a describir el camino emprendido por las tres parejas de exploradores que rodeaban al Che cuando se inició la batalla.

ANTONIO ARGUEDAS: EL DIARIO Y LAS MANOS DEL Che GUEVARA

El 30 de junio de 1968 el «Diario del Che Guevara» fue impreso como libro con un prólogo. «Introducción Necesaria», escrito por el propio Castro.[616]

---

[616] El 3 de julio de 1968 Fidel Castro habló de la autenticidad del Diario del Che Guevara cuya copia él había recibido. Días después de esa declaración de Castro alguien en La Paz entregó al periódico Presencia copias de ese diario que fueron publicadas el 11 y el 12 de aquel mes. Fue un escándalo en Bolivia. El Gral. Ovando convocó de inmediato a una conferencia de prensa en su propia oficina mostrándole a los periodistas los diarios que se encontraban en la caja. Eran las 2 libretas originales en las que el Che Guevara había escrito su diario. El día 19 el presidente Barrientos ordenó una nueva investigación. El mismo día Antonio Arguedas y su hermano desaparecieron. El Ministro del Interior iniciaba un largo y extraño peregrinaje.

Tres días más tarde Castro afirmaba por televisión que las copias que había recibido eran auténticas y que no había habido ninguna compensación financiera para el «amigo que las había suministrado».

¿Quién era ese amigo?. Había sido un antiguo miembro del gabinete del presidente Víctor Paz Estenssoro quien, por la posición que ahora ocupaba en el gobierno de René Barrientos, había tenido acceso a las copias fotostáticas del Diario de Ernesto Guevara.

Era nada menos que aquel ministro que, había denunciado «con profunda indignación» al Director de Información, Gonzalo López, de haberle firmado a Ernesto Guevara documentos oficiales en blanco para facilitarle sus movimientos.

Antonio Arguedas Mendieta, Ministro del Interior y Jefe de la Policía, había enviado en secreto a La Habana dichas copias.[617]

Dos semanas después, el presidente Barrientos, el 19 de julio, ya había identificado a su antiguo Ministro de Gobierno como la persona responsable del envío a Cuba de aquel diario. En ese momento ya Antonio Arguedas era un prófugo de la justicia.

La comisión militar que había designado el Gral. Ovando para investigar cómo el Diario de Guevara había llegado a manos de Castro demostró la culpabilidad del Ministro de Gobierno. Minutos más tarde de conocerse el informe, el ministro había desaparecido. Días después, desde el santuario que Chile le ofrecía, Arguedas declaraba que él era «un marxista desde hacía mucho tiempo y que había hecho llegar secretamente el diario a Castro».

El día 24, en una visita a una fábrica en San José de las Lajas, en la provincia de La Habana, Fidel Castro confirmaba que, efectivamente el Ministro del Interior de Bolivia era el que le había enviado esos documentos. Para entonces, el depuesto secretario se encontraba en Santiago de Chile solicitando asilo en la Embajada Argentina. Asilo que le fue negado por el gobierno del general Onganía. Arguedas voló a Londres afirmando que pensaba regresar a Bolivia y presentarse a

[617] El 9 de diciembre de 1995 se revela, por primera vez que fue a Víctor Zannier, su antiguo compañero dirigente del Partido Izquierda Revolucionaria (PIR) a quien le entregó las copias fotostáticas del diario del Che destinadas a Fidel Castro. Fuente: Periódico «Presencia», Suplemento diciembre 9, 1995. Citado por Carlos Soria Galvarro en «Campaña del Che Guevara».

los tribunales de justicia aunque, desde el primer día, Castro le había ofrecido asilo en Cuba.

No fue a La Habana ni a La Paz hacia donde se dirigió el antiguo ministro. Volaba el 2 de agosto, curiosamente, hacia Nueva York. Después de una breve estadía, partió hacia Lima donde dio numerosas conferencias de prensa.

En la capital peruana el ya ex-ministro Antonio Arguedas, declaraba al Diario El Comercio que él no era castrista ni anticastrista sino «un defensor de la Revolución Cubana». Atrás, Arguedas había dejado un caos político; la revelación de su traición y su huída el 19 de julio le creó una crisis política a la Administración de René Barrientos.

Para entonces Arguedas sabía a quien culpar. Desde la capital peruana, el antiguo Ministro del Interior acusaba a la CIA de haber decretado su muerte civil porque «no ha podido eliminarme físicamente». Regresa, finalmente a Bolivia!!.

El día 17 estaba Arguedas en La Paz celebrando, como había hecho en todas las ciudades en su ya largo recorrido,una conferncia de prensa. ¿Dónde?. Nada menos que en las mismas oficinas del Ministerio del Interior del cual había sido su jefe titular. Reveló algo sobre lo que ya se hacían comentarios. Admitía Arguedas que había trabajado con la Agencia Central de Inteligencia desde 1964.[618]

El 25 de diciembre Arguedas quedó libre con una fianza de $9,000 pesos bolivianos. Pero alguien quería ajustar cuentas con él. En mayo de 1969 una explosión dañó su casa en La Paz. Un mes después, en junio 9, cuando transitaba por la Plaza Junín, recibió disparos de armas de fuego desde un carro en marcha. Ya era mucho el riesgo que corría este curioso personaje. Al mes se asilaba en la embajada de México donde permaneció hasta el 23 de marzo de 1970 cuando marchó a la capital mexicana.

Llevaba, como parte de su equipaje, algo extraño. Las manos del Che Guevara que habían sido debidamente preservadas[619]. Castro llenó

---

[618] Leo Sauvage «Che: la falla de un revolucionario» Prentice Hall, New Jersey.

[619] Posteriormente dio Arguedas distintas versiones sobre la forma en que llegaron a La Habana las manos de Guevara. Según testimonio del poco confiable Ministro, las manos fueron cortadas por el oficial de carabineros Roberto Quintanilla, que fue muerto en Alemania posteriormente. Según Gustavo Villoldo éstas fueron amputadas por dos médicos luego de realizar una rápida autopsia al cadáver del Che. (*El Nuevo Herald*, Miami, septiembre 21,

de elogios a Arguedas. La prensa cubana desde aquel 24 de julio de 1968 en que Castro identificó al Ministro del Interior de Bolivia como la persona amiga que había hecho llegar las copias fotostáticas del Diario del Che Guevara comenzó, hasta nuestros días, a ensalzar la figura del alto funcionario boliviano. Pero han silenciado hechos de gran interés.

Oculta la prensa cubana que fue el propio Arguedas, como Ministro del Interior, quien destruyó la organización urbana de la guerrilla que, potencialmente, hubiera podido ayudar a Ernesto Guevara. Ocultaron Castro y la prensa oficial cubana que fue Arguedas quien ordenó el arresto de la joven Loyola Guzmán, tesorera del grupo guerrillero; han silenciado que por la información obtenida de los cuadernos de notas de Tania arrestó la policía adscrita a su ministerio a tantos guerrilleros urbanos.

No ha hecho mención la prensa cubana a que la policía comandada por el Ministro Arguedas fue la que detuvo, en julio de 1967, al trostkista Isaac Camacho de quien nunca jamás se volvió a saber. Mucho menos menciona que era Arguedas el Ministro del Interior cuando Vásquez Viaña (el Loro-Bigote) fue hecho prisionero, interrogado y luego desaparecido.

No dicen que fue Arguedas, el eficiente y despiadado policía que había ocupado la posición durante más de dos años quien había aplastado con efectividad todas las demostraciones callejeras de los estudiantes; quien había encarcelado a elementos comunistas y subversivos y había arrestado prácticamente a todo el aparato urbano de la guerrilla. Oculta todo eso de quien se declaraba ahora, con la complacencia de Castro, marxista-leninista. Arguedas oportunista, inescrupuloso, había sido considerado un hombre de Barrientos, un funcionario que sólo respondía al presidente.

Silencian que este Ministro de Gobierno, Antonio Arguedas Mendieta, fue quien se regodeó informando a la prensa que Gonzalo López Muñoz, Ex-Director de Informaciones de la Presidencia de la República, había sido puesto a la disposición de la justicia ordinaria «por haber cometido infidencia» al extenderle a Ernesto Guevara, bajo el

---

1997).

nombre de Adolfo Mena, una credencial que lo calificaba de enviado de la Organozación de Estados Americanos.[620]

Alma de delator tiene este ministro, que Castro elogia y califica de buen amigo. El 19 de septiembre, cuando el Che está injustamente reprendiendo a Inti «por algunas de sus debilidades relacionadas con la comida», el Ministro Arguedas, en La Paz está identificando a tres jóvenes[621] como enlaces cubanos de la guerrilla y distribuye, entre los periodistas asistentes a su enésima conferencia de prensa, la foto de los tres jóvenes militantes del PCB.

Cuando Castro, Raúl Roa y el comandante Manuel Piñeiro (Barbarroja) elogiaban a Antonio Arguedas Mendieta a su llegada a La Habana, silenciaban que en septiembre 15 de 1967, arrestada por la policía del Ministerio del Interior, la joven Loyola Guzmán, Tesorera de la organización guerrillera urbana intentó suicidarse lanzándose del cuarto piso del edificio donde los esbirros de Arguedas la interrogaban.[622]

Mucho más callaba la prensa cubana, y también la internacional, sobre este ministro que, hasta ayer, combatía y perseguía a los comunistas bolivianos.

El 20 de septiembre, cuando se estrechaba el cerco a los guerrilleros y se iniciaba el juicio a Regis Debray y los demás encausados, el Ministro Arguedas, envuelto en un proyecto de ley electoral, fustigaba duramente a la extrema izquierda boliviana y, en particular, a los miembros y dirigentes del Partido Comunista de aquel país. Decía Arguedas que su proyecto de ley electoral tenía «la finalidad de que el pueblo boliviano encuentre una salida democrática a sus aspiraciones, en lugar de asumir vías violentas como alientan los opositores» y agregaba este tenebroso funcionario que «los parlamentarios opositores están haciendo el triste papel de pronunciar discursos escritos por

---

[620]   Periódico *Última Hora*, La Paz, Bolivia, viernes 27 de octubre, 1967.
[621]   José Pimentel, Guillermo Dalence y Arturo López aparecen en la foto frente a una gran pancarta con la hoz y el martillo. Fuente: Periódico «El Diario», La Paz, miércoles 20 de septiembre, 1967.
[622]   Afortunadamente para ella cayó sobre un árbol y luego sobre un toldo y sólo sufrió lesiones.

conocidos subversores comunistas».[623] Todo esto continúa ocultando la prensa oficial cubana.

Denunciaba indignado el Ministro Arguedas que «el dirigente minero René Chacón reconocía haber recibido dinero de La Habana para promover la insurrección armada» y daba a conocer que era «Simón Reyes el encargado de proporcionar importantes sumas al fin indicado». Y este hombre, que en poco tiempo será tan altamente elogiado por Castro, sale en exaltada defensa del gobierno del general Barrientos.

«Estos individuos sólo tienen en mente derrocar a un gobierno cuyo mandato ha emanado de las elecciones más limpias que registra la historia boliviana».[624]

El 22 de septiembre, estará el «anticomunista» Arguedas en una conferencia de prensa convocada por el presidente general René Barrientos en la «que se presenta documentación irrecusable sobre la participación cubana en el brote insurreccional del sudeste.»[625]

Es en esa fecha que las agencias cablegráficas también confirman la presencia de Guevara en Bolivia.

Muerto Guevara sigue el Ministro Arguedas con sus estentóreas declaraciones pro-gubernamentales y anti-comunistas. Cuando en la semana del 12 de noviembre pequeños grupos de estudiantes universitarios de La Paz organizaron demostraciones para protestar del arresto del guerrillero urbano Carlos Carvajal, el Ministro del Interior declaraba que consideraba tales manifestaciones «como de inspiración subversiva y que las enfrentaría severamente.»[626]

Arguedas, el amigo de Castro, no era más que un burócrata oportunista convertido, tal vez por razones económicas, en revolucionario.

Quien tan sólo once meses atrás denunciaba a los «subversores comunistas»... como criminales que alentaban al pueblo boliviano a «asumir vías violentas» en lugar de «una salida democrática a sus aspiraciones», ahora se convertía en el más fervoroso y militante

---

[623]   Periódico *El Diario*, miércoles 20 de septiembre, 1967, página 3.
[624]   Periódico *El Diario*, septiembre 20, 1967.
[625]   Periódico *Jornada Diaria*, La Paz, viernes 22 de septiembre, 1967.
[626]   Comunicación A-10523 de la embajada americana al Departamento de Estado de noviembre 18, 1967.

comunista declarándose en Santiago de Chile, ya camino de La Habana, como un «marxista-leninista», dispuesto a ir a Cuba para, «junto a su pueblo, combatir a la invasión imperialista».

ROBO Y APARICIÓN DEL DIARIO DEL Che

El 8 de octubre al apresar el capitán Prado Salmón al Che Guevara retiró de su mochila distintos artículos. Entre ellos, el *Diario* que llevaba. A la llegada a La Higuera del Gral. Zenteno se hicieron copias del diario que se convirtieron, de inmediato, como el original, en secreto militar.

Su *Diario*, Ernesto Guevara lo comenzó a escribir en un cuaderno de espiral, desde el 6 de noviembre de 1966 al 31 de diciembre de ese año. El primero de enero de 1967 empezó a usar una agenda alemana que era obsequiada a médicos.

Ambos documentos originales, luego de serles sacadas copias fotostáticas, se mantuvieron guardadas en una caja de zapatos dentro de la caja de seguridad del alto mando militar en el Cuartel General de Miraflores, en La Paz. Estos originales fueron misteriosamente sustraídos de la caja de seguridad en una fecha no determinada entre 1967 y mediados de 1984 cuando la sección de manuscritos de la casa SOTHEBI'S de Londres informó que había verificado la autenticidad de los originales y que los colocaría a la venta en una subasta a celebrarse el 16 de julio de aquel año, 1984.

No era esta la primera polémica que surgía sobre el diario. Febrero de 1968 había comenzado con una pugna por el acceso exclusivo a los documentos y diarios de Guevara. Daniel James que había llegado a un acuerdo con las Fuerzas Armadas Bolivianas para escribir una versión autorizada sobre las actividades de Guevara en Bolivia, con acceso exclusivo a los documentos del guerrillero argentino, sentía amenazado ese compromiso con la información que recibía de que el New York Times iba a publicar una serie de cinco capítulos con datos intencionalmente filtrados al periodista Andrew St. George, asociado con el consorcio Magnum afiliado al New York Times.[627]

Aquel conflicto se resolvió. Éste se solucionaría también.

---

[627] Telegrama 2076 de la Embaja de Estados Unidos en La Paz al Departamento de Estado de febrero 3, 1968. National Archives, Central Files.

El 7 de junio de 1984 el ejército bolivano reconoció que la caja en que se encontraban los documentos del Che, conservados como secreto militar, estaba vacía.[628] En esa fecha se informó, incorrectamente, que se habían encontrado, también, 13 páginas perdidas del Diario de Ernesto Guevara. La información no era cierta pues copias de esas páginas se habían publicado por el periódico *Presencia* de La Paz, el 12 de julio de 1968.

Otra vez se producen declaraciones del inestable ex-ministro: *«Repito por milésima vez que fue la CIA la que me entregó la fotocopia que le mandé al comandante Fidel Castro.»*[629]

NACIONALISMO DEL PUEBLO BOLIVIANO: RAZÓN DEL RECHAZO POPULAR A LA GUERRILLA

Desde su elección en julio de 1966 el general Barrientos fue ampliando y consolidando su base política y el respaldo de la población esgrimiendo con vigor el viejo anhelo nacional de una «salida al mar».

A los seis meses de llegar a la presidencia, Barrientos visitaba Perú, Brasil y Argentina buscando apoyo para el ansiado sueño boliviano.

En agosto, cuando está llegando a La Paz el capitán Alberto Fernández Montes de Oca (Pacho), ya se encontraban desde el mes anterior Pombo y Tuma para comenzar a sentar las bases de lo que el pueblo boliviano calificaría de «invasión extranjera». El presidente Barrientos, en su discurso inaugural de agosto 6, destacaba el interés de aquel país de renovar relaciones diplomáticas con Chile en busca de una «salida al mar», objetivo que tocaba tan de cerca la sensibilidad del pueblo.

El tema, que planteaba el mandatario boliviano, no era territorial; la nación estaba reconciliada con la pérdida del antiguo territorio marítimo; lo que demandaba era una autoridad soberana sobre las facilidades de un puerto. La «salida al mar» era una petición, un planteamiento siempre expresado en términos políticos altamente emocionales.

---

[628] Cable EFE, La Paz, Bolivia, (El Miami Herald, Junio 16, 1984).
[629] El Miami Herald, jueves 14 de junio, 1984.

Durante su visita a la Argentina, diciembre 16 al 21, el presidente Barrientos plantea distintos temas de carácter regional. Uno de ellos, de sensibilidad extrema para el pueblo boliviano, las «aspiraciones marítimas» de la nación andina es destacada en la prensa boliviana. Afirmaba Barrientos que cualquier diálogo de su país con Chile tendría que incluir la necesidad de Bolivia de una salida al mar.[630]

El presidente apelaba al sensitivo nacionalismo del pueblo boliviano en los momentos en que la guerrilla –sin aún saberlo el gobierno, las fuerzas armadas ni la población– se asentaba en aquel territorio. Será meses después, en marzo de 1967, que por la prematura acción en las orillas del Río Ñancahuazú se habrá de conocer la presencia de la guerrilla.

Se sabe, poco después, que la integran «extranjeros»: peruanos, cubanos y otros. Luego se conocerá que la dirige Ernesto Che Guevara. Otra vez, invasores extranjeros en el sagrado suelo boliviano.

La teoría del internacionalismo postulada por el Che chocó con ese acentuado sentimiento nacionalista que abrigaban los propios guerrilleros bolivianos. Evidentemente el espíritu nacionalista es sumamente sensible para los bolivianos que han sido objeto de agresiones internacionales en el pasado.

Para el entonces teniente coronel Arnaldo Saucedo, de la Octava División del Ejército Boliviano, el pueblo boliviano escaldado por las agresiones que aquella nación había recibido de los países limítrofes vio en la guerrilla, formada por extranjeros, una nueva fuerza de agresión foránea.

Coincide esta apreciación con el criterio de un periodista cubano: «Para los bolivianos, Guevara y los cubanos que con él venían no eran más que invasores. Elementos extranjeros que violaban su sagrado suelo. Bolivia había sido víctima de desgarradoras agresiones de países limítrofes que le habían cercenado inmensas extensiones de territorio. Aquellas agresiones, antes sufridas, habían creado, en el pueblo boliviano, un sentimiento profundo de rechazo a la presencia de extranjeros en su suelo. El Che era un invasor más que venía a sojuzgar el país.

---

[630] Airgram al Departamento de Estado de la Embajada en La Paz de diciembre 28, 1966. Archivos Nacionales.

En el momento en que se está celebrando el juicio de Debray y Bustos se reitera la petición de Bolivia ante las Naciones Unidas de que se le conceda acceso al mar. Se exacerba el sentimiento patriótico de aquel pueblo.

El Ministro de Relaciones Exteriores de Bolivia, Walter Guevara Arce, hizo un nuevo llamamiento a los 122 países de la Asamblea General de las Naciones Unidas para que respaldaran los esfuerzos de aquella nación para tener acceso al Océano Pacífico. Y explica en aquella Asamblea General de la ONU lo que es ya evidente: «el campesino boliviano tiene un total repudio a la llamada guerrilla. Es pueril que los trabajadores del agro, dueños de su tierra, entreguen éstas en favor de un gobierno totalitario». Periódico El Diario, La Paz, sábado 30 de septiembre de 1967.

El 27 de septiembre una multitud enardecida intentó linchar a Debray en Camiri cuando terminaba una de las sesiones del proceso a que era sometido. Muchos de los manifestantes eran familiares de los oficiales y soldados caídos en los encuentros con los guerrilleros. La muchedumbre, así lo recoge el periódico Los Tiempos de Cochabamba, trataba de apoderarse de Debray para hacerse justicia por sus propias manos.

El no reconocimiento por parte de Ernesto Guevara de esta hiper sensibilidad nacionalista del pueblo boliviano contribuyó grandemente a la pronta liquidación de una guerrilla compuesta de tantos extranjeros.

Ellos, los seis que se encuentran en la parte superior se van retirando. Dejan en el centro, abandonado, al Che Guevara.

ACUSACIONES Y DESCARGOS

Se han expuesto gran número de razones para justificar el fracaso de la guerrilla en Bolivia. Muchas de ellas, comprensiblemente, presentadas por el propio Partido Comunista Boliviano.

Para Jorge Kolle[631], la iniciativa «no era un proyecto boliviano, las masas estaban totalmente ausentes de ese proyecto y no se tomó en

---

[631] Jorge Kolle compartía con Mario Monje la máxima dirección del Partido Comunista de Bolivia. Al renunciar Monje en enero de 1968, como Primer Secretario, Kolle lo sustituye en esa posición.

consideración ni las experiencias políticas, ni las especificidades sociales de nuestra historia, la coyuntura, la oportunidad y las circunstancias en que tuvo lugar la guerrilla»[632].

Kolle, que sustituyó a Mario Monje como Primer Secretario del PCB, aclara que:

«En la medida de lo posible el PCB cumplió su solidaridad internacionalista, aún sin ser parte de ningún compromiso, incluidas las flagrantes contradicciones ideológicas que lo enfrentaban a gran parte de la base social con la que, deliberadamente, se rodeó el comandante Guevara»[633].

Afirmaba Jorge Kolle que el vínculo comprometido del PCB con la guerrilla estaba, simplemente, referido a la ayuda internacionalista que esa organización debía prestar en la cobertura del desplazamiento del Che con destino a su propio país.

Como un ejemplo, por débil que fuese, de solidaridad del PCB con la guerrilla comentaba Jorge Kolle que Inti Peredo era miembro del Comité Central de Partido Comunista Boliviano cuando se incorporó a la guerrilla:

«Y preste atención a esto: ¡Inti no fue expulsado cuando formó la guerrilla, y no lo será!. Nosotros no somos venezolanos».

Se refería Kolle a la expulsión de Douglas Bravo por el Partido Comunista Venezolano.

Todavía a mediados de 1967, cuando los hombres de Guevara marchaban sin rumbo por los montes afirmaba el dirigente que sustituiría a Mario Monje como Secretario del PCB:

«La guerrilla derrotará al ejército ahora y en los meses venideros. El ejército boliviano no tiene experiencia... la guerrilla, en cambio, demuestra espíritu de lucha y moral, y tiene una excelente actitud con respecto a la población».

El despistado Jorge Kolle, en su cómodo despacho de La Paz afirmaba sin sonrojo: *«La guerrilla está ganando la simpatía de las masas rurales y ellas –y otros– constituirán el fundamento futuro de la guerrilla».* Ignoraba el político citadino que ni un sólo campesino se le incorporó a aquella guerrilla que despertaba tanta «simpatía» en

---

[632] Periódico *Hoy*, La Paz, Bolivia, 10 de junio, 1984.
[633] Unidad #596, segunda semana de 1984. Carlos Soria Galvarro, «El Che en Bolivia».

las masas rurales. No en balde Castro llamó «seso hueco» a Monje, el colega de Jorge Kolle.

Monje señala las dos opuestas concepciones:

«El compañero Guevara pretendía, pues, poner en práctica en nuestro país su teoría revolucionaria. Nosotros, por nuestra parte, le esbozamos una concepción diferente sobre la revolución boliviana»[634].

Mario Monje defiende su posición y la de su partido:

«No se puede acusar al Partido Comunista de Bolivia de haber desertado de la lucha, de haber delatado a la organización guerrillera o de haber abandonado al compañero Guevara. El Partido no inspiró, no planeó, no desencadenó la lucha, tampoco suscribió ningún compromiso con el compañero Guevara. Contrariamente, mantuvo el más absoluto secreto sobre las guerrillas e hizo nuevos esfuerzos para que éstas actuasen sobre la base del conocimiento objetivo de la realidad nacional»[635].

A su vez, los anti-partido se distancian también de la guerrilla.

«La guerrilla sin la clase trabajadora es nada... nosotros no creemos que la guerrilla es la única forma de combatir al régimen actual»[636].

«Políticamente, temo que la guerrilla quiera reemplazar al Partido con una solución militar –la línea política con el fusil-. Esto no funcionará nunca».

«Todavía recordamos con alguna amargura lo sucedido durante la Conferencia Tricontinental. El hecho de que fuimos excluidos –y mantenidos casi prisioneros– y luego, por supuesto, el violento e injusto ataque de Fidel en contra de nosotros».

«Yo creo que Regis Debray ha influido sobre Fidel Castro para que él exprese una cierta crítica contra la Cuarta Inter-

---

[634] Testimonio de Mario Monje, del 9 de diciembre de 1967 al presentar su renuncia formal ante la máxima dirección del PCB.
[635] Testimonio de Mario Monje del 9 de diciembre de 1967.
[636] Guillermo Lora, Secretario General del POR.

nacional y el POR. Yo pienso que Regis Debray ha sido inte-lectualmente deshonesto. Nos ha traicionado»[637].

LOS PANEGIRISTAS

Los panegiristas, idólatras, de Ernesto Guevara pretenden percibir1 rasgos geniales aún en las más simples decisiones, omisiones o ambi-güedades del guerrillero argentino:

«Los verdaderos planes del Che jamás fueron consignados por escrito, hasta donde sabemos, menos aún publicados. En nin-gún momento los formuló el Che explícita o sistemáticamente, en Ñancahuazú, ante el grupo de guerrilleros. Esos planes estaban omnipresentes pero como sobrentendidos: adivinados por la mayoría, vislumbrados por algunos otros, conocidos por un pequeño número. Sólo a su luz podrían explicarse y adqui-rir todo su sentido los primeros pasos de la guerrilla...»[638].

LOS RESPONSABLES SON PRONTO LIBERADOS

Poco tiempo permanecerán encarcelados los condenados en Cami-ri.

Tras la muerte de René Barrientos en un accidente aéreo y las muy breves interinaturas de Siles Salinas y Alfredo Ovando[639] llega a la presidencia por un golpe militar el Gral. Juan José Torres una de cuyas primeras medidas será la de normalizar las relaciones con Cuba.

Quedan, así, constituidos dos gobiernos; uno formado por el general Rogelio Miranda, secundado por los generales Efraín Huacha-lla, (que había presidido el tribunal militar que juzgó a Regis Debray y Alberto Bustos), Fernando Sattori, comandante de la Fuerza Aérea y el Contra-almirante Alberto Albarracín, comandante de la inexisten-te Fuerza Naval. El otro gobierno lo representaba el general Juan José Torres (Prensa Latina, La Paz, octubre 6, 1970). A las pocas horas el general Sattori cambiaba de bando y respaldaba a los del gobierno del

---

[637] Declaraciones de Guillermo Lora.

[638] Regis Debray. «La Guerrilla del Che».

[639] Luis Adolfo Siles Salinas en su carácter de vicepresidencia asume en 1969 la presiden-cia pero es depuesto el 26 de septiembre de ese mismo añor por un golpe militar del Gral. Alfredo Ovando, quien sólo permanecerá un año en el poder al ser derrocado por el Gral. Juan José Torres el 6 de octubre de 1970.

general Juan José Torres que comenzará a consolidarse en el poder usurpado.

A las 48 horas Juan José Torres estaba afianzado en el poder. Le durará poco.

Para el 10 de octubre, ya consolidado el movimiento del general Torres, el Ejército de Liberación Nacional de Bolivia (ELN) volvía a emitir un largo comunicado. Por supuesto, le da el respaldo al general Torres y a los *militares nacionalistas revolucionarios*. El 25 de octubre los verbosos militantes del ELN emitían una nueva declaración, ya bajo la sombra protectora del general Juan José Torres.

El Gral. Torres a las pocas semanas comenzó a liberar a los que habían estado con Ernesto Guevara. El 23 de diciembre, 1970, eran indultados Regis Debray y Ciro Roberto Bustos y enviados a Chile en un pequeño avión de transporte militar. Coincidentalmente, en la misma fecha, otros militares peruanos liberaban a más de una docena de antiguos guerrilleros. Quedaban libres Hugo Blanco, Héctor Béjar, Ricardo Gadea, Elio Portocarrero y otros.

El 7 de agosto, 1971, el gobierno del general Juan José Torres, de Bolivia, tocaba a su fin, depuesto por el golpe militar del Gral. Hugo Banzer.

FRUCTIFICA LA SEMILLA DE ODIO

Con Banzer quedó aplastada, en aquella nación, la actividad guerrillera. Pero ésta, transformada, en la década de los 70, en guerrilla urbana azotó a Uruguay (Raúl Sendic y los Tupamaros), a la Argentina (Santucho, Firmenich, Gorriarán Merlo y los Montoneros), y, hasta hoy, con los poderosos contingentes armados del ELN y las FARC, desangra a la sufrida República de Colombia.

Lastimosamente, confirmamos que sigue produciendo dolorosos frutos de violencia y destrucción la nefasta semilla de odio, «como factor de lucha», sembrada en el continente por Ernesto Guevara quien, lo admite en su correspondencia, había llegado a Cuba «sediento de sangre». La sació a plenitud.

BIBLIOGRAFÍA

Hernando Aguirre, «El Proceso Peruano». Ediciones

John L. Anderson, «Che» Guevara, «Revolutionary Life». Grove Press, New York

Daniel Alarcón, "Benigno», «Memorias de un soldado cubano» Tusquets Editores, S.A., Barcelona

Antonio Arguedas, «Operación Tía Victoria». Revista «Verde Olivo», La Habana, Junio 1988.

Lázaro Asencio, «Che Guevara: fracaso y traición», Libre, Miami, Agosto 8 al 29, 1997.

María del Carmen Ariet, «Che, pensamiento político», La Habana.

Alberto Bayo, «Mi aporte a la Revolución Cubana», La Habana.

Luis Báez, «Secretos de Generales», Editorial Simar. La Habana.

Héctor Béjar R., «Apuntes sobre una experiencia guerrillera, Casa de las Américas. La Habana.

Héctor Béjar, «Perú 1965. La experiencia guerrillera».

Juan F. Benemelis, «Castro, subversión y terrorismo en África».

Rodrigo Borja, «El heroico Comandante y la guerrilla». Periódico *El Universo*, Quito, Octubre 22, 1997.

Amado O. Canelas, «Bolivia, Subasta y Genocidio»

Jorge G. Castañeda, «Compañero. The Life and Death of Che Guevara. Alfred A. Knopf. New York

Juana Carrasco «Tatu: Un Guerrillero Africano» Revista «Verde Olivo», La Habana, Junio 1988.

Teresa Casuso, «Cuba and Castro». Random House, New York.

Centro de Estudios de Historia Militar. «De Tuxpán a La Plata», Editorial Orbe, La Habana.

Adys Cupull y Froilán González, «Ciudadano del Mundo», Editorial Capitán San Luis, La Habana.

Adys Cupull y Froilán González, «La CIA contra el Che», Editorial Política, La Habana.

Regis Debray, «Estrategia para la Revolución», Londres.

Regis Debray, «La Guerrilla del Che». Editorial Siglo XXI. México.

Pamela S. Falk, «Cuban Foreign Policy. Caribbean Tempest», Lexington Books, Mass.

Carlos Franqui; «El Libro de los Doce», Editorial Saturno, Barcelona.

Norberto Frontini, «Críticas al libro «Mi Amigo el Che». Editorial América Latina.

Hilda Gadea, «Che Guevara: Años Decisivos». Double Day & Company. New York.

William Gálvez, «Viajes y Aventuras del Joven Ernesto». Editorial Ciencias Sociales. La Habana.

Hugo Gambini, «El Che Guevara». Editorial Paidós. Buenos Aires.

Richard Gillespie, «Soldiers of Perón». Clarendon Press. Oxford University, New York.

Ernesto Goldar, «John William Cooke y el Peronismo Revolucionario», Centro Editor América Latina, Buenos Aires.

Luis J. González, «The Great Rebel: Che Guevara In Bolivia», Grove Press, New York.

Richard Gott, «Che's Missing Year», The New Left. Número 220. Nov-Dic. 1996.

Richard Gott, «Guerrilla Movements in Latin America». Double Day & Company, New York.

Alberto Granado, «Con el Che por Sudamérica», Editorial Letras Cubanas, La Habana.

José Guerra Alemán, «Barro y Cenizas», Fomento Editorial, S.A., Madrid.

Ernesto Guevara Serna, «Diario». Bantam Books. Nueva York.

Ernesto Guevara, «Pasajes de la Guerra Revolucionaria», Editorial Política. La Habana.

Ernesto Che Guevara, «Pasajes de la Guerra Revolucionaria. Congo». Grijalbo Moridadori, S.A., Barcelona.

Ernesto Guevara, «Otra Vez», Casa Editora Abril, La Habana.

Ernesto Guevara Lynch, «Mi Hijo, el Che», Editorial Planeta, Barcelona.

Ernesto Guevara Lynch, «Mi Hijo el Che». Editorial Planeta. Buenos Aires.

Guevara Lynch, Ernesto, «…Aquí va un soldado de América».

Robert Jader. «M-26. Biografía de una revolución», Lyle Stuart. Nueva York.

Mike Hoare, «Congo Mercenary», Robert Hall. London.

Joel Iglesias. «De la Sierra Maestra al Escambray», Editorial Letras Cubanas. La Habana.

Gerardo Irusta Medrano, «La Lucha Armada en Bolivia».

Pierre Kalfon, «Che, Ernesto Guevara». Plaza & Janes Editores, S.A., Barcelona.

Claudia Korol. «El Che y los argentinos», Editorial Dialéctica». Buenos Aires.

Phippe Labrewz, «Bolivia bajo el Che», Colección Replanteo. Buenos Aires.

Wladimiro Lodger, «Frentes de Combate».

Torcuato Luca de Tena, «Yo, Juan Domingo Perón». Editorial Planeta, Barcelona.

Jorge Ricardo Masetti, «Los que Luchan y los que Lloran». Editorial Jorge Álvarez. Argentina.

Jorge Masetti, «El Furor y el Delirio». Tusquest Editores, S.A., Barcelona.

Luis Mercier Peña, «Guerrillas en Latino América».

Edgar Millares Reyes, «La Guerrilla: Teoria y Práctica».

Luis Ortega, «Yo soy el Che», Ediciones Monroy Padilla, México.

«El Diario de Pacho», Edit. Punto y Coma, Santa Cruz.

Enrique Pavón Pereyra, «Diario Secreto de Perón». Editorial Sudamericana Planeta.

Inti Peredo, «Mi Campaña con el Che», Editorial Imacen. Cochabamba, Bolivia.

Víctor Pérez-Galdós, «Un hombre que actúa como piensa», Editorial Vanguardia, Managua.

Gary Prado Salmón, «La Guerrilla Inmolada», Edit. Punto y Coma, Santa Cruz, Bolivia.

_____ «Como capturé al Che», Ediciones B.S.A., Barcelona.

Michal Ratner. «Che Guevara y el FBI». Ocean, Nueva York.

Luis Requeterán, «La Campaña de Ñancahuazú».

Mario Osiris Riverón, «Castro traicionó al Che», El Nuevo Herald, Octubre 18, 1997.

Félix I. Rodríguez, «Guerrero de las sombras», Lasser Press Mexicana.

Horacio Daniel Rodríguez, «Che Guevara: Aventura o Revolución», Plaza y James, Barcelona.

José Rodríguez E., «Crisis de la Izquierda».

Mariano Rodríguez Herrera, «Abriendo Senderos», Edit. Gente Nueva, La Habana.

_____«Ellos lucharon con el Che», Edit. Ciencias Sociales. La Habana.

José Rodríguez Elizondo, «Crisis de las Izquierdas en América Latina». Editorial Nueva Sociedad. Caracas.

_____«Crisis y Renovación de las Izquierdas». Editorial Andrés Bello. Santiago, Chile.

Enrique Salgado, «Radiografía del Che», Editorial Dopesa, Barcelona.

Arnaldo Saucedo Parada, «No disparen... Soy el Che», Editorial Oriente, S.A., Santa Cruz de la Sierra.

Leo Sauvage, «Che Guevara. The Failure of a Revolutionary». Prentice Hall, New Jersey.

Carlos Soria Galvarro, «Campaña del Che en Bolivia», La Paz, Bolivia, 1997.

Paco Ignacio Taibo II, «Guevara. Also Known as Che», St. Martin's Press, New York.

_____«El año en que estuvimos en ninguna parte», Ediciones Pensamiento Nacional. Buenos Aires.

Paco Ignacio Taibo II, «Guevara, also knows as Che». Thomas Dunne Book. New York.

Ramón H. Torres Molina. «La Lucha Armada en América Latina». Ediciones Tercer Mundo. Buenos Aires.

Mario Vargas Salinas. «El Che: Mito y Realidad». Seor Editores. Caracas.

Rubén Vásquez Díaz, «Bolivia a la hora del Che», Siglo XXI Editores, México.

Humberto Vásquez-Viaña, Antecedentes de la Guerrilla del Che. Instituto de Estudios Latinoamericanos. Estocolmo.

Harry Villegas «Pombo. Un hombre de la guerrilla del Che». Editorial Colihue, Buenos Aires.

Gustavo Villoldo, «The End of a Myth», Rodes Printing, Miami, 1999.

Gustavo Villoldo, «The Man Who Buried Che». Tropic, Miami, Septiembre 21, 1997.

World Marxism Review. Praga.

ENTREVISTAS

Agustín Alles Soberón
Lázaro Asencio
Dariel Alarcón (Benigno)
Luis Ardois
Orlando Bosch
Emilio Caballero
Orlando de Cárdenas
Mario Chanes de Armas
Segisberto Fernández
Armando Fleites
René García
César Loaices
Jorge Masetti
Ramón Molinet
Mario Monje
Andrés Nazario Sargén
Ángel Pérez-Vidal
Juan Perón (Tinti)
Gustavo Ponzoa
Félix I. Rodríguez
Raúl Solís
Tony Soto
Bernardo Viera
Gustavo Villoldo

ÍNDICE ONOMÁSTICO

429